全国高等教育自学考试指定教材
食品、营养与健康专业（独立本科段）

食品化学与分析

（2006年版）

（附：食品化学与分析自学考试大纲）

全国高等教育自学考试指导委员会　组编

主　编　黄国伟
副主编　曹小红
编　者（按姓氏笔画排列）
　　　　王　璇　任大林　张　燕　曹小红
　　　　曹东旭　常　红　黄国伟
主　审　王　硕
参　审　郝　俊　杨志岩

北京大学医学出版社

SHIPIN HUAXUE YU FENXI

图书在版编目（CIP）数据

食品化学与分析（2006年版）/黄国伟主编．—北京：北京大学医学出版社，2006.8（2023.1重印）
全国高等教育自学考试指导教材
ISBN 978-7-81116-091-8

Ⅰ．食… Ⅱ．黄… Ⅲ．①食品化学－高等教育－自学考试－教材②食品分析－高等教育－自学考试－教材 Ⅳ．①TS201.2②TS207.3

中国版本图书馆CIP数据核字（2006）第078508号

食品化学与分析（2006年版）

主　　编：黄国伟
出版发行：北京大学医学出版社
地　　址：(100191) 北京市海淀区学院路38号　北京大学医学部院内
电　　话：发行部 010-82802230；图书邮购 010-82802495
网　　址：http://www.pumpress.com.cn
E - mail：booksale@bjmu.edu.cn
印　　刷：北京市荣盛彩色印刷有限公司
经　　销：新华书店
责任编辑：安　林　　责任校对：靳新强　　责任印制：罗德刚
开　　本：787 mm×1092 mm　1/16　印张：21　字数：514千字
版　　次：2006年8月第1版　2023年1月第10次印刷
书　　号：ISBN 978-7-81116-091-8
定　　价：31.00元

版权所有，违者必究
（凡属质量问题请与本社发行部联系退换）

组编前言

21世纪是一个变幻莫测的世纪，是一个催人奋进的时代。科学技术飞速发展，知识更替日新月异。希望、困惑、机遇、挑战，随时随地都有可能出现在每一个社会成员的生活之中。抓住机遇，寻求发展，迎接挑战，适应变化的制胜法宝就是学习——依靠自己学习，终身学习。

作为我国高等教育组成部分的自学考试，其职责就是在高等教育这个水平上倡导自学、鼓励自学，为每一个自学者铺就成才之路。组织编写供读者学习的教材就是履行这个职责的重要环节。毫无疑问，这种教材应当适合自学者增强创新意识、培养实践能力、形成自学能力，也有利于学习者学以致用，解决实际工作中所遇到的问题。具有如此特点的书，我们虽然沿用了"教材"这个概念，但它与那种仅供教师讲、学生听，教师不讲、学生不懂，以"教"为中心的教科书相比，已经在内容安排、形式体例、行文风格等方面都大不相同了。希望读者对此有所了解，以便从一开始就树立起依靠自己学习的坚定信念，不断探索适合自己的学习方法，充分利用已有的知识基础和实际工作经验，最大限度地发挥自己的潜能，达到学习的目标。

祝每一位读者自学成功。

本教材由全国考委医药学类专业委员会遴选作者、安排编写、组织审稿，保证了医药类自考教材的质量。

欢迎读者提出意见和建议。

全国高等教育自学考试指导委员会
2006年4月

目　录

食品化学与分析

第一章　绪　论 …………………………………………………………………………… (1)
　第一节　食品化学概述 …………………………………………………………………… (1)
　　一、食品化学的定义 …………………………………………………………………… (1)
　　二、食品化学的分类 …………………………………………………………………… (1)
　　三、食品化学的研究内容 ……………………………………………………………… (2)
　第二节　食品分析概述 …………………………………………………………………… (3)
　　一、食品分析的定义 …………………………………………………………………… (3)
　　二、食品分析检验的内容 ……………………………………………………………… (3)
　　三、食品分析所采用的分析方法 ……………………………………………………… (4)
第二章　食品成分及其结构和性质 ……………………………………………………… (7)
　第一节　水　分 …………………………………………………………………………… (7)
　　一、概述 ………………………………………………………………………………… (7)
　　二、食品中水的存在形式 ……………………………………………………………… (8)
　　三、水分活度 …………………………………………………………………………… (9)
　　四、食品的水分等温吸湿曲线 ………………………………………………………… (10)
　　五、水分活度与食品的稳定性 ………………………………………………………… (11)
　第二节　糖　类 …………………………………………………………………………… (13)
　　一、概述 ………………………………………………………………………………… (13)
　　二、单糖和低聚糖 ……………………………………………………………………… (14)
　　三、多糖 ………………………………………………………………………………… (22)
　第三节　脂　质 …………………………………………………………………………… (28)
　　一、概述 ………………………………………………………………………………… (28)
　　二、脂质的分类和结构 ………………………………………………………………… (28)
　　三、脂类的命名 ………………………………………………………………………… (29)
　　四、天然油脂中的脂肪酸 ……………………………………………………………… (31)
　　五、天然食用油脂的组成 ……………………………………………………………… (32)
　　六、脂质的物理性质 …………………………………………………………………… (32)
　　七、油脂在食品贮藏加工中的化学变化 ……………………………………………… (37)
　　八、油炸化学 …………………………………………………………………………… (40)
　　九、油脂加工 …………………………………………………………………………… (41)
　　十、油脂改性 …………………………………………………………………………… (42)

第四节　蛋白质 ·· (43)
    一、概述 ·· (43)
    二、氨基酸和蛋白质的结构与性质 ·· (44)
    三、蛋白质的功能性质在食品方面的应用 ·· (49)
    四、蛋白质在加工贮藏过程中的变化 ·· (58)
  第五节　维生素 ·· (61)
    一、概述 ·· (61)
    二、水溶性维生素的结构、性质及降解 ··· (62)
    三、脂溶性维生素的结构和性质 ·· (65)
    四、维生素在食品加工和贮存中的变化 ··· (67)
  第六节　矿物质 ·· (69)
    一、概述 ·· (69)
    二、食品中的矿物质及其生物利用性 ·· (69)

第三章　食品风味化学 ·· (75)
  第一节　概　述 ·· (75)
    一、食品风味的概念 ··· (75)
    二、风味物质的特点 ··· (75)
    三、食品风味化学的研究方向 ··· (76)
  第二节　风味物质的分离及分析方法 ··· (77)
    一、风味物质的提取和浓缩 ·· (77)
    二、食品风味物质的分级分离 ··· (78)
    三、风味物质的分析 ··· (78)
  第三节　感观分析 ··· (79)
    一、感官分析实验室 ··· (79)
    二、评价员 ··· (79)
    三、感官分析方法 ·· (79)
  第四节　食品的味觉和呈味物质 ··· (81)
    一、味觉的定义和分类 ·· (81)
    二、味觉产生的生理基础 ··· (82)
    三、味的阈值 ·· (83)
    四、影响味觉产生的因素 ··· (84)
    五、呈味物质 ·· (85)
  第五节　食品的香气和香气物质 ··· (86)
    一、嗅觉的定义和分类 ·· (86)
    二、嗅觉产生的生理基础 ··· (86)
    三、气味产生的学说 ··· (88)
    四、气味物质的结构和气味的关系 ··· (88)
    五、食品中香气的形成途径 ·· (89)
    六、气味的强度和稳定性 ··· (90)

七、植物性食品中的香气物质 …………………………………………………………… (90)
　八、动物性食物中的香气物质 …………………………………………………………… (92)
　九、发酵食品的香气 ……………………………………………………………………… (93)
　十、嗜好性食品的香气 …………………………………………………………………… (94)
第六节　加工和储藏对食品风味的影响 ……………………………………………………… (94)
　一、食品加工中风味与营养的关系 ……………………………………………………… (94)
　二、食品加工中的调香 …………………………………………………………………… (95)
　三、食品加工中味感的调配 ……………………………………………………………… (98)
第七节　机体营养状况对化学感觉的影响 ………………………………………………… (100)
　一、营养素摄入与化学感觉 …………………………………………………………… (100)
　二、机体营养状况对化学感觉的影响 ………………………………………………… (100)

第四章　食品分析检验的一般方法
第一节　食品感官检验法 …………………………………………………………………… (102)
　一、感官检验的意义 …………………………………………………………………… (102)
　二、感官检验的种类 …………………………………………………………………… (102)
第二节　食品物理检验法 …………………………………………………………………… (104)
　一、密度与相对密度 …………………………………………………………………… (104)
　二、折光度法 …………………………………………………………………………… (105)
　三、旋光法 ……………………………………………………………………………… (106)
第三节　食品化学分析法 …………………………………………………………………… (107)
　一、重量分析法 ………………………………………………………………………… (107)
　二、滴定分析法 ………………………………………………………………………… (109)
第四节　食品的仪器分析法 ………………………………………………………………… (111)
　一、紫外-可见光光度分析方法 ………………………………………………………… (111)
　二、原子吸收分光光度法 ……………………………………………………………… (115)
　三、分子发光分析法 …………………………………………………………………… (121)
　四、气相色谱法 ………………………………………………………………………… (123)
　五、高效液相色谱法 …………………………………………………………………… (129)
　六、电化学分析法 ……………………………………………………………………… (132)
第五节　食品的微生物检验法 ……………………………………………………………… (137)
　一、食品微生物检验的意义 …………………………………………………………… (137)
　二、食品微生物检验的范围 …………………………………………………………… (137)
　三、食品微生物检验的指标 …………………………………………………………… (138)
　四、食品微生物检验的一般程序 ……………………………………………………… (138)
第六节　其他检验技术 ……………………………………………………………………… (143)
　一、电感耦合等离子体原子发射光谱法在食品分析中的应用 ……………………… (143)
　二、质谱法在食品检验中的应用 ……………………………………………………… (145)
　三、HPCE与HPCE-MS技术在食品分析中的应用 ………………………………… (146)
　四、离子色谱法在食品分析中的应用 ………………………………………………… (147)

  五、生物技术检测法在食品分析中的应用……………………………………………(148)
  六、生物芯片技术在食品分析中的应用……………………………………………(150)
 第七节　分析方法的选择……………………………………………………………(152)
  一、正确选择分析方法的重要性……………………………………………………(152)
  二、食品分析方法的分类……………………………………………………………(152)
  三、选择分析方法应考虑的因素和步骤……………………………………………(153)
  四、分析检验方法的评价……………………………………………………………(153)

第五章　食品样品的采集和前处理………………………………………………………(156)
 第一节　食品样品的采集、保存和制备……………………………………………(156)
  一、食品样品的采集…………………………………………………………………(156)
  二、食品样品的运输与保存…………………………………………………………(160)
  三、食品样品的制备…………………………………………………………………(162)
 第二节　食品样品的前处理…………………………………………………………(163)
  一、样品前处理的意义………………………………………………………………(163)
  二、食品样品的无机化处理…………………………………………………………(163)
  三、干扰成分的分离除去……………………………………………………………(170)

第六章　食品营养成分的分析测定………………………………………………………(171)
 第一节　食品中水分的测定…………………………………………………………(171)
  一、水分的测定方法…………………………………………………………………(172)
  二、直接干燥法测定食品中水分……………………………………………………(172)
 第二节　食品中蛋白质及氨基酸的测定……………………………………………(173)
  一、食物中蛋白质的测定……………………………………………………………(173)
  二、食品中氨基酸的测定……………………………………………………………(174)
 第三节　食品中脂肪及脂肪酸的测定………………………………………………(176)
  一、食品中脂肪的测定方法…………………………………………………………(176)
  二、食品中脂肪酸的测定方法………………………………………………………(177)
 第四节　食品中碳水化合物的测定…………………………………………………(178)
  一、食品中还原糖的测定……………………………………………………………(178)
  二、食品中蔗糖的测定………………………………………………………………(179)
  三、食品中淀粉的测定………………………………………………………………(180)
  四、食物中粗纤维的测定……………………………………………………………(180)
 第五节　食品中维生素的测定………………………………………………………(182)
  一、食品中维生素A的测定…………………………………………………………(182)
  二、食品中维生素E的测定…………………………………………………………(183)
  三、食品中维生素D的测定…………………………………………………………(185)
  四、食品中β-胡萝卜素的测定………………………………………………………(186)
  五、食品中维生素B_1的测定………………………………………………………(188)
  六、食品中维生素B_2的测定………………………………………………………(189)
  七、食品中维生素C的测定…………………………………………………………(190)

  八、食品中叶酸的测定……………………………………………………………………(192)
 第六节 食品中矿物质的测定………………………………………………………………(194)
  一、食品中元素的分析方法……………………………………………………………(194)
  二、食品中钙的测定……………………………………………………………………(197)
  三、食品中钠、钾的测定………………………………………………………………(199)
  四、食品中铁的测定……………………………………………………………………(200)
  五、食品中锌、铜、锰、镁的测定……………………………………………………(201)
  六、食品中硒的测定……………………………………………………………………(202)
 第七节 食品中灰分的测定…………………………………………………………………(206)
  一、总灰分的测定步骤…………………………………………………………………(206)
  二、水溶性灰分与水不溶性灰分的测定步骤…………………………………………(207)
  三、酸溶性灰分与酸不溶性灰分的测定步骤…………………………………………(207)

第七章 保健食品功效成分测定分析……………………………………………………………(208)
 第一节 粗多糖的测定………………………………………………………………………(208)
  一、粗多糖的测定方法…………………………………………………………………(209)
  二、碱性酒石酸铜滴定法测定保健食品中粗多糖……………………………………(209)
  三、蒽酮比色法测定保健食品中粗多糖………………………………………………(210)
  四、苯酚-硫酸分光光度法测定保健食品中粗多糖…………………………………(211)
 第二节 食品中低聚糖的测定………………………………………………………………(211)
  一、低聚糖的测定方法…………………………………………………………………(212)
  二、高效液相色谱法测定低聚糖的原理和步骤………………………………………(213)
 第三节 大豆异黄酮的测定…………………………………………………………………(214)
  一、大豆异黄酮的测定方法……………………………………………………………(214)
  二、高效液相色谱法测定大豆异黄酮的原理和步骤…………………………………(216)
  三、紫外分光光度法测定大豆异黄酮的原理和步骤…………………………………(216)
 第四节 总黄酮的测定………………………………………………………………………(216)
  一、总黄酮的测定………………………………………………………………………(217)
  二、分光光度法测定食品中总黄酮的原理和步骤……………………………………(219)
  三、高效液相色谱法测定食品中总黄酮的原理和步骤………………………………(219)
 第五节 原花青素的测定……………………………………………………………………(220)
  一、原花青素含量的测定方法…………………………………………………………(220)
  二、香草醛-盐酸分光光度法测定原花青素的原理和步骤…………………………(221)

第八章 食品添加剂的测定分析…………………………………………………………………(222)
 第一节 概 述……………………………………………………………………………(222)
  一、食品添加剂的定义…………………………………………………………………(222)
  二、食品添加剂的分类…………………………………………………………………(222)
  三、国家允许食品加工使用的添加剂范围及具体品种………………………………(222)
  四、食品添加剂的作用…………………………………………………………………(223)
  五、食品添加剂安全性的评价…………………………………………………………(223)

六、食品添加剂的测定……………………………………………………………(223)
 第二节　防腐剂的测定………………………………………………………………(223)
　　一、常用防腐剂………………………………………………………………………(224)
　　二、防腐剂的测定方法………………………………………………………………(225)
 第三节　甜味剂的测定………………………………………………………………(227)
　　一、常用甜味剂………………………………………………………………………(228)
　　二、甜味剂的测定方法………………………………………………………………(229)
 第四节　食品中着色剂的测定………………………………………………………(231)
　　一、常用着色剂………………………………………………………………………(232)
　　二、着色剂的测定方法………………………………………………………………(233)
 第五节　食品中抗氧化剂的测定……………………………………………………(236)
　　一、常用的抗氧化剂…………………………………………………………………(236)
　　二、抗氧化剂的测定方法……………………………………………………………(238)
 第六节　食品中硝酸盐和亚硝酸盐的测定…………………………………………(242)
　　一、硝酸盐和亚硝酸盐的作用机理与用途…………………………………………(242)
　　二、硝酸盐和亚硝酸盐的测定方法…………………………………………………(242)

第九章　食品中有害物质的分析………………………………………………………(244)
 第一节　食品中农药残留的测定……………………………………………………(244)
　　一、农药残留检测样品的前处理……………………………………………………(244)
　　二、食品中有机磷农药残留量的测定………………………………………………(245)
　　三、食品中氨基甲酸酯类农药残留量的测定………………………………………(247)
　　四、食品中氯氰菊酯、氰戊菊酯、溴氰菊酯残留量的测定…………………………(250)
 第二节　食品中黄曲霉菌毒素的测定………………………………………………(251)
　　一、黄曲霉毒素的检测方法…………………………………………………………(252)
　　二、黄曲霉毒素B_1薄层色谱法的原理和步骤……………………………………(253)
 第三节　食品中有害元素的测定……………………………………………………(255)
　　一、食品中铅的测定…………………………………………………………………(255)
　　二、食品中镉的测定…………………………………………………………………(257)
　　三、食品中总砷的测定………………………………………………………………(258)
　　四、食品中汞的测定…………………………………………………………………(261)
 第四节　食品中 N-亚硝胺化合物的测定……………………………………………(263)
　　一、亚硝胺的测定方法………………………………………………………………(264)
　　二、N-亚硝基二甲胺的气相色谱-热能分析仪法测定………………………………(264)
　　三、食品中 N-亚硝胺的气相色谱-质谱法测定………………………………………(265)

第十章　几类食品的卫生检测……………………………………………………………(266)
 第一节　食用植物油的卫生检验……………………………………………………(266)
　　一、感官检验…………………………………………………………………………(266)
　　二、理化检查…………………………………………………………………………(266)
 第二节　调味品的卫生检验…………………………………………………………(269)

一、酱油卫生标准及分析方法……………………………………………………(269)
　　二、食醋卫生标准及分析方法……………………………………………………(271)
　第三节　肉、鱼、蛋制品中挥发性盐基氮的测定……………………………………(273)
　　一、挥发性盐基氮的测定方法……………………………………………………(273)
　　二、半微量定氮法测定挥发性盐基氮……………………………………………(273)
　第四节　水产品中组胺的测定…………………………………………………………(274)
　　一、组胺的检测方法………………………………………………………………(274)
　　二、分光光度法测定水产品中组胺………………………………………………(275)
　第五节　酒的卫生检验…………………………………………………………………(275)
　　一、感官检查………………………………………………………………………(276)
　　二、理化检验………………………………………………………………………(276)

第十一章　实验教程……………………………………………………………………(280)
　实验一　食品中蛋白质的测定（凯氏定氮法）……………………………………(280)
　实验二　食品中脂肪的测定（索氏提取法）………………………………………(281)
　实验三　食品中还原糖的测定（直接滴定法）……………………………………(282)
　实验四　食品中还原型抗坏血酸的测定（GB/T 5009.159－2003）……………(283)
　实验五　食用植物油卫生标准的理化指标的分析方法（GB/T5009.37——1996）
　　………………………………………………………………………………………(285)
　实验六　酒中甲醇的测定（气相色谱法）…………………………………………(289)

参　考　文　献……………………………………………………………………………(290)
后　　　记…………………………………………………………………………………(291)

附　食品化学与分析自学考试大纲

《食品化学与分析自学考试大纲》出版前言………………………………………(295)
目　　录……………………………………………………………………………………(296)
Ⅰ　课程性质与设置目的…………………………………………………………………(297)
Ⅱ　课程内容与考核目标…………………………………………………………………(298)
Ⅲ　有关说明与实施要求…………………………………………………………………(317)
附录　试题类型举例………………………………………………………………………(319)
后　　记……………………………………………………………………………………(320)

第一章　绪　论

食品的基本成分包括人体营养所需要的糖类、蛋白质、脂类、维生素、矿物质、膳食纤维与水等，它们提供人体正常代谢所必需的物质和能量。此外，食品除了应具有足够的营养素外，还必须具有刺激人食欲的风味特征和期望的质地，同时又是安全的。食品化学与分析是食品、营养与健康专业的主要专业基础课，它是一门实验性和应用性很强的学科。食品化学是研究食品的组成、性质和功能以及食品成分在贮藏加工过程中发生的化学和生物化学变化的学科；食品分析是运用物理、化学和仪器分析的方法对食品物料的主要组成及含量进行分析，并对有关工艺参数进行检测。因此，食品化学与分析是一门理论和实践紧密结合的专业基础课。

食品从原料生产，经过贮藏、运输、加工到产品销售，每一过程无不涉及一系列的化学和生物化学变化。例如水果、蔬菜采后和动物宰后的生理变化；食品中各种物质成分的稳定性随环境条件的变化；贮藏加工过程中食品成分相互作用而引起的化学和生物化学变化，以及引起这些变化的原因和机制，这些都是食品化学研究内容。

人们只有通过食品分析才能鉴定食品含有哪些成分，营养价值如何？怎样搭配食物才能使同量的某一食品具有更高的营养价值；只有通过食品分析才能发现污染源，防止食品污染，提高食品卫生质量；只有通过食品分析才能更好地开发新的食品资源。总之，食品分析是食品质量管理和控制的重要手段，在食品生产和科研中起着重要的作用。

第一节　食品化学概述

一、食品化学的定义

食品化学是从化学角度和分子水平上研究食品的化学组成、结构、理化性质、营养和安全性质以及它们在生产、加工、贮藏和运销过程中发生的变化和这些变化对食品品质和安全性影响的科学。它通过对食品的营养价值、质量、安全性和风味特征的研究，阐明食品的组成、性质、特征、结构和功能，以及食品成分在贮藏加工过程中的化学和生物化学变化，乃至食品成分与人体健康和疾病的相关性。

二、食品化学的分类

根据研究内容，食品化学主要包括：食品营养化学、食品色素化学、食品风味化学、食品工艺化学、食品物理化学和食品有害成分化学。根据研究对象的物质分类，食品化学主要包括：食品碳水化合物化学、食品油脂化学、食品蛋白质化学、食品酶学、食品添加剂化学、维生素化学、食品矿质元素化学、调味品化学、食品香味化学、食品色素化学、食品毒物化学和食品保健成分化学。另外，在食用水质处理、食用天然产物的提取分离、农产品资源的深加工和综合利用、生物技术在食品原料生产和食品工业中的应用、绿色食品和功能食品的开发、食品加工、包装和储藏、食品工程等领域中还包含着丰富的其他化学内容。

三、食品化学的研究内容

食品化学研究的内容包括四个方面：确定食品的组成、营养价值、安全性和品质等重要特性；食品贮藏加工过程中各类化学和生物化学反应的步骤和机制；在上述研究的基础上，确定影响食品品质和安全性的主要因素；研究化学反应的热力学参数和动力学行为及其环境因素的影响。

(一) 食品的品质和安全性

营养是食品的基本特征，它是保证人体生长发育和从事劳动的物质基础。利用现代分析技术、现代营养学的观点对食品的营养进行评价，是食品化学最基本的任务。食品的安全性也是食品的重要特征，供给人类需要的食品不应含有任何有害的化学成分或有害微生物，例如黄曲霉毒素、亚硝胺、苯并芘、农药、有害重金属化合物等。

食品在贮藏加工过程中各组分间相互作用对食品品质和安全性的不良影响有如下几个方面：

1. **质地变化**：食品组分的溶解性、分散性和持水量降低，食品变硬或变软。
2. **风味变化**：酸败（水解或氧化），产生蒸煮味或焦糖味及其他异味。
3. **颜色变化**：变暗、褪色或出现其他色变。
4. **营养价值变化**：维生素、蛋白质、脂类等降解，矿物质和其他重要生物活性成分的损失。
5. **安全性的影响**：产生有毒物质或形成有害健康物质。

(二) 化学和生物化学反应

食品在贮藏加工过程中发生的许多化学和生物化学反应都会影响食品的品质和安全性。这些反应包括非酶褐变、酶促褐变、脂类水解和氧化、蛋白质变性、蛋白质交联和水解、低聚糖和多糖的水解、多糖的合成和酶解以及维生素和天然色素的氧化与降解等。反应的类型一般取决于食品的种类、贮藏和加工条件，各反应之间相互影响和竞争，使食品化学研究变得十分复杂。因此，简化食品体系或采用模拟体系进行研究，是食品化学研究方法上的一个显著特点。

(三) 各类反应对食品品质和安全性的影响

食品的各类反应除了引起食品品质变坏，出现食品安全性问题外，有的反应则有利于食品品质的改良，如多糖或蛋白质的化学修饰和衍生物的合成。因此，在生产实践中，可以根据实际需要来控制和利用上述各种反应。

食品变质一般是由一系列初级反应引起组分的分子结构发生变化，然后导致肉眼可见或其他感官能感觉的变化，产生对人体有害甚至致癌的物质。

(四) 反应的动力学

反应动力学是研究食品在贮藏加工过程中的各种化学和生物化学变化与温度、时间、pH、食品的组成、水分活性、反应速率的关系。

食品的成分决定参加反应的类型，因此各类反应的活化能和碰撞频率依赖于组成物质的性质和结构。此外，环境的气体组成，包装材料等都会影响到食品成分之间的各类反应。只有了解和掌握各种成分对食品质量的贡献，变质反应的敏感性，以及影响这些反应类型和速率的因素，才能发现食品生产、加工和贮藏过程中常出现的各种问题，并提出解决这些问题的有效方法和途径。

第二节　食品分析概述

一、食品分析的定义

食品分析是对食品中的化学组成以及可能存在的不安全因素的研究和探讨食品品质和食品卫生及其变化的一门学科。它的任务是应用物理、化学、生物化学的一些基本原理和多种科学技术，对各类食品组成成分的测定方法及其有关理论进行研究，让人们知道食品是由哪些物质组成的，它们的含量各为多少？哪些成分是有益的，哪些成分是有害、有毒的；哪些食品是可食的，哪些是不能食用的；哪些食品营养齐全，哪些食品营养贫乏；哪些是优质食品，哪些是假冒伪劣食品；哪些是绿色食品，哪些是含有有害、有毒物质的污染食品；哪些是新鲜食品，哪些是腐败变质食品；哪些食品符合国家标准，食品在生产、流通过程中质量是否发生变化。最终确定食品产品的营养价值、功能性质和可接受性。

食品分析还是食物营养评价与食品加工过程中质量保证体系的一个重要组成部分，它始终贯穿于食物资源的开发、食品加工生产与销售的全过程。因此，无论是消费者、食品生产企业、政府监管机构还是高等院校、科研院所都需要分析食品的组成和性质，以确保食品的质量和安全性。并按照制定的技术标准，对食品原料、辅料、半成品、成品的质量进行检验，以保证生产质量优良的产品供人们食用。

随着人们生活水平的提高，食品的功能性和安全性越来越受到重视，如食品的功能成分，农药、兽药残留，有毒有害物质，内分泌干扰物质等的分析精度和检测限要求越来越高；另一方面，作为食品生产企业和政府监管机构，对食品品质的控制则要求能实现在现场无损检测，快速获得检测结果，而对分析精度和检测限要求则相对较低，现代食品分析技术正向这两个方向发展。因此，食品分析检验在食品的生产、流通、科研等方面都起着重要作用，是不可缺少的一个环节。

二、食品分析检验的内容

食品是以农业、畜牧业和水产业所生产的动植物为原料，经过加工后制成的半成品或成品。由于食品的原料广，又经过各种生产加工过程，使得食品的种类繁多，成分非常复杂。食品的化学组成可用图1-1表示。

根据食品化学成分，通常将食品的理化检验的内容分成以下五个主要部分。

（一）食品营养成分的检验

食品中营养成分主要指水、蛋白质与氨基酸、脂肪、碳水化合物、维生素以及有关固形物、灰分，常量、微量元素的检验。

（二）食品添加剂的检验

为了改进食品的色、香、味或防止食品变质，在食品生产过程中加入了一些物质，这些物质不一定有营养价值，也不是食品的固有成分，一般都是工业产品，其品种、用量、质量国家都有统一规定，如果使用的品种，数量不当，不仅影响食品的质量，而且还可能对人体

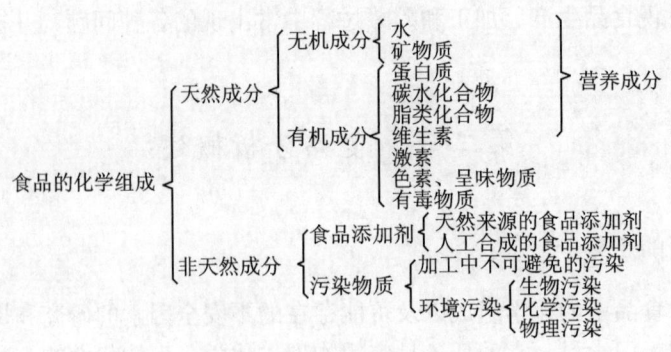

图1-1 食品的化学组成

造成危害,因此,对食品添加剂的鉴别和检测也是食品分析的重要内容。

(三) 食品中有害、有毒物质的检验

食品中的有害成分是指食品中天然存在的毒素,如河豚鱼中存在河豚毒素,苦杏仁中存在的氰化物等;农药残毒,如六六六、DDT;包装材料的有毒物质,如聚氯乙烯、多氯联苯。食品污染物是指食品在生产、加工、包装、贮存、运输、销售过程中混入或残留某些不利于人体健康的物质。这类污染物包括各种有害金属,如 Hg、Pb、As、Cd 等;生物污染包括抗生素残留量、激素残留量;微生物及其毒素如黄曲霉毒素等。通过对这类物质的分析,可以了解污染物质的种类和数量,在防止污染物质对人体健康的危害,控制污染源方面起着积极作用。国家制定了食品卫生标准和卫生法规,对食品质量及其有害物质的最高允许含量有明确规定,要通过分析测试严格控制食品质量。

(四) 食品新鲜度的检验

食品新鲜度是食品的主要品质,它与食品的色、香、味、营养价值,甚至是否变成有害、有毒食品密切相关,是食品质量评估的重要指标。新鲜度的检验是食品检验经常遇到的重要内容之一。

(五) 掺假食品的检验

掺假食品的检验是食品检验的重要内容之一。特别是当前市场经济体系较为混乱,食品的生产和流通中存在严重的假冒伪劣商品,尤其是一些劣质食品随处可见。因此,提供某些重要的掺假食品的检验方法,供读者参考使用,有助于制止伪劣食品的蔓延,治理混乱的食品市场。

三、食品分析所采用的分析方法

食品分析所采用的分析方法主要有感官分析法、理化分析法、微生物分析法和酶分析法。

(一) 感官分析法

感官分析又叫感官检验或感官评价,是通过人体的各种感觉器官(眼、耳、鼻、舌、皮肤)所具有的感觉、听觉、嗅觉、味觉和触觉,结合平时积累的实践经验,并借助一定的器具对食品的色、香、味、形等质量特性和卫生状况做出判定和客观评价的方法。感官检验作为食品检验的重要方法之一,具有简便易行、快速灵敏、不需要特殊器材等特点,特别适用于目前还不能用仪器定量评价的某些食品特性的检验,如水果滋味的检验、食品风味的检验

以及烟、酒、茶的气味检验等。

依据所使用的感觉器官的不同，感官检验可分为视觉检验、嗅觉检验、味觉检验、触觉检验和听觉检验五种。

1. 视觉鉴定　是鉴定者利用视觉器官，通过观察食品的外观形态、颜色光泽、透明度等，来评价食品的品质如新鲜程度、有无不良改变以及鉴别果蔬成熟度等的方法。

2. 嗅觉鉴定　是通过人的嗅觉器官检验食品的气味，进而评价食品质量（如纯度、新鲜度或劣变程度）的方法。

3. 味觉鉴定　是利用人的味觉器官（主要是舌头），通过品尝食品的滋味和风味，从而鉴别食品品质优劣的方法。味觉检验主要用来评价食品的风味（风味是食品的香气、滋味、入口获得的香气和口感的综合构成），也是识别某些食品是否酸败、发酵的重要手段。

4. 听觉鉴定　听觉鉴定是凭借人体的听觉器官对声音的反应来检验食品品质的方法。听觉鉴定可以用来评判食品的成熟度、新鲜度、冷冻程度及罐头食品的真空度等。

5. 触觉鉴定　是通过被检食品作用于鉴定者的触觉器官（手、皮肤）所产生的反应来评价食品品质的一种方法。如根据某些食品的脆性、弹性、干湿、软硬、黏度、凉热等情况，可判断食品的品质优劣和是否正常。

感官分析的方法有很多，常用的检验方法有差别检验法、类别检验法、分析或描述性检验法等。

感官分析法虽然简便、实用且多数情况下不受鉴定地点的限制。但也存在明显缺陷，由于感官分析是以经过培训的评价员的感觉器官作为一种"仪器"来测定食品的质量特性或鉴别产品之间的差异，因此判断的准确性与检验者的感觉器官的敏锐程度和实践经验密切相关。同时检验者的主观因素（如健康状况、生活习惯、文化素养、情绪等），以及环境条件（如光线、声响等）都会对鉴定的结果产生一定的影响。另外，感官检验的结果大多数情况下只能用比较性的用词（优良、中、劣等）表示或用文字表述，很难给出食品品质优劣程度的确切数字。

(二) 理化分析法

根据测定原理、操作方法等的不同，理化分析法又可分为物理分析法、化学分析法和仪器分析法三类。

1. 物理分析法　通过对被测食品的某些物理性质如温度、密度、折射率、旋光度、沸点、透明度等的测定，可间接求出食品中某种成分的含量，进而判断被检食品的纯度和品质。物理分析法简便、实用，在实际工作中应用广泛。

2. 化学分析法　是以物质的化学反应为基础的分析方法，主要包括重量分析法和滴定分析法两大类。化学分析法适用于食品中常量组分的测定，所用仪器设备简单，测定结果较为准确，是食品分析中应用最广泛的方法。同时化学分析法也是其他分析方法的基础，虽然目前有许多高灵敏度、高分辨率的大型仪器应用于食品分析，但现代仪器分析也经常需要用化学方法处理样品，而且仪器分析测定的结果必须与已知标准进行对照，所用标准往往要用化学分析法进行测定，因此经典的化学分析法仍是食品分析中最重要的方法之一。

3. 仪器分析法　是以物质的物理和物理化学性质为基础的分析方法。这类方法需要借助较特殊的仪器，如光学或电学仪器，通过测量试样溶液的光学性质或电化学性质从而求出被测组分的含量。在食品分析中常用的仪器分析方法有以下几种。

(1) 光学分析法　根据物质的光学性质所建立的分析方法，主要包括分光光度法、发射光谱法、原子吸收分光光度法和荧光分析法等。

(2) 电化学分析法　根据物质的电化学性质所建立的分析方法，主要包括电位分析法、电导分析法、电流滴定法、库仑分析法、伏安法和极谱法等。

(3) 色谱分析法　是一种重要的分离富集方法，可用于多组分混合物的分离和分析，主要包括气相色谱法、液相色谱法以及离子色谱法。

此外，还有许多用于食品分析的专用仪器，如氨基酸自动分析仪、全自动全能牛奶分析仪等。仪器分析方法具有简便、快速、灵敏度和准确度较高等优点，是食品分析发展的方向。随着科学技术的发展，将有更多的新方法、新技术在食品分析中得到应用，这将使食品分析的自动化程度进一步提高。

（三）微生物分析法

此法是基于某些微生物的生长需要特定的物质而进行相应组分测定的方法。例如乳酪中的乳酸杆菌在特定的培养液中生长繁殖，能产生乳酸，在一定的条件下，产生的乳酸量与维生素B_2的加入量呈相应的比例关系。利用这一特性，可在一系列的培养液中加入不同量的维生素B_2标准溶液或样品提取液，接入菌种培养一定时间后，用标准氢氧化钠溶液滴定培养液中的乳酸含量，通过绘制标准曲线比较，即可得出待检样品中维生素B_2的含量。微生物分析法测定条件温和，方法选择性较高，已广泛应用于维生素、抗生素残留量和激素等成分的分析。

（四）酶分析法

此法是利用酶的反应进行物质定性、定量的方法。酶是具有专一性催化功能的蛋白质，用酶法进行分析的主要优点在于高效和专一，克服了用化学分析法测定时，某些共存成分产生干扰以及类似结构的物质也可发生反应，从而使测定结果发生偏离的缺点。酶分析法测定条件温和，结果准确，已应用于食品中有机酸、糖类和维生素的测定。

本书包括食品化学和食品分析两部分内容，二者之间存在着非常密切的联系，目前尚未见到将二者有机结合的教材，为适应食品、营养与健康专业和预防医学专业的特点和需要，特编写了本教材。本书食品化学的主要内容包括食品六大营养成分和食品风味成分的结构、性质、在食品加工和贮藏中的变化及其对食品品质和安全性的影响；食品分析的主要内容包括食品分析检验的一般方法、食品样品的采集和前处理、食品营养成分的分析测定、保健食品功效成分测定分析、食品添加剂的测定分析、食品中有害物质的分析和几类食品的卫生检测，实验部分要求学生掌握食物中主要营养素的检测方法及食品卫生检验中的主要方法。

（黄国伟）

第二章 食品成分及其结构和性质

第一节 水 分

一、概述

生物体系的基本成分包括蛋白质、碳水化合物、脂质、核酸、维生素、矿物质和水。虽然对于活生物体的生存这些物质都是基本的,然而水是最普遍存在的组分,它往往占植物、动物质量或食品质量的50%～90%(表2-1)。各种食品都有其特定的水分含量与分布,因此才能显示各自的色、香、味、形等特征。可以这样认为,在维持活生物体所需的单个因子中,水是最重要的;而了解水在食品中存在的形式是掌握食品加工和保藏技术原理的基础。天然、加工或制造食品的水分含量决定着食品的特性、质构、可口程度、消费者可接受性、品质管理水平和保藏期,因而它是许多食品的法定标准。因此,研究水的结构和物理化学特性,水分分布及状态,对食品科学和食品保藏技术有重要意义。

表2-1 常见各种食品的水分含量

食品	水分含量(%)
肉	
猪肉	53～60
牛肉	50～70
鸡肉	74
鱼(肌肉蛋白质部分)	65～81
水果	
浆果、樱桃、梨	80～85
苹果、桃子、橘子、葡萄	85～90
大黄、草莓、番茄	90～95
蔬菜(包括个别水果)	
鳄梨、香蕉、绿豌豆	74～80
甜菜、茎椰菜、胡萝卜、马铃薯	80～90
芦笋、绿菜豆、卷心菜、花菜、莴苣	90～95

(一)水在食品工艺学方面的功能

从食品理化性质上讲,水在食品中起着溶解、分散蛋白质、淀粉等水溶性成分的作用,使它们形成溶液或凝胶。从食品质地方面讲,水分含量、分布和状态对食品的新鲜度、硬度、风味、流动性、色泽、耐贮性和加工适应性都具有重要的影响。从食品安全性讲,水是微生物繁殖的必需条件。从食品工艺的角度讲,水起着膨润、浸透、均匀化等功能。

(二)水在食品生物学方面的功能

水虽无直接的营养价值,但具有某些特殊性能,如溶解力强,介电常数大,比热高,黏度小，是维持生理活动和进行新陈代谢不可缺少的物质。断水比断粮食对人体的危害和影响更为严重。由于水为必需的生物化学反应提供一个物理环境，因此它对所有已知的生命形式是绝对重要的。水是体内化学作用的介质，亦是化学反应的反应物和产物。水能作为代谢所需的营养成分和产生的废物的输送介质，它促进了呼吸气体氧和二氧化碳的输送。水是体温良好的稳定剂，水的比热大，热容量大，因此当体内产生热量增多或减少时，不至于引起体温太大的波动。水是构成机体的重要成分。水的黏度小，可对体内的机械摩擦产生润滑，减少损伤。

二、食品中水的存在形式

（一）水的状态

同那些与水具有相似的相对分子质量和原子成分的分子（CH_4、NH_3、HF、H_2S）比较，水具有异常高的熔点和沸点，水具有异常高的表面张力、介电常数、热容和相转变热（熔化热、蒸发热和升华热），水具有较低的密度，水在结晶时显示异常的膨胀特性。与上述那些奇特的性质形成对照，水具有正常的黏度。

冰的导热系数在0℃时近似为同温度下水的导热系数的4倍，冰的热扩散系数约为水的5倍，说明在同一环境中，冰比水能更快地改变自身的温度。水和冰的导热系数和热扩散系数上较大的差异，就导致了在相同温度下组织材料冻结的速度比解冻的速度快很多。

一般的食物在冻结后解冻往往有大量的汁液流出，其主要原因是水冻结为冰时体积膨胀，因而食品冻结时引起组织破坏。解冻溶解时，则引起组织软化，细胞内水分及其溶解的物质随细胞膜的破裂而流出，如冻肉解冻时水滴增多。

（二）食品中水的存在形式

食品中的水不是单独存在的，由于非水物质的存在，水与它们发生化学或物理作用后便形成了不同的存在形式。由于不同存在形式水的性质差异颇大，因此区分它们是十分必要的。按照食品中的水与其他成分之间相互作用强弱可将食品中的水分成自由水和结合水。

1. 自由水

自由水（free water）是指食品中与非水成分有较弱作用或基本没有作用的水，这部分水主要靠毛细管力维系，或称为游离水、体相水，即以毛细管凝聚状态存在于细胞间的水分。它们具有与稀溶液中水相似的性质，宏观流动不受阻碍或仅受凝胶或组织骨架的阻碍。在0℃结冰，并具有很大的溶剂能力，能被微生物所利用。

自由水从宏观上讲并不总能自由流动，例如毛细管水和截留水。毛细管水指食品中由于天然形成的毛细管而保留的水分，是存在于生物体细胞间隙的水。毛细管的直径越小，持水能力越强，当毛细管直径小于$0.1\mu m$时，毛细管水实际上已经成为结合水，而当毛细管直径大于$0.1\mu m$则为自由水，大部分毛细管水为自由水。截流水指食品中被生物膜或凝胶内大分子网络所截留的水。这两类水虽然不能自由外流，但可通过网络微孔向外蒸发，蒸发时吸收的热量与纯水近似。可以用简单加热的方法把它从食品中分离出来，在食品中会因蒸发而散失也会因吸潮而增加，容易发生增减的变化，是可变动的。食品中的自由水活性高，从防腐角度考虑，它越少越有利于食品的保藏，但它又与食品的风味、硬度和韧性密切相关，许多食品中必须保持合适的自由水含量。另外，在食品加工和储藏过程中发生变动和发挥功能的主要是这类水。一般新鲜的蔬菜、水果中含有大量的自由水。

2. 结合水

结合水（bound water）是指存在于食品中的与非水成分通过氢键结合的水，是食品中与非水成分结合的最牢固的水。水通过氢键与大分子结合的那部分水又称为束缚水，通过氢键与离子结合的那部分水又称为离子化水。

在生物材料和食品中，无机离子在总量中所占的比例极小，因此与离子结合的水量是微不足道的，大部分的结合水是由于食品中的水分与食品中的蛋白质、淀粉、果胶等物质的羧基、羰基、氨基、亚氨基、羟基、疏基等亲水性基团或水中的无机离子的键合或偶极作用产生的。不同大分子结合水量不同，每100克蛋白质可系水分达50克之多，在动物的器官组织中，蛋白质约占20%，所以在100克组织中由蛋白质系着的水可达10克；每100克淀粉的持水力在30~40克之间。

根据与食品中非水组分之间的作用力的强弱可将结合水分成单分子层水和多分子层水。

单分子层水：指与食品中非水成分的强极性基团如羧基、氨基、羟基等直接以氢键结合的第一个水分子层，这部分水达最大含量时，是以在非水组分中易被接近的强亲水基上都形成单分子水覆盖层为准。单分子层水也包括了微毛细管（<0.1μm 直径）中的水。在食品的水分中它与非水成分之间的结合能力最强，其蒸发、冻结、转移和溶剂能力均可被忽略，在-40℃下不结冰，也不能被微生物所利用。在高水分食品中这部分水的含量约为总水量的0.5%。一般说来，食品干燥后安全贮藏的水分含量要求即为该食品的单分子层水。

多分子层水：是指单分子层水之外的几个水分子层包含的水，这部分水占据单分子覆盖层旁边未覆盖的非水物表面位置以及单分子覆盖层外位置。结合方式以水－水和水－溶质氢键为主。大多数多分子层水在-40℃仍不结冰，即使有些结冰，冰点已大大下降，无溶剂能力，不能被微生物所利用。多分子层水可被蒸发，但蒸发需吸收较多热量。多分子层水的总量随食品不同而变化，在高水食品中低于食品总水量的5%。干燥食品吸收了这部分水时，非水组分开始膨胀。

总体来说结合水较自由水处于更加密集的状态，结合水与自由水的主要区别在于：结合水在食品中不能作为溶剂，而自由水可以作为溶剂；结合水不能被微生物所利用，而自由水可以被微生物所利用；结合水在0℃不结冰，冰点可达-40℃，沸点可达105℃，而自由水在0℃以下会结冰。结合水不易结冰这一点有很重要的生物学意义。由于这种性质，使植物的种子和微生物的孢子（都是几乎没有自由水的材料）得以在很低的温度下保持其生命力；而新鲜的蔬菜、水果和肉等主要含自由水，容易冻结，冻结后细胞结构被冰晶破坏，解冻后组织立即崩溃。

三、水分活度

（一）水分活度的定义

食品的水分含量与食品的品质和储藏性之间存在着重要而不严格的关系，但水分活度与品质和储藏性的关系却更为密切。

水分活度表示食品中水分的有效浓度，在物理化学上水分活度是指食品的水分蒸汽压 P 与相同温度下纯水的蒸汽压 P_0 的比值，即：

$$A_W = P/P_0$$

也可以用平衡相对湿度 ERH（equilibrium relative humidity）表示：$A_W = ERH/100$。

平衡相对湿度指在相同温度下，物料既不吸湿也不散湿时大气的相对湿度。由于物质溶于水后水的蒸汽压总要降低，所以水分活度之值便介于 0~1 之间。

（二）水分活度与温度的关系

由于蒸汽压和平衡相对湿度都是温度的函数，所以水分活度也是温度的函数。水分活度与温度的函数可用克劳修斯－克拉伯龙（Clausius－Clapeyron）方程来表示：

$$d\ln A_w / d(1/T) = -\Delta H / R$$

式中：T 是热力学温度，R 是气体常数，ΔH 是在样品中水分含量时的等量净吸附热。

经重排后得线性方程 $\ln A_w = -\Delta H/RT + C$，可知在恒定的水分含量时，温度 T 升高则水分活度 A_w 增大，$\text{Log}A_w - 1/T$ 为一直线。

但是 $\text{Log}A_w - 1/T$ 图并非总是直线，当食品的温度低于 0℃时，$\text{Log}A_w - 1/T$ 直线发生转折，在冰点以下 $\text{Log}A_w$ 随 $1/T$ 的变化斜率明显加大了，并且不再受样品的非水成分影响。因此，冰点以下食品水分活度的定义为：

$$A_w = P_{ff}/P_{0(SCW)} = P_{ice}/P_{0(SCW)}$$

式中：P_{ff} 是部分冻结食品中水的分压，$P_{0(SCW)}$ 是纯过冷水的蒸汽压，P_{ice} 是纯水的蒸汽压。

也就是说在计算冻结食物的水分活度时，$A_w = P/P_0$ 中 P_0 的应该是冰的蒸汽压还是过冷水的蒸汽压？因为这时样品中水的蒸汽压就是冰的蒸汽压，如果 P_0 再用冰的蒸汽压，这样水分活度的计算就失去意义，因此，冻结食物的水分活度的算式为 $A_w = P_{(纯水)}/P_{0(过冷水)}$。

比较食品在冰点上下的水分活度时，应注意到以下重要差别：

1. 冰点以上，食物的水分活度是食物组成和食品温度的函数，并且主要与食品的组成有关；而在冰点以下，水分活度与食物的组成没有关系，而仅与食品的温度有关。

2. 冰点上下食物的水分活度的大小与食品的理化特性的关系不同。如在 -15℃时，水分活度为 0.80 的食品中微生物不会生长，多种化学反应也缓慢；在 20℃时，水分活度为 0.80 时，化学反应快速进行，且微生物能能较快的生长。

因此不能用食物冰点以下的水分活度来预测食物在冰点以上的水分活度，同样，也不能用食物冰点以上的水分活度来预测食物冰点以下的水分活度。

四、食品的水分等温吸湿曲线

一般情况下，食品中的含水量越高，水分活度也越大。水分活度与水分含量之间的关系如图 2-1 所示。

从图 2-1 可以看出，在含水量低的线段上，水分含量只要有少许变动，即可引起水分活度较大的变动，这段曲线放大后称为等温吸湿曲线（moisture sorption isotherms，MSI）。

等温吸湿曲线是指在恒定温度下，使食品吸湿或干燥（解吸），所得到的水分活度与含水量关系的曲线，如图 2-2。

将图 2-2 中等温吸湿曲线分成几个区，将有助于理解等温吸湿曲线的意义和价值。根据水分活度与含水量的关系可将此曲线分成三个区域：

Ⅰ区：$A_w = 0~0.25$，水分含量为 0~0.07g/g 干物质，这部分水通过 H_2O^- 离子或 H_2O^- 偶极相互作用与可接近的极性部位缔合，是食品中与非水物质结合最为紧密的水。它在吸湿时最先吸入，干燥时最后排除，不能使干物质膨润，在 -40℃时更不能起到溶解的作用。Ⅰ区最高水分活度对应的含水量就是食物的单分子层水。

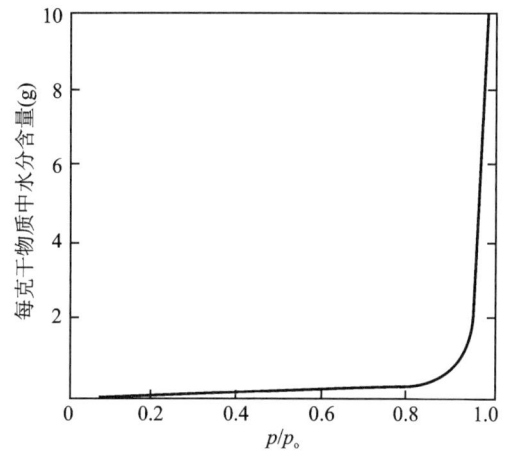

图2-1 宽水分含量范围的等温吸湿曲线

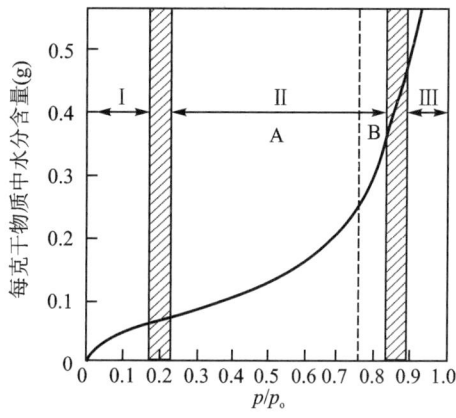

图2-2 食品水分等温吸湿曲线的一般形式

Ⅱ区：A_w＝0.25～0.80，水分含量为0.07～0.32g/g干物质，该部分水仍占据了第一层部位，主要通过氢键与相邻的水分子和溶质分子缔合，实际上是多分子层水，它们将起到膨润和部分溶解的作用，会加速化学反应的速度。区域Ⅰ和Ⅱ的水通常占高水分食品原料中5%以下的水分。

Ⅲ区：A_w＝0.80～0.99，水分含量大于0.40g/g干物质，这部分水能起到溶解和稀释作用，冻结时可以结冰，主要为自由水，通常占高水分食品总水分的95%以上。

五、水分活度与食品的稳定性

在许多情况下，食品稳定性和水分活度是密切相关的。总的趋势是，水分活度越小的食品越稳定，较少出现腐败变质现象。表2-2中的数据提供了能显示这些关系的一些实例。具体来说水分活度与食品的稳定性的关系可从以下几个方面进行阐述。

表2-2 食品中水分活度与微生物生长

A_w范围	在此范围内的最低水分活度一般所能抑制的微生物	在此水分活度范围内的食品
1.00～0.95	假单胞菌、大肠杆菌、变形杆菌、志贺菌属、克雷伯菌属、芽孢杆菌、产气荚膜羧状芽孢杆菌、一些酵母	极易腐败变质（新鲜）食品、罐头水果、蔬菜、肉、鱼以及牛乳；熟香肠和面包；含有约40%蔗糖或7%氯化钠的食品
0.95～0.91	沙门杆菌属、溶副血红蛋白弧菌、肉毒羧状芽孢杆菌、沙雷杆菌、乳酸杆菌属、足球菌、一些霉菌、酵母（红酵母、毕赤酵母）	一些干酪（英国切达、瑞士、法国明斯达、意大利菠萝伏洛）、腌制肉（火腿）、一些水果汁浓缩物；含有55%蔗糖或12%氯化钠的食品
0.91～0.87	许多酵母（假丝酵母、球拟酵母、汉逊酵母）、小球菌	发酵香肠（萨拉米）、松蛋糕、干的干酪、人造奶油、含65%蔗糖或15%氯化钠的食品

A_W范围	在此范围内的最低水分活度一般所能抑制的微生物	在此水分活度范围内的食品
0.87~0.80	大多数霉菌（产生毒素的青霉菌）、金黄色葡萄球菌、大多数酵母菌属（拜耳酵母）、德巴利酵母菌	大多数浓缩水果汁、甜炼乳、巧克力糖浆、槭糖浆和水果糖浆、面粉、米、含有15%~17%水分的豆类食品、水果蛋糕、家庭自制火腿、微晶糖膏、重油蛋糕
0.80~0.75	大多数嗜盐细菌、产真菌毒素的曲霉	果酱、加柑橘皮丝的果冻、杏仁酥糖、糖渍水果、一些棉花糖
0.75~0.65	嗜旱霉菌（谢瓦曲霉、白曲霉、Wallemia Sebi）、二孢酵母	含有约10%水分的燕麦片、颗粒牛轧糖、砂性软糖、棉花糖、果冻、糖蜜、粗蔗糖、一些干果、坚果
0.65~0.60	耐渗透压酵母（鲁酵母）、少数霉菌（刺孢曲霉、二孢红曲霉）	含约15%~20%水分的果干、一些太妃糖与焦糖；蜂蜜
0.5	微生物不增殖	含约12%水分的酱、含约10%水分的调味料
0.4	微生物不增殖	含约5%水分的全蛋粉
0.3	微生物不增殖	含3%~5%水分的曲奇饼、脆饼干、面包硬皮等
0.2	微生物不增殖	含2%~3%水分的全脂奶粉、含约5%水分的脱水蔬菜、玉米片、家庭自制的曲奇饼干、脆饼干

从微生物活动与食品水分活度的关系来看：微生物生长需要的 A_W 值一般较高，换句话说，只有食品的水分活度大于某一临界值时，特定的微生物才能生长。随着 A_W 增加，微生物生长速度快速增加，达到生长速度最大值后略有下降。一般说来，细菌为 $A_W>0.9$，酵母为 $A_W>0.87$，霉菌为 $A_W>0.8$。一些耐渗透压微生物除外。表2-2列出了常见微生物及其生长的 A_W 范围，并给出了多种食品的 A_W 范围。

从酶促反应与食物水分活度的关系来看：酶促反应在 A_W 值很低时速度也很慢，但 A_W 高于0.35后，随 A_W 继续提高，酶促反应速度迅速提高。水分活度对酶促反应的影响是两个方面的综合，一方面影响酶促反应的底物的可移动性，另一方面影响酶的构象。食品体系中大多数的酶类物质在水分活度小于0.85时，活性大幅度降低，如淀粉酶、酚氧化酶和多酚氧化酶等。但也有一些酶例外，如酯酶在水分活度为0.3甚至0.1时也能引起甘油三酯或甘油二酯的水解。

从水分活度与脂质氧化作用的关系来看：脂类氧化在 A_W 值极低时保持较高的氧化速度，随着 A_W 值的增加氧化速度降低，直到 A_W 值接近MSI的区域Ⅰ和Ⅱ的边界。此时的水可以看作是加入到非常干燥的样品中的水，它能与氢过氧化物结合而干扰其分解，进而使其不容易产生氧自由基而导致链氧化的结束，阻碍了氧化进程；进一步加水氧化速度又增加，直到 A_W 值接近MSI的区域Ⅱ和Ⅲ的边界。这是因为当水分活度大于0.4后，水分活度的增加增大了食物中氧气的溶解,加速了氧化。同时又能使大分子膨胀,暴露出更多有催化作用的部位从而加速了脂类氧化;再进一步加水至区域Ⅲ(水分活度大于0.8)后,反应物和催化剂被稀释,继续加水则表现为氧化阻滞。

Maillard反应和维生素B_1分解的速度都是在A_W值达到中等至较高时呈现最高。这些反应里水直接参与反应,作为可能的反应物,水少时反应速度慢,随着水分活度的增大,反应的速度不断增大,但当水分活度大于0.7时稀释了底物及其它增加反应速度的成分,又减慢了反应速度。

第二节　糖　类

一、概述

(一)糖类化合物的定义与来源

糖类化合物的分子组成可用$C_n(H_2O)_m$通式表示,统称为碳水化合物,是多羟基的醛类和多羟基酮类化合物及其缩合物和某些衍生物的总称。但后来发现有些糖如鼠李糖($C_6H_{12}O_5$)和脱氧核糖($C_5H_{10}O_4$)并不符合上述通式,而且有些糖还含有氮、硫、磷等成分,显然碳水化合物的名称已经不适当,但由于延用已久,至今还在使用这个名词。

糖类化合物广泛存在于各种生物有机体内,是食品的主要组成成分之一,也是绿色植物经过光合作用形成的产物。自然界的生物物质中,糖类化合物约占3/4,从细菌到高等动物都含有糖类化合物,植物体中含量最丰富,约占其干重的85%左右,其中又以纤维素最为丰富。其次是节肢动物,如昆虫、蟹和虾外壳中的壳多糖(甲壳质)。动物没有能力制造碳水化合物,因此人类膳食的能源物质碳水化合物主要是由植物性食品提供的,如淀粉。

糖类化合物是生物体维持生命活动所需能量的主要来源,是合成其他化合物的基本原料,同时也是生物体的主要结构成分。人类摄取食物的总能量中大约65%由糖类提供,因此,它是人类及动物的生命源泉。我国传统膳食习惯是以富含糖类化合物的食物为主食,但近十几年来随着动物蛋白质食物产量的逐年增加和食品工业的发展,膳食的结构也在逐渐发生变化。

(二)糖类化合物的分类

糖类化合物根据其水解程度的不同可分为单糖、寡糖和多糖。单糖(monosaccharide)是一类结构最简单的糖,指不能被水解为更小单位的糖类物质,如葡萄糖、果糖等;根据官能团的特点又分为醛糖和酮糖。寡糖(oligosaccharide)一般是由2~20个单糖分子缩合而成,水解后产生单糖,如蔗糖、乳糖、麦芽糖等。多糖(polysaccharide)是由多个单糖分子缩合而成,其聚合度很大,如淀粉、纤维素、半纤维素、果胶等。因此,这些高分子聚合物的性质不同于单糖和低聚糖,在大多数情况下多糖不溶于水,也没有甜味,其物理化学性质与它们的分子质量大小、结构和形状相关。多糖根据其组成分为:均多糖(只有一种单糖组成的多糖,如淀粉、纤维素等)和杂多糖(由两种或两种以上的单糖组成的多糖,如香菇多糖等);根据其是否含有非糖基团分为:纯粹多糖(不含有非糖基团的多糖,也就是一般意义上的多糖)和复合多糖(含有非糖基团的多糖,如糖蛋白、糖脂等);根据分子中有无支链分为直链多糖和支链多糖;根据其生物学功能分为:构成多糖(组成生物体的多糖)和功能多糖（在生物体中起信号传导、生物信息识别等功能的多糖）。

（三）食品中的糖类化合物

陆地植物和海藻干重的四分之三由糖类化合物构成。谷物、蔬菜、果实和可供食用的其他植物都含有糖类化合物。

大多数植物只含少量蔗糖，大量膳食蔗糖来自经过加工的食品。在加工食品中添加的蔗糖量是比较多的（表2-3）。蔗糖是从甜菜或甘蔗中分离得到的，果实和蔬菜中只含少量蔗糖、D-葡萄糖和D-果糖。

表2-3 普通食品中的糖含量

食品	糖的百分含量（%）	食品	糖的百分含量（%）
可口可乐	9	蛋糕（干）	36
脆点心	12	番茄酱	29
冰淇淋	18	果冻（干）	83
橙汁	10		

谷物只含有少量的游离糖，大部分游离糖输送至种子中并转变为淀粉。玉米粒含0.2%~0.5%的D-葡萄糖、0.1%~0.4%的D-果糖和1%~2%的蔗糖；小麦粒中这几种糖的含量分别小于0.1%，0.1%和1%。

甜玉米具有甜味，是因为采摘时蔗糖尚未全部转变为淀粉。玉米和其他谷物在生长期中，由叶片光合作用获得的大部分能量用于合成蔗糖并输送至种子转变成淀粉。未完全成熟的玉米含有大量蔗糖，如果适时采摘并迅速煮沸或冷冻，使转化蔗糖的酶系被钝化，这样便可保持大量蔗糖成分，提供可口的膳食。

市场上销售的水果一般是完全成熟之前采收的，果实有一定的硬度利于运输合贮藏。在贮藏和销售过程中，淀粉在酶的作用下生成蔗糖或其他甜味糖，水果经过这种后熟作用而变甜变软。这种后熟现象和谷粒、块茎及根中的糖转变为淀粉的过程正好相反。

动物产品所含的糖类化合物比其他食品少，肌肉和肝脏中的糖原是一种葡聚糖，结构与支链淀粉相似，以与淀粉相同的方式进行代谢。

乳糖存在于乳汁中，牛奶中含4.8%，人乳中含6.7%，市售液体乳清中为5%。工业上采取从乳清中结晶的方法制备乳糖。

二、单糖和低聚糖

（一）单糖的结构

单糖是一类最小的碳水化合物，是不能水解的多羟基醛、酮及其衍生物。单糖分子中含有手性碳原子，即不对称碳原子，一个手性碳原子在空间存在两种不同的排列（构型）。手性碳原子连接4个不同的基团或原子，在空间形成两种不同的差向异构体，立体构型呈镜面对称。换句话说，我们在镜子中看到的构型是另一种构型的倒影。

单糖的分子量较小，一般含有5~6个碳原子。单糖是D-甘油醛的衍生物，单糖可以形成缩醛和缩酮，糖分子的羟基可以与糖分子本身的一个醇基反应，形成分子内的半缩醛或半缩酮，形成五元呋喃糖或更稳定的六元吡喃糖环。

天然葡萄糖属于D异构系列，它还有一个镜像分子L异构系列。一个6碳醛糖有16种异构体，其中8种为D异构系列，另8种是它们的差相异构体L异构系列。在自然界中L-糖系列比D异构系列少很多，但具有重要的生化作用。L-阿拉伯糖和L-半乳糖是食品中存在的两种L-糖，均为一些多糖的糖基单元。

(二) 低聚糖的结构与存在

1. 低聚糖的结构

低聚糖是由2~20个糖单位通过糖苷键连接起来，形成直链的或具有分支结构的一类糖的总称。低聚糖可溶于水，普遍存在于自然界。自然界中的低聚糖的聚合度一般不超过6个糖单位，其中主要是双糖和三糖，食品中天然低聚糖以双糖最多，其中蔗糖、乳糖、麦芽糖最常见。食品中天然含有的其他低聚糖很少，主要分布在豆科植物种子和一些植物的块茎中，其中棉子糖、水苏糖和松三糖等较常见，尤其在大豆中低聚糖含量较高。

低聚糖的糖基组成可以是同种的（均低聚糖），也可以是不同种的（杂低聚糖）。低聚糖的糖基单位几乎全部都是己糖，除果糖为呋喃环结构外，葡萄糖、甘露糖和半乳糖等均是吡喃环结构。

低聚糖也同样存在分支，一个单糖分子同二糖基单位结合可形成如下的三糖分子结构，它存在于多糖类支链淀粉和糖原的结构中。此外，还有分子量更大的低聚糖，特别应该提到的是饴糖和玉米糖浆中的麦芽低聚糖（聚合度DP或单糖残基数为4~10），以及环状糊精（cyclodextrin）。环状糊精又称为沙丁格糊精（schardinger dextrin），是食品工业中广泛应用的另一类低聚糖，是由6~8单位α-D-吡喃葡萄糖基通过α-1，4糖苷键首尾相连形成的环状低聚物，主要有α-、β-和γ-环状糊精3种。它们是淀粉在α-淀粉酶的作用下降解为麦芽糊精，然后由软化芽孢杆菌得到的葡聚糖转移酶（仅裂解α-1，4糖苷键）作用于麦芽糊精，使葡萄糖基转移至麦芽糊精的非还原末端而得到的非还原性环状低聚糖，主要产物为含有7个葡萄糖单位的β-环状糊精。

环状糊精的利用价值主要在于其具有包裹疏水性小分子有机物的作用。X-射线衍射和核磁共振证明，β-环状糊精的结构具有高度的对称性，是一个中间为空穴的圆柱体。其底部有6个C_6伯羟基，上部排列12个C_2、C_3仲羟基，因而分子外部是亲水的。内壁被C-H所覆盖，与外侧相比有较强的疏水性。β-环状糊精的结构具有高度对称性，分子中糖苷氧原子呈共平面。β-环状糊精在圆柱体的一面的一个框是由C_6羟基排列而成，另一面的框是由C_2、C_3羟基形成的，因此，它能稳定地将客体化合物如维生素、风味物质和作为营养的苦味物质等包裹在分子内部，从而起到稳定食品香味的作用。此外，β-环状糊精还可作为微胶囊化的壁材。

2. 食品中重要的低聚糖

低聚糖存在于多种天然食物中，尤以植物类食物较多，如果蔬、谷物、豆科、海藻和植物树胶等。此外，在牛奶、蜂蜜和昆虫类中也含有。蔗糖、麦芽糖、乳糖和环状糊精是食品加工中最常用的低聚糖。近年来，低聚糖的保健功能开发研究取得了很大进展，各种新型功能性低聚糖被引入食品，开发出各种保健食品。例如，低聚果糖、低聚木糖、甲壳低聚糖和低聚魔芋葡甘露糖等，它们具有显著的生理功能，如在机体肠道内不被消化吸收而直接进入大肠内为双歧杆菌所利用，是双歧杆菌的增殖因子。有防止龋齿、降低血清胆固醇、增强免疫等功能。这类新型低聚糖可由天然多糖转化（提取或酶控制水解或发酵）获得，也可由单糖人工合成。

双糖由两个单糖缩合而成，葡萄糖生成的同聚双糖包括纤维二糖、麦芽糖、异麦芽糖、龙胆二糖和海藻糖。市售麦芽糖是采用来自芽孢杆菌属（Bacillus）细菌的淀粉酶水解淀粉制备的，是食品中较廉价的温和甜味剂。蔗糖、乳糖、乳酮糖和蜜二糖是杂低聚糖，除蔗糖外其余都是还原性双糖。糖的还原性或非还原性在食品加工中具有重要的作用，特别是当食品中同时含有蛋白质或其他含氨基的化合物时，在制备、加工或保藏时易受热效应的影响。乳糖存在于牛奶和其他非发酵制品如冰淇淋中，而在酸奶和奶酪等发酵乳制品中乳糖含量较少，这是因为在发酵过程中乳糖的一部分转变成了乳酸。乳糖具有刺激小肠吸收和保持钙的能力。乳糖到达小肠前不能被消化，当到达小肠后由于乳糖酶的水解成D-葡萄糖和D-半乳糖，因此为小肠所吸收。如果缺乏乳糖酶，会使乳糖在大肠内受到厌氧微生物的作用，发酵生成醋酸、乳酸和其他短链酸，倘若这些产物大量积累就会引起腹泻，俗称"乳糖不耐症"。

三糖同样也存在于食品中，有同聚三糖或杂聚三糖、还原或非还原性糖之分，像麦芽三糖（同聚三糖，还原性D-葡萄糖低聚物）、甘露三糖（杂三糖，D-葡萄糖和D-半乳糖还原性低聚物）和蜜三糖（属非还原性的杂聚三糖，是由D-半乳糖基、D-葡萄糖基和D-果糖基单位组成的杂三糖）。

（三）单糖、低聚糖在食品中应用的物理性质

1. 甜度

甜度的定义为：使人感觉到甜味的最低糖浓度。一般都用相对甜度表示，设蔗糖的甜度为1或100，其它糖甜度与其相比较而得。甜味是糖最重要的性质，但因糖分子结构不同，不同糖甜度不同。常见的几种单糖或双糖的相对甜度为：蔗糖1.0，果糖1.5，葡萄糖0.7，半乳糖0.6，麦芽糖，0.5，乳糖0.4。

一般多价醇具有甜味，即产生甜味的基团为-CHOH-CHOH-，而且即使是同一种糖，其α型和β型的甜味也不相同。例如：葡萄糖的α型比β型甜1.5倍，通常葡萄糖的结晶为α型，在溶液中达到α型和β型平衡时α:β为1:1.7，所以溶解后时间越长，甜度越低。此平衡由于受温度影响的变化小，故冷和热的葡萄糖液的甜味几乎没有变化。而果糖的β型的甜度为α型的3倍左右，其普通结晶为β型，溶液中α型和β型之间的平衡随温度和浓度而异。如10%的果糖溶液，在0℃下α型和β型平衡时α:β为3:7，在80℃下α型和β型平衡时α:β为7:3，且溶液浓度越高，β型所占比例越多。因此，果糖溶液在低温下浓液甜。

蔗糖由于是糖苷的羟基相互结合的二糖，溶液没有α型和β型的变化，甜味也不随时间变化。

在品尝优质糖时，应具备甜味纯正、反应快、很快达到最高甜度、甜度高低适当、甜味消失迅速等性质。常用的几种糖基本符合上述要求，但存在一些差别。如同蔗糖比葡萄糖甜味感觉反应慢，甜度低，但葡萄糖具有冰爽感觉，因为葡萄糖溶解时吸热较蔗糖多。

2. 溶解度

各种糖都能溶于水，但溶解度不同。果糖溶解度最高，其次是蔗糖、葡萄糖、乳糖等。常见的几种糖的溶解度如下：果糖78.94%，蔗糖66.60%，葡萄糖46.71%。各种糖的溶解度，随着温度升高而增大。如表2-4：

表 2-4　常见的几种糖的溶解度

温度（℃）	0	10	20	30	40	50	60	70	80	90
葡萄糖	35	41.6	47.7	54.6	61.8	70.9	74.2	78	81.2	84.7
蔗糖	64.2	65	67.1	68.7	70.4	72.2	74.2	76.2	78.4	80.6

葡萄糖溶解度低，室温下浓度约为50%，浓度过高则结晶析出。50%葡萄糖溶液的渗透压不足以抑制微生物的生长，贮藏性差，因此工业上一般在较高温度下55℃贮存葡萄糖溶液，此时葡萄糖溶液的浓度可达70%，仍不会结晶，贮藏性好。一般说来糖浓度大于70%就可以抑制微生物的生长。果汁和蜜饯类食品就是利用糖作为保藏剂的。

3. 结晶性

就单糖和双糖的结晶性而言：蔗糖易结晶，晶体生成很大；葡萄糖易结晶，晶体生成细小；果糖和转化糖较难于结晶，即：蔗糖＞葡萄糖＞果糖和转化糖。淀粉糖浆是葡萄糖、低聚糖和糊精的混合物，自身不能结晶并能防止蔗糖结晶。在生产硬糖时不能完全使用蔗糖，因为当蔗糖溶液熬煮到水分含量到3%以下时，蔗糖就会结晶，不能得到坚硬、透明的产品。旧法一般在生产硬糖时添加一定量的酸，如柠檬酸，使部分蔗糖变成转化糖，防止结晶，增加糖果的柔韧性。新法是添加一定量的（30%～40%）的淀粉糖浆。在生产硬糖时添加一定量淀粉糖浆的优点是：（1）淀粉糖浆不含果糖，因此不易吸湿，使糖果易于保存；（2）淀粉糖浆中含有糊精，能增加糖果的韧性；（3）淀粉糖浆甜味较低，可缓冲蔗糖的甜味，使糖果的甜味比较适中、可口。

在-23℃时，蔗糖还能结晶成含水晶体，这种含水晶体会进一步聚合成球形，使产品脆或品质不细腻，有沙口的感觉。因此，在冰冻食品如雪糕冰淇淋生产中，为避免生成这种含水晶体，可加淀粉糖浆代替一部分蔗糖。

4. 吸湿性和保湿性

结合水的能力常被称为吸湿性和保湿性。吸湿性指糖在空气湿度较高的情况下吸收水分的性质。保湿性指糖在较低空气湿度下保持水分的性质。常见单糖和双糖的吸湿性从强到弱的顺序为：果糖、转化糖＞葡萄糖、麦芽糖＞蔗糖。

对于生产硬糖要求生产材料的吸湿性低，用蔗糖为宜，避免因为天气潮湿而吸水融化，使产品容易"发烊"。但也不能单独使用蔗糖，因为蔗糖结晶性强且晶体生成很大，使产品容易"反砂"；一般采取蔗糖：葡萄糖（3∶1）配合使用，此比例保证硬糖不"反砂"不"发烊"。这个比例也会随着季节不同、地区不同而上下波动。对于生产软糖的材料则要求吸湿性要高，需保持一定水分，避免因为干燥天气而干缩，以用转化糖和果葡糖浆为宜。生产面包、糕点，要保持产品松软，以用转化糖和果葡糖浆为宜。

5. 渗透压

任何溶液都有渗透压，溶液浓度越高，渗透压就越大。相同浓度下（质量百分浓度），溶质分子的分子质量越小，溶液的摩尔浓度就越大，溶液的渗透压就越大，食品的保存性就越高。果糖、葡萄糖为单糖，在相同的浓度下比蔗糖（双糖）有较高的渗透压。如对于链球菌，35%～45%的葡萄糖可抑制其生长，而用蔗糖溶液则需要50%～60%的浓度。对于蔗糖来说：50%可以抑制酵母的生长，65%可以抑制细菌的生长，80%可以抑制霉菌的生长。

有些酵母菌和霉菌能耐高浓度糖液，因此有时蜂蜜也会变坏。

6. 粘度

糖溶液具有一定的粘度。对于单糖和双糖，在相同浓度下，溶液的粘度有以下顺序：葡萄糖、果糖＜蔗糖＜淀粉糖浆，且淀粉糖浆的粘度随转化度的增大而降低。与一般物质溶液的粘度不同，葡萄糖溶液的粘度随温度的升高而增大，但蔗糖溶液的粘度则随温度的增大而降低。在食品生产中，可借调节糖的粘度来提高食品的稠度和可口性。根据糖类物质的粘度不同，在产品中选用糖类时就要加以考虑，如清凉型的产品就要选用蔗糖，生产水果罐头、果汁饮料和食用糖浆中应用淀粉糖浆来增加粘稠感。

7. 冰点降低

当在水中加入糖时会引起溶液的冰点降低。糖溶液冰点降低的程度取决于糖的浓度和分子质量的大小。糖的浓度越高，分子质量越小，溶液冰点下降的越大。相同浓度下对冰点降低的程度，葡萄糖＞蔗糖＞淀粉糖浆。对于淀粉糖浆而言，转化程度越高，冰点降低的程度就越大。生产雪糕、冰淇淋等冰冻食品时，混合使用淀粉糖浆和蔗糖，可节约用电（淀粉糖浆和蔗糖的混合物的冰点降低较单独使用蔗糖小），低转化度的淀粉糖浆效果更好。利用低转化度的淀粉糖浆还可以促进冰晶细腻，粘稠度高，甜味适中，使产品更为可口。

8. 抗氧化性

糖类的抗氧化性实际上是由于糖溶液中氧气的溶解度降低而引起的。在 20℃，60％蔗糖溶液的溶氧量仅为纯水中的六分之一，因此，在果脯、罐头等生产中使用糖液，有利于保持水果的风味、颜色和维生素 C 不至于因为氧化而发生变化。另外，糖溶液本身也具有一定的抗氧化性，葡萄糖溶液、果糖溶液及淀粉糖浆都有类似的抗氧化性，应用这些糖液，可以使维生素 C 的氧化反应降低 10％～90％。

（四）单糖、低聚糖在食品应用方面的化学性质

1. 水解反应—转化糖的形成

低聚糖或双糖在酸或水解酶的催化作用下可以水解成单糖，例如 1mol 蔗糖在盐酸作用下水解生成 1mol 的葡萄糖和 1mol 的果糖。

蔗糖在酶或酸的水解作用下形成的产物叫做转化糖。所谓转化是指水解前后溶液的旋光度从左旋转化到右旋。转化糖甜度较高，易吸潮，结晶性较低。食品厂生产转化糖的酸一般用柠檬酸或盐酸，酶是 β—葡萄糖苷酶和 β—果糖苷酶。许多果实中含有的转化糖，多是由果实中的转化酶或其它天然存在的酸水解蔗糖而形成的。

蜂蜜中含有蔗糖、果糖、葡萄糖，而且还含有蔗糖酶，所以蜂蜜很甜。

2. 与碱的作用

糖在碱性环境中不稳定，易发生变旋现象（异构化）和分解反应。这个反应发生的程度和产物的比例受许多因素的影响，如糖的种类和结构、碱的种类和结构以及作用的温度和时间等。

在稀碱作用下，糖发生烯醇化和异构化作用，形成某些差相异构体的平衡体系。如稀碱处理 D—葡萄糖，得到 D—葡萄糖、D—甘露糖和 D—果糖三种物质的平衡混合物，这种转化是通过烯醇式中间体完成的。

由于果糖的甜度超过葡萄糖的一倍，所以可利用此异构化反应，以碱性物质处理葡萄糖液或淀粉糖浆，使一部分葡萄糖转变成果糖，以提高其甜度。得到的葡萄糖和果糖的混合液

称为果葡糖浆（人造蜂蜜），此产物与蜂蜜的风味极为相似，但维生素的含量不及蜂蜜。果葡糖浆的强吸湿性使其可以作为面包、糕点的保湿剂，使其质地松软，但这类产品不宜使用于酥脆食品和硬糖中。在生产甜酒和黄酒时，常在发酵液中添加适量的果葡糖浆，以加速酵母对糖的利用速度。用碱法生产果葡糖浆时，碱的浓度不宜过高，否则会引起糖转化生成糖醛酸，并发生分解。

但是用稀碱异构化，转化率较低，糖分损失，同时还能生成有色的副产物，影响颜色和风味，精制也较困难，所以工业上未广泛采用。利用异构化酶使葡萄糖转化成果糖，无碱性催化的缺点，为工业生产果葡糖浆开辟了新的途径。双糖也可以进行异构化，现已经有商品味乐美异构酶可以使乳糖转化成异构化乳糖，使其溶解度大大提高，甜度也相应增加。蔗糖经异构化而得的异构化蔗糖能促进双歧杆菌生长，抑制体内的碱性腐败菌。作为人体的非消化糖类，异构化蔗糖能防止肠病，降低唾液的 pH 值。同时，异构化蔗糖还能使肠内产生较多的有机酸，促进肠蠕动，对肝有利。

单糖在浓碱中，糖分子则发生分子内氧化、重排、裂解、聚合和异构化等多种反应，生成 160 余种混合物。当碱的浓度增高，加热或作用的时间加长时，糖分子发生分子内氧化与重排作用而生成的羧酸称为糖精酸类化合物。糖精酸有多种异构体，因碱浓度不同产生不同的糖精酸。因此，在制糖过程中注意不可混入强碱，糖果加工过程中碱的浓度不能超过 15%，一般果蔬去皮所用的碱液浓度为 10%～15%，浓度过高则会影响产品的风味和口感。

3. 与酸的作用

酸对于糖的作用，因酸的种类、温度和 pH 不同而不同。在室温下稀酸对单糖的稳定性无影响，但在较高的温度下，则发生复合反应（分子间脱水）生成低聚糖，发生脱水反应（分子内脱水）生成非糖物质。糖在不同条件下可发生反应如下：

（1）复合反应

复合反应实质上是分子间的缩合脱水。受酸和热的作用，一个单糖分子的半缩醛羟基与另一个单糖分子的羟基通过 1，3-或 1，6-糖苷键缩合，失水生成双糖。若复合反应程度高，还能生成三糖和其它低聚糖，这种反应称为复合反应。

如：$2C_6H_{12}O_6 \rightarrow C_{12}H_{22}O_{12} + H_2O$

不同酸对此反应的催化程度依次为盐酸＞硫酸＞草酸。D-葡萄糖、D-甘露糖主要通过 1，6-糖苷键复合成双糖，L-阿拉伯糖则主要通过 1，3-糖苷键复合，且只能得到 β-二糖。值得注意的是，复合反应并不是水解反应的副反应，如麦芽糖由 2 分子葡萄糖通过 α-1，4-糖苷键结合而成，水解后生成两分子的葡萄糖；但两分子葡萄糖发生复合时并不是通过 α-1，4-糖苷键缩合，而是通过 α-1，6-糖苷键缩合成异麦芽糖或通过 β-1，4-糖苷键形成龙胆二糖。

复合反应是淀粉水解不利的副反应，在工业上用酸水解淀粉产生葡萄糖时，产物往往含有 5% 左右的异麦芽糖和龙胆二糖，影响葡萄糖的产率，还会影响葡萄糖的结晶性和风味。这些复合糖类最终存留于葡萄糖废蜜中，不能被酵母发酵，约占废蜜中糖分的三分之一。葡萄糖废蜜是制备异麦芽糖和龙胆二糖的好原料，龙胆二糖具有苦味，苦杏仁中含有此糖。葡萄糖结晶后，这些复合糖存留于母液中，为收回这些复合的葡萄糖，工业上再添加酸于母液中，加热水解，使复合糖转变成葡萄糖，如此提高葡萄糖的产率。另外为防止或尽量降低复合葡萄糖含量，还可采取如下措施：严格控制加酸量和淀粉溶液的浓度，0.15% 盐酸，35%

的淀粉溶液是比较合适的；控制液化温度和液化时间。

（2）脱水反应

糖受酸和热的作用，易发生分子内脱水反应，生成环状结构体或双键化合物。与较浓的酸共热，脱水反应更容易进行，并产生非糖物质。如戊糖在加热和酸性条件生成糠醛，己糖在加热和酸性条件生成 5-羟甲基糠醛，5-羟甲基糠醛进一步分解甲酸，乙酰丙酸和聚合成有色物质。这种反应在糖果加工中易出现，硬糖的黄色与糠醛及其衍生物有关。另外在此反应过程中还可产生麦芽酚和异麦芽酚，它们具有特殊的气味（焦糖香型），可增强其他风味，如增强甜味等。麦芽酚可以使蔗糖的阈值浓度降低一半，而异麦芽酚作为甜味的增强剂时，它所产生的效果相当于麦芽酚的 6 倍。

糖分子发生分子内脱水产生的糠醛及 5-羟甲基糠醛与各种酚易发生显色反应，如与 α-萘酚显紫色，此反应常用于糖的定性和定量分析。

4. 氧化与还原反应

糖是多羟基醛或酮，因此，在不同氧化条件下，糖类可被氧化成各种不同的产物。在强氧化剂的作用下，糖被完全氧化成 CO_2 和 H_2O；在弱氧化剂如溴水中，醛糖被氧化成糖酸，糖酸进一步发生分子内脱水成 γ-和 δ-内酯，可以作为蛋白凝固剂。另外葡萄糖酸还可以和 Ca、Zn 等矿物质结合生成相应的葡萄糖酸钙和葡萄糖酸锌，可以作为矿物元素的饮食补充剂。酮糖与溴水不发生反应，因此也可以利用此反应区分醛糖和酮糖；醛糖在浓硝酸的作用下，醛基和伯醇基均被氧化而生成二羧酸，如半乳糖被浓硝酸氧化成半乳糖二酸，此产物不溶于酸性溶液，而其他醛糖生成的二酸均可溶解在酸性溶液中，因此可利用此反应区分半乳糖和其他醛糖；还原糖在碱性溶液中易被弱氧化剂所氧化，如银氨溶液和费林试剂，这个反应已广泛应用于糖的定量、定性分析中；葡萄糖在氧化酶作用下，可以保持醛基不被氧化，仅仅第六个碳上的伯醇基被氧化成羧基而形成葡萄糖醛酸。葡萄糖醛酸具有重要的生理意义：生物体中某些有毒物质，可以和 D-葡萄糖醛酸结合生成苷类，随尿液排除体外而起到解毒的作用，人体内过多的激素和芳香物质也能与葡萄糖醛酸生成苷类而从人体内排除。

单糖的糖基在一定条件下可以被还原成羟基而得到相应的糖醇类化合物，常用的还原剂如钠汞齐和硼氢化钠。如葡萄糖被还原可生成山梨醇，山梨醇甜味温和可口，多作为甜味剂用于饮料、糕点上；山梨醇吸湿性较强，可作为保湿剂防止食品反生；它还是合成维生素 C 的重要原料。同样，D-甘露糖或 D-果糖经氢化后得到甘露糖醇。甘露糖醇的甜度是蔗糖的 65%，被广泛应用于硬糖、软糖和不含糖的巧克力中；由于它的保湿性小，还可以作为糖果包衣。木糖醇是由半纤维素制得的木糖经氢化而成的一种糖醇，其甜度是蔗糖得 70%，在硬糖与不含糖的胶母糖中可代替蔗糖使用，以减少牙病发生。木糖醇不被口腔中的微生物所利用，故可防止龋齿；它不会引起血糖浓度升高，因此可代替蔗糖用于糖尿病患者的疗效食品中。

（五）非酶褐变-焦糖化作用和美拉德反应

食品的褐变有酶促褐变和非酶褐变两大类。氧化或酶促褐变是氧和酚类物质在多酚氧化酶催化作用下发生的一种反应。例如，苹果、梨、马铃薯切片时，可见到褐变现象，另一类非氧化或非酶促褐变在食品中极具重要性，它主要包括焦糖化作用和美拉德反应，与小分子糖的变化有关。

1. 焦糖化反应与非酶褐变

小分子糖主要指单糖和双糖，它们的热分解是食品中的重要反应，食品界常称之为焦糖化反应。它可由酸或碱催化，分解中有水大量脱除，分解中后期，中间产物又进一步聚合成黑色物质，在食品中引起非酶褐变。

如果将糖和糖浆直接加热，可产生焦糖化的复杂反应，少量酸和某些盐可以加速此反应。大多数的热解反应能通过β-消去反应引起糖分子脱水，因而把双键引入糖环，产生不饱和环中间物，如呋喃类、吡喃类等。许多此类物质会对食品风味产生贡献，例如麦芽酚和异麦芽酚。共轭双键能吸收光，并产生颜色。不饱和环常发生聚合，生成有颜色的聚合物。关于黑色的聚合物是如何产生的，大部分反应过程尚未搞清楚，其中可能包括糖的分解产物之间的脱水缩合、醛醇缩合以及一定程度的氧化。尽管反应细节不清楚，但该反应在食品中有重要的应用。通常，食品界利用糖高温变化后产生的焦糖风味和色素提高食品的感观品质。催化剂可以加速反应，使反应产物具有不同类型的焦糖色素。

蔗糖通常被用于制造焦糖色素与风味物。有三种商品化焦糖色素，第一种是由亚硫酸氢铵催化产生的耐酸焦糖色素，应用于可口可乐、其他酸性饮料、烘焙食品、糖浆、糖果以及调味料中。这种色素的溶液是酸性的（pH2～4.5），它含有带负电荷的胶体粒子。第二种是将糖与铵盐加热，产生红棕色并带有带正电荷的胶体粒子的焦糖色素，其水溶液的pH值是4.2～4.8，用于烘焙食品、糖浆及布丁等。第三种是由蔗糖直接加热产生的红棕色并含有略带负电荷的胶体粒子的焦糖色素，其水溶液的pH值是3～4，应用于啤酒和其他含醇饮料。焦糖色素是一种结构不明确的大分子聚合物，这些聚合物形成了胶体粒子，形成的速率随温度和pH的增加而增加。

2. 美拉德反应与非酶褐变

美拉德（Maillard）反应又叫羰胺反应，所需的反应物至少包括还原糖、氨基化合物（一般是蛋白质或氨基酸）和水。1912年，法国化学家美拉德发现，当甘氨酸和葡萄糖的混合液在一起加热时会形成褐色的所谓"类黑色素"。这种反应后来在文献中被称为美拉德反应，包括其它氨基化合物和羰基化合物之间的类似反应在内。由于该反应在不太高的温度下就能发生，在高热处理食品时更为常见，所以是食品中经常遇到的反应，例如食品在油炸、焙烤、烘烤等加工或贮藏过程中，还原糖（主要是葡萄糖）同游离氨基酸或蛋白质分子中氨基酸的游离氨基之间即可发生美拉德反应。美拉德反应可以产生许多风味与颜色，其中有些是期望的，有些是不希望的。通过美拉德反应有可能使营养损失，产生有毒的甚至是致突变的化合物。

美拉德反应包括许多反应，但至今仍未得到非常透彻的了解。当还原糖（主要是葡萄糖）同氨基酸、蛋白质或其他含N的化合物一起加热时，还原糖与胺反应产生葡基胺，溶液呈无色，葡基胺经Amadori重排而产生1-氨基-1-脱氧-2-酮糖，此化合物已经在发生褐变的冷冻干燥杏干中检出。形成的Amadori化合物至少可沿着两种途径降解：在pH<5条件下继续反应，最终可得到5-羟甲基-2-吡喃甲醛（HMF）；在pH>5的条件下，最终生成甲基-α-羰基化合物。这两种途径生成的活性环状化合物（HMF和其他化合物）快速聚合，生成含N的不溶性深暗色类黑精色素。因此在食品加工过程中，在早期色素尚未形成前加入还原剂如二氧化硫或亚硫酸盐方能产生一些脱色的效果，如在美拉德褐变的最后阶段加入亚硫酸盐，则已形成的色素不可能被除去。

当还原糖同氨基酸、蛋白质或其他含氮化合物一起加热时产生美拉德褐变产品，包括可溶性与不溶性的聚合物，例如酱油与面包皮。美拉德反应产品能产生牛奶巧克力的风味，当还原糖与牛奶蛋白质反应时，美拉德反应产生乳脂糖、太妃糖及奶糖的风味。

美拉德反应不利的一面是还原糖同氨基酸或蛋白质的部分链段相互作用会导致部分氨基酸的损失，这种破坏对必需氨基酸来说显得特别重要，其中以含有游离ε-氨基的L-赖氨酸所受的影响最大，即使存在于蛋白质分子中也能参加美拉德反应。其他氨基酸对美拉德降解反应也很敏感，如L-精氨酸和L-组氨酸，碱性氨基酸侧链上有相对呈碱性的氮原子存在，所以比其他氨基酸对降解反应更敏感。因此，从营养的角度来看，美拉德褐变会造成氨基酸与营养成分的损失。但即使是没有发生美拉德反应的食品，也不能保证营养价值无损失，因为氨基酸降解和营养价值损失早在形成色素之前就已经发生。

食品加工中，在某些情况下美拉德反应是需要的，而在另一些情况下则是非需要的反应。这就必须了解和控制发生这些反应的条件以及反应性质和程度的影响。这些条件包括温度、pH、水分含量、金属离子以及糖的结构等。pH对美拉德褐变有很重要的影响，在pH<6时反应较微弱，因为在强酸性条件下氨基被质子化，阻止了葡基胺的形成。随着pH增大褐变反应速度加快，在中等水分含量条件下，pH7.8~9.2范围内褐变速度最快。金属离子特别是铜与铁能促进褐变反应，Fe^{3+}比Fe^{2+}更为有效。从金属离子催化美拉德褐变反应来看，说明褐变色素的形成属于氧化还原反应。糖的结构与褐变反应的速度有关，糖类褐变反应的容易程度依下列顺序逐渐增大：D-木糖＞D-核糖＞L-阿拉伯糖＞己糖（D-半乳糖，D-甘露糖，D-葡萄糖，D-果糖）＞双糖（麦芽糖，乳糖和蔗糖）。D-葡萄糖褐变速度超过D-果糖，因为褐变反应中，酮糖的反应机理与醛糖不同。如果不希望在食品体系中发生美拉德褐变，可采用如下方法：将水分含量降到很低；如果是流体食品可通过稀释、降低pH、降低温度或除去一种作用物来实现。一般除去糖可减少褐变，例如在加工干蛋制品时，在干燥前可加入D-葡萄糖氧化酶以氧化D-葡萄糖，可以减少褐变。在鱼肉制品中加入一种有D-核糖氧化酶活性的戊酸乳杆菌（Lactobacillus pentoaceticum）能使褐变降低至最低程度。SO_2和亚硫酸盐是最广泛用于抑制褐变的化学物质。

三、多糖

多糖广泛且大量分布于自然界，在食品加工和贮藏过程中有着重要的意义，它是构成动植物基本结构骨架的物质，如植物的纤维素、半纤维素和果胶，动物体内的几丁质、粘多糖。某些多糖还可以作为生物代谢储备物质而存在，像植物种的淀粉、糊精、菊糖、动物体内的糖原。有的多糖则具有重要的生理功能，如人参多糖、香菇多糖、灵芝多糖和茶叶多糖等，有着显著的增强免疫、降血糖、降血脂、抗肿瘤、抗病毒等药理活性。多糖另一个重要作用是水的结合物质，例如琼脂、果胶和海藻酸以及粘多糖都能结合大量的水。多糖甚至在经过加工的食品中也能保持原有的功能，例如作为骨架物质和同化营养物质。食品加工中利用的多糖有天然的或改性的产物，可以作为增稠剂、凝胶剂、结晶抑制剂、澄清剂、稳定剂（用作泡沫、乳胶体和悬浮液的稳定）、成膜剂、絮凝剂、缓释剂、膨胀剂和胶囊剂等。

（一）淀粉

淀粉是大多数植物的主要储备物，在种子、根和茎中最丰富。淀粉是许多食品的组分之一，作为人类营养素的碳水化合物，基本依存于淀粉，是人类主食的主要成分。以我国人民的饮食结构来看，淀粉占40%。淀粉生产的原料来源为玉米、小麦、马铃薯、甘薯等农作物，此外栗、稻和藕也用作淀粉生产原料。

1. 淀粉的分子结构与物理性质

淀粉根据其分子形状可分为直链淀粉和支链淀粉，普通淀粉含有20%~39%的直链淀粉，有的新玉米品种可达50%~85%，称为高直链淀粉玉米，这类玉米淀粉不易糊化，甚至有的在温度100℃以上才能糊化。有些淀粉仅由支链淀粉组成，如糯玉米、糯大麦和糯米等。直链淀粉容易发生"老化"，糊化形成的糊化物不稳定，而支链淀粉制成的淀粉糊是非常稳定的。

直链淀粉是由葡萄糖通过$\alpha-1,4$-糖苷键连接的线性聚合物，直链淀粉在水溶液中并不是线性分子，而是在分子内氢键的作用下分子链卷曲成螺旋状，每个螺旋含有6个葡萄糖残基，-OH位于圈内。而支链淀粉也是由葡萄糖组成的，但葡萄糖的连接方式与直链淀粉有所不同，由物理方法测定得知它是具有"树枝"状的分支结构。D-葡萄糖通过$\alpha-1,4$和$\alpha-1,6$-糖苷键结合，主链通过$\alpha-1,4$-糖苷键连接，每隔8~9个$\alpha-1,4$-糖苷键出现一分支，分支处以$\alpha-1,6$-糖苷键相连；分支通过$\alpha-1,4$-糖苷键连接，约由20~30个葡萄糖残基组成，分支上可形成螺旋，具有分散性，不像直链淀粉那样紧密。

2. 淀粉的化学性质

(1) 无还原性

从结构上看，淀粉多甙链的末端虽然还有残留的游离半缩醛羟基（还原性末端），但是淀粉分子在一般情况下并不显示还原性。因为在很多葡萄糖单位中才残留一个游离的半缩醛羟基，所以一般情况下不能显示其还原性。

(2) 与碘反应

直链淀粉与碘反应呈蓝色，而支链淀粉与碘反应呈紫红色，糊精与碘的反应随分子质量的减小，溶液呈色依次变化为：蓝色-红色-无色，因此商品糊精有蓝色糊精、红色糊精和无色糊精之分。但淀粉、糊精与碘的反应并不是化学反应，是一个物理过程，是由于碘在淀粉分子螺旋中吸附而引起的。在淀粉分子的每一个螺旋中能吸附一分子的碘，吸附的作用力为范德华力，这种作用力改变了碘的原有色泽。对于糊精来说，聚合度为4~6与碘呈无色，聚合度为8~20与碘呈红色，聚合度为大于40与碘呈蓝色。支链淀粉一般与碘呈紫色，因为其支链的聚合度一般为20~30。

(3) 水解反应

工业上常通过淀粉水解来生产各种化工原料，根据淀粉的水解程度的不同可得到糊精、淀粉糖浆、果葡糖浆、麦芽糖浆、葡萄糖等，常用的生产方法有酸法和酶法。

① 酸法：用无机酸作为催化剂使淀粉发生水解反应转变成葡萄糖，这个工序在工业上称为"糖化"。淀粉在酸性条件下加热除发生糖化反应形成葡萄糖外，还有其他副反应发生，如发生复合反应形成异麦芽糖和龙胆二糖，发生脱水反应生成环状糊精或双键化合物。

影响淀粉水解反应的因素有：A 淀粉的种类：不同淀粉的可水解难易程度不一样，由难到易依次为马铃薯淀粉、玉米、高粱等谷类淀粉、大米淀粉；B 淀粉的形态：无定性的淀粉比结晶态的淀粉容易被水解；C 淀粉的化学结构：直链淀粉比支链淀粉易于水解，$\alpha-1,4$-糖苷键比$\alpha-1,6$-糖苷键易于水解；D 催化剂：不同的无机酸对淀粉水解反应的催化效果不一样，在相同浓度下，催化强弱顺序为：盐酸＞硫酸＞草酸。

② 酶法：酶法对淀粉的水解包括糊化、液化和糖化三个工序。常用于淀粉水解的酶有α-淀粉酶、β-淀粉酶和葡萄糖淀粉酶。α-淀粉酶用于液化淀粉，故又称为液化酶；β-淀粉酶和葡萄糖淀粉酶用于糖化淀粉，故又称为糖化酶。

α-淀粉酶：广泛分布于动植物、微生物中，是一种内切酶，只能水解α-1,4-糖苷键，不能水解α-1,6-糖苷键，但可越过α-1,6-糖苷键而继续水解α-1,4-糖苷键，但不能水解麦芽糖中的α-1,4-糖苷键，水解产物还原尾端葡萄糖单位 C_1 构型为α-型。利用α-淀粉酶对淀粉进行水解，产物中含有葡萄糖、麦芽糖、麦芽三糖。

β-淀粉酶：分布于植物界，微生物中也有发现，是一种外切酶，从淀粉的非还原性末端开始以每两个葡萄糖残基为单位对淀粉进行水解，能水解α-1,4-糖苷键，不能水解α-1,6-糖苷键，且不能越过α-1,6-糖苷键继续水解α-1,4-糖苷键，水解产物还原尾端葡萄糖单位 C_1 构型为β-型。利用β-淀粉酶对淀粉进行水解，产物中含有β-麦芽糖和β-极限糊精。

葡萄糖淀粉酶：是一种外切酶，从淀粉的非还原端水解α-1,4、α-1,6和α-1,3-糖苷键，最终产物为β-型葡萄糖。

淀粉水解是逐步进行的，在淀粉水解过程中产生的分子质量大小不等的多糖苷片断，这些片断的混合物通称为糊精。根据与碘产生颜色的不同，糊精可分为蓝色糊精、红色糊精和无色糊精。糊精为白色、黄色或褐色的非结晶型粉末，不甜，能溶于水，不溶于醇、醚，右旋光性质，吸湿性较强，有粘性，在食品中可被用作糖浆的组成成分，作为糖果、果脯的添加剂，防止反砂、发烊。

（4）淀粉的糊化

淀粉在植物中以颗粒形式存在，在淀粉颗粒中直链与支链淀粉分子呈径向有序排列，分子之间通过氢键形成分子束，分子束通过氢键形成紧密结合的区域称为结晶区，因此淀粉颗粒具有结晶区与非结晶区交替层的结构，大多数天然淀粉的结晶区占50%～60%。即生淀粉分子排列得很紧密，这种具有胶束结构的生淀粉称为β-淀粉。淀粉结晶区外其它部分氢键较少，结合不紧密，称为不定型区（非结晶区）。这个结晶胶束区的存在使得淀粉在冷水中是不溶的。通过加热提供足够的能量，破坏了结晶胶束区域的氢键后，发生膨润现象，即淀粉颗粒开始水合和吸水，体积膨胀数十倍，结晶区消失，形成不具有胶束结构的淀粉，也就是处于糊化状态的淀粉，称为α-淀粉。因此，淀粉的糊化即指生淀粉在水中加热至胶束结构全部崩溃，淀粉分子形成单分子，并为水所包围而成为溶液状态。由于淀粉分子是链状或分支状，彼此牵扯，结果形成具有粘性的糊状溶液。淀粉糊化温度必须达到一定程度，不同淀粉的糊化温度不一样。糊化一般有一个温度范围，通常用糊化开始的温度和糊化完成的温度表示淀粉糊化温度。同一种淀粉，颗粒大小不一样，糊化温度也不一样，颗粒大的先糊化，颗粒小的后糊化。淀粉糊化时是充分溶胀的。在冷水中，1%淀粉粒匀浆的粘度较低，而加热则形成粘稠的糊，这时大量的水渗入到淀粉粒内部，引起淀粉粒溶胀并像蜂窝一样相互排挤。扩张的淀粉粒流动受阻使糊产生粘稠性。随着温度升高，淀粉糊粘度增加，当在95℃恒定一段时间后，则粘度逐步减小。到达峰粘度时，一些颗粒通过搅拌已经破裂，进一步搅拌，粘度进一步下降。冷却时，一些淀粉分子重新缔合形成沉淀或凝胶，这个过程称为老化。

淀粉糊化的本质是淀粉中有序及无序（晶质与非晶质）态的淀粉分子间的氢键断开，分散在水中形成胶体溶液。所以不仅加热可使其糊化，强的氢键切断试剂或溶液（如二甲基亚砜、液氨、碱液等）即使在常温下也可使淀粉糊化。家庭煮稀饭时加少量的碱就是这个道理。

淀粉的糊化不仅与淀粉的种类和颗粒大小有关，而且温度、水分活度、淀粉中其他共存物质、pH等都将影响淀粉的糊化。

直链淀粉结合紧密，不容易糊化；支链淀粉具有分支结构，水分子容易进入淀粉颗粒内部破坏氢键，较容易糊化；淀粉颗粒大的先糊化，颗粒小的后糊化。

淀粉的糊化、淀粉溶液的粘稠性和淀粉的凝胶特性与温度密切相关。

食品中的水不单纯是一种反应介质，而且还是一种能够控制各种反应、质地以及物理和生物特性的活性成分。对于多数天然淀粉的糊化来说，除淀粉自身固有的约10%水分外，至少要加水至总含水量为30%时才能保证充分糊化。食品中的水含量固然很重要，但更为重要的是水的活性，水活性受盐类、糖类和其他强的水结合剂的影响。因此，体系中如果有大量上述成分存在，将会降低水分活度和抑制淀粉糊化，或仅产生有限的糊化。因为同水结合力强的成分与淀粉争夺结合水，因而阻止淀粉糊化。糖的浓度很高时，可降低淀粉的糊化速度、最大粘度和凝胶强度，双糖推迟淀粉的糊化时间和降低最大粘度的作用比单糖更强。糖产生的可塑性和干扰联结区的形成，使凝胶的强度减弱。

脂类（脂肪和油）和相关乳化剂（例如食品中存在的单酰、双酰甘油和磷脂）也存在于食品中，并影响着淀粉的糊化。凡能直接与淀粉配位的脂肪都将阻止淀粉颗粒溶胀，白面包中的脂肪含量低，其中96%的淀粉可被完全糊化，因而容易消化。馅饼皮和烤饼是高脂肪、低水分食品，其中含有90%未糊化的淀粉，不易消化。向糊化淀粉中加入脂肪，而不加入乳化剂时，不仅不会降低最大粘度，而且还可降低产生最大粘度的温度。例如玉米淀粉水悬浊液的糊化，在92℃才能达到最大粘度，当9%～12%的脂肪存在时，在82℃便可达到最大粘度。

脂类影响淀粉糊化的重要作用之一是能和直链淀粉形成包合物。例如，淀粉中添加含16～18碳脂肪酸的单酰甘油，使糊化温度上升，并且提高产生最大粘度所要求的温度，降低形成凝胶的温度和使凝胶的强度减弱，这是因为直链淀粉的螺旋结构内部的空腔为疏水腔，脂肪酸或单酰甘油的一条脂肪链可被自动吸附在腔内形成包合物，此包合物的熔融温度在100～120℃，高于结晶有序结构的双螺旋直链淀粉。这类包合物不易被热水破坏，不太容易从淀粉粒中渗出，反而能阻止水渗入淀粉粒，所以就能推迟淀粉的膨胀。脂类一直链淀粉包合物还干扰联结区的形成。

由于淀粉呈中性，所以低浓度盐对糊化或凝胶的形成几乎没有影响，但马铃薯支链淀粉例外，因为它含有磷酸基团。另外，一些改性的可离子化淀粉也例外。对于盐敏感的淀粉，取决于条件不同可以增加或降低淀粉的糊化速度。在确定以淀粉增稠的食品的加工时间、温度和方法时，必须考虑这种电荷效应。

酸普遍地存在于许多淀粉质食品中，所幸的是大多数食品的pH值范围在4～7，这样的酸度对淀粉溶胀或糊化的影响很小。在pH10时，淀粉溶胀的速度明显增大，但此pH值已超出食品的允许酸碱范围。在低pH时，例如色拉调味料和水果馅饼中，淀粉糊的最大粘度明显降低，并且烹调加工时迅速降低粘度，因为低pH时淀粉发生水解生成无增塑性的糊精。为防止酸对淀粉增稠的酸性食品产生降低粘度的效应，通常选用交联淀粉作为酸性食品的增稠剂，由于这类淀粉分子非常庞大，只有在完全水解时粘度才明显降低。

淀粉增稠的食品、肉汁和淀粉糊经冷冻-解冻处理后稳定性降低，主要是由于直链淀粉发生老化。樱桃饼馅用普通淀粉增稠，经过冷冻-解冻处理可产生纤维或颗粒状的质地结构。在冷冻食品中，糯质淀粉的加工特性要比含大量直链淀粉的好很多。磷酸交联淀粉在冷冻食品中具有抗老化的能力。淀粉类食品，例如面包和馒头质地变干硬，是由于直链淀粉分子间的缔合造成的，直链淀粉和脂类物质形成复合物可阻止这种作用的发生。干硬的面包经加热可促进淀粉分子的热运动和水分的润滑作用，从而使质地变得较柔软。

(5) 淀粉的老化

经过糊化后的淀粉在室温或低于室温的条件下放置后，溶液变得不透明甚至凝结而沉淀，这种现象称为淀粉的老化。淀粉的老化实际上是一个再结晶的过程，在冷却、贮藏过程中，淀粉分子的动能降低，以原有的凝集点为中心，淀粉分子相互靠拢、通过氢键缔合，排挤出水分，形成部分结晶区。淀粉老化后结晶区可恢复到40%～50%左右，并不能完全恢复到天然生淀粉的结晶结构。直链淀粉比支链淀粉老化的速度大得多。因此，淀粉老化速度与淀粉中直链淀粉和支链淀粉分子的结构、二者的比例、淀粉的来源、淀粉的浓度，以及食品中其他组分的组成（如表面活性剂和盐）和含量有关。许多食品再贮藏过程中品质变差，如面包的陈化（staling）、米汤的粘度下降并产生白色沉淀等，都是由于淀粉老化的结果。

影响淀粉老化的因素有：① 淀粉的种类：直链淀粉比支链淀粉更易于老化；直链淀粉由于空间位阻小、分子链容易定向、容易发生链间并拢和相互结合，因此比支链淀粉更容易老化。② 食品的含水量：水有双重作用，既能够水化淀粉，又能促进淀粉链的定向和靠拢。因此，水过多时，淀粉分子间的氢键结合受抑制，水过少时，无定型结构的糊化淀粉分子难以调整链构象而并拢结合。食品中的含水量在30%～60%时淀粉易于老化，当水分含量低于10%或者有大量水分存在时淀粉都不易老化；③ 温度：在2～4℃淀粉最易老化，温度大于60℃或小于-20℃都不易老化；一般来说，60℃以下淀粉就可表现老化作用，随着温度的下降老化速度逐渐增加，直到2～4℃；随后老化速度逐渐下降，-20℃以下几乎不发生老化。80℃以上的高温下，已经老化的淀粉分子又可依靠高温处理而重新α-化。④ 酸度：偏酸或偏碱淀粉都不易老化。淀粉老化在早期阶段是由直链淀粉引起的，而在较长的时间内，支链淀粉中较长的支链也可以相互发生缔合而老化。防止淀粉老化的方法：将糊化后的淀粉在80℃以上高温迅速去除水分使食品的水分保持在10%以下或在冷冻条件下脱水。淀粉分子不能相互移动靠近，成为固定的α-淀粉，无胶束结构，水分子容易浸入而将淀粉分子包埋，易于糊化，这就是制备方便食品的原理，如方便米饭、方便面条、饼干、膨化食品等。方便面生产中的面饼油炸脱水是非常重要的工序，其α-化程度也是衡量产品质量和复水性好坏的重要指标。

(二) 纤维素

纤维素是构成植物细胞壁的主要材料，它是由D-葡萄糖通过β-1,4糖苷键连接而成的高分子直链不溶性均一多糖。纤维素中羟基被甲基、羟丙基甲基和羧甲基取代，形成纤维素衍生物，也可称为纤维素胶。纤维素通常与半纤维素、果胶和木质素结合在一起，其结合方式和程度对植物食品的质地产生很大的影响。而植物在成熟和后熟时质地的变化则是由果胶物质发生变化引起的。人体消化道不存在纤维素酶，纤维素连同其他惰性多糖构成植物性食品，如蔬菜、水果和谷物中的不可消化的碳水化合物称为膳食纤维。动物除草食动物能利用纤维素外，其他动物的体内消化道也不含纤维素酶。膳食纤维在人类营养中的重要性主要是维护肠道蠕动。纯化的纤维素粉末常用作食品配料，如添加到面包中，不提供热量，但增加持水力，延长面包保鲜时间。

由于纤维素分子是线性分子，因而易于缔合，形成多晶的纤维束。结晶区是由大量氢键连接而成，结晶区之间由无定型区格开。纤维素不溶于水，如果部分羟基被取代形成衍生物，则纤维素就转换成水溶性胶。纤维素凝胶性同聚合度大小和取代程度有关。当所有的羟基被取代，则达到理论取代度。一般情况下，取代并不是均匀分布的。随着聚合度的增加，溶液粘度增加，取代程度即可增加也可减少，这取决于取代基的性质。

1. 羧甲基纤维素（CMC）

纤维素经化学改性，可制成纤维素基食物胶。最广泛应用的纤维素衍生物是羧甲基纤维素钠，它是用氢氧化钠-氯乙酸处理纤维素制成的，一般产物的取代度（DS）为 0.3~0.9，聚合度（DP）为 500~2000。

羧甲基纤维素分子链长、具有刚性、带负电荷，在溶液中因静电排斥作用使之呈现高粘度和稳定性，它的这些性质与取代度和聚合度密切相关。低取代度（DS<0.3）的产物不溶于水而溶于碱性溶液；高取代度（DS>0.4）羧甲基纤维素易溶于水。此外，溶解度和粘度还取决于溶液的 pH 值。

取代度 0.7~1.0 的羧甲基纤维素（carboxymethycellulose，CMC）可用来增加食品的粘性，溶于水可形成非牛顿流体，其粘度随着温度上升而降低，pH5~10 时溶液较稳定，pH7~9 时稳定性最大。羧甲基纤维素一价阳离子形成可溶性盐，但当二价离子存在时则溶解度降低并生成悬浊液，三价阳离子可引起胶凝或沉淀。

羧甲基纤维素有助于食品蛋白质的增溶，例如明胶、干酪素和大豆蛋白等。在增溶过程中，羧甲基纤维素与蛋白质形成复合物。特别在蛋白质的等电点 pH 附近，可使蛋白质保持稳定的分散体系。

羧甲基纤维素具有适宜的流变学性质、无毒以及不被人体消化等特点，因此，在食品中得到广泛的应用，如在馅饼、牛奶面糊、布丁、干酪涂抹料中作为增稠剂和粘合剂。因为羧甲基纤维素对水的结合容量大，在冰淇淋和其他食品中用以阻止冰晶的生成，防止糖果、糖衣和糖浆生产中产生糖结晶。此外，还用于增加蛋糕及其他焙烤食品的体积和延长货架期，保持色拉调味汁乳胶液的稳定性，使食品疏松、增加体积，并改善蔗糖的口感。在低热量碳酸饮料中羧甲基纤维素用于阻止 CO_2 的逸出。

2. 甲基纤维素和羟丙基纤维素

甲基纤维素是纤维素的醚化衍生物，其制备方法与羧甲基纤维素相似，在强碱性条件下将纤维素同三氯甲烷反应即得甲基纤维素（methylcellulose，MC），取代度依反应条件而定，商业产品的取代度一般为 1.1~1.2。

甲基纤维素的特点是热胶凝性，即溶液加热时形成凝胶，冷却后又恢复溶液状态。甲基纤维素溶液加热时，最初粘度降低，然后迅速增大并形成凝胶，这是由于各个分子周围的水合层受热后破裂，聚合物之间的疏水键作用增强引起的。电解质例如 NaCl 和非电解质例如蔗糖或山梨醇均可使胶凝温度降低，因为它们争夺水分子的作用很强。甲基纤维素不能被人体消化，是膳食中无热量多糖。

羟丙基甲基纤维素（hydroxypropylmethtcellulose，HPMC）是纤维素与氯甲烷和环氧丙烷在碱性条件下反应制备的,取代度通常在 0.002～0.3 范围。同甲基纤维素一样,可溶于冷水,这是因为在纤维素分子链中引入了甲基和羟丙基两个基团,从而干扰了羟丙基甲基纤维素分子链的结晶堆积和缔合,因此有利于链的溶剂化,增加了纤维素的水溶性,但由于极性羟基减少,其水合作用降低。纤维素被醚化后,使分子具有一些表面活性且易在界面吸附,有助于乳浊液和泡沫稳定。

甲基纤维素和羟丙基纤维素的起始粘度随着温度上升而下降,在特定温度可形成可逆性凝胶,胶凝温度和凝胶强度与取代基的种类和取代度及水溶胶的浓度有关,羟丙基可以使大分子周围的水合层稳定,从而提高胶凝温度。改变甲基与羟丙基的比例,可使凝胶在较广的温度范围内凝结。

甲基纤维素和羟丙基甲基纤维素可增强食品对水的吸收和保持,使油炸食品不至于过度吸收油脂,例如炸油饼。在某些保健食品中甲基纤维素起脱水收缩抑制剂和填充剂的作用。在不含面筋的加工食品中作为质地和结构物质。在冷冻食品中用于抑制脱水收缩,特别是沙司、肉、水果、蔬菜以及在色拉调味汁中可作为增稠剂和稳定剂。此外,甲基和羟丙基甲基纤维素还用于各种食品的可食涂布料和代脂肪。

第三节 脂 质

一、概述

由脂肪酸和醇作用生成的酯及其衍生物统称为脂类,这是一类不溶于水而溶于大部分有机溶剂的化合物。它们是脂肪组织的主要成分,而脂肪同蛋白质和碳水化合物一起构成了所有活细胞的主要结构成分。99%的植物和动物脂类是脂肪酸甘油酯,习惯上将室温呈固态的称为脂肪,呈液态的称为油。

食品脂类具有独特的物理与化学性质。它们的组成,晶体结构,熔化和固化性能以及同水和其他非脂分子的缔合作用都与食品的质构有密切关系,也与焙烤食品,糖果和其他烧煮产品的功能性质有密切的联系。

食用脂类具有重要的营养价值,它们能供给人体热量和必需脂肪酸,可以作为维生素的载体,并且对改善食品口味起到重要作用。

二、脂质的分类和结构

依据不同的原则,脂质有很多分类方法,常见的有以下几种:

1. 依据物理状态不同,可分脂肪(常温下为固态)和油(常温下为液态)。
2. 依据构成的脂肪酸不同,可分为单纯酰基油和混合酰基油。
3. 依据来源不同,可分为乳脂类、植物脂、动物脂、海产品动物油、微生物油脂。
4. 依据不饱和程度不同,可分为干性油、半干性油、不干性油。干性油是指碘值大于 130 的脂,如桐油、亚麻籽油、红花油等;半干性油指碘值介于 100～130 的脂,如棉籽油、大豆油等;不干性油是指碘值小于 100 的脂,如花生油、菜子油。
5. 依据化学结构不同,可分为简单脂、复合脂和衍生脂,这是一种常见的脂质分类方法。

简单脂，如酰基酯和蜡，酰基酯是最多的一种脂类，是高级脂肪酸与甘油脱水缩合形成的化合物。

复合脂是脂与其它生物分子形成的复合物。有鞘脂类（由鞘氨酸、脂肪酸、磷酸盐、胆碱组成），脑苷脂类（由鞘氨酸、脂肪酸、糖类组成），神经节苷脂类（由鞘氨酸、脂肪酸、复合的碳水化合物组成）。

衍生脂是指符合脂类定义的物质，但又不是简单脂或复合脂，如：类胡萝卜素，类固醇，脂溶性维生素。

三、脂类的命名

脂质的命名较复杂，按几类物质分别介绍

（一）酰基甘油

天然脂肪是由甘油与脂肪酸结合而成的一酰基甘油、二酰基甘油和三酰基甘油混合物，天然脂肪中主要是以三酰基甘油形式存在。它的结构见图2-3：

图2-3 三酰基甘油

当 $R_1=R_2=R_3$，为单纯甘油酯；R_i 不完全相同时，为混合甘油酯，天然油脂多为混合甘油酯；R_1 与 R_3 不同时，C2原子具有手性，天然油脂多为L型。

对于三酰基甘油的命名常采用SN系统，即立体有择位次编排（stereo specific numbering, SN）：根据甘油的费歇尔（Fisher）平面投影式，C2上的羟基写在左边，碳原子从顶到底的次序编号为Sn-1，Sn-2及Sn-3（图2-4a）。依此原则，图2-4b的三酰基甘油可命名为：Sn-甘油-1-硬脂酸酯-2-油酸酯-3-肉豆蔻酸酯，或Sn-甘油-1-硬脂酰-2-油酰-3-肉豆蔻酰，或Sn-StOM，或Sn-18：0-18：1-14：0。

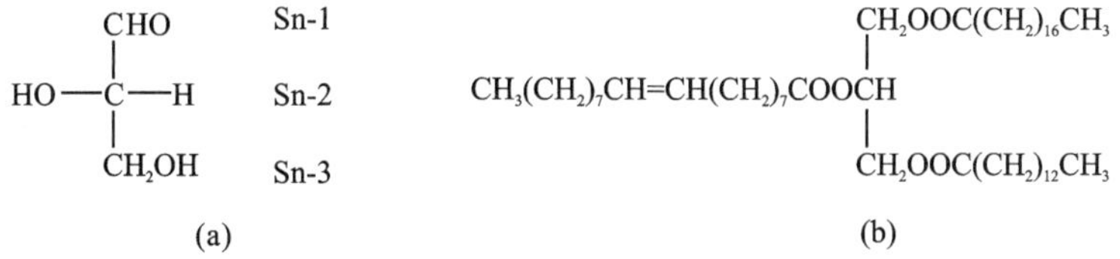

```
        CHO        Sn-1                    CH₂OOC(CH₂)₁₆CH₃
HO—C—H             Sn-2    CH₃(CH₂)₇CH=CH(CH₂)₇COOCH
        CH₂OH      Sn-3                    CH₂OOC(CH₂)₁₂CH₃
         (a)                                    (b)
```

图2-4 三酰基甘油的命名

（二）磷酯

磷酯是含有磷酸的酯类，主要有磷酸甘油脂和神经鞘磷酯。甘油的1位和2位的两个羟基分别与两个脂肪酸生成酯，3位羟基与磷酸生成酯，即磷酯。如两个脂肪酸分别为棕榈酸和亚油酸，采用上图系统命名法则为Sn-甘油-1-棕榈酰-2-亚油酰-3-磷酯酰胆碱（卵磷酯），如图2-5。磷酯中磷酸基团又可与其他的醇进一步酯化，生成多种磷酯类。

（三）脂肪酸

脂肪酸是天然脂肪水解而得的脂肪族一元羧酸，根据分子中烃基是否饱和可分为饱和脂

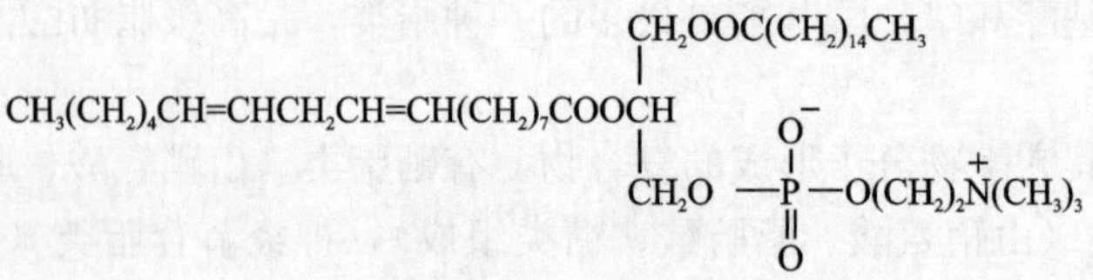

$$CH_3(CH_2)_4CH=CHCH_2CH=CH(CH_2)_7COOCH$$

$$\begin{array}{c} CH_2OOC(CH_2)_{14}CH_3 \\ | \\ CH_2O-P-O(CH_2)_2\overset{+}{N}(CH_3)_3 \\ \underset{O}{\overset{O^-}{\|}} \end{array}$$

图 2-5 卵磷脂

肪酸和非饱和脂肪酸。

1. 饱和脂肪酸的命名，常用俗名和系统命名法。

普通名或俗名是根据来源命名，许多脂肪酸最初是从某种天然产物中得到的，因此常根据其来源命名。例如棕榈酸（16：0），花生酸（20：0）。

系统命名法是选择含羧基最长的碳链为主链，主链的碳原子数及编号从羧基碳原子开始，顺次编为：1、2、3、…也可用甲、乙、丙、丁…按照与其相同碳原子数的烃定名为某酸。

以数字标记表示碳原子数和双键数，数字与数字之间有一冒号。冒号前面的数字表示碳原子数，冒号后的数字表示双键数。如 4：0，10：0。

还有以脂肪酸的英文缩写来命名，在此不作介绍。

2. 不饱和脂肪酸的命名，与饱和脂肪酸相同，也有俗名和系统命名法，系统命名有以下几种情况：

（1）若含有双键，则定名为某烯酸，并把双键位置写在某烯酸前面。

（2）以数字标记表示碳原子数和双键数，数字与数字之间有一冒号。冒号前面的数字表示碳原子数，冒号后的数字表示双键数。如 18：1，18：3，有时还需标出双键的顺反结构及位置，c 表示顺式，t 表示反式，且双键位置从羧基端编号，如：$6c,11t-20:2$。

（3）在某些情况下，可从分子甲基端的第一个双键位置区别不饱和脂肪酸。甲基碳叫 ω 碳。记作 ω 数字或 n 数字，该数字为编号最小的双键的碳原子位次，例：20：1，$\omega 3$。

同样，不饱和脂肪酸也可以脂肪酸的英文缩写命名。下面列出常见几种脂肪酸的不同名称，有助于对命名方法的理解。

表 2-5 常见脂肪酸的命名

数字命名	系统命名	普通名	英文缩写	数字命名	系统命名	普通名	英文缩写
4：0	丁酸	酪酸	B	18：1ω9	9-十八碳一烯酸	油酸	O
6：0	己酸	己酸	H	18：2ω6	9，12-十八碳二烯酸	亚油酸	L
8：0	辛酸	辛酸	Oc	18：3ω3	9，12，15-十八碳三烯酸	a-亚麻酸	a-Ln
10：0	癸酸	癸酸	D	18：3ω6	6，9，12-十八碳三烯酸	y-亚麻酸	y-Ln
12：0	十二酸	月桂酸	La	20：0	二十酸	花生酸	Ad
14：0	十四酸	肉豆蔻酸	M	20：4ω6	5，8，11，14-二十碳四烯酸	花生四烯酸	An
16：0	十六酸	棕榈酸	P	20：5ω3	5，8，11，14，17-二十碳五烯酸		EPA
16：1	9-十六碳一烯酸	棕榈油酸	Po	22：1ω9	13-二十二碳一烯酸	芥酸	E
18：0	十八酸	硬脂酸	St	22：6ω3	4，7，10，13，16，19-二十二碳六烯酸		DHA

四、天然油脂中的脂肪酸

1. 饱和脂肪酸

天然油脂的饱和脂肪酸大多数为偶碳数酸,最常见的为十六碳酸和十八碳酸,其次为十二碳酸、十四碳酸和二十碳酸,碳链少于十二的脂肪酸主要存在于牛脂和很少的一些植物种子油中。

常见的饱和脂肪酸有正丁酸(酪酸,$C_{4:0}$)、正乙酸($C_{6:0}$)、正辛酸($C_{8:0}$)、正癸酸(羊脂酸,$C_{10:0}$)、十二烷酸(月桂酸,$C_{12:0}$)、十四烷酸(肉豆蔻酸,$C_{14:0}$)、十六烷酸(棕榈酸,$C_{16:0}$)、十八烷酸(硬脂酸,$C_{18:0}$)、二十烷酸(花生酸,$C_{20:0}$)、二十二烷酸(山嵛酸,$C_{22:0}$)等。

2. 不饱和脂肪酸

常见的不饱和脂肪酸有一烯酸、二烯酸、三烯酸和多烯酸,炔酸较少见。

常见的一烯酸有顺-9-十二碳烯酸(月桂烯酸),顺-9-十四碳烯酸(豆蔻烯酸),顺-9-十六碳烯酸(棕榈油酸),顺-9-十八碳烯酸(油酸),反-9-十八碳烯酸(反油酸)和顺-13-二十二碳烯酸(芥酸)。

常见的二烯酸有顺-9,顺-12-十八碳二烯酸(亚油酸),反-2,顺-4-癸二烯酸和反-2,顺-4-十二碳二烯酸。

常见的三烯酸有顺-9,顺-12,顺-15-十八碳三烯酸(α-亚麻酸),顺-6,顺-9,顺-12-十八碳三烯酸(γ-亚麻酸);顺-9,反-11,反-13-十八碳三烯酸(α-桐酸)和反-9,反-11,反-13-十八碳三烯酸(β-桐酸)。

常见的多烯酸多具有特殊的生理作用。5,8,11,14-二十碳四烯酸(花生四烯酸)是人体合成前列腺素的前体物质。5,8,11,14,17-二十碳五烯酸(EPA)和二十二碳六烯酸(DHA)广泛存在于海洋生物中。它们有诸多生理作用,如抗血栓、降胆固醇、防治冠心病等;DHA还可促进脑细胞生长发育,提高记忆力和学习能力。目前,EPA和DHA主要从鱼油中制备。根据产品中EPA和DHA含量,又可分为:精制浓缩鱼油(EPA+DHA:30%左右),多烯康型产品(EPA+DHA>70%),高纯EPA或DHA产品(EPA或DHA>90%)。

3. 必需脂肪酸

自然界存在的脂肪酸有40多种。有几种脂肪酸人体自身不能合成,必须由食物供给,称为必需脂肪酸。以往认为亚油酸、亚麻酸和花生四烯酸这三种多不饱和脂肪酸都是必需脂肪酸,但近年来的研究证明只有亚油酸和亚麻酸是必需脂肪酸,而花生四烯酸则可利用亚油酸由人体自身合成。

表2-6 几种常用油脂和食物中必需脂肪酸含量(占脂肪酸总量%)

油脂名称	亚油酸	亚麻酸	油脂名称	亚油酸	亚麻酸
豆油	52.2	10.6	芝麻油	43.7	2.9
花生油	37.6	—	猪脂	8.3	0.2
玉米油	47.8	0.5	牛脂	3.9	1.3
菜子油	14.2	7.3	羊脂	2.0	0.8
米糠油	34.0	1.2	鸡油	24.7	1.3

续表

食物名称	亚油酸	亚麻酸	食物名称	亚油酸	亚麻酸
猪肉	13.6	0.2	鸡蛋黄	11.6	0.6
猪肝	15.0	0.6	牛奶	4.4	1.4
牛肉	5.8	0.7	鲤鱼	16.4	2.0
羊肉	9.2	1.5	带鱼	2.0	1.2
鸡肉	24.2	2.2	鲫鱼	6.9	4.7

五、天然食用油脂的组成

食品脂类中最丰富的一类是酰基甘油类，它是动植物的脂肪和油的主要组成，在传统上可以将酰基甘油类再分成下述几类。

1. 乳脂肪　这一类脂肪存在于反刍动物特别是乳牛的乳中，虽然乳脂肪中主要的脂肪酸是棕榈油、油酸与硬脂酸，但这种脂肪具有独特的性质，它含有相当数量的 $C_4 \sim C_{12}$ 短链酸以及少量的支链和奇数酸。

2. 月桂酸　这类脂肪存在于某些品种的棕榈树中，如椰子和巴巴苏棕榈，它们含大量的月桂酸（40%～50%），中等含量的 C_6，C_8 和 C_{10} 脂肪酸，低含量的不饱和脂肪酸，且具有较低的熔点。

3. 植物脂　这类脂肪存在于各种热带树的种子中，具有熔点范围窄的特点，这主要是由于在三酰基甘油分子中脂肪酸的排列所造成的。虽然饱和与不饱和脂肪酸的比例大，但是没有饱和甘油三酯。这类植物脂被广泛用于制造糖果，其中可可脂是这一类脂肪中最重要的一员。

4. 油酸－亚油酸　这类脂肪是最丰富的。油来自于植物，它含有大量油酸和亚油酸以及含量低于20%的饱和脂肪酸。这类脂肪中最重要的为棉籽油、玉米油、花生油、向日葵油、红花油、橄榄油、棕榈油以及麻油。

5. 亚麻酸　豆油、麦胚油、大麻籽油与紫苏子油等含有大量的亚麻酸，其中豆油最为重要。

6. 动物脂肪　这类脂肪由家畜（例如猪与牛）中的贮存脂肪组成，它们都含有大量的 C_{16} 与 C_{18} 脂肪酸，中等含量的不饱和脂肪酸，其中最多的是油酸与亚油酸，以及少量的奇数酸。这类脂肪中还含有客观数量的完全饱和的三酰基甘油，并具有相当高的熔点。

7. 海生动物油　这些油一般含有大量的长链多不饱和脂肪酸，其中双键的数目可多达6个，通常含有丰富的维生素A与D，由于高度不饱和性，所以它们比其他的动植物油脂更容易氧化。

六、脂质的物理性质

油脂的脂肪酸组成和结构决定了油脂的物理性质，油脂的物理性质包括晶体、热、流变、表面、光学、电学特性等。

（一）三酰基甘油的分布

关于三酰基甘油的分布有着多种理论。这里主要介绍无规（1，2，3无规）分布理论。按照这种理论，脂肪酸在每个三酰基甘油分子内和全部三酰基甘油分子间都是随机分布的。因此，甘油基所含三个位置的脂肪酸组成应该相同，而且与总脂肪的脂肪酸组成相等。根据这种理论，可按下式计算出一定种类的脂肪酸所占的比例。

%Sn-XYZ＝［总脂肪中 X 的摩尔分数（％）］×［总脂肪中 Y 的摩尔分数（％）］×［总脂肪中 Z 的摩尔分数（％）］×10^{-4}

式中，X，Y，Z 表示在酰基甘油 1，2，3 位的组成脂肪酸。

（二）一般性质

1. 气味和色泽

纯脂肪无色、无味，油脂无挥发性，气味多由非脂成分产生。

2. 折光指数

折光指数一般随着组成油脂的脂肪酸的碳原子数目的增加而增大，尤其是存在共轭双键时，折光指数增加更明显。因此，折光指数是鉴定油酯类别、纯度和酸败的一种手段。

（三）油脂的热性质

1. 熔点：对一般的化合物而言，熔点等于凝固点，但对具有粘滞性的和有同质多晶现象的物质，凝固点小于熔点。天然油脂没有敏锐的熔点（mp）。一般熔点由低到高的顺序为：游离脂肪酸、甘油一酯、二酯、三酯；熔点最高在 40～55℃之间。碳链越长，饱和度越高，则熔点越高。

2. 沸点和蒸汽压：油脂的沸点一般在 180～200℃之间，沸点随碳链增长而增高。油脂和脂肪酸的沸点有以下顺序：甘油三酯＞甘油二酯＞甘油一酯＞脂肪酸＞脂肪酸的低级醇酯，而它们的蒸汽压则按相反的顺序变化。

3. 烟点，闪点，着火点：这些是油脂在接触空气加热时的稳定性指标。烟点是在不通风的情况下加热油脂观察到油脂发烟时的温度，一般为 240℃。闪点是油脂在加热时其挥发物能被点燃但不能维持燃烧的温度，一般为 340℃。着火点是油脂在加热时其挥发物能被点燃且能持续燃烧的时间不少于 5 秒的温度，一般为 370℃。

（四）结晶特性

1. 晶体结构

借助 X-射线衍射研究及其他手段，研究获得了关于脂肪晶体结构和特性的知识。完整的晶体是由晶胞在三维空间并列堆积成的。长链有机化合物在晶体中并排堆积可产生最大的范德华相互作用力及氢键作用。脂肪酸倾向于形成最适于头与头相接的双分子。

当相似的脂类化合物在混合物中共存时，可形成多种分子的晶体。在链长只相差一个碳原子的中等或低分子量脂肪酸所形成的复合结晶中，一对脂肪酸靠羧基和羧基相结合。在某些条件下，缓慢冷却可使一种结晶层沉积在另一种结晶表面形成层状结晶。

2. 同质多晶

同一种物质可具有不同的晶体形态，叫做同质多晶现象，化学组成相同而晶体结构不同的一类化合物则称为同质多晶体，它们在较高温度融化时可生成相同的液相。

由 X 射线衍射及红外光谱测定证实，天然油脂一般都存在 3～4 种晶型，按熔点增加的顺序依次为：玻璃质固体（亚 α 型或 γ 型）、α 型、β′型和 β 型，其中 α 型、β′型和 β 型为真正的晶体。α 型晶体熔点最低，密度最小，不稳定，为六方堆切型；β′和 β 型熔点高、密度大、稳定性好，β′型为正交排列，β 型为三斜型排列。X 射线衍射发现 α 型的脂肪酸侧链无序排列，β′型和 β 型脂肪酸侧链有序排列，特别是 β 型油脂的脂肪酸侧链均朝一个方向倾斜，且三酰基甘油分子中的脂肪酸以两种方式排列：二倍碳链长（DCL），又称 β-2 型和三倍碳链长（TCL），又称β-3型。β型有序程度最高，因此最稳定。

油脂晶型受很多因素影响，归纳起来可分为三大类：

（1）油脂分子的结构：一般说来单纯酰基甘油酯容易形成稳定的β型结晶，而且为β-2型，而混合酰基甘油酯由于侧链长度不同，容易形成β′型，并以TCL排列。

（2）油脂的来源：不同来源的油脂形成晶型的倾向不同，椰子油、可可脂、菜籽油、牛脂、改性猪油易于形成β′型；豆油、花生油、玉米油、橄榄油等易于形成β型。

（3）油脂的加工工艺：熔融状态的油脂冷却时的温度和速度将对油脂的晶型产生显著的影响，油脂从熔融状态逐渐冷却时首先结晶形成密度最小，熔点最低的α型，当将α型缓慢加热至熔点融化后再冷却就会迅速转变成β型，再将β型缓慢加热融化逐渐冷却后则形成β′型，而α型熔融物冷却并保持温度高于熔点几度，可直接得到β′型。

（五）脂肪的塑性、稠度和起酥性

1. 脂肪的塑性

脂肪的塑性是指在一定压力下表观固体脂肪所具有的抗变形能力。脂肪一般由多种甘油三酯的混合物组成。在很低的温度下，组成脂肪的每种甘油三酯都以固态存在，这时脂肪为固体，相反为液体。在一定的温度范围内，脂肪中某些甘油三酯以固态存在，另外的甘油三酯以液态存在，这时脂肪成为具有塑性的固体，称为塑性脂肪。这里所谓塑性是指固体脂肪在外力作用下，开始流动，但当外力停止后，脂肪重新恢复原有稠度的性质。在室温下表现为固态的油脂并非严格的固体，而是固-液混合体。

脂肪中固液两相的比例可用膨胀计来测量，常用固体脂肪指数（SFI）来表示。测定在某些温度时25克油脂的固态和液态体积的差异，除以25即为固体脂肪指数。

美国油脂化学协会规定的测定温度为10℃、21.1℃、26.7℃和33.3℃；国际理论与应用化学联合会规定为10℃、15℃、20℃和25℃。脂肪的固体脂肪指数可以用膨胀计法、核磁共振法及差示热分析法测定，膨胀计法及差示热分析法测得的为相对值，核磁共振法测得的为绝对值。

脂肪的塑性可用脂肪的屈服值表征，脂肪的屈服值可通过穿透度计法、挤压法、切割法和弯曲梁法进行测量。其单位为压力单位Pa。

塑性油脂如人造黄油在剪切应力作用下以薄层形式均匀分布和保留在平面上的能力，称为油脂的涂抹性。油脂的涂抹性决定于油脂的屈服值。在一定温度下，油脂的屈服值过大或过小均会影响油脂的涂抹性。如黄油在2~25℃，屈服值在200~2000Pa时，具有良好的涂抹性。

把人造奶油加到混合面浆中后，高速搅打，则面浆体积增大。这是由于人造奶油裹吸了空气，并使空气变成了细小的气泡。这种塑性油脂在空气中高速搅拌时形成气泡的能力称为酪化性，酪化性是油脂结合空气能力的量度，用酪化值表征。酪化值是1g试样所含空气毫升数的100倍。酪化值与油脂的饱和程度有关，饱和程度高，酪化程度大。乳脂的酪化性专称为打擦度，即将等质量的乳脂和糖混合后，在规定时间内用专门搅打设备不断搅打，比容积的增加倍数。打擦度在1.9~2.7时乳脂的酪化性能优良，1.6~1.9时性能中等，1.3~1.6时性能差。

2. 脂肪的稠度

稠度是指塑性脂肪的软硬度。脂肪的塑性也可用稠度来衡量。影响脂肪稠度的因素有：

（1）脂肪中固体组分的比例：脂肪的固体含量愈高，硬度愈大。

（2）晶体的数目、大小和种类：在一定含量的固体中，含大量小结晶的比含少量粗大结晶的可形成硬度更大的脂肪，而缓慢冷却则形成大的软晶体。高熔点甘油酯构成的晶体比低熔点甘油酯具有较大的硬化力。

（3）液体的粘度：由温度引起的稠度变化与熔化物的粘度变化有关。

（4）温度处理：如果一种脂肪趋向于极度过冷，可通过以下方法来防止，让脂肪在尽可能低的温度下加热熔化后，并在恰好高于熔点的温度保持一段时间，然后冷却结晶，这样能形成很多晶核和小晶体，而且稠度稳定。

（5）机械作用：结晶的脂肪一般是触变的，剧烈振荡以后，脂肪可逆地变得更软。

（6）充气：将 N_2（占体积分数为 10％～15％）加入到塑性起酥油中，可使其有一个明亮、雪白、不透明的外观，使稠度发生变化。

3. 脂肪的起酥性

在面团调制过程中加入塑性油脂使烘烤面制品的质地变得酥脆，这就是油脂的起酥性，具有这种功能的油脂称为起酥油。

起酥油并非国际上统一使用的名称。欧洲一些国家称起酥油为混合烹调脂（compound cooking fat）。起酥油最初是指用于酥化或软化烘焙食品的一类具有可塑性的固体脂肪。由于新开发的流体态、粉末态起酥油和水相低于 20％的人造奶油均具有塑性脂肪赋予的功能特性，目前，起酥油包含了一个广阔的产品系列。

无塑性的液体油在调制面团时以微粒状分散在面团中，而塑性油脂则形成较大面积的薄膜和细条，使面团的延展性增强。塑性油脂的另一个作用是在调制时能包含和保持一定量的空气，使面团体积增加，在烘烤面制品时形成小孔，改善面制品质地。

起酥油属塑性脂肪，其甘油三酯组成中含有相当数量的饱和酸酯，常温下这些饱和酸酯以微细固态晶体包容液态油脂构成具有抵抗微细外加应力的塑性物质。奶油和猪脂是天然的塑性脂肪，因其在面点烘焙食品加工中能阻断蛋白质与淀粉缔结而酥化或软化烘焙食品，很早就被人们重视和广泛应用。用于饼干和面包生产的起酥油应具备以下特点：起酥性强，稳定性好，乳化性和酪化性好，在 30℃ 的流变性好，并且是结晶稳定的可塑性固型脂，在 40℃ 不变软，在低温下不太硬，不易氧化。

（六）油脂的油性和粘性

油脂的油性是指液体油形成润滑薄膜的能力。这种能力可使食品有细腻滑润的感觉，避免某些颗粒状食品粗糙的口感。比如菜肴烹饪时，油脂能以薄膜状覆盖在物料表面，一方面可以使物料与物料、物料与器具之间不发生黏连，另一方面可以大大改善口感。人的口舌对食品颗粒形状的感受程度有一定的阈值，当颗粒直径大于 5 微米时，人的口感粗糙，但颗粒本身的形状和软硬程度对口感也有一定的影响作用。在食品加工中油脂可以均匀地分布在食品的表面形成一层薄膜，使人口感愉快。

油脂的油性取决于油脂本身的组成、晶型、氧化程度等。

油脂的粘性主要指油脂的粘连的程度，用粘度表示。不同种类的油脂分子由于其脂肪酸 C 链长度及所带极性基团的种类和多少不同其粘度互有差别，如三月桂酰甘油、三肉豆蔻酰甘油、三软脂酰甘油、三硬脂酰甘油由于脂肪酸 C 链长度的差别，使得在同样温度下粘度由前至后逐步增加；又如，液态油有一定的粘性，这是酰基甘油分子侧链之间的引力的作用引起的。蓖麻油之所以粘性较其他油高，因为其含有蓖麻酸醇，其 C 链上含有羟基，容易形成氢键，因此粘度大大增加。

当油脂经氧化或加热聚合后，粘度会大大增加。前者是因为氧化，碳链上极性基团的数量增加所致。

(七) 乳状液和乳化剂

1. 乳状液的概念

乳状液一般是由两种不互溶的液相组成的分散体系，其中一相是以直径 $0.1\sim50\mu m$ 的液滴分散在另一相中，以液滴或液晶的形式存在的液相称为"内"相或分散相，使液滴或液晶分散的相称为"外"相或连续相。如果油以一定大小的液滴分散在水溶液（连续相）中，形成了水包油的乳状液，用 O/W 表示，如稀奶油、冰淇淋等；如果水分散在油中，则形成了油包水的乳状液，一般用 W/O 表示，如奶油、人造黄油等。

分子的亲水-亲脂平衡（hydrophilie - lipophilie balance，HLB）是乳状液乳化性能的评价指标。通常，HLB 值范围在 3～6 之间的乳化剂可形成 W/O 型乳状液，HLB 值在 8～18 之间则有利于形成 O/W 型乳状液。

2. 影响乳状液稳定性的因素

很多因素会影响乳状液的稳定性。界面张力是影响乳状液稳定性的重要因素，降低界面张力则乳状液稳定性增强。离子表面活性剂能够在含有油滴的水相中建立起双电层，这种电荷排斥力能提高 O/W 型乳状液的稳定性，但对 W/O 乳状液的稳定性并不重要，因为油相一般不能提供足够的产生强电位梯度的抗衡离子。连续相粘度高则乳状液的稳定性好，任何一种能使乳状液连续相粘度增大的因素都可以明显地推迟絮凝和聚结作用的发生，如明胶和多种树胶，对于 O/W 型乳状液保持稳定性是极为有利的。另外大分子物质的稳定作用也很突出，各种大分子物质，包括某些树胶和蛋白质，都能在乳状液液滴的周围形成厚膜，因此，对聚结产生物理垒。它们一般有助于 O/W 型乳状液的形成并使其保持稳定。

3. 乳化剂

食品工业中目前可利用的乳化剂，其结构和性质都不相同，乳化剂可分为阴离子型、阳离子型或非离子型；也可分天然的或合成的；按功能分为表面活性剂、粘度增强剂或固体吸附剂等。

乳化剂的疏水性和亲水性是其最主要的性质。食品加工中常利用乳化剂控制脂肪球滴聚集，提高乳状液的稳定性；在焙烤食品中能够保持软度，防止"老化"，并通过与面筋蛋白相互作用，起到强化面团的作用；此外，还可控制脂肪结晶和改善以脂类为基质的产品的稠度。

常用的乳化剂有甘油酯、乳酰单酰甘油硬脂酰乳酸钠（SSL）、乙二醇或丙二醇脂肪酸单酯、脱水山梨醇脂肪酸酯与聚氧乙烯脱水山梨醇脂肪酸酯、卵磷脂、各种植物中的水溶性树胶等。

(八) 油脂对淀粉糊化和老化的影响

在食品加工中经常同时使用淀粉和油脂，油脂的加入将影响淀粉的工艺特性。糊化和老化是淀粉加工特性中最重要的且相互有关系的两个性质。油脂不仅影响淀粉的糊化，也影响淀粉的老化。这两种影响，都是因为油脂在淀粉颗粒或糊化淀粉上形成一层薄膜。在未糊化的淀粉颗粒上形成油膜，可以使淀粉颗粒难以与水直接接触，导致糊化温度提高；在已经糊化的淀粉中加入油脂（或乳化剂），油脂分子可与淀粉分子形成复合物，阻止淀粉分子间的缔合，从而延缓淀粉的老化。

七、油脂在食品贮藏加工中的化学变化

（一）油脂的水解、皂化、异构化

1. 油脂的水解

油脂的水解是指油脂水解形成甘油和脂肪酸的过程。通过酶，加热和水分的作用，脂类中酯键发生水解，产生游离脂肪酸。

这一反应可分三步可逆进行。先水解生成甘油二酰酯，再水解生成甘油一酰酯，最后水解生成甘油。甘油三酰酯不溶于水，所以水解速度很慢，但甘油二酰酯和甘油一酰酯的亲水性依次增强，因而其水解速度依次加快。高温高压和大量水存在下可加速反应进行，无机酸、碱、酶、Twitchell类磺酸及金属氧化物等作催化剂也可加速水解反应的进行。食品中的游离脂肪酸同样可以催化油脂的水解作用，特别是在罐头食品加热灭菌的高温下或在食品油炸加热时油脂水解反应相当迅速。由于水解反应的速度与游离脂肪酸的含量成正比，反应产生更多的游离脂肪酸会使反应更趋于迅速。金属氧化物也可催化油脂的水解，金属氧化物如 ZnO、MgO、CaO 在中压（$1.03\sim3.43MPa$）下和在 $150\sim225℃$ 时催化油脂水解，可生产无需蒸馏的浅色脂肪酸。工业上还采用非催化的高压水解，即在高压（$4.8\sim6MPa$）和 $240\sim260℃$ 下连续逆流水解。该方法水解率高，经济有效，但不适用于热敏性油脂的水解，因为热敏性油脂如含共轭酸的油脂在高温高压下会发生热聚合反应。脂解酶可催化油脂在常温常压下水解，因此特别适用于热敏性油脂（鱼油）的水解，但目前还未进行工业化开发，主要原因是反应程度不完全，速度较慢，单元操作处置困难。

由水解产生的短链脂肪酸是导致鲜乳产生蛤味的原因。另一方面，为了产生典型的干酪风味，又特地加入微生物和乳脂酶促进油脂水解。在制造其他的食品如酸奶与面包时也采用了控制和选择性的油脂水解。

与动物脂肪相反，成熟的油料种子在收获时，其中的油已有相当数量被水解，产生了大量的游离脂肪酸，因此，对于大多数经提取得到的植物油需用碱中和加以精制。

在油炸过程中，由于从食品中引入大量的水，而且油保持在相当高的温度，因此，脂解是一个主要的反应。在油炸过程中产生大量游离脂肪酸通常会导致油的发烟点与表面张力下降，同时食品的质量也下降。并且，游离脂肪酸比甘油脂肪酸酯更易氧化。

2. 油脂的皂化

油脂在碱的作用下完全水解生成甘油和脂肪酸盐的反应称为皂化反应。皂化反应以水作为介质时，反应速度较慢，常需要几十个小时才能皂化完全。这是由于中性油脂与氢氧化钠水溶液互不相溶，只有在反应的后期，油脂和碱液才在肥皂作用下更均匀地分布在乳状液中，使反应速度加快。但当反应接近结束时，由于油脂包含在缺碱的肥皂胶束中，反应速度再次缓慢下来。

3. 异构化

天然油脂中所含不饱和脂肪酸的双键一般为顺式，且双键的位置一般在9,12,15位上。但油脂在受光、热、酸碱或催化剂及氧化剂的作用下，双键的位置和构型会发生变化，构型的变化称为几何异构，位置的变化称为位置异构。双键位置大多逐步向羧基端移动直至产生 α-烯酸，反应是可逆的，最终将形成平衡混合物，顺反之比为1∶3。

（二）油脂的氧化

脂类氧化是食品中最主要的一类氧化反应，食品的货架期与这种反应有着重要联系。脂类不饱和脂肪酸含量越高的食品越容易氧化，脂类经自动氧化形成的自由基，与其他物质结合，生成过氧化物、交联过氧化物、环氧化物，并向食品体系释放出氧，不仅引起必需脂肪酸的破坏，而且造成维生素和色素的破坏。脂类产生的不良风味，主要是由于不饱和脂肪酸氧化产生的氢过氧化物，进一步分解时产生了醛、醇、酮、酸等小分子化合物。此外，过氧化物与多糖、食品蛋白质或酶作用可产生不良影响。近十几年临床医学的观察表明，油脂氧化产生具有毒性、致癌、致突变等作用的化合物。油脂氧化并不限于富含动植物油脂的食品，还包括新鲜的或经过加工的豆类、谷物和某些蔬菜等低脂类食品。

油脂的氧化包括氢过氧化物及其聚合物的形成，分解形成蛤味的小分子化合物两个过程，氢过氧化物的形成途径有自动氧化、光氧化和酶促氧化。

1. 自动氧化

自动氧化是一种自由基链式反应，分为三个反应阶段：

引发期：油脂分子在光、热、金属催化剂的作用下产生自由基 $R\cdot$；

传播期：$R\cdot + O_2 \rightarrow ROO\cdot$，$ROO\cdot + RH \rightarrow ROOH + R\cdot$；

终止期：$ROO\cdot + ROO\cdot \rightarrow ROOR + O_2$，$ROO\cdot + R\cdot \rightarrow ROOR$，$R\cdot + R\cdot \rightarrow R-R$。

2. 光氧化

光氧化是不饱和脂肪酸与单线态氧直接发生氧化反应。单线态氧是指不含未成对电子的氧，有一个未成对电子的称为双线态，有两个未成对电子的称为三线态。所以基态氧为三线态。食品体系中的光敏剂在吸收光能后形成激发态光敏素，而激发态光敏素与食品体系中的三线态氧发生作用，能量转移使基态氧转变为单线态氧。单线态氧具有极强的亲电性，能以极快的速度与脂类分子中具有高电子密度的双键部位发生结合，从而引发常规的自由基链式反应，进一步形成氢过氧化物。

3. 酶促氧化

自然界中存在的脂肪氧合酶可以使氧气与油脂发生反应而生成氢过氧化物，植物体中的脂氧合酶具有高度的基团专一性，它只能作用于 1，4-顺，顺-戊二烯基位置，且此基团应处于脂肪酸的 ω-8 位。在脂氧合酶的作用下脂肪酸的 ω-8 先失去质子形成自由基，而后进一步被氧化。大豆制品的腥味就源于不饱和脂肪酸氧化形成六硫醛醇。

4. 影响油脂氧化的因素

（1）油脂的脂肪酸组成：不饱和脂肪酸和饱和脂肪酸都能发生氧化反应，但饱和脂肪酸的氧化必须在特殊条件下才能进行，即有酶或氢过氧化物存在或高温条件，且其氧化速率只有不饱和脂肪酸的 1/10。不饱和脂肪酸的氧化速度与本身的双键数量、位置及几何构型有关。如花生四烯酸、亚麻酸、亚油酸、油酸氧化的相对速度比约为 40：20：10：1。顺式脂肪酸的氧化速度比反式脂肪酸快，共轭脂肪酸比非共轭脂肪酸快，游离的脂肪酸比结合的脂肪酸快，Sn-1 和 Sn-2 位的脂肪酸氧化速度比 Sn-3 的快。

（2）温度：温度越高，氧化速度越快，在 21～63℃范围内，温度每上升 16℃，氧化速度加快 1 倍；但温度进一步升高，既促进自由基的形成，又促进消失，实际是两者综合影响的结果。同时温度还会影响到反应机理，在常温下，氧化多发生在 α-甲基上，温度超过 50℃时，氧化可发生在不饱和脂肪酸的双键上。

（3）氧气：有限供氧的条件下，氧化速度与氧气浓度呈正比，在无限供氧的条件下氧化速度与氧气浓度无关；但供氧对氧化速度的影响还受其他因素如温度和比表面的影响。如温度升高时，氧化速度随氧分压增加而增加的现象不明显，这是由于温度升高时氧的溶解度降低的缘故。

（4）水分活度：水分活度对油脂氧化的影响较复杂，水分活度很高或很低时，氧化速度均很快，水分活度在 0.3~0.4 之间，油脂氧化的速度最低。水分活度接近于零时，油脂由于丧失了隔绝空气抑制油脂氧化的水膜，氧化速度则很快。水分活度上升时，水分能与油脂氧化生成的氢过氧化物结合而阻止其分解，也可与催化油脂氧化的金属离子发生水合作用，因而抑制了油脂氧化。而当水分活度继续上升时，所增加的水分因为能增加氧的溶解度和提高金属催化剂的流动性，使得氧化速率进一步增加，当水分活度大于 0.8 时，所增加的水分对催化剂又有稀释作用，降低了催化活性，因此，又使氧化速度减缓。

（5）光和射线：光，特别是紫外线和高能射线都能加速氧化，通过促进氢过氧化物分解形成自由基，对未氧化的脂肪酸作用形成自由基从而可使氧化性反应爆发性的进行。

（6）助氧化剂：过渡金属特别是具有合适氧化还原电位的二价或多价过渡金属可以促进氢过氧化物的分解，促进脂肪酸中活性亚甲基的 C—H 键断裂，不同金属的助氧化顺序为铅＞铜＞锡＞锌＞铁＞铝＞不锈钢＞银。

5. 氢过氧化物的分解和油脂的酸败

氢过氧化物极不稳定，当食品体系中此类化合物的浓度达到一定水平后就开始分解，主要发生在氢过氧基两端的单键上，形成烷氧基自由基再通过不同的途径形成烃、醇、醛、酸等化合物，这些化合物具有异味，产生所谓的油哈味。

根据油脂发生酸败的原因不同可将油脂酸败分为三种类型：

（1）水解型酸败：油脂在一些酶或微生物的作用下水解形成一些具有异味的酸，如丁酸、己酸、庚酸等，造成油脂产生汗臭味和苦涩味；

（2）酮型酸败：是指脂肪水解产生的游离饱和脂肪酸在一系列酶的作用下氧化，最后形成酮酸和甲基酮所致。如污染灰绿青霉、曲霉等；

（3）氧化型酸败：是由于油脂氧化形成的一些低级脂肪酸、醛、酮所导致的一种酸败。

6. 油脂抗氧化剂

抗氧化剂起到了防止或延缓食品氧化，提高食品稳定性和贮藏性的作用，在食品加工中已是不可缺少的一类添加剂。抗氧化剂主要通过自身的氧化来消耗食品内和环境中的氧，也可通过提供电子或氢原子来阻断油脂自动氧化的链式反应，并可通过抑制氧化酶的活性，防止油脂的酶促氧化。

抗氧化剂可分为油溶性和水溶性两种，我国食品添加剂卫生标准中允许使用的油溶性抗氧化剂有丁基羟基茴香醚、二丁基羟基甲苯、没食子酸丙酯、维生素 E 等，水溶性的抗氧化剂有异抗坏血酸、茶多酚、L-抗坏血酸、植酸等。

抗氧化剂应在油脂尚未氧化前加入，若加入过迟，链式反应已经开始，不但不会阻断氧化反应，反而可能促进油脂的氧化。在使用抗氧化剂时经常会同时使用抗氧化增强剂，如柠檬酸、酒石酸、磷酸、多磷酸盐、脑磷脂、乙二胺四乙酸二钠等能与油脂中的金属离子形成螯合物而使其活性降低，加生育酚和 β-胡萝卜素则有猝灭单线态氧的作用，加抗坏血酸本身还能还原抗氧化剂自由基，延长了抗氧化剂的寿命。

(三) 热反应

食品加热过程产生各种化学变化，其中某些变化是很重要的，因为加热时食品中的营养成分不但发生分解，而且营养素成分之间相互作用也极为复杂，并形成很多种新的化合物。

1. 热聚合：油脂在真空、二氧化碳或氮气等无氧条件下加热至200~300℃时发生的聚合反应称为热聚合。

2. 热氧化聚合：油脂在空气中加热至200~300℃时引发的聚合反应。热氧化聚合的反应速度为干性油＞半干性油＞不干性油，聚合反应导致油脂粘度增大，泡沫增多。

3. 油脂的缩合：指在高温下油脂先发生部分水解后又缩合脱水而形成分子质量较大的化合物的过程。

4. 热分解：油脂在高温作用下分解生成一些低分子量的物质及二聚体，如产生烃类、酸类、酮类。该反应在温度低于260℃时不严重，温度达到290~300℃时开始剧烈发生。

5. 热氧化分解：是指在有氧条件下发生的热分解。与低温下的自氧化类似，但-ROOH的分解速率更快。饱和油脂和不饱和油脂的热氧化分解速度都很快。

(四) 油脂的辐照裂解

在一些加工或贮藏时会用到辐射，如采用高剂量10~50kGy，用于肉、肉制品灭菌；中等剂量1~10kGy用于冷藏鲜鱼、鸡、水果、蔬菜的保藏；低于1kGy的剂量用于防止马铃薯、洋葱发芽，延迟水果蔬菜的成熟，粮食杀虫。含油食品在辐照时，其中的油脂会在临近羰基的位置发生分解，形成辐照味。

八、油炸化学

在油炸加工过程中，会观察到油的各种物理与化学变化，包括粘度和游离脂肪酸含量的增加、颜色变暗、碘值减少、折光指数改变、表面张力减小和油形成泡沫的倾向的增加等。

(一) 油炸用油的变化

在油炸过程中，油本身产生了下列几类化合物。

1. 挥发性物　油炸的过程中，在氢过氧化物的生成和分解的反应中将产生饱和与不饱和醛、酮、烃、内酯、醇、酸以及酯等化合物。

2. 中等挥发性的非聚合的极性化合物　如羟基酸和环氧酸，这些化合物是经前面讨论过的包括烷氧基自由基的各种氧化途径产生的。

3. 二聚和多聚酸以及二聚和多聚甘油酯　这些化合物的出现是由于聚合作用，并使油炸用油的粘度显著提高。

4. 游离脂肪酸　这些化合物是在热与水存在的情况下，由三酰基甘油水解生成。

(二) 油炸过程中食品对体系的影响

食品的水分连续地释放到热油中，产生蒸汽蒸馏的作用，将油中的挥发性氧化产物赶走。释放出来的水分和油搅和加速了水解，使游离脂肪酸含量增加。在油的表面上形成的蒸汽层可以减少提供给氧化作用的氧量。

在油炸过程中，食品本身或者是食品与油的相互作用将产生一些挥发性物质，例如从马铃薯中产生的硫化物与吡嗪衍生物。食品会从油炸锅中吸附不同量的油（油炸马铃薯片含有约40%脂肪），所以需要经常或连续地加入新油。在连续油炸锅中，这就导致油的性质快速地达到稳态条件。食品自身也将释放一些内在的脂类到煎锅中去（例如鸡的脂肪），新混合物的氧化稳定性不同于原有的油炸用脂肪。

油炸过程中的某些变化影响了油炸食品的典型感官质量，如食品的存在加快了油的变暗。如果对油炸加工不作适当的控制，会造成过度的分解作用，后者不仅对油炸食品的感官质量而且对它们的营养价值都是一种潜在的破坏因素。

油炸用脂肪的化学和物理变化受许多油炸参数的影响。显然，形成的化合物取决于油和被炸食品的组成。高温、长时间油炸和金属污染有利于油的彻底分解。炸锅的式样与类型（平底锅、间歇与连续的深度油炸锅）也是重要的。在大的表面－体积比值下，油的氧化将是较快的。其他有关的因素是油的转换速度、加热模式（连续式或间歇式）和氧化剂是否存在。

九、油脂加工

现代油脂工业包括油脂的初加工（即提取和精练），油脂的深加工（即改性）和衍生物工业。油脂的提取主要有机械压榨与浸提两种，精制包括脱胶、脱酸、脱色、脱臭。从油料作物、脂肪中采用有机溶剂浸提、压榨、熬炼、机械分离等方法可得到粗油。粗油中含有磷脂、色素、蛋白质、纤维质、游离脂肪酸及有异味的杂质，甚至存在有毒成分（如花生油中的黄曲霉毒素，棉籽油中的棉酚）。无论是风味、外观，还是油的品质、稳定性，粗油都是不理想的。对粗油进行精制，可提高油的品质，改善风味，延长油的货架期。

"脱胶"通常是指应用物理、化学或物理化学方法除去油中磷脂和一些其他难以定义的"粘性物"或"粘液质"的精制处理。粗油中若磷脂含量高，加热时易起泡、冒烟、有臭味，且磷脂在高温下因氧化而使油脂成焦褐色，影响煎炸食品的风味。脱胶是依据磷脂及部分蛋白质在无水状态下可溶于油，但与水形成水合物后则不溶于油的原理，向粗油中加入2%~3%的水或通水蒸气，加热脂肪并在50℃温度下搅拌混合，然后静置分层，分离水相即可除去磷脂和部分蛋白质。

脱酸也称碱炼，粗油中含有0.5%以上的游离的脂肪酸，米糠油中游离脂肪酸含量高达10%。游离脂肪酸的存在影响油的稳定性和风味，可采用碱中和的方法除去，加入的碱量可通过测定酸价确定。中和反应生成的脂肪酸盐（皂脚）进入水相，分离水相后，再用热水洗涤中性油，接着静置离心以除去残留的皂脚。该过程同时也使磷脂和有色物质显著地减少。

粗油中含有叶绿素、类胡萝卜素等色素，叶绿素是光敏化剂，影响油脂的稳定性，同时色素也影响油脂的外观。油脂脱色加工更确切地说是一种吸附加工，吸附剂可用活性炭、白土等。吸附剂同时还可以吸附磷脂、残留的皂脚及一些氧化产物，最后过滤除去吸附剂。

油脂中存在一些异味物质，主要源于油脂氧化和氢化产物。脱臭是基于油脂（甘三酯）和影响油脂风味和气味的物质之间挥发度存在的很大差异来实现的。在实际操作中，是将油脂的温度提高到200~275℃，系统的压力减至1kpa以下，通入水蒸气，并添加柠檬酸螯和过度金属离子，抑制氧化作用。此法不仅可除去挥发性的异味物，还可使非挥发性的异味物热分解转为挥发物，被水蒸气夹带除去。

油脂精制后品质提高，但也有一些负面影响，如损失了一些脂溶性维生素，维生素A、维生素E和类胡萝卜素等。胡萝卜素是维生素A的前体物，胡萝卜素和维生素E（即生育酚）也是天然抗氧化剂。

十、油脂改性

(一) 油脂的氢化

油脂氢化是三酰基甘油的不饱和脂肪酸双键与氢发生加成反应的过程。油脂氢化是液态油脂、固态催化剂和气态氢气的三相反应体系，不同油脂分子的氢化速度大不相同，一般用油脂氢化的选择性来表示。油脂氢化的选择性（SR 或 S）是指不饱和程度较高的脂肪酸的氢化速度与不饱和程度较低的脂肪酸的氢化速度的比值，例如在豆油氢化时亚麻酸的选择性是 2.3，表示亚麻酸的氢化速度是亚油酸的 2.3 倍。

油脂氢化分为全氢化和部分氢化，全氢化用骨架镍作为催化剂加热至 250℃，通入氢气使压力达到 $8.08×10^5$ Pa，全氢化可生成硬化型氢化油脂，主要用于生产肥皂。部分氢化是在 $1.5～2.5×10^5$ Pa 和 125～190℃用镍粉催化并不断地搅拌，搅拌有利于氢溶解和使催化剂与油混合均匀，同时还有助于反应生成热很快散失。部分氢化生成乳化型可塑性脂肪，用于加工人造奶油、起酥油。

反应包括三个步骤：(1) 在双键的任意端与金属形成碳-金属复合物；(2) 中间体复合物与催化剂吸附的氢离子反应，形成不稳定的半氢化态；(3) 不稳定的半氢化合物与另一个氢原子反应，同时和催化剂分离，形成饱和的产物。在氢化过程中，一些双键被饱和，一些双键可能重新定位；一些双键可能由顺式转变成反式构型，所产生的异构物被称为异酸。如亚麻酸在氢化过程中所经历的反应如下（图 2-6）：

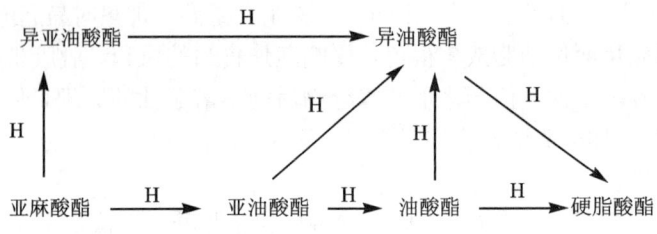

图 2-6 亚麻酸酯氢化时可能发生的反应

油脂氢化后稳定性增强，颜色变浅，风味改变，便于运输和贮存，可用于制造起酥油、人造奶油等。同时油脂中多不饱和脂肪酸含量下降，产生双键的位移和反式异构体，脂溶性维生素也被破坏。

(二) 酯交换

天然脂肪中脂肪酸在甘油酯分子中是规则分布的，一种脂肪的物理特性在很大程度上取决于它在三酰基甘油分子中的分布。某些天然脂肪中的脂肪酸分布方式限制了它们在工业上的应用，而能够使脂肪酸重排的酯交换则成为提高油脂适用性的一种有效方法。

酯交换是指酯和酸（酸解）、酯和醇（醇解）或酯和酯（酯基转移作用）之间发生的酰基交换反应。

如果一种脂肪只含 A 和 B 两种脂肪酸，根据几率法则，可能有八种三酰基甘油分子。

脂肪在较高温度（<200℃）下长时期加热，可完成酯交换反应，但若使用催化剂，通常能在 50℃短时间内（30 分钟）完成，碱金属和烷基化碱金属是有效的低温催化剂，其中甲醇钠是最普通的一种。

酯交换反应引起的随机分布，并非总是符合食品加工的需要。如果脂肪保持在熔点温度以下，则酯交换反应是定向而不是无规的，结果使饱和甘油三酯选择性地结晶出来。

酯交换反应广泛应用在起酥油的生产中，猪油中二饱和酸三酰基甘油分子的碳2位置上大部分是棕榈酸，即使在工业冷却器中迅速固化，也会形成较大的粗粒结晶体。如果直接用猪油加工成起酥油，不但会出现粒状稠性，而且在焙烤中表现出的性能不佳。但将猪油进行酯交换后，得到的无规分布油脂可改善其塑性范围并制成性能较好的起酥油。若在高温下定向酯交换，则得到固体含量较高的产品使可塑性范围扩大。

第四节 蛋白质

一、概述

（一）蛋白质的概念和分类

蛋白质的定义：蛋白质是由20种左右L型α-氨基酸通过肽键构成并具有稳定的构象和生物学功能的一类复杂高分子含氮化合物。

每个细胞中蛋白质的种类都很多，即使结构简单的原核细胞，如大肠杆菌中也含有3000多种不同的蛋白质。生物体的结构和机能越复杂，含蛋白质的种类越多。人体中的蛋白质种类估计达10万种以上。

为了便于对为数众多的蛋白质进行研究，需要将它们进行归纳分类。因为不同历史时期对蛋白质研究的深度和侧重点不同，所以形成了一些与当时研究水平相适应的分类方法。主要有：（1）根据蛋白质的分子组成，蛋白质可分为两类：简单蛋白质（仅含有氨基酸的蛋白质）和结合蛋白质（由氨基酸和非蛋白质成分组成）。结合蛋白质中的非蛋白质成分称为辅基。根据辅基的不同可将结合蛋白质分为：核蛋白（如核糖体蛋白）、脂蛋白（如高密度脂蛋白）、糖蛋白（如血浆黏蛋白）、磷蛋白（如酪蛋白）、血红素蛋白（如血红蛋白）、金属蛋白（如醇脱氢酶）；（2）根据蛋白质的空间形状可分为纤维蛋白（如胶原蛋白、角蛋白、弹性蛋白、丝心蛋白）和球蛋白（如溶菌酶；肌红蛋白；肌动蛋白等）；（3）根据蛋白质的功能性质分为结构蛋白、生物活性蛋白和食品蛋白。

（二）蛋白质在自然界的分布及重要性

蛋白质是生命体中最丰富和最重要的大分子之一。从高等动植物到低等微生物乃至病毒，都是以蛋白质为主要组成成分的。已知最简单的生物体如病毒、噬菌体就是蛋白质和核酸组成的核蛋白体。蛋白质是细胞内含量最高的组分，酶、抗体、多肽激素、运输分子乃至细胞的自身骨架都是由蛋白质构成的。例如：蛋白质在人体中占干重的45%，在横纹肌中占干重的80%，在心脏中占干重的60%。

就微生物而言，其蛋白质含量尤为丰富，但随微生物的种类、菌龄、培养基成分及培养条件的不同含量变化很大，例如在酵母菌中占干重的32%~75%，在细菌中一般占50%~80%，而在病毒中除了一小部分是核酸外其余都是蛋白质。

一些高等植物的茎叶中虽然淀粉和纤维素含量较高，但在细胞原生质和种子中蛋白质的含量就显得特别高，如小麦约9%，大豆约36%，花生26%。

蛋白质不仅是生物体的主要组成成分，更为重要的是蛋白质在生命活动中起着极为重要的作用。蛋白质在生物体内占有特殊的地位。蛋白质和核酸是构成细胞内原生质的主要成分。原生质是生命现象的物质基础。早在1878年，恩格斯就在《反杜林论》中指出："生命是蛋白体的存在方式，这种存在方式本质上就在于这些蛋白体的化学组成部分的不断的自我更新，无论什么地方，只要我们遇到生命，就会发现生命是和某种蛋白质相联系的。"实践证明，蛋白质与生命现象是密切相关的，凡是有生命的地方，基本上都有蛋白质在起作用。蛋白质是生命的主要体现者。蛋白质和核酸是生命的主要物质基础。

现在我们已经知道在DNA上的遗传信息绝大部分编码的是蛋白质中氨基酸的排列顺序，它们最终需要表达为蛋白质才能起作用。在一个小小的细胞中，蛋白质的种类数以千计，担负着生命活动这一复杂过程的每一环节。仅在大肠杆菌中就可以通过放射性核素标记后用双向电泳检测到三千多种不同的蛋白质。蛋白质是生物表现千差万别的功能的基本物质。

（三）蛋白质在食品加工中的重要性

蛋白质是食品的重要营养成分，它的性质及在食品加工中的加工特性直接影响着食品的营养价值和感官品质，很多食品的加工就是利用蛋白质的一些特性。如蛋白质的变性性质（豆腐、酸奶），乳化性质，气泡性，凝胶作用，质构化，风味结合功能等。

食品蛋白质包括可供人类食用、易消化、安全无毒、富有营养、具有功能特性的蛋白质。乳、肉（包括鱼和家禽）、蛋、谷物、豆类和油料种子是食品蛋白质的主要来源。随着世界人口的增长，为了满足人们对蛋白质逐渐增长的需求，不仅要寻求新的蛋白质资源和开发利用蛋白质的新技术，而且还应更充分地利用现有的蛋白质资源和考虑成本。因此，必须了解和掌握食品蛋白质的物理、化学和生物学性质，以及加工处理对这些蛋白质的影响，从而进一步改进蛋白质的性质，特别是营养品质和功能特性。

二、氨基酸和蛋白质的结构与性质

（一）蛋白质的元素组成

从化学元素分析表明，不同来源的蛋白质，其分子大小虽不同，但其化学元素的组成、数量大致是相似的。它们主要含有氮（N）、碳（C）、氢（H）、氧（O），同时含有少量的硫（S）、磷（P，牛奶中的酪蛋白含磷）；有的还含有铁（Fe，血中血红蛋白含铁）、铜（Cu）、锰（Mn）、锌（Zn）等金属元素，个别还含有碘（I，甲状腺中的甲状球蛋白含碘）。各元素的相对含量如下：

C：50%～55%；H：6%～8%；O：20%～23%；N：15%～18%；S：0%～4%；P：0.4%～0.9%。

蛋白质的含N量有一定的比例，这是一个重要的特点，即绝大多数蛋白质的氮元素含量相当接近，一般恒定在15%～18%，平均值在16%左右，因此在蛋白质定量分析中，可利用蛋白质含氮量16%特征进行蛋白质含量测定，每测得1克氮就相当于6.25克的蛋白质，适合于任何生物样品。因此只要测定样品中氮量（一般用凯氏定氮法）就能算出其中蛋白质的含量。

样品中蛋白质的含量（克%）＝每克样品中含N的克数×6.25×100

其中6.25被称做蛋白质系数或蛋白质因数，即100/60，但不同生物材料蛋白质（不同来源的蛋白质）的蛋白质系数有所不同，常见的有：一般动物（蛋、肉）6.25，植物5.7，牛奶6.38，大米5.95。

(二) 组成蛋白质的氨基酸

从蛋白质的水解产物就可以得知其分子组成，蛋白质是高分子物质，分子量在一万至一百万道尔顿（$10^4 \sim 10^6$）。它可以被酸、碱和蛋白酶催化水解，使蛋白质分子断裂，分子量逐渐减小，成为分子量大小不等的肽段和氨基酸。

蛋白质的水解过程为：蛋白质→胨→朊→多肽→二肽→α-氨基酸。

胨、肽是两个及两个以上氨基酸所组成的片段（分子量大小不同，朊的分子量在5000左右，胨的分子量在2000左右，其实朊或胨就是分子量较大但不确定的多肽混合物。），可统称为多肽，是蛋白质水解的中间产物。随着水解的继续和条件的加剧，它们还可以进一步水解，最终生成各种α-氨基酸，而氨基酸则是在上述条件下不能再水解成更小的单位。所以，α-氨基酸是蛋白质水解的最终产物，是组成蛋白质的基本单位。

目前从各种生物体中发现的氨基酸已有180多种，但单个蛋白质组成的常见氨基酸或称基本氨基酸只有20种，其余的称为非蛋白质氨基酸。前面的20种氨基酸称为蛋白质氨基酸，它们在不同的蛋白质中以不同的排列顺序组合起来，并构成特定的空间构象，因此表现出种类繁多、结构复杂而功能各异的蛋白质。为了搞清蛋白质的结构、特性及其生物功能，必须首先掌握氨基酸的结构和特性。

1. **结构特征-氨基酸是含有氨基的羧酸**

氨基酸是含有氨基的羧酸，即羧酸中α-碳原子上的一个氢原子被氨基取代而生成的化合物。其结构通式为：

式中R表示化学基团（因为它们常常处于蛋白质链状分子的侧链上，故又称为侧链基团），各种氨基酸结构的差别就在侧链R的化学结构上，R基不同就构成不同的氨基酸。20种氨基酸中19种可用上述的结构通式表示，1种例外为脯氨酸，它也有类似结构，但侧链与氮原子相接形成亚氨基酸。氨基酸的结构式还可以写成两性离子的形式，在溶液及反应中氨基酸常以两性离子的形式存在。

2. **常见氨基酸**

蛋白质中常见的氨基酸有20种，为了便于表达蛋白质和多肽的结构，每种氨基酸都有一定的符号表示，通常是用该氨基酸英文名称的前三个字母组成的三字简写符号；由于一个蛋白质往往有成百上千个氨基酸组成，为表达方便，也可用单字母的简写符号表示，后者主要用于表达长多肽链的氨基酸排列顺序。由于蛋白质水解得到的氨基酸都是L-型氨基酸，故一般可以不注明其构型和旋光方向。构成蛋白质的20种氨基酸有丙氨酸（alanine）、精氨酸（arginine）、天冬酰胺（asparagine）、天冬氨酸（aspartic acid）、半胱氨酸（cysteine）、谷氨酰胺（glutamine）、谷氨酸（glutamic acid）、甘氨酸（glycine）、组氨酸（histidine）、异亮氨酸（isoleucine）、亮氨酸（leucine）、赖氨酸（lysine）、蛋氨酸（methionine）、苯丙氨酸（phenylalanine）、脯氨酸（proline）、丝氨酸（serine）、苏氨酸（threonine）、色氨酸（trytophan）、酪氨酸（tyrosine）和缬氨酸（valine）。

(三) 氨基酸的性质

1. 氨基酸的物理性质

氨基酸一般都溶于水，不溶或微溶于乙醇，不溶于乙醚，所有氨基酸都能溶于强酸或强碱溶液。每种氨基酸都有自己特定的结晶形状，可用于鉴定。同一种氨基酸因构型不同，其晶形也各异。例如，L-型谷氨酸呈无色四角柱形晶状，而D-谷氨酸则为无色菱形片状结晶。氨基酸的熔点比相应的羧酸或胺要高得多，一般在200~300℃。构成蛋白质的氨基酸在可见光区都没有光吸收，但在紫外区芳香族氨基酸有特征紫外吸收，其最大吸收波长分别为：苯丙氨酸259nm，酪氨酸278nm，色氨酸279nm。蛋白质由于含有这些芳香族氨基酸，所以也有紫外吸收能力，一般采用紫外分光光度计在280nm处测最大光吸收来测定蛋白质的含量，简便又快速。组成蛋白质的氨基酸除甘氨酸外，均含有不对称碳原子，故具有旋光性。在一定的温度、溶剂系统中，不同的氨基酸都有各自的比旋光值$[\alpha]_D$，旋光性物质的特征常数，可用于定性鉴定。

2. 氨基酸的两性解离和等电点

$$R-\overset{NH_2}{\underset{H}{C^\alpha}}-COOH \rightleftharpoons R-\overset{NH_3^+}{\underset{H}{C^\alpha}}-COO^-$$

兼性离子

无机盐一般为离子化合物，具有高熔点，能溶于水而不溶于有机溶剂。氨基酸也具有这两个特点，由此可以推断氨基酸也为离子型化合物。实践证明，氨基酸在水溶液中或在晶体状态时都是以离子形式存在，与无机盐不同的是它是以两性离子的形式存在，即如上所示。所谓两性离子是指在同一氨基酸分子上含有碱性的氨基（—NH_2）和酸性的羧基（—COOH），—COOH能解离放出H^+，使其自身变为—COO^-负基团，H转给—NH_2使变为—NH_3^+正离子，成为同一分子带有正、负两种电荷的两性离子。即两性离子是指在同一氨基酸分子上带有能放出质子的—NH_3^+正离子和能接受质子的—COO^-负离子。

$$^+NH_3-CH_2-COOH \underset{H^+}{\overset{K_1}{\rightleftharpoons}} {}^+NH_3-CH_2-COO^- \underset{H^+}{\overset{K_2}{\rightleftharpoons}} NH_3-CH_2-COO^-$$

酸性　　　　　　　　　中性　　　　　　　　碱性

AA两性解离式

| 在酸性溶液中 | 晶体或水溶液中 | 在碱性溶液中 |
| 正离子pH<pI | 两性离子pH=pI | 负离子pH>pI |

当两性离子氨基酸溶于水时，其正负离子都能解离，但解离度与溶液的pH有关。向氨基酸溶液加入酸时，其两性离子的—COO^-接受质子，自身成为正离子，在电场中向阴极移动，这时两性离子是质子H^+的受体，表示其本身是碱，此时溶液中的［正离子］＞［负离子］。加入碱时，其两性离子的正离子解离放出质子（与OH^-结合成水），其自身成为负离子，在电场中向阳极移动，这时两性离子是质子H^+供体，表示其本身是酸，此时溶液中的［负离子］＞［正离子］。当调节氨基酸溶液的pH值，使氨基酸分子上的—NH_3^+基和—COO^-基的解离度完全相等时，即氨基酸所带净电荷为零，在电场中既不向阴极移动也不向阳极移动，此时氨基酸所处溶液的pH值称为该氨基酸的等电点，用pI表示。

氨基酸在等电点处的溶解度最小。由于静电作用，无同性电荷间的排斥作用，在等电点时，氨基酸的溶解度最小，容易沉淀。利用这一性质可分离制备某些氨基酸。如在谷氨酸的生产中，将微生物发酵液的 pH 调节到 3.22（谷氨酸的等电点）即可使谷氨酸沉淀析出。电泳法、离子交换法分离氨基酸时，也是利用各种氨基酸的等电点不同，在同一 pH 下所带电荷的数量和性质不同，因此电泳速度及与树脂的亲和力不同而将其分离开来。电泳法、离子交换法等在实验室或工业生产上常被用作混合氨基酸的分离或制备。

（四）蛋白质的结构

已有证据证明，蛋白质是由 α-氨基酸结合而成的，水解后产生 α-氨基酸。这种结合是一个氨基酸的氨基和另一个氨基酸的羧基以肽键结合成肽链，再由一个或一个以上的肽链按各自特殊的方式组合成为蛋白质分子。随着氨基酸的分子数目、排列次序及肽链数目和空间结构的不同，形成了不同的蛋白质。

蛋白质的结构可分为一级结构、二级结构、三级结构和四级结构。

1. 一级结构

又称初级结构，是指氨基酸如何连接成肽链及氨基酸在肽链中的排列顺序。在一级结构中，肽键是主要连接键，多肽链（多个氨基酸以肽键结合形成的长链）是一级结构的主体。

肽是一个氨基酸的 α-羧基和另一个氨基酸分子的 α-氨基之间脱去一分子水而通过肽键连接成的化合物。肽中氨基酸间的连接是肽键，即酰胺键。但在某些肽中也有非 α-氨基和 α-羧基之间形成的肽键，如谷胱甘肽（GSH）。

肽键是蛋白质分子中氨基酸之间连接的最基本的共价键。肽键具有双键的性质，肽键具有特殊的颜色反应－双缩脲反应，是检测蛋白质和多肽的常用方法。

两个氨基酸形成二肽，三个氨基酸形成三肽，以此类推，10 个以下氨基酸残基形成的称为寡肽，10 个以上氨基酸残基形成多肽。

$$H_2N—CH(R_1)—CO—NH—CH(R_2)—CO—NH—CH(R_3)—CO—NH—CH(R_4)—CO\cdots NH—CH(R_n)—COOH$$

肽呈链状，因而称为肽链。上图为蛋白质分子中多肽链一个片段的结构通式。肽链中每个氨基酸单位由于失去一分子水，已不是完整的氨基酸分子，因此称为氨基酸残基。肽链中仍保留着类似氨基酸的 α-氨基和 α-羧基，它们分别位于肽链的两端，分别称为氨基末端（N 末端）和羧基末端（C 末端）。在阅读和书写时，从左到右则为 N-末端（用 H 表示）到 C-末端（用 OH 表示），这就是肽链的方向性。

N-末端：含有自由氨基的一端，书写用 H 表示；

C-末端：含有自由羧基的一端，书写用 OH 表示；

2. 二级结构

蛋白质的二级结构是指多肽链的主链骨架再盘绕折叠，是依靠氢键维持固定形成的有规律性的空间排布。二级结构与侧链 R 的构象无关，仅限于主链原子的局部空间排列，指蛋白质分子中多肽链本身的折叠方式。多肽链的二级结构主要是 α-螺旋、β-折叠及 β-转角、无规则卷曲。维持二级结构稳定的作用力主要是氢键。

α-螺旋结构是蛋白质主链的一种典型结构方式，是 1951 年 Pauling 等人在研究羊毛、马鬃、猪毛、鸟毛等的 α-角蛋白时发现的。α-角蛋白属于纤维状蛋白质，这种蛋白质几乎全是α-螺旋结构。

α-螺旋结构特征如下：

(1) 从外观上看，α-螺旋结构是一个类似棒状的结构，紧密卷曲的多肽链构成了棒的中心部分，侧链R伸出到螺旋的外面。

(2) 完成一个螺旋需要3.6个氨基酸残基，螺旋每上升一圈相当于向上平移0.54nm，即螺旋的螺距为0.54nm，每个氨基酸残基沿轴上升0.15nm；螺旋上升时，每个氨基酸残基沿轴旋转100°。

(3) α-螺旋结构的稳定主要靠键内的氢键。氢键形成于第一个氨基酸残基的羧基与第四个氨基酸残基的氨基之间。相邻的螺旋之间形成键内氢键，氢键的取向几乎与中心轴平行，即氢键是每个氨基酸残基的N-H与前面隔三个氨基酸残基的C=O形成。α-螺旋体的结构允许所有肽键都参与链内氢键的形成，因此，α-螺旋的构象是相当稳定的。α-螺旋结构常用S_N表示，S代表每圈螺旋的残基个数，N表示氢键封闭环本身的原子个数，如上述典型α-螺旋结构可用3.6_{13}表示。

(4) 大多数蛋白质中的α-螺旋为右手螺旋

β-折叠结构又称为β-片层结构，这种蛋白质结构也是Pauling等人提出的，它是肽链主链或某一肽段的一种相当伸展的结构。当α-角蛋白用热水或稀碱等方法处理或用外力拉直，α-角蛋白就变成β-角蛋白，此时，α-螺旋被拉长伸展开来，氢键被破坏从而形成β-折叠的空间结构。一般需要两条或两条以上的肽段共同参与，即两条或多条几乎完全伸展的多肽链侧向聚集在一起，相邻肽链主链上的氨基和羧基之间形成有规则的氢键，维持这种片层结构的稳定性。

与α-螺旋相比，β-折叠结构有如下特点：

(1) 肽链几乎是完全伸展的，呈锯齿状，按层平行排列，肽平面呈片状。而α-螺旋是卷曲的棒状螺旋；

(2) 两个氨基酸残基之间的轴心距为0.35nm，而α-螺旋的轴心距为0.15nm；

(3) 相邻肽链或肽段上的-CO-和-NH-形成氢键，氢键几乎垂直肽键（氢键几乎垂直肽链的长轴）。β-折叠既可以在不同肽链或不同分子之间形成，也可以在同一肽链的不同部分之间形成而α-螺旋是同一肽链形成氢键；肽链的R侧链基团在肽平面上、下交替出现；

(4) 折叠片分平行式和反平行式。在反平行的β-折叠结构中，相邻肽链的走向相反，但氢键近于平行。在平行的β-折叠结构中，相邻肽链的走向相同，氢键不平行。反式平行结构更稳定。

3. 三级结构

蛋白质的三级结构是建立在二级结构、超二级结构、结构域基础上，由于侧链基团的相互作用而进一步盘绕折叠形成的特定的近似球形的空间构象。三级结构包括多肽链中一切原子的空间排列方式。

球状蛋白质的三级结构是由氨基酸结构的单元配置而成的，只有三级结构才是蛋白质生物活性的特征构象。侧链R的相互作用对稳定蛋白质的三级结构起重要作用。维持蛋白质三级结构的主要作用力是非共价键，即次级键，有疏水作用力、氢键、离子键、配位键、范德华力及二硫键。其中疏水作用力起主要作用。

一般认为，蛋白质的三级结构是由氨基酸的排列顺序决定的，但分析不同生物的具有同一功能的蛋白质后发现，一级结构差别很大但三级结构相似，因此蛋白质的卷曲有一定原则。关于蛋白质的卷曲过程及原则，是蛋白质化学的一个研究热点。

4. 四级结构

在生物体中有许多作为一个活性单位的蛋白质并不只有一条肽链，还可能含有多条肽链，每一条肽链都有各自的三级结构。这种由数条具有独立的三级结构的多肽链彼此通过次级键相互连接而形成的聚合体就是蛋白质的四级结构。

在具有四级结构的蛋白质中，每个具有独立三级结构的多肽链称为亚基。亚基单独存在时没有生物活性，数目一般为偶数。亚基在蛋白质中的排布一般是对称的，对称性是具有四级结构的蛋白质的重要性质之一。四级结构涉及亚基的种类和数量及各亚基分子的空间排布，但不包括亚基本身的构象。即四级结构指在由多条肽链构成的蛋白质分子中，具有三级结构的蛋白质亚基彼此通过次级键相互连接、聚合起来形成的空间构象。

维持蛋白质四级结构的化学键主要是疏水作用，此外氢键、离子键和范德华力也参与四级结构的形成。

随着蛋白质化学研究的进展，目前认为在二级结构和三级结构之间应加入超二级结构和结构域。因此，蛋白质结构层次一般为一级结构→二级结构→超二级结构→结构域→三级结构→四级结构，对二、三、四级结构的三度空间排列方式称为三维结构、空间结构或高级结构，一般用构象一词表示。

小结：蛋白质各级结构间的关系：

一级结构（氨基酸排列顺序）

↓

二级结构（α-螺旋、β-折叠、β-转角、无规卷曲）

↓

超二级结构（二级结构单位的集合）

↓

结构域（在空间上可以明显区分的区域）

↓

三级结构（球状蛋白质中所有原子的空间位置）

↓

四级结构（复合蛋白质的结构特征，蛋白质亚基的聚集体）

三、蛋白质的功能性质在食品方面的应用

食品的感观品质诸如质地、风味、色泽和外观等，是人们摄取食物的主要依据，也是评价食品质量的重要组成部分之一。食品中各种主要和次要成分之间相互作用的结果则产生了食品的感观品质，在这些诸多成分中蛋白质的作用显得尤为重要。蛋白质的功能性质（functional properties）是指食品体系在加工、贮藏、制备和消费过程中蛋白质对食品产生需要特征的那些物理、化学性质。蛋白质在食品中的功能性质有凝胶性、黏弹性、起泡性和乳化性等。

蛋白质的大多数功能性质均可影响食品的感观特性（尤其是质地特性），而且也对食品

和食品成分在制备、加工或储藏过程中的理化特性起着主要作用。例如，焙烤食品的质地和外观与小麦面筋蛋白质的黏弹性和面团形成特性相关；乳制品的质地和凝乳形成性质取决于酪蛋白胶束独特的胶体性质；蛋糕的结构和一些甜食的搅打起泡性与蛋清蛋白的性质关系密切；肉制品的质地与多汁性则主要依赖于肌肉蛋白质（肌动蛋白、肌球蛋白、肌动球蛋白和某些水溶性肉类蛋白质）。表2-7列出了各种食品蛋白质在不同食品中的功能作用。

表2-7 食品体系中蛋白质的功能作用

功能	作用机制	食品	蛋白质种类
溶解度	亲水性	饮料	乳清蛋白
黏度	持水性，流体动力学的大小和形状	汤、调味汁、色拉调味汁、甜食	明胶
持水性	氢键、离子水合	香肠、蛋糕、面包	肌肉蛋白、鸡蛋蛋白
胶凝作用	水的截留和不流动性，网络的形成	肉、凝胶、蛋糕焙烤食品和奶酪	肌肉蛋白、鸡蛋蛋白和牛奶蛋白
黏结-黏合	疏水作用、离子键和氢键	肉、香肠、面包、焙烤食品	肌肉蛋白、鸡蛋蛋白和乳清蛋白
弹性	疏水键、二硫键	肉和面包	肌肉蛋白、谷物蛋白
乳化	界面吸附和膜的形成	香肠、大红肠、汤、蛋糕、甜食	肌肉蛋白、鸡蛋蛋白和乳清蛋白
泡沫	界面吸附和膜的形成	搅打顶端配料、冰淇淋、蛋糕、甜食	鸡蛋蛋白、乳清蛋白
脂肪和风味的结合	疏水结合和截留	低脂肪焙烤食品，油炸面圈	牛奶蛋白、鸡蛋蛋白、谷物蛋白

从经验上看食品蛋白质的功能性质分可以分为三大类：即水合性质（取决于蛋白质-水的相互作用），包括如水吸收和保持、湿润性、溶胀性、黏附性、黏度、分散性、溶解度等性质它们通常与蛋白质的大小、形状和柔顺性有关；蛋白质-蛋白质相互作用有关的性质，指产生沉淀、胶凝和形成其他各种结构时起作用的那些性质（例如蛋白质在面团中的起筋性）；表面性质，主要是与蛋白质的表面张力、乳化作用、蛋白质的起泡性，以及脂肪和风味的结合等有关系的性质。这些性质之间并不是完全孤立和彼此无关的。例如，胶凝作用不仅包括蛋白质-蛋白质相互作用，而且还有蛋白质-水相互作用；黏度和溶解度取决于蛋白质-水和蛋白质-蛋白质的相互作用。

值得注意的是食品的感观品质是由各种食品原料复杂的相互作用产生的。例如蛋糕的风味、质地、颜色和形态等性质，是由原料的热胶凝性、起泡、吸水作用、乳化作用、黏弹性和褐变等多种功能性组合的结果。因此，一种蛋白质作为蛋糕或其他类似产品的配料使用时，必须具有多种功能特性。动物蛋白，例如乳（酪蛋白）、蛋和肉蛋白等，是几种蛋白质的混合物，它们有着较宽范围的物理和化学性质，以及多种功能特性，例如蛋清具有持水性、胶凝性、黏合性、乳化性、起泡性和热凝结等作用，现已广泛地用作许多食品的配料，蛋清的这些功能来自复杂的蛋白质组成以及它们之间的相互作用，这些蛋白质成分包括卵清蛋白、伴清蛋白、卵黏蛋白、溶菌酶和其他清蛋白。然而植物蛋白（例如大豆和其他豆类及油料种子蛋白等）和乳清蛋白等其他蛋白质，虽然它们也是由多种类型的蛋白质组成，但是它们的功能特性不如动物蛋白，目前只是在有限量的普通食品中使用。对于这类蛋白质的功能以及它们的分子结构，特别是立体构象对其功能的影响，目前还没有完全了解。

（一）蛋白质的水合性质

1. 概述

蛋白质在溶液中的构象主要取决于它和水之间的相互作用，大多数食品是水合（hydration）固态体系。食品中的蛋白质、多糖和其他成分的物理化学及流变学性质，不仅受到体系中的水的强烈影响，而且还受到水活性的影响。水能改变蛋白质的物理、化学性质，例如具有无定形和半结晶的食品蛋白质，由于水的增塑作用可以改变它们的玻璃化转变温度 T_g 和变性温度 T_D。玻璃化温度是指从脆的无弹性的玻璃态（无定形固体）转变为柔软有弹性的橡胶态（高弹态）的转变温度。而溶化温度是结晶态转变为无规状态的温度。另外，干蛋白质浓缩物或离析物在使用时必须使之水合，因此，食品蛋白质的水合和复水性质具有重要的实际意义。蛋白质从干燥状态开始逐渐水合。

蛋白质制品的许多功能性与水合作用有关，例如水吸收作用（也叫水摄取、亲和性或结合性）、溶胀、湿润性、持水容量（或水保留作用）以及黏附和内聚力都与水合作用的前五个步骤有关。分散性和黏度（或增稠力）涉及 F 和 G 两个步骤。蛋白质的最终状态，可溶性或不溶性（部分或全部）也与功能性质相关，例如溶解性和速溶性。胶凝作用是指充分水合的不溶性块状物的形成，而且要求产生特殊的蛋白质-蛋白质相互作用。另外，与表面性质有关的功能性，例如乳化作用和起泡性，蛋白质也必须是高度水合和分散的。

蛋白质的水合作用是通过蛋白质的肽键（偶极-偶极或氢键），或氨基酸侧链（离子的极性甚至非极性集团）同水分子之间的相互作用来实现的。

在宏观水平上，蛋白质与水的结合是一个逐步的过程，而且与水分活度密切相关。在低水分活度（A_w 为 0.05～0.3）时，离子集团因其高亲和性而首先溶剂化，随后是极性和非极性集团与水结合，最终在蛋白质表面形成单分子水层（或"结合水"），这部分水在流动上是受阻的，即不能冻结，也不能作为溶剂参与化学反应。

但是，从能量观点看，在蛋白质表面结合的单分子水层（0.07～0.27gH_2O/g 蛋白质）中的水解吸时（即从蛋白质表面转变为体相水），在 25℃ 时所需的解吸自由能为 0.75kJ/mol。可是水在 25℃ 时的热动能约为 2.5kJ/mol，远大于解吸自由能。因此有理由认为蛋白质单分子层中的水分子是可以流动的。在中等水分活度（0.3～0.7）范围，蛋白质结合水后，除形成单分子水层外，还可以形成多分子水层。例如在溶菌酶表面（6000$Å^2$）大约覆盖了 300 个水分子，平均每 20$Å^2$ 表面上有一个水分子。在水分活度为 0.9 时，蛋白质的水量为 0.3～0.5gH_2O/g 蛋白质（这部分水中的大多数在 0℃ 是不能冻结的）。当 A_w＞0.9 时，大量的液态水（体相水）凝聚在蛋白质分子的裂隙中，或者截留在不溶性蛋白质（例如肌纤维）体系的毛细管中，这部分水的性质类似于体相水，被称为流体动力水，它们与蛋白质分子一起运动。

2. 影响水合性质的环境因素

蛋白质浓度、pH、温度、时间、离子强度、盐的种类和体系中的其他成分等因素都影响蛋白质的构象，影响蛋白质—蛋白质和蛋白质—水之间的相互作用，而这些相互关系决定着蛋白质的大多数功能性质。

蛋白质的总吸水率随蛋白质浓度的增加而增加。

pH值的变化影响蛋白质分子的解离和净电荷量，因而可改变蛋白质分子间的相互吸引力和排斥力，及其与水缔合的能力。在等电点pH时，蛋白质—蛋白质相互作用最强，蛋白质的水合作用的溶胀最小。例如，宰后僵直前的生牛肉或牛肉匀浆pH从6.5下降至接近5.0（等电点），其持水容量显著减少，并导致肉的汁液减少和嫩度降低。低于或高于蛋白质的等电点pH时，由于净电荷和排斥力的增加导致蛋白质溶胀并结合更多的水。在pH9～10时，许多蛋白质结合的水量大于其他任何pH值的情况，这是由于疏水基和酪氨基酸残基离子化的结果，当pH>10时赖氨酸残基的ε—氨基上的正电荷丢失，从而使蛋白质结合水的能力下降。

蛋白质结合水的能力一般随温度升高而降低，这是因为降低了氢键作用和离子基团结合水的能力，使蛋白质结合水的能力下降。蛋白质加热时发生变性和聚集，后者可以减少蛋白质的表面面积和极性氨基酸对水结合的有效性，因此，凡是变性后聚集的蛋白质，结合水的能力因蛋白质之间相互作用而下降。另一方面，结合很紧密的蛋白质在加热中，发生解离和伸展，原来被遮掩的肽键和极性侧链暴露在表面，从而提高了极性侧链结合水的能力。一般变性蛋白质结合水的能力比天然蛋白质高约1/10，例如乳清蛋白加热时可产生不可逆凝胶，如果凝胶干燥，可增加不溶性蛋白质网络内的毛细管作用，因此使蛋白质的吸水能力显著增强。此外，干蛋白质颗粒的大小、表面空隙和内部空隙也同样影响吸水速率和吸水程度。大多数蛋白质变性后在水中的溶解度降低。

离子的种类和浓度对蛋白质的吸水性、溶胀和溶解度也有很大影响。盐类和氨基酸侧链基团通常同水发生竞争性结合。在低盐浓度（<0.2mol/L）时，蛋白质的水合作用增强，这是由于盐离子与蛋白质分子的带电基团发生微弱结合的原因，但是这样低的浓度不会对蛋白质分子的带电基团的水合壳层带来影响。实质上增加的结合水量是来自与蛋白质结合的离子缔合水。高盐浓度时，水和盐之间的相互作用超过水和蛋白质之间的相互作用，因而可引起蛋白质"脱水"。

3. 水合作用和其他辅助功能性之间的关系

吸水性和黏度之间往往是关联的，但并不总是正相关，因为蛋白质的溶解度和吸水性之间的关系并不总是一致的。同时，pH值和温度的变化对于蛋白质吸水性和蛋白质溶液黏度的影响，随蛋白质种类不同而有所不同。

蛋白质成分吸收和保持水的能力在各种食品的质地性能中起着主要的作用，特别是碎肉和焙烤过的面团，不溶解的蛋白质吸水性可导致溶胀和产生体积、黏度和黏合等特性。蛋白质的其他功能性（例如乳化作用或凝胶作用），也可使食品具有所需要的性质。蛋白质的持水能力在食品加工和保藏过程中比水合能力更为重要，所保留的水包括结合水、流体动力学水和物理截留水。其中物理截留水对持水能力的贡献大于结合水与流体动力学水。研究表明，蛋白质的持水能力与水合能力呈正相关。

(二) 蛋白质的界面性质

许多天然的和加工的食品都是泡沫或乳化体系的产品，它们都需要利用蛋白质的起泡性、泡沫稳定性和乳化性等功能，例如焙烤食品、甜点心、啤酒、牛奶、冰淇淋、黄油和肉馅等，这些分散的体系，除非有两亲物质的存在，否则是不稳定的。蛋白质是两亲分子，它能自发地迁移到空气-水界面或油-水界面。研究证明，相对于在体相水中，蛋白质在界面上的自由能是较低的，因此，体相水中的蛋白质能自发地向界面迁移，当达到平衡后，蛋白质在界面上的浓度总是高于体相水。然而蛋白质作为一类天然大分子化合物，不同于低分子量的表面活性剂，能够在界面上形成高黏弹性薄膜，并产生物理垒以抵抗外界机械运动的冲击，其界面体系比由低分子质量的表面活性剂形成的界面更稳定。正因为如此，蛋白质的这种优良特性在食品加工中被广泛得到应用。

蛋白质的表面活性不仅与蛋白质中氨基酸的组成、机构、立体构象、分子中极性和非极性残基的分布比例，二硫键的数目与交联，以及分子的大小、形状和柔顺性等内在因素有关，而且与外界因素，甚至加工操作有关。凡是能影响蛋白质构象和亲水性与疏水性的环境因素，诸如pH、温度、离子强度和盐的种类、界面加工的容器和操作顺序等，都将影响蛋白质的表面活性。尽管所有的蛋白质都具有两亲性，但是它们的表面活性有很大差别。如果仅仅是以蛋白质疏水残基与亲水残基指数之比解释上述现象是非常不科学的，而且有许多与实际相反。例如，许多植物蛋白（如大豆蛋白）的疏水性氨基酸残基含量超过40%，但是它们的表面活性却比疏水残基数少（30%）的清蛋白（卵清蛋白和牛血清清蛋白）差。实际上卵清蛋白和血清蛋白是一种较好的起泡剂和乳化剂。再者，大多数蛋白质的平均疏水性是在一个较窄的范围，为此，不可能造成各种蛋白质表面活性的显著差别。因此，在讨论蛋白质的表面活性时，必须根据上述影响因素综合考虑。

蛋白质作为理想的表面活性剂必须具有3个属性：（1）快速吸附到界面的能力；（2）在达到界面后迅速伸展和取向；（3）一旦达到界面，即与临近分子相互作用形成具有强内聚力和黏弹性的膜，能耐受热和机械作用。

蛋白质形成泡沫和乳状液的机制十分相似，但从能量观点考虑，这些界面相互作用是有差别的，而且它们对蛋白质结构的要求不一样。也就是说，一种好的蛋白质乳化剂，但不一定是一种好的起泡剂。

蛋白质的界面形成非常复杂，影响因素较多，但由于对蛋白质界面性质已经有了较清楚的了解，因此，下面分别定性讨论食品蛋白质的乳化作用和起泡性。

1. 乳化性质

在食品乳胶体（牛奶、乳脂、冰淇淋；豆奶、黄油、干酪；蛋黄酱和肉馅）中，蛋白质成分在稳定这些胶态体系中通常起着重要的作用。天然胶体靠脂肪球膜稳定，这种"膜"由三酰甘油、磷脂、不溶性脂蛋白和可溶性蛋白地连续吸附层构成，鲜乳中可溶性蛋白还包括免疫球蛋白。牛乳均质可以提高乳胶体的稳定性，因为均质能够使脂肪球变小以及新生成的酪蛋白亚基束取代免疫球蛋白，并在脂肪球上吸附。蛋白质吸附在油滴和连续水相的界面，并具有能阻止油滴聚结的物理和流变学性质（稠度、黏度、柔顺性和刚性）。氨基酸侧链也能发生解离，解离度与pH值有关，解离可产生有利于乳胶体稳定性的静电排斥力。

蛋白质一般对水/油（W/O）型乳胶液的稳定性较差。这可能是因为大多数蛋白质的强亲水性使大量被吸附的蛋白质分子位于界面的水相一侧。

影响乳化作用的因素：

许多因素影响乳状液的特性和乳化结果，例如仪器设备的类型、输入能量的强度、加油速率、油相体积、温度、pH值、离子强度、糖类和低分子量表面活性剂、与氧接触、油的种类（熔点）、可溶性蛋白质浓度和蛋白质的乳化性质等。

蛋白质溶解度在25%～80%范围和乳化容量或乳状液稳定性之间通常存在正相关。不溶性蛋白质对乳化作用的贡献很小，然而也不需要能完全溶解的蛋白质，因此蛋白质在出现表面性质之前必须溶解，并向界面扩散。在肉馅胶体中（pH4～8）有氯化钠（0.5～1mol/L）存在可提高蛋白质的乳化容量，很可能是因为肌原纤维蛋白质发生盐溶，所以溶解度和伸展性两者都增大。热聚集形成的不溶性大豆蛋白质比可溶性蛋白的乳化效率低，但不溶性蛋白质颗粒常常能够在已经形成的乳状液中起到稳定作用。

pH值影响蛋白质的乳化性质。某些蛋白质在等电点pH值时能微溶，因而降低乳化能力，不能稳定油滴的表面电荷（排斥）。另一方面，在等电点或一定的离子强度时，由于蛋白质以高黏弹性紧密结构形式存在，可防止蛋白质伸展或在界面吸附（不利于乳状液的形成），但是可以稳定已吸附的蛋白质膜的形变或解吸均发生在乳状液失去稳定作用之前，同时在蛋白质等电点时脂类和蛋白质的疏水相互作用加强。有些蛋白质在等电点时具有最令人满意的乳化性质（明胶、血清蛋白和卵清蛋白），而有一些蛋白质则相反，在非等电点pH值时乳化作用更好（大豆蛋白、花生蛋白、酪蛋白、乳清蛋白、牛血清蛋白和肌原蛋白）。此外，蛋白质的表现特性在某种程度上还决定于实验条件。

花生蛋白的乳化容量与pH和氯化钠浓度的关系，表观乳化容量和蛋白质溶解度之间存在着良好的正相关。

加热通常可降低被界面吸附的蛋白质膜的黏度和刚性，结果使乳状液稳定性降低。β-乳球蛋白热处理时，可使蛋白质分子内的巯基（-SH）暴露，并与相邻分子间-SH形成二硫交联键，在界面上发生有限聚集。可是高度水合的界面蛋白质膜的胶凝作用可提高表面的黏度和刚性，从而使乳状液保持稳定。因此，肌原纤维蛋白的胶凝作用有助于肉类乳胶体例如香肠的热稳定性，其结果是提高这类食品对水和脂肪的保护力和黏结性。

添加小分子表面活性剂，一般对依靠蛋白质稳定的乳状液的稳定性不利，因为它们会降低蛋白质膜的硬性，使蛋白质保留在界面的能力减弱。

2. 起泡性

（1）食品泡沫的形成和破坏

食品泡沫通常是气泡在连续的液相或含可溶性表面活性剂的半固体相中形成的分散体系。种类繁多的泡沫其质地大小不同，例如蛋白质酥皮、蛋糕、棉花糖和某些其他糖果产品、点心配料、冰淇淋、蛋奶酥、啤酒泡沫、奶油冻和面包等；大多数情况下，气体是空气或CO_2，连续相是含蛋白质的水溶液或悬浊液。某些食品泡沫是很复杂的胶态体系，例如冰淇淋中存在分散的和群集的脂肪球（多数是固体）、乳胶体（或悬浊液）、分散的冰晶悬浮体、多糖凝胶、糖和蛋白质的浓缩溶液以及空气起泡。泡沫中，薄液层连续相（薄片）使气泡分散，气-液界面可调节至$1m^2/ml$液体，如乳状液一样，产生界面同样需要做功。通常用表面活性剂以保持界面，使之防止气泡聚集，因为表面活性剂能够降低液面张力，并且在气泡之间形成有弹性的保护层，某些蛋白质可通过在气-液界面吸附形成保护膜，这种情况下，两个临近的气泡之间的薄片由被液层隔开的2个吸附蛋白质膜所组成。各种泡沫的气泡大小很不相同，直径从1微米到几厘米不等，气泡大小取决于多种因素，例如，液相的表面张力和黏度、输入的能量，分布均匀的细微气泡可以使食品产生稠性、细腻和松软性，提高分散性和风味感。

（2）影响泡沫形成和稳定的环境因素

蛋白质溶液的pH、盐类、糖、脂类和蛋白质浓度等因素，都影响泡沫的形成和稳定性。下面对这些因素分别进行讨论。

① pH

蛋白质溶解度大虽然是起泡能力大和泡沫稳定性高的必要条件，但不溶性蛋白微粒（在等电点时的肌原纤维蛋白、胶束和其他蛋白质）对稳定泡沫也能起到有利的作用，很可能是由于增大了表面黏度。虽然泡沫膨胀量一般是在蛋白质的等电点pH时不大，但泡沫的稳定性常常是相当好的，如球蛋白（pH5~6）、谷蛋白（pH6.5~7.5）和乳清蛋白（pH4~5）都具有这种特性。这种现象表明在等电点时，分子间的静电吸引作用使被吸附在空气-水界面的蛋白质膜的厚度和刚性增大。但也发现蛋白质在极限pH时泡沫的稳定性增大，可能是由于黏度增加的原因。卵清蛋白在天然泡沫的pH值（8~9）和接近等电点pI（4~5）时都显示最大的气泡性能，大多数食品泡沫都是在它们的蛋白质成分等电点不同的pH条件下制成的。

② 盐类

盐类不仅影响蛋白质的溶解度、黏度、伸展和聚集，而且还改变起泡性质。因此，盐的种类和蛋白质在盐溶液中的溶解特性，影响蛋白质的起泡性。大多数球状蛋白质例如牛血清清蛋白、卵清蛋白、谷蛋白和大豆蛋白等的起泡性和泡沫的稳定性，随着NaCl浓度的增加而增加，这主要是由于盐对蛋白质电荷的中和作用。相反，另外一些蛋白（如乳清蛋白，特别是β-乳球蛋白），由于盐溶液效应，其起泡性和泡沫稳定性则随着盐浓度的增加而降低。在特定盐溶液中，蛋白质的盐析作用通常可以改善起泡性。反之，盐溶使蛋白质显示较差的起泡性。NaCl通常能增大膨胀量和降低泡沫稳定性，可能是由于降低蛋白质溶液的黏度的结果。二价阳离子例如Ca^{2+}和Mg^{2+}在0.02~0.04mol/L范围内能与蛋白质的羧基生成桥键，使之生成黏弹性较好的蛋白质膜，从而提高泡沫的稳定性。

③ 糖类

蔗糖、乳糖和其他糖类通常能够抑制泡沫膨胀，但也可提高泡沫的稳定性。后者是因为糖类物质能增大体相黏度，降低了薄片流体的脱水速率。相反，在糖溶液中由于提高了蛋白质结构的稳定性，于是蛋白质不能够在界面吸附和伸长，因此，在搅打时蛋白质就很难产生大的界面面积和大的泡沫体积。所以制作蛋白酥皮和其他含糖泡沫甜食时，最好在泡沫膨胀后再加入糖。卵清蛋白和糖蛋白有助于泡沫的稳定，因为这类蛋白质能在薄层中吸附和保持水分。

④ 脂类

当蛋白质被低浓度（直到0.1%）脂类污染时，脂类物质将会严重损害起泡性能，因此，无磷脂的大豆蛋白质制品、不含蛋黄的蛋白质、"澄清的"乳清蛋白或低脂乳清蛋白离析物与它们的含脂（脂质污染）对应物相比，其起泡性能更好。这可能是由于具有表面活性的极性脂类化合物占据了空气-水界面，对吸附蛋白质膜的最适宜构象产生干扰，从而抑制了蛋白质在界面的吸附，使泡沫的内聚力和黏弹性降低，最终造成搅打过程中泡沫破裂。

⑤ 蛋白质的浓度

蛋白质的浓度影响泡沫的某些特性。蛋白质浓度愈高，泡沫愈牢固。蛋白质浓度增加至10%时，泡沫稳定性的增加超过泡沫体积的增大。初始液相中的蛋白质浓度在2%~8%（W/V）（搅打法），一般可达到最大膨胀量，并产生适宜的液相黏度和吸附膜厚度。对于一个气泡直径为150μm和Φ=0.95的典型泡沫，起泡前液相中蛋白质浓度为0.1%，如果全部被吸附，则可产生1mg/m^{2}的界面蛋白质浓度，形成的表面刚性能使泡沫保持稳定。增加蛋白质浓度将会产生更小的气泡和更稳定的泡沫。起泡前使蛋白质溶液陈化，有利于泡沫的稳定性，可能是由于促进蛋白质－蛋白质的相互作用能形成更厚的吸附膜。

⑥ 温度

蛋白质加热部分变性，可以改善泡沫的起泡性。因此产生泡沫前，适当加热处理可提高大豆蛋白（70~80℃）、乳清蛋白（40~60℃）、卵清蛋白和溶菌酶等蛋白质的起泡性能，热处理虽然能增加膨胀量，但会使泡沫稳定性降低。若用比上述更剧烈的条件热处理则会损害起泡能力。除非蛋白质的胶凝作用能使稳定泡沫的吸附膜产生足够的刚性，否则加热泡沫将会使空气膨胀、黏性降低、起泡破裂和泡沫崩溃。卵清蛋白的泡沫在加热时仍保持其结构，而乳清蛋白的泡沫是不耐热的，在70℃加热1min，可以改善起泡性，但是蛋白质分子的-SH之间会形成二硫交联键，分子间发生聚合，增加了蛋白质分子质量，使之不宜在空气-水界面吸附。

要想形成足够量的泡沫，必须使搅动的持续时间和强度适合于蛋白质的充分伸展和吸附。但过度强烈搅拌会降低膨胀量和泡沫的稳定性，卵清对过度搅拌特别敏感，搅打卵清或清蛋白超过6~8min可引起蛋白质在空气-水界面发生聚集－絮凝。这些不溶解的蛋白质在界面不能被完全吸附，使液体薄片的黏性不能满足泡沫高度稳定性的要求。

（三）蛋白质的风味结合作用

某些制品，虽然在功能和营养上可以为人们所接受，但由于有异味，必须经过脱臭处理，如醛、酮、醇、酚和氧化脂肪酸产生豆腥味、哈喇味、苦味或涩味。在某些情况下，挥发性化合物以共价键与蛋白质结合，这种结合通常是不可逆的，在烹调和咀嚼时不释放出来，这种性质可以用来消除食品中原有挥发性化合物的气味。与消除异味完全不同的是用蛋白质作为风味载体，例如织构化植物蛋白可产生肉的风味蛋白质，蛋白质可以使食品中的挥发性风味化合物在贮藏及加工过程中不发生变化，并在进入口腔时完全不失真的释放出来，从而起到保护食品风味的作用。

影响蛋白质风味结合作用的因素：挥发性风味物质与水合蛋白质之间是通过疏水相互作用结合，因此，任何影响蛋白质疏水相互作用或表面疏水作用的因素，在改变蛋白质构象的同时，都会影响风味的结合。例如水活性、pH、盐、化学试剂、水解酶、变性及温度等。

1. 水

水可以提高蛋白质对极性风味化合物的结合作用，但对非极性风味化合物的结合没有影响；在干燥的蛋白质成分中，挥发性化合物的扩散是有限的，稍微提高水的活性就能增加极性挥发物的迁移和提高它获得结合位点的能力。

2. 盐

盐溶类盐由于使疏水相互作用去稳定，降低风味结合，而盐析类盐提高风味结合。凡能使蛋白质解离或二硫键断裂的盐类，都能提高蛋白质的风味结合能力。

3. 水解作用

蛋白质水解后其风味结合作用严重被破坏。蛋白质经酶彻底水解将会降低它对挥发性物质的结合，例如每 kg 大豆蛋白能结合 6.7mg 正己醛，可是用一种酸性细菌蛋白酶水解后只结合 1mg。因此，蛋白质水解可减轻大豆蛋白的豆腥味。此外，用醛脱氢酶使被结合的正己醛转变成己酸也能减少异味。

4. 热变性

热变性一般会使蛋白质的风味结合作用有所加强。例如，10％的大豆蛋白离析物水溶液在有正己醛存在时于 90℃加热 1h 或 24h，然后冷冻干燥，发现其对己醛的结合量比未加热的对照组分别大 3 倍和 6 倍。

5. 其他

脱水处理，例如冷冻干燥通常使最初被蛋白结合的挥发物质降低 50％以上，例如酪蛋白，对蒸汽压低的低浓度挥发性物质具有较好的保留作用。脂类的存在能促进各种羰基挥发性物质的结合和保留，包括那些脂类氧化形成的挥发性物质。

（四）凝胶形成

蛋白质形成凝胶的机制和相互作用至今还没有完全研究清楚，但有研究表明蛋白质形成凝胶有两个过程，首先是蛋白质变性而伸展，而后是伸展的蛋白质之间相互作用而积聚形成有序的蛋白质网络结构。

影响蛋白质凝胶形成的因素有：

1. 蛋白质的浓度：蛋白质溶液的浓度越大越有利于蛋白质凝胶的形成，高浓度蛋白质可在不加热、与等电点相差很大的 pH 条件下形成凝胶。

2. 蛋白质的结构：蛋白质中二硫键含量越高，形成的凝胶的强度也越高，甚至可以形成不可逆凝胶，如卵清蛋白，β-乳球蛋白。相反含二硫键少的蛋白质可形成可逆凝胶，如白明胶等。

3. 添加物：不同的蛋白质相互混合，可促进凝胶的形成，将这种现象称为蛋白质的共凝胶作用。在蛋白质溶液中添加多糖，如在带正电荷的明胶与带负电荷的褐藻酸盐或果胶酸盐之间通过离子相互作用形成高熔点凝胶。

4. pH：pH 在 pI 附近时易形成凝胶。

（五）蛋白质的织构化

在许多食品体系中，蛋白质是构成食品结构和质地的基础，无论是生物组织（鱼和肉的肌原纤维蛋白），还是配制食品（如面团、香肠、肉糜等）。还可以通过织构化加工植物蛋白使其成为具有咀嚼性及持水性的纤维状产品。如腐竹的生产，通过热凝固和薄膜形成，豆浆在 95℃保持几小时，表面会形成一层薄膜。一般工业化蛋白质织构化是在光滑的金属表面进行的。

（六）面团的形成

小麦胚乳中的面筋蛋白质在当有水分存在时在室温下混合和揉搓能够形成强内聚力和黏弹性糊状物的过程。水合的面粉在混合揉搓时，面筋蛋白质开始取向，排列成行或部分伸展，这样将增强蛋白质的疏水相互作用并通过二硫交换反应形成二硫键。最初的面筋颗粒形成薄膜，形成三维空间上具有黏弹性的蛋白质网络。

影响蛋白质面团形成的因素有很多，主要有：

1. 氧化还原剂：还原剂可引起二硫键的断裂，不利于面团的形成，如半胱氨酸；相反氧化剂可增强面团的韧性和弹性，如溴酸盐。

2. 面筋含量：面筋含量高的面粉需要长时间揉搓才能形成性能良好的面团，对低面筋含量的面粉揉搓时间不能太长，否则会破坏形成的面团的网络结构而不利于面团的形成。

3. 面筋蛋白质的种类：利用不同比例的麦醇溶蛋白和麦谷蛋白进行实验，发现麦谷蛋白决定面团的弹性、黏结性、混合耐受性等，而麦醇溶蛋白决定面团的延伸性和膨胀性。

四、蛋白质在加工贮藏过程中的变化

（一）加热对蛋白质的影响

1. 蛋白质的变性

蛋白质变性是指当天然蛋白质受到物理或化学因素的影响时，使蛋白质分子内部的二、三、四级结构发生异常变化，从而导致生物功能丧失或物理化学性质改变的现象。常见的引起蛋白质变性的因素有物理因素（热作用、高压、剧烈震荡、辐射等）和化学因素（酸、碱、重金属离子、高浓度盐、有机溶剂等）。

蛋白质变性可引起结构、功能和某些性质发生变化。许多具有生物活性的蛋白质在变性后会使它们丧失或降低活性，但有时候，蛋白质适度变性后仍然可以保持甚至提高原有活性，这是由于变性后某些活性基团暴露所致。食品蛋白质变性后通常引起溶解度降低或失去溶解性，从而影响蛋白质的功能特性或加工特性。在某种情况下，变性又是需要的。例如，豆类中胰蛋白酶抑制剂的热变性，可能显著提高动物食用豆类时的消化率和生物有效性。部分变性蛋白质则比天然状态更易消化，或具有更好的乳化性、起泡性和胶凝性。

蛋白质变性对其结构和功能的影响有如下几个方面：

（1）失去生物活性，如酶、免疫球蛋白等；

（2）改变对水的结合的能力；

（3）理化性质改变：不能结晶、溶解度降低、特性黏度增大、旋光值改变等；

（4）生物化学性质改变：由于肽键的暴露，容易受到蛋白酶的攻击，使之增加了蛋白质对酶水解的敏感性；

（5）构象发生改变。

2. 热加工对蛋白质营养价值的影响

人们对食品蛋白质在烹调和加工过程中的影响已经进行了广泛深入的研究。大多数情况下，食品在加工过程中蛋白质的营养价值不至于受到不利的影响，甚至在某些情况下还可以得到改善。某些损害营养价值的反应通常是由于蛋白质的一级结构发生改变，从而造成必需氨基酸含量的降低或抗营养和有毒的衍生物的生成。

（1）适度的热处理引起的蛋白质变性

多数蛋白质只能在狭窄的温度范围内（60～90℃，1h 或更短时间）才具有生物活性或功能性，但是适当加热仍然可引起蛋白质结构的改变和变性。球蛋白水溶液在加热时溶解度降低，同时影响与溶解度相关的某些功能特性。热变性虽然会导致蛋白质生物活性的丧失，但经热变性后的蛋白质更易于消化吸收。从营养学的观点讲，蛋白质对温和热处理所产生的变化一般是有利的。

热烫或蒸煮可以使对食品保藏不利的酶失活，如脂酶、脂肪氧化酶、多酚氧化酶，从而

可以防止食品在贮藏过程中发生变色、风味变差、维生素损失等现象；热变性可使一些具有毒性的蛋白质和抗营养因子失活，如微生物污染所产生的大多数蛋白质毒素（肉毒杆菌毒素在100℃失活，而金黄色葡萄球菌毒素在100℃仍然不失活）、豆科植物中所含的蛋白酶抑制剂和凝集素等，这些蛋白质能降低膳食蛋白质的消化力和营养价值。

(2) 比较剧烈的热处理

蛋白质或蛋白质食品在不添加其他化学物质的情况下进行热处理，可引起氨基酸脱硫、脱酰胺、异构化、水解等化学变化，有时甚至伴随有毒物质的产生，这主要取决于热处理的条件。在115℃灭菌，会使半胱氨酸和胱氨酸部分破坏（不可逆变性），生成硫化氢、二甲基硫化物和磺基丙氨酸。从鱼、肉的肌肉、牛乳及很多蛋白质的模拟体系中已测定出这些反应的生成物，所产生的硫化氢和其他挥发性化合物能使加热食品产生风味。

蛋白质在超过100℃时加热，会发生脱酰胺反应，释放出的氨主要来自谷酰胺和天冬酰胺。这些反应并不损害蛋白质的营养价值。

蛋白质在有氧存在下进行热处理，色氨酸被部分破坏。温度超过200℃的剧烈处理和碱性pH环境中热处理都会导致L－氨基酸残基异构化，随即形成L或D型氨基酸的外消旋混合物。由于大多数D-氨基酸不具有营养价值，因此，必需氨基酸残基发生外消旋反应，使营养价值降低约50%。此外D型异构体的存在可降低蛋白质消化率，因为D残基肽键在体内比L残基肽键难以被胃和胰蛋白酶水解，不易通过小肠吸收，即使被吸收，也不能在体内合成蛋白质。另外，某些D型氨基酸（如D-脯氨酸）还具有神经毒性，毒性的大小与肠壁吸收的D氨基酸量成正比。

(3) 过度加热－剧烈的热处理

经过剧烈热处理（例如煎炸和烧烤）的蛋白质可生成环状衍生物，其中有些具有强致突变作用。肉在200℃以上加热环化生成氨基咪唑基氮杂环类致突变化合物。其中一类是由肌酸酐、糖和某些氨基酸（例如甘氨酸、苏氨酸、丙氨酸和赖氨酸）的浓缩产品在剧烈加热时生成的咪唑喹啉类化合物。烤鱼、铁扒牛排和汉堡肉饼的烧焦物、烟草的烟中也发现了致癌物质。

蛋白质在150℃以上时还会形成自由基，这种自由基非常稳定，即使由消化酶作用也不发生水解，对于这种自由基目前尚未完全搞清楚，其是否对人体的健康有害也是一个悬案。

3. 影响蛋白质热变性的因素

(1) 组成蛋白质的氨基酸种类

氨基酸的组成影响蛋白质的热稳定性，含有较多疏水氨基酸残基的蛋白质，对热的稳定性高于亲水性强的蛋白质。自然界中耐热生物体的蛋白质，一般含有大量的疏水氨基酸。但是，平均疏水性与热变性温度之间的正相关只是一个近似值，有的并非如此。可能是受其他因素影响的结果，如蛋白质分子中存在的二硫键，或者是蛋白质中的盐桥埋藏在疏水裂缝中。蛋白质的热稳定性不仅取决于分子中氨基酸的组成、极性与非极性氨基酸的比例，而且还依赖于这两类氨基酸在肽链中的分布，一旦这种分布达到最佳状态，此时分子内的相互作用达到最大值，自由能降低至最小，多肽链的柔顺性也随之减小，蛋白质则处于热稳定状态。

一般认为蛋白质分子中-SH的含量与变性蛋白质在水中的凝固作用成正比。在蛋白质分子中含有大量的胱氨酸和半胱氨酸时容易以硫氢键相连结合成网状结构，从而发生凝固。蛋白质分子中如果含有大量脯氨酸或羟脯氨酸，它们是亚氨基酸，能阻碍蛋白质分子间的交联作用，使蛋白质变性后不易凝固。

(2) 温度的影响

变性速率取决于温度。对许多反应来说，温度每升高10℃，反应速率约增加2倍。可是，对于蛋白质变性反应，当温度上升10℃，速率可增加600倍左右，因为维持二级、三级和四级结构稳定性的各种相互作用的能量都很低。通常认为，温度越低，蛋白质越稳定。然而实际并非总是如此。对于那些主要以疏水相互作用稳定的蛋白质，在室温下比冻结温度时更稳定。因此，蛋白质的最适稳定温度，是使蛋白质具有最低自由能，这与蛋白质分子中极性和非极性相互作用对稳定的相对贡献之比有关。在蛋白质分子中极性相互作用超过非极性相互作用时，则蛋白质在冻结温度或低于冻结温度比在较高温度时稳定。

(3) 水含量的影响

水是极性很强的物质，对蛋白质的氢键相互作用有很大影响，因此水能促进蛋白质的热变性。干蛋白粉似乎是很稳定的。蛋白质水分含量从0增加至0.35g水/g蛋白质时，变性温度急剧下降；当蛋白质水分含量从0.35增加至0.75g水/g蛋白质时，变性温度仅略有下降；水分含量大于0.75g水/g蛋白质时，蛋白质的变性温度与稀溶液状态下相同。蛋白质水合作用对于热稳定性的影响，主要与蛋白质的动力学相关。在干燥状态，蛋白质具有一个静止的结构，多肽链序列的运动受到限制。当向干燥蛋白质中添加水时，水渗透到蛋白质表面的不规则空隙或进入蛋白质的小毛细管，并发生水合作用，引起蛋白质溶胀。在室温下大概当每克蛋白质的水分含量达到0.3~0.4g时，蛋白质吸水即达到饱和。水的加入，增加了多肽链的湉度和分子的柔顺性，这时蛋白质分子处于动力学上更有利的熔融结构。当加热时，蛋白质的这种动力学柔顺结构相对于干燥状态，则可提供给水更多的几率接近盐桥和肽链的氢键，结果变性温度降低。

(4) 盐和糖的影响

在蛋白质水溶液中添加盐和糖可提高其热稳定性。例如蔗糖、乳糖、葡萄糖和甘油能稳定蛋白质，对抗热变性。当β-乳球蛋白、大豆蛋白、血清白蛋白和燕麦球蛋白中含有0.5mol/L NaCl时，能显著提高它们的变性温度。

(5) pH的影响

蛋白质所处介质的pH对变性过程有很大的影响，蛋白质在等电点时最稳定，在中性pH环境中，除少数几个蛋白质带正电荷外，大多数蛋白质都带有负电荷。因为在中性pH附近，静电排斥的净能量小于其他相互作用，大多数蛋白质是稳定的，然而在超出pH4~10范围就会发生变性。在极端pH时，蛋白质分子内的离子基团产生强静电排斥，这就促使蛋白质分子伸展和溶胀。蛋白质分子在极端碱性pH环境下，比在极端酸性pH时更易伸长，因为碱性条件有利于部分埋藏在蛋白质内部的羧基、酚羟基、巯基离子化，结果使多肽链拆开，离子化基团自身暴露在水环境中。pH引起的变性大多是可逆的，然而在某些情况下，部分肽键水解、天冬酰胺、谷氨酰胺脱酰胺、碱性条件下二硫键的破坏，或者聚集等都将引起蛋白质不可逆变性。

加酸可以加速热变性的进行。一般水果罐头杀菌的温度较蔬菜罐头低，这和水果罐头中含有有机酸较多（pH较低），加热时容易引起细菌原生质蛋白质变性有关。

(二) 冷冻和冷藏对蛋白质的影响

采用冷冻和冰冻进行食品贮藏，能抑制微生物繁殖、酶活性及化学变化，从而延缓或防止蛋白质的腐败，但蛋白质均会遭受到冷冻处理。冷冻可以达到-20℃甚至更低的温度，在冻结和冷藏过程中会造成蛋白质变性，从而改变食物原有的各种性状。

冻结时食品中的自由水、结合水结晶，形成冰的结晶区。若冷冻贮藏时间过长，冰结晶区不断扩大，破坏蛋白质的结晶结构，造成蛋白质变性。变性后的蛋白质水化作用大大降低。冻肉类解冻时，时间过长还会引起相当量蛋白质降解，水－蛋白质的结合状态被破坏，代之以蛋白质－蛋白质之间相互作用，形成不可逆蛋白质变性，这些变化导致蛋白质持水力丧失。如冰冻鱼类时，由于肌球蛋白不稳定，容易变性，使肌肉硬化，肌肉的持水力降低。因此，解冻以后鱼体变得既干且韧，鱼肉风味变坏。

蛋白质冻结后还会引起风味性质的改变。蛋白质冻结后网状结构被破坏，形成多孔的结构，水化作用完全丧失，风味、性质改变。如把豆腐冻结、冷藏时，则会得到具有多孔结构的具有一定黏弹性的冻豆腐，这是大豆球蛋白发生部分变性的结果。而把牛乳冻结，解冻时会发生乳水分离，不可能恢复到原有的均一状态。

冷冻加工造成变性的原因，主要是由于蛋白质质点分散密度的变化所引起的。冰的形成使蛋白质结合水逐渐减少，而冰结晶体积的膨胀，会挤压蛋白质质点靠拢，致使蛋白质质点凝集，发生变性、沉淀。这种作用主要与冻结速度有关，冻结速度越快，冰结晶越小，挤压作用也越小，变性程度就越小。食品工业根据这个原理都采用快速冷冻法，以避免蛋白质变性，保持食品原有的风味。

（三）脱水和干燥对蛋白质的影响

食品经过脱水干燥后，便于贮藏与运输。但干燥时如果温度过高，时间过长，蛋白质中的结合水受到破坏，则引起蛋白质变性，持水力降低，复水性大大降低，硬度增加。当蛋白质溶液中的水分几乎全部除去时，由于蛋白质－蛋白质的相互作用引起蛋白质大量聚集，特别是在高温下除去水分，可导致蛋白质溶解度和表面活性急剧降低。干燥通常是制备蛋白质配料的最后一道工序，所以应该注意干燥处理对蛋白质功能性质的影响。

蛋白质干燥时结构发生变化，形成多孔性结构，从而使风味、色泽、口感发生变化。

目前最好的干燥方法是冷冻真空干燥，使蛋白质外层水化膜和蛋白质颗粒间的自由水在低温下结成冰，然后在高真空下升华除去水分而达到干燥保存的目的。真空干燥法，不仅蛋白质变性极少，还能保持食品原来的色、香、味。

干燥条件对粉末颗粒的大小以及内部和表面孔率的影响，将会改变蛋白质的可湿润性、吸水性、分散性和溶解度。当水以水蒸气的形式迅速从体系中除去时，通常可得到高孔率度，同时使颗粒的收缩及盐类和糖类化合物向干燥的表面的迁移减少到最低程度，在冷冻干燥和喷雾干燥时均会发生这种现象。蛋白质溶液在干燥前所含的气泡和控制干燥蛋白质颗粒的吸附能力都可以用来增大颗粒的孔率。

第五节 维生素

一、概述

维生素是机体维持正常功能所必需而在体内不能合成或合成量很少，必须由食物供给的一组低分子量有机物质。维生素的种类繁多，化学结构差异很大，按照在油脂中和水中的溶解性不同可以大致分为两类：脂溶性维生素和水溶性维生素。脂溶性维生素包括维生素 A、

D、E、K等；水溶性维生素包括有维生素B_1、B_2、B_6、B_{12}、PP（烟酸）、C、叶酸等。维生素的命名有三个系统，一是按发现的历史顺序命名，如维生素A、B_1、B_2、C、D、E等等；二是按其特有的生理功能或治疗作用命名，如抗干眼病因子（维生素A）、抗癞皮病因子（烟酸）、抗坏血酸（维生素C）；三是按其化学结构命名，如视黄醇、硫胺素、核黄素等等。维生素的每日需要量甚少，它们既不是构成机体组织的成分，也不是体内供能物质，然而在调节物质代谢和维持生理功能等方面却发挥着重要作用。

二、水溶性维生素的结构、性质及降解

（一）维生素 B_1

维生素B_1又名硫胺素（thiamine），为白色结晶，它由一个嘧啶分子和一个噻唑分子通过一个亚甲基连接而成，广泛分布于植物和动物体中，在α-酮酸和糖类的中间代谢中起重要作用。在有氧化剂存在时易被氧化产生脱氢硫胺素，后者在有紫外光照射时呈蓝色荧光，可利用这一性质进行定性和定量分析。硫胺素的主要功能形式为焦磷酸硫胺素（thiamine pyrophosphate，TPP），即硫胺素焦磷酸酯。

硫胺素是所有维生素中最不稳定的一种。其降解反应遵循一级反应动力学机制。典型的降解反应是在两环之间的亚甲基碳上发生亲核取代反应。硫胺素在碱性条件下发生降解反应生成5-（β-羟乙基）-4-甲基噻唑以及相应的嘧啶取代物。

（二）维生素 B_2

维生素B_2又名核黄素（riboflavin），它是由异咯嗪衍生而成的一种B族维生素，其分子由异咯嗪基和核糖醇基所组成。维生素B_2为黄色针状晶体，味苦，微溶于水，极易溶于碱性溶液。

核黄素是一大类具有生物活性的化合物，其母体化合物是7,8-二甲基-10（1-核糖醇）异咯嗪，所有衍生物均称为黄素。核黄素与其他黄素的化学性质相当复杂，每种黄素能以多种离子状态存在于氧化体系中，核黄素在氧化体系中作为游离维生素和辅酶，常以氧化型黄醌、黄半醌自由基和还原型黄氢醌三种状态存在，并发生氧化还原循环。

维生素B_2对热、氧及酸均较稳定，但在碱性溶液中不稳定，遇光易分解。瓶装牛乳中产生的"日光臭味"，就是由于发生了光化学反应，换用不透明容器保存可避免光化学反应的发生。反应产物中的光黄素是一种比核黄素更强的氧化剂，它能加速其他维生素，特别是抗坏血酸的破坏。

维生素B_2在利用前，先磷酸化，在黄素激酶的作用下可转变成黄素单核苷酸（FMN），还可进一步在焦磷酸化酶的催化下生成黄素腺嘌呤二核苷酸（FAD），FMN及FAD为其活性型。FMN及FAD是体内氧化还原酶的辅基，如：琥珀酸脱氢酶、黄嘌呤氧化酶及NADH脱氢酶等，主要起氢传递体的作用。可参与氧化过程中氢的传递作用。它的异咯嗪环上的第1及第10位氮原子与活泼的双键连接，此2个氮原子可反复接受或释放氢，因而具有可逆的氧化还原性。可参与碳水化合物，蛋白质，脂肪的代谢，此外FMN加FAD还可激活维生素B_6，维持红细胞的完整性。

维生素B_2分布很广，小麦、青菜、黄豆、动物的肝和心等内脏都富含维生素B_2。动物体内不能合成维生素B_2，必须由食物供给，很多微生物能合成。

（三）维生素 B_6

维生素 B_6 包括吡哆醇（pyridoxine）、吡哆醛（pyridoxal）及吡哆胺（pyridoxamine），都具有生物活性，易溶于水和酒精，三类化合物均以磷酸酯的形式存在于动植物中。磷酸吡哆醛和磷酸吡哆胺可相互转变，均为活性型。

磷酸吡哆醛作为糖原磷酸化酶的重要组成部分，参与糖原分解为 1-磷酸葡萄糖的过程。磷酸吡哆醛也是氨基酸代谢中的转氨酶及脱羧酶的辅酶，能促进谷氨酸脱羧。水果，蔬菜和谷物中的维生素是 B_6 以吡哆醇-5′-β-D-葡萄糖苷的形式存在，只有被葡萄糖苷酶水解后才具活性。

维生素 B_6 的三种形式中以吡哆醛最为稳定，通常用来强化食品，三种形式均有较好的耐热性，遇碱易分解，在有氧条件下，经紫外光照射后可转变为无生物活性的 4-吡哆酸。

（四）维生素 B_{12}

维生素 B_{12} 又称钴胺素，是唯一含金属元素的维生素。维生素 B_{12} 在体内因结合的基团不同，可有多种形式存在，如氰钴胺素、羟钴胺素、甲钴胺素和 5′-脱氧腺苷钴胺素，后两者是维生素 B_{12} 的活性型，也是血液中存在的主要形式。维生素 B_{12} 为深红色结晶或结晶性粉末；无臭，无味，具有较强的吸湿性。在水或乙醇中略溶，在丙酮，氯仿或乙醚中溶。消毒温度过高或消毒时间过长可使之分解。维生素 C，重金属盐类及微生物均能使之失效。

维生素 B_{12} 主要存在于动物组织中，它是维生素中唯一只能由微生物合成的维生素，许多酶的作用需要维生素 B_{12} 作为辅酶。维生素 B_{12} 水溶液在室温并且不暴露在可见光或紫外光下是稳定的，最适宜 pH 范围是 4～6，碱性溶液中加热时易被破坏。在强酸性介质中其核苷类似组分可发生水解，也破坏维生素 B_{12}。抗坏血酸，亚硫酸盐等可引起维生素 B_{12} 的破坏。硫胺素与尼克酸的结合也可缓慢的破坏维生素 B_{12}，铁离子对维生素 B_{12} 有保护作用，而亚铁离子则使维生素 B_{12} 迅速破坏。

（五）叶酸

叶酸（folic acid）因绿叶中含量十分丰富而得名，又称蝶酰谷氨酸。包括一系列化学结构相似，生理活性相同的化合物，它们的分子结构中包括 3 部分，即嘌呤、对氨基苯甲酸和谷氨酸，结构如图。

动物细胞不能合成对氨基苯甲酸，也不能将谷氨酸接到蝶酸上去，所以动物所需的叶酸需从食物中供给。叶酸在自然界中分布很广，绿叶蔬菜和水果中的含量非常丰富，动物内脏的酵母中含量也很高，肠道的细菌也能合成，所以一般不发生缺乏症。

叶酸（蝶酰—L—谷氨酸）

叶酸在机体内的许多酶反应中，充当辅酶的作用，故也叫做叶酸辅酶。

在各种叶酸衍生物中以叶酸最稳定，它对热、酸比较稳定，在中性和碱性条件下能很快被破坏，且光照易分解。二氢叶酸和四氢叶酸在空气中容易氧化，对 pH 也很敏感，在 pH 为 1～2 和 8～12 时最稳定。四氢叶酸的几种衍生物稳定性顺序为：5-甲酰基四氢叶酸＞5-甲基-四氢叶酸＞10-甲基-四氢叶酸＞四氢叶酸。叶酸的稳定性仅取决于蝶啶环，而与聚合酰胺的链长无关。食品中的叶酸酯主要以 5-甲基-四氢叶酸的形式存在，经氧化降解得到两种产物，其中 5-甲基-二氢叶酸易被巯基和抗坏血酸还原为 5-甲酰基-四氢叶酸，因此仍具有生物活性。

（六）维生素 C

维生素 C 又称 L-抗坏血酸（ascorbic acid），是一种十分重要的生物活性物质。维生素 C 合成品是一种白色的结晶性粉末，其水溶液在空气中很快变质，尤其在碱性溶液中遇光或热更易变质，溶液通常由无色到浅黄色-黄色-棕色。在贮藏加工和烹调时，容易被破坏，还易被氧化和分解。

维生素 C 分子中 C_2 及 C_3 位上的两个相邻的烯醇式羟基极易分解释放 H^+，因而呈酸性，又因其为烯醇式结构，C_2 及 C_3 位羟基上 2 个氢原子可以全部脱去而生成脱氢抗坏血酸，后者在有供氢体存在时，又能接受 2 个氢原子再转变为抗坏血酸。L-抗坏血酸为天然生理活性型。L-脱氢抗坏血酸虽然也具有生理意义，然而在血液中以前者为主，后者仅为前者的 1/15。自然界存在的抗坏血酸主要是 L-异构体，而 D-异构体的含量很少。在食品中使用时，D-异构体不是作为维生素的用途而是作为抗氧化剂添加到食品中的。

抗坏血酸极易受温度、盐、糖的浓度、pH、氧、酶、金属催化剂、水分活度和抗坏血酸的初始浓度等因素影响。

在有氧存在下抗坏血酸先降解成单阴离子（HA^-），可与金属离子和氧形成三元复合物，很快通过单电子氧化途径转变为脱氢抗坏血酸（A）。金属离子 Cu^{2+} 或 Fe^{3+} 存在时，氧化速率常数要比自动氧化大几个数量级。脱氢抗坏血酸的氧化不可逆，尤其是在碱性条件下，它可使内酯水解形成 2，3-二酮基古洛糖酸，这时维生素活性损失。

尽管在有氧存在时抗坏血酸仍能进行厌氧降解，但在常温下，非催化氧化转化速率比厌氧转化速率大几个数量级。在有氧条件下以氧化途径占优势。在无氧条件下，金属催化剂不会对反应产生影响，而 Cu^{2+} 或 Fe^{3+} 的螯合物仍会产生催化作用。

维生素 C 是强有力的还原剂，参与并调节体内一系列氧化还原过程和羟化反应，如：将 Fe^{3+} 还原成 Fe^{2+}，加速铁的吸收；维生素 C 能起到保护巯基的作用，它能使巯基酶的-SH 维持还原状态。维生素 C 也可在谷胱甘肽还原酶作用下，促使氧化型谷胱甘肽（GSSG）还原为还原型谷胱甘肽（GSH）。维生素 C 能保护维生素 A、E 及 B 免遭氧化，参与叶酸转变成四氢叶酸；协助赖氨酸、脯氨酸羟化，促使胶原纤维合成等。

维生素 C 广泛存在于新鲜蔬菜及水果中，植物中含有的抗坏血酸氧化酶能将维生素 C 氧化为无活性的二酮古罗糖酸，所以储存久的水果、蔬菜中的维生素 C 的含量会大量减少。干种子中虽然不含有维生素 C，但一发芽便可合成，所以豆芽等是维生素 C 的重要来源。

（七）泛酸

泛酸（pantothenic acid）又称遍多酸。泛酸在 pH 为 4~7 的范围内稳定，在酸和碱的溶液中水解，在碱性溶液中水解生成 β-丙氨酸和泛解酸，在酸性溶液中水解生成泛解酸和 γ-内酯。

泛酸经磷酸化获得巯基乙胺而生成磷酸泛酰巯基乙胺。4-磷酸泛酰巯基乙胺是辅酶 A（CoA）及酰基载体蛋白（acyl carrier protein，ACP）的组成部分，CoA 及 ACP 为泛酸在体内的活性型。在体内 CoA 及 ACP 构成酰基转移酶的辅酶，广泛参与糖、脂类、蛋白质代谢及肝的生物转化作用。泛酸广泛存在于生物界。

(八) 维生素 PP

维生素 PP 又名抗癞皮病因子，包括尼克酸（nicotinic acid）及尼克酰胺（nicotinamide），或称为烟酸和烟酰胺。烟酸为白色结晶或结晶性粉末；无臭或有微臭，水溶液呈酸性反应。在沸水或沸乙醇中溶解；在水中略溶，在乙醇中微溶，在乙醚中几乎不溶，在碳酸氢钠和氢氧化钠溶液中均易溶。

烟酸
(nicotinic acid)

烟酰胺
(nicotinamide)

烟酸与氨作用后脱水形成烟酰胺，为白色结晶性粉末；在水、乙醇和甘油等溶媒中都较稳定。烟酰胺是两种重要辅酶即烟酰胺腺嘌呤二核苷酸（NAD^+）和烟酰胺腺嘌呤二核苷酸磷酸（$NADP^+$）的组成成分，NAD^+ 与 $NADP^+$ 的区别是后者的腺苷 2 - 羟基被磷酸。NAD^+ 和 $NADP^+$ 在体内是多种不需氧脱氢酶的辅酶，分子中的尼克酰胺部分具有可逆的加氢及脱氢的特性。

(九) 生物素

生物素（biotin），又称维生素 H，为无色针状结晶体，微溶于水和乙醇，不溶于其他常见的有机溶媒。耐酸而不耐碱，中等强度的酸及中性溶液中可稳定数日，在碱性溶液中稳定性较差，氧化剂及高温可使其失活。

生物素是体内多种羧化酶的辅酶，如丙酮酸羧化酶等，参与 CO_2 的羧化过程。在组织内生物素的分子侧链中，戊酸的羧基与酶蛋白分子中的赖氨酸残基上的 ε-氨基通过酰胺键牢固结合，形成羧基生物素-酶复合物，又称生物胞素（biocytin）。

纯生物素非常稳定，在光、热、微碱性或微酸性环境都很稳定。极端 pH 条件下可能发生水解。硝酸和甲醛能破坏其活性。生物胞素可将活化的羧基转移给酶的相应作用物。

(十) 硫辛酸

硫辛酸（lipoic acid）的结构是 6，8 - 二硫辛酸，能还原为二氢硫辛酸，为硫辛酸乙酰转移酶的辅酶。硫辛酸有抗脂肪肝和降低血胆固醇的作用。另外，它很容易进行氧化还原反应，故可保护巯基酶免受重金属离子的毒害。目前，尚未发现人类有硫辛酸的缺乏症。

(十一) 胆碱

胆碱又称维生素 B_4。胆碱为无色味苦的粉末，在空气中极易吸水潮解；易溶于水、甲醇、乙醇，难溶于丙酮、三氯甲烷，不溶于石油醚和苯，具强碱性，是磷脂、乙酰胆碱等物质的组成成分。常见的是氯化胆碱，各种动物都能合成胆碱，合成部位可能在肝脏。

三、脂溶性维生素的结构和性质

脂溶性维生素包括维生素 A、D、E、K，它们不溶于水，而溶于脂类及脂肪溶剂。脂溶性维生素在食物中与脂类共同存在，并随脂类一同吸收。吸收后的脂溶性维生素在血液中与脂蛋白及某些特殊的结合蛋白特异地结合而运输。

(一) 维生素 A 及 β - 胡萝卜素

维生素 A 又称抗干眼病维生素。维生素 A 是脂溶性的醇类物质，维生素 A 有两种。一种是维生素 A 醇（retinol），是最初的维生素 A 形态（只存在于动物性食物中）主要存在于动物肝脏、血液和眼球的视网膜中，又叫视黄醇；另一种是胡萝卜素（carotene），在体内转变为维生素 A 的前体物质（provitamin A），可从植物性及动物性食物中摄取）。维生素 A 在体内的活性形式包括视黄醇、视黄醛和视黄酸。

视黄醇

3-脱氢视黄醇

视黄醇

视黄醛

维生素 A 的计量单位是 IU 单位（International Units）和 RE 单位（Retinol Equivalents）等。

β-胡萝卜素为红色或微红棕色到紫棕色结晶或结晶性粉末；在水、酸、碱中不溶，而在氯仿和二硫化碳中溶解。性质较稳定，但遇光可变质。

植物中不存在维生素 A，但有多种胡萝卜素，胡萝卜素有 α，β，γ 三种异构体，在肝脏均可转变为维生素 A，其中以 β-胡萝卜素的活性最高。它在小肠黏膜处由 β-胡萝卜素加氧酶的作用，加氧断裂，生成 2 分子视黄醇，所以通常将 β-胡萝卜素称为维生素 A 原。

在食品加工过程中，不同条件下 β-胡萝卜素会产生各种变化，高温条件下，β-胡萝卜素分解成一系列的芳香族碳氢化合物。光化学氧化主要产物是 β-胡萝卜素氧化物。缺氧条件下，有许多可能的热转换，特别是 β-胡萝卜素的顺-反异构作用，有氧存在时，β-胡萝卜素发生氧化和异构化，产物为 5，8-环氧化合物。

（二）维生素 D

维生素 D 又称为抗佝偻病维生素，是类固醇衍生物，目前认为它也是一种类固醇激素。主要包括维生素 D_2（麦角钙化醇）及维生素 D_3（胆钙化醇）。体内可由胆固醇变为 7-脱氢胆固醇，储存在皮下，在阳光及紫外线照射下可转变成维生素 D_3，因而称 7-脱氢胆固醇为维生素 D_3 原。

维生素 D 比较稳定，在加工和储藏中很少损失。对氧和光敏感，油脂的氧化酸败可引起维生素 D 的损失。

（三）维生素 E

维生素 E 主要分为生育酚及生育三烯酚两大类。每类又可根据甲基的数目、位置不同而分成 α、β、γ 和 δ 四种。自然界以 α-生育酚分布最广。

维生素 E 在无氧条件和无氧化脂质存在的条件下有良好的稳定性，当存在分子氧，过氧自由基和氢过氧化物时易自身氧化，所以，维生素 E 是体内最重要的抗氧化剂，能避免脂质过氧化物的产生，保护生物膜的结构与功能。机体内的自由基具有强氧化性，如超氧阴离子自由基（O_2^-）、过氧化物自由基（ROO·）及羟基自由基（OH·）等。维生素 E 的作用在于捕捉自由基形成生育酚自由基，生育酚自由基又可进一步与另一自由基反应生成非自由基产物-生育醌。生育酚被氧化后其产物有二聚物，三聚物和二羟基化合物及醌类，如 α-生育酚与亚硝酸发生氧化反应生成的产物。硒作为谷胱甘肽过氧化酶的必需因子，通常认为是对抗过氧化作用的第二道防线。维生素 E 与硒在此抗氧化过程中协同发挥作用。

（四）维生素 K

维生素 K 又称凝血维生素，天然维生素 K_1 和 K_2 为脂溶性，是黄色油状物，口服后必须依赖胆汁吸收；人工合成的维生素 K_3 和 K_4 为水溶性，为黄色结晶，口服直接吸收。所有 K 类维生素都抗热和水，但易受酸、碱、氧化剂和光（特别是紫外线）的破坏。由于天然的维生素 K 相对稳定，又不溶于水，在正常的烹调过程中损失很少。

四、维生素在食品加工和贮存中的变化

维生素是一类重要的食品营养成分，食品中的脂溶性维生素主要存在于动物性食品中，而水溶性维生素主要存在于植物性食品中。在加工和贮藏过程中，维生素会因各种原因而引起不同程度的损失。

（一）加工过程中维生素发生的物理化学变化

1. 氧化反应

对氧敏感的维生素有维生素 A、E、K、B_1、B_{12}、C 等，它们在食品加工过程中，很容易被氧化破坏。尤其是维生素 C 对氧很不稳定，特别是在水溶液中更易被氧化，氧化的速度与温度关系密切。时间越长，维生素 C 氧化损失就越多，因此在加工中应尽可能缩短加热时间，以减少维生素 C 的损失。

2. 溶解性

水溶性维生素在加工过程中因溶解于水而损失，脂溶性维生素如维生素 A、D、K、E 等只能溶解于脂肪中，不会因溶水而损失。但用油作传热介质时，部分脂溶性维生素会溶于油脂中而损失。

3. 热分解作用

一般情况下，水溶性维生素对热的稳定性都较差，而脂溶性维生素对热较稳定，但易氧化的例外，如维生素 A 在隔绝空气时，对热较稳定，但在空气中长时间加热的破坏程度会随时间延长而增加，尤其是油炸食品，因油温较高，会加速维生素 A 的氧化分解。

4. 酶的作用

在动植物性原料中，都存在多种酶，有些酶对维生素具有分解作用，如蛋清中的抗生物素酶能分解生物素，抗坏血酸氧化酶能加速维生素 C 的氧化作用。

（二）加工贮藏中维生素损失的影响因素

1. 原料对食品加工中维生素含量的影响

食物中维生素含量的变化是从收获时开始的。在采收或屠宰后，原料的生化变化以分解代谢为主，水解酶的活动使一些维生素的存在形式发生改变，如从辅酶状态变成游离状态，脂加氧酶和维生素 C 加氧酶的活动直接造成维生素的分解，如蔬菜在室温储存 24h 后，维生素 C 的含量可下降 1/3 以上。因此，选择适当的原料品种和成熟度是果蔬加工中非常重要的问题。

2. 加工前处理的影响

加工中，水果和蔬菜往往要进行去皮、修整等前处理，而许多维生素在表皮和老叶中含量丰富，包括维生素 C、硫胺素和叶酸，但对水果内部的维生素含量影响不大。

在谷物中，维生素主要存在于种子的表层，精制后谷物的 B 族维生素含量甚至可降低到原谷物的 1/7 以下，精制程度越高则损失越严重。

3. 洗涤引起的损失

绝大多数原料在烹制之前要经过洗涤，有些原料还要进行焯水。在洗涤和焯水过程中，原料中的水溶性维生素，如维生素 B_1、B_2、PP、C 和叶酸等，有一部分会溶于水中造成维生素损失。

水溶性维生素在盐水浸泡和破损时会发生流失。损失的程度与溶液的 pH、离子强度、水温、食品组织的比表面以及用水量等因素有关。原料的比表面积越大、水量越多、水流速越快、水温越高，则维生素的损失就越严重。对一些化学稳定性较好的水溶性维生素如泛酸、烟酸、核黄酸、叶酸等来说，溶水流失是最主要的损失途径。

如去皮的土豆，浸水 12 小时，未切碎和切碎的，维生素 B_1 的损失率分别为 8％和 15％，维生素 C 的损失率分别为 9％和 51％；蔬菜洗后再切，比切后再洗，维生素的保存率要高得多，因此蔬菜宜先洗后切，做菜时勿浸泡、挤汁，以减少维生素的损失。淘米时要合理洗涤，如反复使劲搓洗或长时间浸泡，也会造成水溶性维生素的大量损失，如 B_1 可损失 30％～60％，维生素 B_2 和 PP 可损失 20％～25％。

4. 热加工造成的维生素损失

热烫是水果和蔬菜加工中的一个重要步骤。热烫处理可钝化对产品品质有不良影响的酶类、降低微生物的数量和去除组织中的氧气，因而有利于产品中维生素的保存。但热烫中维生素又因溶水流失、热降解和氧化而大量损失。由于热烫处理常常是进一步加工的必要步骤，这种损失往往在所难免。

热加工中的高温使维生素降解反应速度加快。高温造成维生素的损失受到许多因素的影响，包括食品的化学环境（如 pH、相对湿度、金属离子、反应活性物质和溶氧浓度等）和维生素的具体存在形式等。

高温短时间杀菌能在杀灭微生物的同时相对较多地保存营养素，因而已经为现代食品加工所广泛采用。食物本身的热传导速度快则对实现高温短时杀菌有利。食品的 pH 低时允许降低杀菌的温度，也有利于维生素 C 和硫胺素的保存。隔绝氧气、除去食物中的过渡金属离子可以提高维生素 C 的保存率。在蔬菜烹调中，急火快炒或沸水速煮可以较好地保存维生素，加醋烹调可以保护维生素 C。

脱水干燥的方式对维生素保存率的影响较大。真空冷冻干燥时维生素损失最少。例如，采用真空冷冻干燥方式，水果制品中维生素 C 的损失小于 10％，胡萝卜素损失小于 5％。热空气干燥时维生素 C 损失较多，而日晒干燥因为长时间暴露于氧气和紫外线下，使维生素 C 和胡萝卜素都受到严重损失。

5. 食品添加剂和化学成分的影响

食品加工中，氯气、次氯酸离子等强反应性物质可与维生素发生亲和取代，双键加成和氧化反应。

二氧化硫和亚硫酸盐有利于维生素 C 的保存，但会与硫胺素和吡多醛发生反应。亚硝酸盐可造成维生素 B_1 的破坏，一般而言，氧化物质会加速维生素 C、胡萝卜素及叶酸的氧化，而还原性物质会保护这些维生素。有机酸会有利于维生素 C 和 B_1 的保存，碱性物质则会降低维生素 C 和 B_1 以及泛酸等的保存率。

6. 产品贮藏中发生的维生素损失

产品贮藏中水分活度、包装材料、贮藏条件对维生素的保存率都有重要影响。

在低水分食品中，维生素的稳定性受到水分活度的强烈影响。在相当于单分子层吸附水的水分活度条件下，维生素的降解很少发生，而高于或低于这一水分活度时降解率都上升。在多层分子层吸附水变化范围内，降解率与水分活度的上升成正比；而食物受到过度干燥时会引起脂溶性维生素的损失。在强化早餐谷物制品、婴儿奶粉等食品中，如果没有脂类氧化的影响，即使经过长期保存也不容易发生维生素A的损失。

产品包装的材料可能对食品在光下储藏后维生素A的保存率产生重要的影响。对于食物来说，包装可起到隔氧、遮光和防止污染的作用，如若包装不当，维生素损失就加快。例如，透明包装的乳制品在运输和储藏中会发生维生素B_2和D的损失。

在储藏中，产品的维生素保存率与储藏温度有密切的关系。例如，罐头食品在冷藏条件下保存1年后，维生素B_1的损失明显低于室温保存者。

加工后，食品中剩余的维生素的损失通常比较小，主要是因为在包装容器中和储藏温度下化学反应的速度较慢，而且原料中的溶氧已经基本除去，酶也已经被彻底钝化。在果蔬加工中，往往添加酸性物质或进行干燥浓缩，这些因素也都有利于剩余维生素的保存。

第六节 矿物质

一、概述

矿物质又称无机盐，是构成人体组织和维持正常生理活动的重要物质。根据矿物质在人体内含量的多少分为常量元素和微量元素。体内含量大于体重的0.01%的元素称为常量元素，包括钙、磷、钾、钠、镁、氯、硫等7种，含量小于体重0.01%的称为微量元素，种类很多，目前认为必需的微量元素有8种，它们是锌、铜、铁、铬、钴、锰、钼、碘、硒。矿物质在体内含量虽小，却有很重要的生理功能，而某些矿物质，尤其是微量元素，当过量摄入时，也能产生危害。

矿物质不能在人体内合成，也不能在体内代谢过程中消失，它在营养中有其特殊性。从胎儿到成人，人体矿物质随年龄的增长而增加，人体从动物与植物性食物以及饮水中每日摄入及排出约20~30克的矿物质，除儿童、少年、孕妇、乳母的存留相对增加外，一般人的摄入与排出量相对平衡的。

二、食品中的矿物质及其生物利用性

食品或膳食中一种元素的总量仅能提供它营养价值的一个有限的指标，而食品中该元素能被机体利用的数量才具有实际意义。被摄入的某一元素的总的利用率决定于化学、食品、宿主或生理方面的因素，矿物质和其他食品组分的相互作用具有同样的重要性。多价阴离子，例如草酸根和植酸根，能同二价阳离子结合成盐类，而这些盐类的溶解度是很小的，因此生物利用性差。测定矿物质生物利用率的方法包括化学平衡试验，实验动物体内的生物学测定和体内放射性示踪元素试验等。

(一) 食品中矿物质的基本性质

1. 矿物质在水溶液中的溶解性

所有矿物质的活性和生物利用率在很大程度上取决于它们在水中的溶解性。各种价态的矿物质在水中有可能与生命体中的有机质,如蛋白质、氨基酸、有机酸、核酸、核苷酸、肽和糖等形成多种络合物或螯合物,这有利于矿物质保持稳定和在器官、组织间的输送。

2. 矿物质的酸碱性

Lewis酸碱理论认为所有的阳离子和类阳离子都具有明显的Lewis酸性,即具有接受电子对的轨道,电子对的供体称为Lewis碱。酸碱结合生成新的分子轨道,成键分子轨道的能级越低,由酸碱结合形成的复合物就越稳定。根据Lewis理论可以很好地解释不同价态的同一种微量元素可以形成多种复合物,参与不同的生化过程,具有不同的营养价值。

3. 微量元素的氧化还原性

自然界中微量元素常常具有不同的价态,在一定条件下它们可以相互转变,同时伴随着电子、质子和氧的转移,存在着化学平衡关系,并可形成各种各样的络合物。

4. 金属离子间的相互作用

机体对金属元素的吸收有时会发生拮抗作用,如过多的铁就可以抑制锌、锰等元素的吸收。

5. 螯合效应

金属离子可以与不同的配位体作用,形成相应的配合物或螯合物。在食品体系中螯合物的作用非常重要,不仅可以提高矿物质的生物利用率,而且可以发挥其他的一些作用,如防止铁、铜离子的助氧化作用。矿物质形成螯合物的能力与其本身的特性有关。

(二) 影响矿物质吸收的因素

1. 化学形式:如有机化合物中所含的Fe比无机化合物中所含的Fe更容易被吸收。
2. 溶解度:脂溶性和水溶性物质比不溶性沉淀物质更容易被吸收。
3. 有无主动吸收机制:对必需微量元素肠道黏膜表面具有特殊的载体,主动帮助其通过黏膜进入血液,因而有较高的吸收率。
4. 体内营养状态:如当体内Fe储备充足时,Fe在消化道吸收率低,反之则较高。
5. 元素间的相互作用:如Cu、Zn在肠道内的吸收有相互竞争性抑制作用。
6. 其他:如膳食的构成,机体的特殊生理状态等也都不同程度的影响这些物质在肠道内的吸收。

(三) 矿物质在食品中的化学形式及生物利用性

1. 铁

食物中的铁有两种形式,一种是非血红素铁,另一种是血红素铁,铁的化学状态很重要,简单的二价铁盐比三价铁盐更易吸收。由于食品中含有不同形式的铁,因此食物种类也影响铁的生物利用率。

(1) 非血红素铁或称为离子铁:主要以Fe(OH)$_3$的络合物形式存在于食物中,与其络合的有机分子有蛋白质、氨基酸和其他有机酸。这种形式的铁必须在胃酸作用下与有机部分分开并还原成Fe^{2+}才能被吸收。能影响其吸收的因素很多,吸收率较低,这种类型的铁主要存在于植物性食品中。植物性铁的吸收率一般在10%以下。

铁吸收的抑制因素:谷物中的植酸盐、磷酸盐,某些蔬菜中含有较多的草酸盐,某些水果富含鞣酸，另外还有碳酸盐，皆可与铁形成不溶性铁盐而抑制铁的吸收，这些盐主要存在于植物性食物中。

铁吸收的促进因素：① 维生素C 维生素C能与Fe^{2+}形成可溶性螯合物，可促进铁的吸收；② 肉因子 动物细胞蛋白质如畜肉、禽肉、鱼肉和内脏，可促进铁的吸收，其作用物的化学性质尚未确定，暂称为肉类因子。肉因子不但使肉类本身铁的利用率高，还可提高植物性食品铁的吸收率。而牛奶、奶酪及蛋类无促进吸收作用；③ 摄入较多的钙 钙可与磷酸根、草酸根、植酸根相结合，从而减少其对铁的吸收作用。近年的研究发现核黄素对铁的吸收、转运与储存均有良好影响，当核黄素缺乏时，铁吸收、转运与肝、脾储铁均受阻。

（2）血红素铁：血红素铁是血红蛋白和肌红蛋白中的原卟啉结合的铁，可直接被肠黏膜上皮细胞吸收，它既不受植酸根等抑制因素的影响，也不受维生素C等促进因素的影响。血红素铁主要存在与动物性食品，如动物瘦肉、内脏、全血等，这部分铁吸收率较高，可达到20％左右。

植物性铁与肉类一起进食时，铁吸收率可增加3倍，禽蛋中有蛋黄高磷蛋白，干扰铁吸收，故蛋黄铁吸收率仅为3％。但蛋黄含铁丰富，仍可作为婴儿的辅助食品。对两种形式铁的吸收都有影响的因素是体内铁储存量，储存多则吸收率低，储存量少则吸收率高。另外，在生长、月经和妊娠等机体对铁的需要量增加时，消化道能增加铁的吸收。

2．锌

有关动物中锌的平衡研究表明，植酸盐能减少膳食中锌的吸收以及对内源性分泌的锌的再吸收，这是由于植酸、钙和锌可结合成络合物，从而降低了锌的有效性，因此锌的有效性与食品中存在的植酸盐（肌醇六磷酸盐）有关。食品的发酵过程可破坏谷类食物中的植酸，植酸酶也能将肠道中植酸盐复合物降解，提高锌的吸收率。膳食中的草酸、过多的膳食纤维也会干扰锌的吸收。

3．铜

铜以+1或+2价氧化态存在，并形成复合离子。它的卤化物和硫酸盐是可溶性的，而其碳酸盐和磷酸盐则较难溶解。铜在催化抗坏血酸和不饱和脂类氧化这一点上具有重要的意义。

4．铬

自然界大量的铬是以三价状态存在于铬铁矿，重铬酸盐是由铬铁矿为原料生产，并与铬酸盐广泛用于化学工业。六价铬对人毒性较大，可引起急性及慢性中毒，而二价及三价铬化合物尚缺少明确的资料证实可引起中毒作用，六价铬可引起皮肤溃疡、皮炎、过敏皮炎反应及过敏性喘息，还可引起黏膜溃疡及鼻中隔穿孔。六价铬化合物吸入可引起支气管瘤及肺癌，并已在人群证实。动物实验表明六价铬化合物尚可引起腺癌、肉瘤及皮肤癌。六价铬亦是致突变原。大量人群对三价铬的接触是通过食物摄入，但未见有危害健康的报道。

铬的生物活性形式为葡萄糖耐量因子，即为三价铬与烟酸的结合物，对葡萄糖耐量因子的准确结构还不清楚。

5．钙

（1）膳食中促进钙吸收的因素：① 维生素D是促进钙吸收的主要因素；② 膳食中蛋白质充足有利于钙吸收，因为钙与一些氨基酸结合形成可溶性的钙盐，增加钙的吸收。但如蛋白质摄入过多而超过需要，可使尿钙排出增多出现负钙平衡，因而在高蛋白质摄入的情况下，应增加钙的摄入；③ 糖类促进钙吸收：如乳糖在肠道中发酵产酸，形成可溶性磷酸钙，不同的糖促进钙吸收作用为乳糖葡萄糖蔗糖果糖半乳糖。淀粉对钙的吸收无明显促进作用；④ 食物中适宜的钙、磷比例，如磷多而钙少则可形成不溶性的三盐基磷酸钙不利于钙的吸收。钙、磷比例在儿童膳食以2∶1或1∶1，成人膳食以1∶1或1∶2为宜。目前也有人认为高磷摄入并不影响钙的吸收，所以钙、磷比值并不十分重要；⑤ 此外，当机体对钙的需要量大或膳食中钙供给量高的时候，均可使钙的吸收和储备增加。如婴幼儿、孕妇、乳母钙的吸收和储备增加。

（2）膳食中抑制钙吸收的因素：① 植酸可与钙形成不溶性的植酸钙不利于钙的吸收，在谷类食物中含有大量植酸，其钙吸收率很低；② 草酸与钙结合形成不溶性草酸钙，不利于钙的吸收。有的食品草酸过多，如菠菜、苋菜、根刀菜、石榴、茶叶等，因此菠菜不宜与豆腐一起炒菜，因为豆腐中含有丰富的钙，可与菠菜中草酸形成不溶性的草酸钙；③ 脂肪过多不利于钙的吸收，因为脂肪酸与钙结合形成脂肪酸钙，影响钙的吸收；④ 食物纤维过多不利于钙的吸收，这与食物纤维中醛糖酸残基与钙结合有关；⑤ 此外，钙吸收与年龄有关，随年龄增长其吸收率下降。婴儿钙的吸收率超过50%，儿童约40%，成年人只有20%，一般在40岁以后，钙吸收逐渐下降，老年人骨质疏松与此有关。

6. 其他矿物质

还有几种具有多氧化态的金属，包括锡和铅（+2和+4）、汞（+1和+2）、锰（+2，+3，+4，+6和+7）。这些元素中许多能形成两性离子，它们可作为氧化物质或还原物质参与反应。

许多金属离子还存在于有机分子中，并与配位体相结合，它们包括细胞色素中的铜、叶绿素中的镁以及维生素 B_{12} 中的钴，都是重要的微量元素。

7. 植物性食品中的矿物质

水果与蔬菜含有多种微量元素，干果类也是多种微量元素的补充源。水果中K含量高，大部分与有机物结合，或是有机物的组成部分，常以磷酸盐，草酸盐的形式存在。

豆类矿物质含量最丰富，K、P、Fe、Mg、Zn、Mn 等含量均较高，其中 P 主要以植酸盐形式存在。

8. 动物性食品中的矿物质

肉类如家畜，家禽肉中含有多种微量元素，钠、钾、铁、磷、锰含量较高，还含有少量铜、钴、锌，以可溶性的氯化物、磷酸盐、碳酸盐形式存在，或与蛋白质结合。奶类中主要含钙，也含有钾、钠、镁、磷、氯、硫等。蛋类中含有人体所需的各种矿物质。

（四）矿物质在食品加工中的变化

1. 矿物质的损失

矿物质在食品中的含量变化常常不是由化学反应引起，而是通过矿物质的丢失或与其他物质形成一种不适宜人和动物体吸收利用的化学形态而损失。

矿物质在加工中不会因为光、热、氧而分解，但加工会改变其生物利用性，如精制、烹调、溶水等会使其含量下降。

（1）粮食精加工对矿物质含量的影响

粮食中的矿物质一般用灰分来表示。粮食样品经高温烧灼后，有机物质全部氧化变成气体挥发出去，矿质元素都完全被氧化变成灰分。经化学分析证明，粮食中的矿质元素有磷、钾、镁、钙、钠、铁、硅、硫、氯等，此外还有锌、铝、锰、铜等微量元素。灰分含量是评价粮食加工精度的重要指标。谷物是矿物质的一个重要来源，在谷物的胚芽和表皮中含有丰富的矿物质，因此谷物在碾磨时会损失大量矿物质，加工精度越高，矿物质含量就越低。碾磨加工对小麦粉中矿物质的影响见表2-8。

表2-8 碾磨加工中小麦矿物质的损失

矿物质	含量（mg/kg）				相对全麦损失率（%）
	全麦	小麦粉	麦胚	麦麸	
Fe	43	10.5	67	47~78	76
Zn	35	8	101	54~130	77
Mn	46	6.5	137	64~119	86
Cu	5	2	7	7~17	60
Se	0.6	0.5	1.1	0.5~0.8	16

（2）预加工及烹调的影响

食品加工中，食品原料最初的淋洗，整理除去下脚料等过程是食品中矿物质损失的主要途径。食品与水接触，特别是在烹饪和热烫过程中，由于矿物质在水中的溶解，而使矿物质会有相当大的损失。表2-9说明了在菠菜热烫过程中矿物质损失情况。

表2-9 菠菜热烫处理对矿物质的影响

元素	含量（mg/100g）		损失率（%）
	未热烫	热烫	
K	6.9	3.0	56
Na	0.5	0.3	43
Ca	2.2	2.3	0
Mg	0.3	0.2	36
P	0.6	0.4	36
NO_2^-	2.5	0.8	70

2. 加工中矿物质含量的增加

在加工过程中，由于食品同加工用水、设备和包装材料相接触，使微量元素和矿物质能进入食品。采用有镀膜和没有镀膜的镀锡薄板罐装蔬菜时，锡含量的差异能说明这一情况。牛乳中的镍含量的增加则主要是加工中采用不锈钢容器引起。另外日常生活中常用的铁、铝等容器也会对食品中这些元素的含量产生影响。

加工后生物有效性的可以提高，如面粉发酵后生物有效性提高30%~35%。这与食品在发酵过程中矿物质的存在形态的变化有关。三种干酪的不同加工方式对产品中钙、磷、蛋白质含量的影响也能证明这一点，见表2-10。

表 2-10 三种干酪中钙、磷、蛋白质含量

品种	蛋白质（%）	Ca (mg/100g)	PO_4 (mg/100g)	Ca 蛋白质 (mg/g)	PO_4 蛋白质 (mg/g)
农家干酪	15.2	80	90	5.4	16.7
契达干酪	25.4	800	860	31.5	27.3
埃门塔尔干酪	27.9	920	980	33.1	29.6

（曹东旭，张燕，曹小红）

第三章 食品风味化学

第一节 概　述

风味这一概念是在 1986 年 Hall 提出的,是指摄入口腔的食物使人的感觉器官,包括味觉、嗅觉、痛觉、触觉和温觉等所产生的感觉印象,即食物客观性使人产生的感觉印象。食品的风味包括香气和滋味两个方面,香气、滋味是通过人的嗅觉和味觉感觉体验的。食品的香气是指食品中产生各种挥发性的香味物质。食品的滋味是人们进食时口腔味觉对食品风味的一种感觉和体验。

一、食品风味的概念

食品的风味是一种食品区别于另一种食品的质量特征,是由食品中某些化合物体现出来的。体现食品风味的化合物称为食品风味物质。食品作为一种刺激物,它能刺激人的多种感觉器官而产生各种感官反应(图 3-1)。对这些感官反应有不同的分类法。由于食品对感官的刺激而引起的反应非常广泛。所以人们对"风味"一词也存在多种定义和理解。

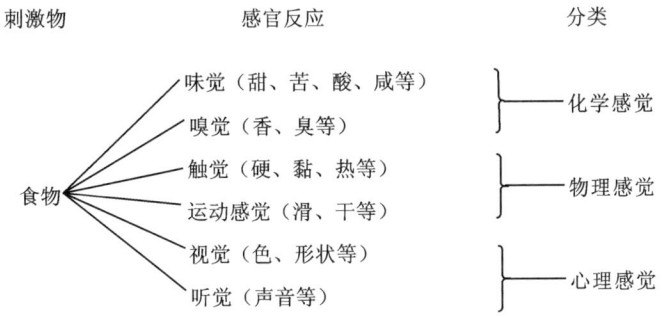

图 3-1　食品产生的感觉反应及分类

风味物质一般具有以下特点:成分繁多而含量甚微,除某些成分如糖分在食物中含量较多外,大多是痕量物质;除少数成分外,大多数是非营养物质;呈味(嗅)性能与其分子结构有高度的特异性关系;多为敏感而易破坏的热不稳定性物质。

二、风味物质的特点

食品的风味大多是由食品中的某些化合物体现出来,这些能体现食品风味的化合物称为风味物质。一种食品的风味物质往往很多,但除了少数食品由于风味物均匀分布而表现出某种缓慢风味之外,大多数食品在形成风味时,都会有几种化合物起着主导作用。若能以一个或几个化合物来代表其特定食品的某种风味时,这几个化合物便称为该食品的特征化合物或关键化合物,如香蕉,它的特征化合物为乙酸异戊酯。

食品中的风味物质一般具有下列特点：

1. 种类繁多，相互影响　形成某食品特定风味的物质，尤其是产生嗅感的风味物质，其组分一般都非常复杂，类别众多。例如，经过调配的咖啡的风味成分中，已鉴定出的组分数目达468种以上，尚未鉴定的估计仍有数百种。又如在焙烤过的土豆中，已被鉴定的风味组分也超过了200种。在风味物质的各组分之间，它们还可能会相互产生拮抗作用或协同作用。例如当含有1mg/kg的（3Z）-己烯醛时，会产生青豆气味，而当含有13mg/kg的（3Z）-己烯醛及12.5mg/kg的（2E，4E）-癸二烯醛时，并无特殊气味。又如2-丁酮、2-戊酮、2-己酮、2-庚酮和2-辛酮，当它们的浓度分别为5、2.5、1、0.5、0.2mg/kg并单独存在时，并不产生嗅感，但若将它们按上述浓度混合，则会形成明显的嗅感。

2. 含量甚微，效果显著　在一般的食品中，嗅感风味物质的含量都极微小，约占食品的$10^{-14}\%\sim10^{-8}\%$。味感风味物质的含量因食品的不同而差异较大，通常比嗅感物质多一些，但在整个食品中所占的比重仍很低。它们在食品中所占的百分含量虽少，而产生的风味效果却十分明显。但少数风味物质含量较高，如甜味物质在某些天然食品中的含量较高。

3. 风味物质的组分大部分都是结构简单的小分子量有机物　小分子量的有机物挥发性高，这些物质在常温下就有较高的挥发性，呈味物质一般是水溶性有机物或无机物，它的分子中具有亲水基团或极性基团，分子量小的物质容易溶于水。

4. 多数风味物质易变质、易挥发或不稳定　尤其嗅感物质容易挥发，在空气中很快会自动氧化或分解，热稳定性也差，例如香气容易挥发损失。茶叶的风味物质在分离后就极易自动氧化；油脂酸败是不饱和脂肪被氧化的结果。

5. 风味与风味物质的分子结构缺乏普遍规律性　一般说来，风味特征与组成的分子空间结构及组分有关。如天然的疏水性的氨基酸．一般L-型是苦味，而D-型是甜的。食品的风味与其风味物质的分子结构都具有高度的特异性，分子结构稍有改变，其风味即差别甚大；另一方面，某些能形成相同或相似风味的化合物，其分子结构也缺乏明显的规律性。

三、食品风味化学的研究方向

食品风味化学研究的内容相当广泛，其主要的研究方向可归纳如下：
1. 风味的化学组成和含量，以及质量标准与控制；
2. 味觉或嗅觉与呈味或含香物质的组成及分子结构的关系；
3. 提取、浓缩、分离、鉴别和测定天然或人工合成风味物质的技术和方法；
4. 风味物质的生成途径和机理以及人工合成风味物质的方法；
5. 风味物质之间的相互作用和它们各自稳定性以及食用的安全性。

风味化学涉及多种学科，包括生物化学、化学、天然有机化学、物理学、生理学和心理学。食品风味化学是一门研究食品风味组分的化学本质、分析方法、生成及变化途径的科学。具体内容包括研究天然风味物质的化学组成，食品风味物质的分析鉴定以及食品风味的感观评价，呈味和呈香物质以及其化学基础，产生途径，食品风味与物质结构的关系，风味的调节与控制等。这一章主要讨论有关风味化学的基础知识。

第二节 风味物质的分离及分析方法

食品风味物质的分离分析就是鉴定食品香气中起主要作用的化合物，也即关键呈香成分。每一种食品都有一种或几种关键呈香化合物起主导作用。关键化合物的分析测定不仅可以使人们获得最基本的有关食品天然成分的化学信息，而且还可以为人们仿香、创香、合成新型的食品风味香物质提供科学依据。任何新的呈香物质的创制合成，都与分离分析技术相关联。

由于食品风味物质组成复杂，任何一种食品的风味都是由多种香组分组成的，同时含量极少，在一般食品中，香气风味物质大约占食品的 $10^{-12} \sim 10^{-6}$，某些风味物质挥发性大，不稳定，因此给风味物质的分析定量带来很大困难。基于上述特点，对食品风味物质的分析鉴定，其一般的步骤是，从食品样品中提取分离风味物质后经浓缩和初步分级分离，再对各组分进行鉴定，最后还要对分析测定结果进行验证。

一、风味物质的提取和浓缩

所采用的任何一种提取方法都不应使风味物质遭到破坏，不应产生异味。所以采用的萃取溶剂，不得与风味物质发生反应。目前在风味物质研究中，常用的提取浓缩方法有以下几种：

(一) 蒸馏

主要有水蒸气蒸馏和分子蒸馏。水蒸气蒸馏有常压蒸馏、减压蒸馏、真空蒸馏，这些都是传统的蒸馏方法。

分子蒸馏是近代发展起来一种新的蒸馏技术。该方法是将食品中的挥发物直接转移到冷凝器中。一个分子到达冷凝器表面必须走过的距离一定要比该分子的平均自由程为短，这就要求冷凝器和食品样品之间的距离很短，要求使用高真空系统。高真空度限制了此方法只能用于从纯油脂中分离香味物（无水场合）。该方法最大特点是减少了风味物质提取中的人为污染。选择什么样的蒸馏方式取决于待测样品的性质和分离目标。

(二) 溶剂萃取

其原理是根据化合物在溶剂中分配系数不同而实现萃取。大多数化合物在有机溶剂中，如乙醚、二氯甲烷、戊烷等有一定的溶解度。不含脂肪的食品可用溶剂萃取。含有脂肪的食品，有机溶剂萃取物只是脂肪与风味物质的混合体。常用的萃取方法有液-液、液-固、微胶囊-双水相萃取和超临界流体萃取及连续的同时蒸馏萃取。

CO_2 超临界流体萃取，是近几年发展起来的新技术。物质的超临界状态是指其气态与液态共存的一种边缘状态。在此状态中，液态的密度与其饱和蒸汽的密度相同，因此界面消失。只有在临界温度和临界压力下才能实现。如果温度高于临界温度，压力大于临界压力时物质处于超临界状态，所谓超临界流体，就是处于这种超临界状态的流体。

超临界流体提取法既可以用来从复杂的天然产品中制备分析样品，又可以用于工业生产过程以获得新产品或提高产品质量。在此抽提方法中，CO_2 是最常用的溶剂，操作简单，提取物污染较少，对亲油性组分有较好的溶解性。该项技术已广泛的应用于制药、精细化工、天然香料等的提取。

蒸馏萃取是集蒸馏与萃取于一体的香物质提取法，只需要少量的溶剂就可提取大量的食品。若加上真空系统和用干冰冷却，则可减少水蒸气的早期冷凝及最大限度的降低溶剂损失。这种方法对大多数风味化合物都有较高的回收率，是食品风味物质研究中常用的分离提取法。

（三）冷浓缩

含水体系的呈香物质在萃取前将体系冷冻，体系中的水以结晶形式析出分离，母液中的风味物质浓度相对提高，这样可直接进样分析测定或采取少量的溶剂萃取进一步提高目标物质的浓度。

二、食品风味物质的分级分离

对提取的呈香物质，由于成分复杂，要确定其关键成分，就要求对混合的呈香物质进行逐步分级分离，常用的方法有：

（一）酸碱分级分离

该方法首先用酸或碱将混合物分离，然后根据物质特点利用沉淀、蒸馏、层析、柱色谱进一步分离、提取、鉴定。

（二）柱色谱分离

根据风味物质分子的极性，选择适宜的柱子、洗脱剂对混合物进行分离，收集不同时间的洗脱液进行鉴定。这种技术不仅在分析上应用，在医药、有机合成、微生物发酵下游产物的提取纯化方面广泛应用。

（三）微量样品的真空浓缩

根据风味物质成分沸点不同进行分级分离，该方法要求真空度高。如用K-D浓缩仪进行真空浓缩，它可将较大体积的提取液浓缩至1毫升甚至零点几毫升，这样富集到的样品可以准确的鉴定和分析。

三、风味物质的分析

对于分离浓缩得到的风味物质进行定性、定量测定。常用的方法有容量法、分光光度法、气相、液相色谱法、色（气、液）谱-质谱联用测定法、核磁共振及红外光谱法等。

气相色谱比较适合于易挥发的有机化合物的测定，是目前香料研究中应用最广的分析方法之一。依据待测样品性质选择适宜的分析柱、检测器和操作条件对样品进行分析，即可得到满意的结果。在食品风味物质研究的领域中，毛细管气相色谱用得最多，其柱效高，分离效果好，可以分离数百种组分。现在二维气相色谱分离技术也已在香料研究中使用。

液相色谱法的原理同气相色谱，只是流动相是液体。它适合于挥发性较低的化合物，如有机酸、羰基化合物、糖类等的分析测定。该方法最大特点是待测物不被破坏，可以收集。利用待测物对光的作用，可用荧光、紫外、示差等检测器检测。

色谱-质谱联用仪及计算机对分析检测数据信息的处理，大大促进了风味化学研究技术的发展。利用色质联用仪，不需要标样，由标准谱图的资料信息，即可对待测物定性测定，是一种快速准确的分析仪器，也是目前分析鉴定中应用最广泛、权威的分析仪器之一。天然乳香、烟用新型反应香料中呈香成分就是利用色质联用仪进行分析鉴定的。

核磁共振在风味化合物的结构鉴定中有很好的应用。一般通过化学位移可推测质子的种类和基团，通过各类质子的峰面积比可以知道各类质子的数目比，对推断分子结构式很重要。通过自旋分裂的观察，可了解各种质子相互作用的情况，进而推断各类质子的数目和基团类型，对结构鉴定非常必要。

红外光谱法也是常用于风味化合物结构鉴定的一种方法。对于纯净的化合物，测定其红外光谱图与标准谱图进行对比，可判定待测化合物的官能团及分子结构。在风味化学研究中也是常用的鉴定方法之一。

对于食品风味物质的测定，具体问题应具体分析。必须根据食品样品的性质，风味物质的特点、浓度高低，了解各分析方法、分析仪器的性能、适用范围及对样品的要求等相关信息，研究确定其详实的分离分析计划、方法、步骤。

第三节 感观分析

由于目前还没有任何一种仪器能完整准确地测定食品中所有风味物质的类型和质量，所以风味物质的鉴定还必须配合感官评定。同时感官分析是一种分析评定食品质量的重要方法，主要以人的感觉为测定手段，通过眼观、鼻闻和口尝获得原始数据，再通过统计分析而得出结论。为了提高分析的准确性，科学家还把心理学、生理学和电子计算机技术引进了感官分析，不断加强感官分析与客观分析的统一。

一、感官分析实验室

合格的感官分析室的环境、内部设备、照明、室内空气都有特殊要求。一般应含有样品准备室、评价室、培训室和办公室。如果有条件，可在评价室附近建立休息室、更衣室和盥洗室。准备室应紧靠评价室，但应隔开，以防止评价员在进入或离开评价室时穿过准备室。办公室是进行感官检验辅助工作的场所，它应靠近评价室并与之隔开。

样品准备室内具有一套完整的小型食品加工设备，按设计的配方、工艺、包装和储藏方法在此制备样品。评价室内有多个评价小室，评价员在该室内完成感官测试，得出原始数据。待评价样品应装在尺寸、颜色和形状一致的玻璃或瓷制容器内，并用预先设计好的随机数据编码。分析室外应清洁、安静并远离化工厂等气味污染源。

二、评价员

评价员是指有感官分析资格的人员。评价员的嗅觉和味觉灵敏性应处在正常范围内，并且通过训练能不断提高。评价员的年龄、性别和职业可不专门限制，但总体要求均衡。评价员应当身体健康，个人卫生条件好，具有从事感官分析的兴趣，并通过培训忠实而正确的表达自己的感觉。

优选评价员是从达到前述普通评价员标准的人中，以一定方法优选出的评价员。选择方法有配比检验和强度排序检验，配比检验可检查出评价员区别风味差异的能力，强度排序检验可检查出评价员区别风味强度差异的能力。

三、感官分析方法

常用的感官分析方法主要有：差别检验，敏感性检验，标度和类别检验，分析或描述性检验等。

差别检验主要用于确定两种产品之间是否存在感官差别；敏感性检验可用于选择与培训评价员；标度和类别检验一般用于估计差别的顺序或大小，或者样品应归属的类别或等级；分析或描述性检验用于识别存在于某样品中的特殊的感官指标，下面重点介绍其中的几种：

（一）敏感性检验

大致可分为：阈值检验和稀释检验。下面主要介绍阈值检验。

1. 个人阈测定

将刺激物配成一系列浓度的水溶液（包含空白），每个浓度都按三点检验法交评价员测评数次，记录在每个浓度下评价员回答正确的次数和共测评的次数，并换算成正确回答的百分比，正确回答百分比为50％所对应的刺激物浓度应定为个人阈，阈值单位常为 mg/L 或 μg/L。

2. 群体阈的测定

先将每个个人阈对应的刺激物浓度和略低于该浓度的那个个人阈测定时的设计刺激物浓度取均值，再将几十个测评员的该均值分别换算成以 10 为底的对数值，然后取这些对数的平均值，最后取该均值的反对数值即为群体阈。

（二）差别检验

1. 成对比较检验

以确定的或随机的顺序将一对或多对样品分发给评价员，向评价员询问关于差别或偏爱的方向等问题。成对比较检验适用于确定两种样品之间是否存在某种差别，差别的方向如何；确定是否偏爱两种样品中的某一种等，这种检验方法简单且不易产生感官疲劳。

2. 三点检验

三点检验法是分析两种样品间是否存在差异的方法之一。设这两种样品分别为 A 和 B，将它们组成三个一组的供评样组，组合方式为：ABB、BAA、AAB、BBA、ABA 和 BAB，要求评价员按从左到右的顺序检验（口尝或鼻闻）样品，在不得到提示的情况下回答每组样品中哪一个和另两个不一样。然后统计不同评价员工完成了多少组检验和共有多少次答案是正确的，再根据"差别三点检验-正确应答临界表"，在不同显著性水平上判断 A 和 B 是否存在差异的一种检验方法。

三点检验适用于确定两种样品之间细微的差别或当能参加检验的评价员数量不多时使用，也可用于选择和培训评价员。该检验的缺点是：（1）用这种方法评价大量样品是不经济的；（2）用这种方法评价风味强烈的样品比成对比较检验更容易受到感官疲劳的影响；（3）要保证两种样品完全一样是很困难的。

3. 二-三点检验

首先向评价员提供已知的对照样品，接着提供两个已编码的样品，其中之一与对照样品相同，要求评价员识别出这一样品，并根据记录的结果进行统计分析确定被检样品与对照样品之间是否存在感官差别。

4. 五中取二检验

当仅能找到少量（例如 10 个）优选评价员时可选用五中取二检验方法。这种方法的优点是，确定差别比用其他检验方法在统计学上的功效高。这种检验方法的缺点与三点检验相同，而且更容易受到感官疲劳和记忆效果的影响。在利用视觉、听觉和触觉的感官分析中可使用该方法。

5."A"-"非 A"检验

首先将对照样品"A"反复提供给评价员,直到评价员可以识别它为止,然后每次随机给出一个可能是"A"或"非 A"的样品,要求评价员辨别。提供样品应有适当的时间间隔,并且一次评价的样品不宜过多以免产生感官疲劳。"A"-"非 A"检验主要用于评价那些具有各种不同外观或留有持久后味的样品。这种方法特别适用于无法取得完全类似样品的差别检验。

(三)描述性检验

描述性检验是依据感觉描述样品的风味特征及强度。其中最常用的方法是风味剖面法,所谓风味剖面法是指风味物(或样品)的香气、滋味、风味强度和感觉顺序等不同方面,使风味的这些方面分别突出地暴露给评价员,并一一得到更清晰地描述方法。描述分析要求使用优选和经过培训的评价员,他们善用正确和统一的描述语,并有敏锐的标度感。

第四节　食品的味觉和呈味物质

化学感觉(chemical senses)是一种最原始的基本感觉。我们最熟悉的两种化学感觉是味觉和嗅觉,两者常相伴而生。味觉和嗅觉有一种类似的责任,即检测环境中的化学物质。这两种感觉最主要的差异也在于具有不同的刺激物质。对于味觉来说,适宜刺激既有无机物质又有有机物质,多为非挥发性的,刺激源在感觉器官附近或与之直接接触。因此,味觉系统主要感知摄取的水溶性分子,而提供关于摄取食物的质、量和安全性的信息。而嗅觉的适宜刺激几乎均为有机的、挥发性化合物的分子,呈气体形式,刺激源常在相对远处。因此,嗅觉系统主要感知空气传播的分子,而提供来自食物、人自身、其他人、各种动物、植物和环境方面的化学物质信息。这些信息可以影响到喂养行为、社会交往和繁殖。通过上述两种感觉神经系统可以感知风味(flavor)。

味觉和嗅觉直接反映了人类最基本的内在需求,如渴、饿、情感、性和帮助某些记忆的形成。味觉和嗅觉又是相互独立的不同感觉。二者的主要区别在于结构、功能、化学感受器、中枢器官的调控及对行为的影响等方面。

味觉和嗅觉有很强的适应性,在持续刺激过程中传入通路的兴奋明显下降,感觉相应地减弱。其另一特点是,对某些刺激敏感性极高,如一个嗅感受器对一个或几个嗅分子即有反应,但辨差阈较高。

一、味觉的定义和分类

味觉是指食物在人的口腔内对味觉器官化学感受系统的刺激产生的一种感觉。是通过化学感受器直接与环境中的化学物质作用而产生的神经信号。多数味觉刺激物是不易挥发的水溶性分子,能够溶于唾液中。多数神经生物学家认为,食物中涉及多种化学物质,人类能辨别的基本味觉刺激物称为味质,约为 5 种,即甜、酸、苦、咸和鲜。"鲜"即"鲜美",亦即日常使用的食品增味剂"味精"之味,其化学成分为谷氨酸钠(monosodium glutamate, MSG)。也有一些科学家认为味质应分为更多种,如来自茶的涩味,来自辣椒的辣味等。目前世界各国对味感的分类并不一致,日本将味感分为酸、甜、苦、咸、辣 5 类;欧美各国则加上金属味；印度的分类没有金属味，加上淡味、涩味、不正常味；我国的分类通常为酸、甜、苦、咸、辣、鲜、涩7类，而从味觉的生理角度分类，只有四种基本味觉：酸、甜、苦、咸。每一种味质都有一些相关的化学物质为代表，甜味主要来自白糖，大多数酸性物质构成酸味，盐则构成咸味。一些生物碱构成苦味，如阿托品、奎宁，这是人们不喜欢的味质，这些苦味物质有些可能是毒素，味觉对苦味很敏感。各种物质存在不同的味觉阈值。

呈味物质刺激口腔内的味觉感受体，然后通过收集和传递信息的神经感觉系统传导到大脑的味觉中枢，最后通过大脑的综合神经中枢系统的分析，从而产生味觉。不同的味觉有不同的味觉感受体，味觉感受体与呈味物质之间的作用力也不相同。

心理学实验表明，味刺激物的浓度越高，味觉接受这种刺激物的趋向性就越大。随着年龄的增长味觉敏感性下降，对食物中盐浓度要求增高，这将不利于健康，尤其是高血压的患者。不幸的是，到目前为止，还没有一种氯化钠的安全有效的替代品。而对需要低糖饮食的人来说，目前已有很多人工甜味剂可替代蔗糖。

二、味觉产生的生理基础

（一）味觉感受器

味觉感受器（gustatory receptor）是指位于舌和口腔黏膜上感受味觉刺激的味蕾。味蕾呈圆葱头状，每个味蕾含有味觉感受细胞（taste receptor cell）、支持细胞和少量的基底细胞。其中味感受细胞，也叫味觉细胞（taste cell）。每个味蕾有30～100个味觉细胞。总体上，味觉细胞占整个舌上皮细胞的1‰以下。味觉细胞顶端有微绒毛（也称味毛）伸入味孔（taste pore），通过味孔与舌表面的化学物质相接触，是味觉感受的关键部位。味觉细胞基底部与神经突触相联接，味觉细胞受到化学物质的刺激，产生的兴奋通过神经终末突触传入中枢。味觉细胞的更新速率很快，平均每10天更新一次，有周围的上皮细胞迁移而形成的基底细胞分化为新的味觉细胞。新的味觉细胞核传入神经纤维重新发生联系，旧突触破坏，新突触形成，神经纤维的特异性保持不变。

（二）味觉信号传导机制

味觉感受器是通过细胞顶端微绒毛与舌表面的化学物质接触。味觉细胞不是神经元。但是味觉细胞在基底端与传入神经轴突终末形成突触。这些味觉细胞也通过化学突触和电突触作用于基底细胞，基底细胞通过突触传送到感觉神经轴突，因此在味蕾中形成了简单的信息传递环路。味蕾中的味觉细胞在感觉神经的支持下经过不断的生长、死亡、再生的循环（事件大约是两周）。如果切断感觉神经，味蕾将退化。

目前发现味蕾的味觉细胞内有一种味觉特异性G蛋白-味蛋白，可能主要参与苦和甜味觉的信号传递。味觉细胞膜的内外存在电位差。味觉刺激物使味细胞膜内外的电位差减少，细胞膜去极化，去极化程度与刺激物浓度的对数成正比。这种味细胞膜电位的变化就是味觉感受器电位。如果味觉细胞去极化的程度足够大，味觉细胞也像神经元一样，产生动作电位。在此条件下，味觉感受器膜电位的去极化是由电压门控性钙通道的开放所引起。钙离子进入细胞浆，引发神经递质分子的释放，这就是由味觉细胞到感觉神经轴突的突触传递基础。味觉感受器神经递质继而可引起突触后感觉性轴突兴奋，产生动作电位，并传导味觉到脑干。

一般来说，不同物质的味道与其分子结构形式有关，但也有例外。通常NaCl能引起典型的咸味，H^+是引起酸味的关键因素，有机酸的味道与其带负电的酸根有关，甜觉的引起与葡萄糖的主体结构有关，而奎宁和一些生物碱的结构能引起典型的苦味。另外，即使同一味质，由于其浓度不同所产生的味觉也不同，如$0.01\sim 0.03 mol/L$的食盐溶液呈微弱的甜味，$0.04 mol/L$呈甜咸味，浓度大于$0.04 mol/L$时才是纯粹的咸味。每一种味觉可能有一种或多种传递机制。

甜味可被很大一类物质诱发出来，包括糖、葡糖苷和加工糖类、D-氨基酸、多肽、蛋白质、香豆素、二氢查耳酮、尿素和其他含氮化合物、取代芳香族物质和精盐。是否在一种转换机制使不同化学结构的化合物产生的共同感觉，这种解释还未得到确证。最被接受的机制是，所有甜味化合物都含有一个氢离子供体和一个氢离子受体基团，这两种基团可形成双氢键络合物，而该络合物可在味觉感受器上形成同样味觉。

苦味觉感受器是毒素探测器。由于毒素的化学成分不同，所以存在几种不同的味觉传导机制。一些苦味物质如奎宁能够直接结合于钾选择性通道并阻塞他们（与酸味类似）。苦味还依赖一种特异性膜受体蛋白起作用。苦味受体引发细胞内信使三磷酸肌醇（inositol triphosphate，IP_3）增多，IP_3通过直接引发味细胞内钙离子释放来调节递质释放，此过程中感受器膜电位不变。亦有多种物质可诱发人类产生苦味（如奎宁、尿素、黄嘌呤、二价阳离子、某些氨基酸和多肽、加工糖），这可用复合感受器和转换机制解释。

(三）味觉感受器和味觉纤维的反应

口腔中不同区域的味觉细胞对味觉刺激的反应不同。然而，用不同的味觉刺激单个味觉细胞后的主观叙述和电生理记录表明，每个细胞和区域可对多种味觉做出反应。所以，舌上某个区域或某个味觉神经受损不会引起对某种味觉丧失反应。

现已成功地用微电极记录到味觉感受器电位，其显著特点是，一个味觉感受器并不只是对一种味质有反应，而是对咸、甜、苦、酸均有反应，只是幅度不同。味觉感受器也是一种适应感受器，某种味质长时间刺激时，味觉的敏感度迅速降低。如果通过舌的运动来移动味质部位，则适应变慢。

味觉感受器没有轴突，兴奋由突触传递至味觉神经纤维的末端。与味觉感受器情况相似，每种味觉神经纤维对不同的刺激均有反应，但敏感度不同，这种特异的兴奋模式谓之该纤维的味觉反应模式。因此，单根纤维的活动显然不能提供味质或浓度确切的信息，重要的是不同群纤维中兴奋水平的比较。这种特异性的差异包含了味质，即分子种类的信息，而在某群纤维中总的兴奋水平则包含了关于刺激强度，即分子浓度的信息。

三、味的阈值

衡量化学感觉功能最传统的指标是感受阈（threshold sensitivity），它可被认为是"觉察（detection）"或"认知（recognition）"阈。前者是在特定的环境中觉察到一种刺激物的最低浓度，而后者是能够辨认出该刺激物性质的最低浓度（如，NaCl是咸的）。一个人的味觉和嗅觉阈不是天生的、一成不变的。相反，它们是统计学的概念，即当个体感觉或识别特定环境中的某种刺激物时，会主观决定一个衡量水平（一般是50%的水平）作为感受阈。此外，方法学也极大地影响阈值的测定结果。

在四种基本味觉中，人对咸味的感觉最快，对苦味的感觉最慢，但就人对味觉的敏感性来讲，苦味比其他味觉都敏感，更容易被觉察。这就是不同的物质具有不同的阈值。

阈值是感受到某种物质的味觉所需要的该物质的最低浓度。根据阈值的测定方法的不同，又可将阈值分为绝对阈值、差别阈值、最终阈值。绝对阈值指人感觉某种物质的味觉从无到有的刺激量；差别阈值指将某一给定刺激量变更到显著刺激时所需的最小量；最终阈值指人感觉某种物质的味觉不随刺激量的增加而增加时的物质的浓度。

表 3-1 列出了几种物质的味感阈值。一种物质的阈值越小，表示其敏感性越强。

表 3-1 几种物质的味感阈值

名称	味感	阈值（mmol/L）
蔗糖	甜	20
食盐	咸	5
柠檬酸	酸	2
硫酸奎宁	苦	0.008
味精	鲜	20

人体需要保持一定的盐和糖类的浓度，味觉感受器对他们保持相对高的反应浓度，以保证适当的摄取，因此氯化钠、蔗糖的味觉阈值较高。相反，味觉系统必须能够在很低的浓度下，检出苦味以预防苦味植物带来的潜在危险。如上表，硫酸奎宁的味觉阈值很低，仅为 0.008mmol/L。另外，味觉的辨别能力也受血液化学成分的影响，例如，肾上腺皮质功能低下的人，由于血液中 Na^+ 低而喜食咸味食物。因此，味觉的功能不仅在于辨别不同的味道，而且与营养物质的摄取和机体内环境稳定的调节也有关系。

四、影响味觉产生的因素

（一）呈味物质的结构

呈味物质的结构是影响味感的内因，一般糖类多呈甜味，羧酸呈酸味，盐类多呈咸味，生物碱和重金属盐多呈苦味。

（二）呈味物质的水溶性

呈味物质必须有一定的水溶性才能刺激味蕾，才可能有一定的味感，完全不溶于水的物质是无味的，溶解度小于阈值的物质也是无味的。水溶性越高，味觉产生的越快，消失的也越快，一般呈现酸味、甜味、咸味的物质有较大的水溶性，而呈现苦味的物质的水溶性稍差。

（三）温度

一般随温度的升高，味觉加强，最适宜的味觉产生的温度是 10～40℃，尤其是 30℃ 最敏感，大于或小于此温度都将变得迟钝。温度对呈味物质的阈值也有明显的影响。如 25℃ 时蔗糖的阈值为 0.1%，食盐 0.05%，而 0℃ 时蔗糖的阈值为 0.4%，食盐 0.25%。

（四）物质间的相互作用

两种相同或不同的呈味物质进入口腔时，会使二者味觉都有所改变的现象，称为味觉的相互作用。

1. 味的对比现象：两种或两种以上的呈味物质适当调配，可使某种呈味物质的味觉更加突出的现象。如在 10% 的蔗糖中添加 0.15% 氯化钠，会使蔗糖的甜味更加突出，在醋酸中添加一定量的氯化钠可以使酸味更加突出，在味精中添加氯化钠会使鲜味更加突出。

2. 味的相乘作用：两种具有相同味感的物质进入口腔时，其味觉强度超过两者单独使用的味觉强度之和，又称为味的协同效应。甘草铵本身的甜度是蔗糖的 50 倍，但与蔗糖共同使用时末期甜度可达到蔗糖的 100 倍。

3. 味的消杀作用：一种呈味物质能够减弱另外一种呈味物质味觉强度的现象，又称为味的拮抗作用。如蔗糖与硫酸奎宁之间的相互作用。

4. 味的变调作用：两种呈味物质相互影响而导致其味感发生改变的现象。刚吃过苦味的东西，喝一口水就觉得水是甜的。刷过牙后吃酸的东西就有苦味产生。

5. 味的疲劳作用：当长期受到某种呈味物质的刺激后，就感觉刺激量或刺激强度减小的现象。如连续吃糖。

五、呈味物质

（一）酸味和酸味物质

酸味是由于舌黏膜受到氢离子的刺激而引起的，因此凡是在水溶液中能够解离出氢离子的物质都具有酸味。无机酸水溶液的 pH 为 3.4~3.5 以下时就可感到酸味，有机酸水溶液的 pH 为 3.7~4.9 以下时就可感到酸味。一种食品的酸味与其中的氢离子浓度、可滴定酸度、缓冲效应、阳离子有关。食品中常用的酸味剂有：醋酸、乳酸、柠檬酸、苹果酸、酒石酸等。

（二）甜味和甜味物质

关于甜味理论有几种学说，AH/B 生甜团学说认为甜味物质的分子结构中存在一个能形成氢键的基团 AH，同时还含有一个电负性很强的基团，这两类基团在空间上必须满足一定的立体化学要求，才能与甜味受体结合而产生甜味觉。三点接触学说认为甜味物质分子中除含有 AH 和 B 基团外，还可能存在着一个具有适当立体结构的亲油区域，即在距 AH 基团质子约 0.35nm 和距 B 基团 0.55nm 处有一个疏水基团如 $-CH_2$，$-CH_3$，$-C_6H_6$ 等，它通过疏水相互作用与甜味受体的疏水部分结合。

食品中常见的甜味剂有：糖类，如葡萄糖和果糖，麦芽糖醇、木糖醇等；非糖类，如甘草苷、甜叶菊苷、甜蜜素和甜味素等。

（三）苦味及苦味物质

苦味的有机物质一般具有以下基团：$-NO_2$，$-SH$，$-S-$，$-S-S-$，$-SO_3H$，$=C=S$。含钙、镁和铵的无机盐也有苦味。虽然大多数苦味物质令人反感，但啤酒花，茶叶，咖啡，可可和苦瓜中的苦味物质对其风味的产生具有特殊的贡献。食入这些食品对克服味觉疲劳有一定作用。

（四）咸味和咸味物质

咸味是中性盐显示出来的味感，正负离子都会影响咸味的形成，盐 M^+A^- 中的正离子 M^+ 定味基，主要是碱金属和铵离子，其次是碱土金属离子。A^- 是负离子助味基，正负离子半径都小的盐有咸味，半径都大的盐有呈苦味，介于中间的咸苦。

第五节 食品的香气和香气物质

一、嗅觉的定义和分类

嗅觉是挥发性物质刺激鼻腔的嗅觉神经而在中枢引起的一种感觉,产生的令人愉快的挥发性物质称为香气,而产生令人厌恶的挥发性物质称为臭气。嗅觉是比味觉更为复杂的感觉,人们从嗅到某种物质到产生感觉大约需要 0.2~0.3 秒,味觉为 1.5~4.0 秒。

根据气味物的嗅感及其立体化学结构,对气味有几种分类,Amoore 先后找到 8 种基本气味,即樟脑、麝香、薄荷、醚、花、刺激、腐烂和甜,并认为基本气味之间的搭配可产生各种复合气味。还有 Beets 气味分类法,也备受推崇。

不同类的嗅感物质所产生的气味不同,就是能产生具有类似气味的嗅感物质,其嗅感强度也有很大差别、各嗅感物质的嗅感强度也可用阈值来表示(表3-2)。

食品的香气是由许多种挥发性的香味物质所组成的,其中某一种组分往往不能单独表现出食品的整个香气。食品中香味物质的总含量,大致在 1~1000mg/kg 之间,即香味物质在食品中的含量总是微量的。近年来,凭借气相质谱仪等分析方法,已能鉴别出食品香味复杂组成中的各种物质。

判断一种物质在食品香气中所起作用的数值称为香气值(发香值)。

香气值=香味物质的浓度/阈值

香气值<1 时,嗅觉器官对这种物质的香气无感觉。

表3-2 嗅质成分及嗅阈

嗅质	成分	嗅阈(μmmol/L)
酒精	乙醇	2000
醚	乙酸乙酯	60
苦杏仁	苯甲酸	0.3
椰子	4-羟辛酸内酯	0.05
麝香	十五烷内酯	0.007
腐臭	甲硫醚	0.005
尿	5-雄(甾)-16烯-3酮	0.0006
霉	2,3,6-三氯苯甲醚	0.0001
土	土臭味素	0.0001
黄瓜	2-反-6顺壬二烯醛	0.00007

二、嗅觉产生的生理基础

(一) 基本嗅质

嗅觉系统根据化学刺激物的浓度和分子特征来编码信号。宇宙间具有气味的物质有万余种,能够引起嗅觉系统兴奋的化学物质亦很多。人类通常能辨别 2000~4000 种不同物质的气味,可以按照彼此间的某些相似性对嗅味加以分类,并以此定义为嗅质(odorant)。对嗅质的分类也有很多不同意见。有人证明,化学上相似的物质可以有完全不同的嗅味,而具有相同嗅质的物质在化学结构上也可以很不相同。在20世纪50年代，人们根据嗅觉刺激物的性质和分子结构，将其区分为刺鼻味、花香味、麝香味、樟脑味、薄荷味、醚味、腐臭味等7种基本气味类型。这些嗅觉刺激物即称为嗅质，它们像三原色学说中的三原色一样，把这些气味适当混合时可以生成各种不同气味。实验发现，每一个嗅细胞只对一种或两种特殊的气味起反应，而且嗅球中不同部位的细胞也只对某种特殊的气味起反应。嗅觉系统也和其他感觉系统类似，不同性质的气味刺激有其专用的感受位点和传输线路，非基本气味则由于他们在不同线路上引起不同数量冲动的组合特点，在中枢引起特有的主观嗅觉感受。

上述分类方法广泛地用于描述嗅觉传导过程中的细胞作用，并根据它探讨中枢对嗅觉信息的反应。虽然这种分类方法完全属于经验性的，并且有一定的局限，但是这种划分有利于使嗅觉系统能够根据不同嗅质所具有的独特化学性质来分辨它们，我们因此能将嗅质分子不同的椰子、紫罗兰、黄瓜和钟状辣椒区别开来。部分嗅觉缺失的病人常对属于同一嗅质的嗅物质的敏感度降低。大部分自然形成的嗅味，实际上是几种嗅质分子的混合物，然而这些嗅味，正如我们所喜欢的一种香水和葡萄酒一样，被作为一种单独的感知信号，这种复杂嗅味的单独感知是嗅觉显著的特性。

（二）嗅觉敏感度

人类在检测和确定环境中特殊嗅质分子方面的能力很强。以丁硫醇为例，当每毫升空气包含10^7分子时（刺激源的浓度为2.7×10^{-12}）即能引起感觉。考虑到嗅器官的嗅感受器总数等参数，估计每吸一次气，只要有8个分子便已达到阈值。在阈值水平时引起的嗅觉是非特异的，只有当浓度进一步增高时，才能鉴别嗅味的种类。

通常把人与动物对气味的敏感程度称作嗅敏度（olfactory acuity），可用嗅阈（olfactory threshold）来衡量。把能引起嗅觉的气味物质的最小浓度称作嗅阈，可用1升空气中含有某物质的毫克数来表示。同一动物对不同嗅味物质的嗅阈不同，如钟状辣椒的嗅味成分2-异丁基-3-甲氧吡嗪为$0.00001\mu mol/L$；乙醇为$2000\mu mol/L$。

对于相同的气味，嗅敏度因人而异。甚至有人缺少对某种气味的嗅觉能力，称此人为嗅盲。即使是同一人，其嗅敏度的变动范围也很大。某些疾病，对嗅觉有明显影响，例如，感冒、鼻炎会降低嗅敏度。环境因素如温度、湿度、气压等对嗅敏度也有一定影响。嗅敏度也随年龄而下降。20～40岁的年轻人能正确鉴定50%～75%的嗅味，但至50～70岁时降至30%～45%。在患某些疾病时，如糖尿病、老年性痴呆，嗅觉发生异常，原因不明。尽管嗅觉敏感性丢失通常不是人们十分关心的话题，但它可引起乐趣丧失。如果严重可导致对损害健康的和危险的嗅味如烟味和烧焦味无反应。

（三）嗅上皮与嗅感受器

在我们鼻腔上部存在的嗅上皮使我们能感觉气味。嗅上皮的面积和嗅感受器的数量在不同种系的动物体内差别很大，例如：一个体重70kg的人大约有$10cm^2$嗅上皮，而一只3 kg的猫有$20cm^2$的嗅上皮。在嗅上皮中存在不同类型的细胞，其中最重要的细胞为嗅觉感受器神经元。这是一种细胞体为卵圆形的双极神经元。鼻腔由鼻中隔分成左右两半，每一侧有上、中、下三个鼻甲，从外壁伸向内侧。整个鼻腔均为黏膜所覆盖，包含大多数嗅感受器的嗅区主要局限于上鼻甲，但中鼻甲也有小块分散的嗅上皮。鼻黏膜缺乏嗅感受器的那一部分（呼吸区）是一种两层细胞组成的纤毛上皮，其纤毛在呼吸时呈快速而协调的运动。

嗅上皮是一种多层形上皮，其中主要是嗅（感受器）细胞和支持细胞，另外还有少数基底细胞和鲍曼（Bowman）腺。嗅细胞位于鼻腔深部的上鼻道及鼻中隔后上部的嗅上皮中，两侧总面积约 5cm²。在嗅上皮中，大约有 1 亿个嗅细胞排列成薄薄的一层散在于支持细胞中。在嗅上皮中的支持细胞有大量的皱褶样突起，环绕嗅细胞并使相邻的树突彼此隔离。支持细胞的外表面有许多的微绒毛。在支持细胞和嗅细胞之间存在 Bowman 腺，其分泌液通过狭窄管道，流到上皮表面，形成嗅上皮粘液。气味分子与嗅细胞第一次接触即发生于此。因此，气味分子达到味纤毛之前必先溶于粘液。

三、气味产生的学说

目前有关气味本质的嗅感学说不下数十种。这些学说大多是针对嗅感物质与鼻黏膜之间所引起的变化来进行解释、探讨，即研究嗅感过程的第一阶段，而对下一阶段的嗅感与刺激传导之间关系的研究还很少。这些嗅感学说可以归纳为下列 3 类。

（一）振动学说　认为嗅觉类似于视觉和听觉，气味的传播像光波或声波那样通过振动产生嗅感。其中一种学说认为，嗅感物的气味与其固有的分子振动频率（远红外电磁波）有关，当嗅感分子的振动频率与受体膜分子的振动频率相一致时，受体便获得气味信息。另一种观点主张，有效的刺激是嗅感分子中价电子等分子内振动，只有分子与受体膜实际接触才会产生嗅感信息。他们都认为由于不同气味分子所产生的振动频率不同，从而形成不同的嗅感。

（二）酶学说　这是少数人提出的，认为嗅感是由于气味分子刺激了嗅黏膜上的酶，使酶的催化能力、变构传递能力、酶蛋白的变性能力等发生了变化而形成的。不同气味间的差别，在于各分子对酶所施加的影响不同。

（三）化学学说　他们主张嗅感是气味分子以微粒的形式扩散，进入鼻腔后与嗅细胞之间发生了某种化学反应或物化反应（如吸附与解吸）而形成的。这类学说中较有名的有三个。一个是立体结构学说，认为嗅感都由有限的几种原臭组成，每种原臭都有特定的嗅细胞受体。第二个是渗透和穿刺学说，认为嗅细胞能被气味的刚性分子所渗透和极化，定向双脂膜可能暂时被穿孔，并借此进行离子交换，产生神经脉冲。第三个是外形-功能团学说，认为气味分子的形状、大小以及功能团的性质、位置不同，因而吸附在嗅黏膜后的排列状态也不一样，使嗅细胞产生不同的刺激而形成嗅感。

上述各种学说都存在一定的矛盾，当前支持化学学说的学者较多。其他的学说还有立体结构和外形-功能团学说。

四、气味物质的结构和气味的关系

决定气味种类的主要原因是气味物质的结构，人们早已认识到气味物质的功能团与气味之间的相关性。气体立体化学学说使人们对气味物质结构与气味的关系有了进一步认识，在分子结构参数和嗅感信息分类之间建立了关系。下面分别介绍气味物质的有机化学类别及其气味。

(一) 含硫化合物

挥发性含硫化合物大多数很臭，食品中含此类物质很少，仅在一些食品中微量存在。但它们嗅感很强，依然是一些食品气味的主要贡献成分。

（二）脂肪族化合物

1. 脂肪族醇类　甲乙丙醇具有清香味，C_7-C_{10}醇则显芳香，更长碳链醇的气味逐步减弱，多元醇一般没有气味，含支链的挥发性醇则常为气味良好的风味成分。挥发性较高的不饱和醇许多具有特别的芳香，它们中又有许多属于萜类化合物。

2. 脂肪族醛　甲醛和乙醛具有强烈的刺鼻气味，随着醛的碳数增加，刺鼻气味转向缓和并逐渐出现愉快气味。挥发性不饱和醛具有强烈和特别的嗅感。

3. 脂肪族酮　脂肪酮通常都具有较强的特殊嗅感，低级饱和酮往往有特殊香气，如丙酮有类似薄荷的芳香，但C_{15}以上的脂肪甲基酮常会带有油脂腐败的臭气。

4. 脂肪族酸　小分子脂肪酸多有不愉快气味。甲酸有强烈刺激味，丁酸有酸败气味，己酸有汉臭。C_7-C_{14}脂肪酸呈脂肪气味。C_{16}以上的脂肪酸不显气味。

5. 脂肪族酯和内酯　脂肪族挥发性酯和内酯绝大多数显示水果香气或近似水果香气。

6. 脂肪族胺类　低分子量胺类在食品中常出现，多为蛋白质腐败分解所产生，气味腥臭，并有一些毒性。

（三）芳香族化合物

芳香族化合物都有其特殊的嗅感。苯本身具有特殊气味，但苯环上引入取代基后，嗅感发生改变。当苯环侧链上取代基的碳数逐步增加时，其气味会逐渐消失。

（四）环烃族化合物

环烃族化合物是重要的食品气味物，它们在水果、蔬菜和合成香料中呈现特殊的清香。这些化合物中又有许多属于环萜类。单环萜的许多含氧衍生物都具有薄荷气味。

（五）杂环化合物

杂环化合物是食品风味物中种类最多，分布最广的一类物质，主要有呋喃类，表现为肉香、焦糖香、坚果香、果香或谷香；噻吩类，表现为焦香，肉香或葱、蒜气味；噻唑类，表现为鲜菜、烤肉或坚果香气；吡嗪类，是咖啡和巧克力的典型香气；吡咯类，主要存在于坚果和面包中；吡啶类，以清香和焙烤香较为常见。

五、食品中香气的形成途径

食品中香气形成的途径大致有以下几个方面：

（一）生物合成作用　指在食品体系中以氨基酸、脂肪酸、羟基酸、单糖、糖苷、色素、萜烯或酯类化合物为前体通过生物代谢合成的风味物质。

1. 氨基酸　在各种水果、蔬菜中的许多低碳数的醇、醛、酸、酯等香味化合物都是以支链氨基酸为前体通过生物合成形成的，而一些酚类、醚类的香味成分是以芳香族氨基酸为前体通过生物合成的，此外，葱、蒜、韭菜等蔬菜中的含硫香味成分是以半胱氨酸为前体的，而甘蓝、海藻等中的甲硫醚则是以甲硫氨酸为前体的。

2. 脂肪酸　水果蔬菜中常见的C_6和C_9的醇和醛的香味成分是由C_6和C_9脂肪酸形成的，如己醛是苹果、香蕉、葡萄、菠萝、桃子中的主要香气成分。

3. 羟基酸　萜烯类的香味成分常是以甲瓦龙酸（C_6羟基酸）为前体合成的。

4. 单糖　十字花科蔬菜中的异硫氰酸酯和硫氰酸酯及一些腈类物质的前体都是一种糖苷。

（二）酶直接作用　单一酶与前体物质直接作用生成香味物质。葱、蒜、卷心菜的香味成分，蒜酶直接作用于亚砜，脂加氧酶直接作用于脂肪酸。

（三）氧化作用（酶间接作用）　儿茶酚酶氧化儿茶酚形成邻醌或对醌，醌再进一步氧化红茶中的氨基酸、胡萝卜素、不饱和脂肪酸而形成香气。

（四）热作用　烹调、焙烤、油炸等加工过程形成香味，主要发生的反应有 Maillard 反应、糖、氨基酸、脂肪的热氧化、VB_1、VC 降解、胡萝卜素降解。

（五）发酵形成　发酵食品的香气主要是由于各种微生物活动的结果，有一部分原料成分在发酵过程中分解产生醇、醛、酸等香气成分，如黄酒、面酱、食醋、酱油、豆腐乳等。

（六）通过增香形成

六、气味的强度和稳定性

（一）气味的强度

和其他感觉一样，嗅觉的定量研究也是从刺激阈值的制定开始的。其他感觉的刺激阈，除了感觉缺陷者之外，在被认为属于正常范围的人中，感受性最高的人和最低的人之间阈值差可达 10^2 左右。但是在嗅觉方面这种差值常高达 $10^4 \sim 10^6$。

嗅觉的辨别阈比较粗，视觉、听觉的相对辨别阈达 1/10～1/100，与此相比，嗅觉的相对辨别阈只有 1/3～1/4。反过来说就是从刺激阈到刺激顶（即使浓度增加，感觉强度也不再增加的界限）辨别阈的个数极少。

（二）气味的稳定性

所谓气味的稳定性是指呈香的物质在一定的环境条件下（如温度、湿度、压力、空气流通度、挥发面积等），在一定的介质或基质中的留存时间限度。换言之，也就是香气的留香能力或持久性。时限长者，留香长久，持久性强；短者持久性弱。从实际运用香气的角度，我们总希望香气持久性越久越好。但是，仅仅是香气持久，还不能表达整个气味特征的品质。我们不但希望香气持久，还需要长久地保持其原有的气味特征。这对于研究应用香气的工作者相鉴别香气品质的评价员来说是至关重要的。

考察香气持久性强弱，人们可以用嗅感评辨法。通过不同时间内，在一定的挥发面积及条件下，来考察香气持久的时限及保持原有气味特征的时限。考察香气的持久性及稳定性，特别是在食品或其他有香物品时，就显得复杂多了，因为这里的香气并不是一个单纯的气味，而是一个整体的复合气味特征。如果用仪器来测试其成分的变化，很难得出满意的结果。目前，用人的感官嗅辨，仍是较简单，快速有效的方法。

香气的持久性，大体上与呈香物质的平均相对分子质量的大小，体系的饱和蒸汽压，物质的沸点（或熔点），官能团结构，化学物质和黏度等因素有关。香气的持久性与香气的强度是两个概念问题。一般来讲，呈香物质的沸点较高，饱和蒸汽压较低，粘度较大、相对分子质量较大，其香气持久性较强；反之较弱。但香气持久性强的物质并不一定它的香气强度大，它可能是具有较弱的香气特征或较强的香气特征。

七、植物性食品中的香气物质

蔬菜中有许多品种气味很淡，煮熟后方显出它的特征性香气来，但香气大多数还是弱的，萝卜、白菜、空心菜、马铃薯、各种瓜类都是如此。气味浓烈的蔬菜有芹菜、葱、洋葱、大蒜、青椒和各种菇类。

(一) 蔬菜类的香气

1. 百合科蔬菜　代表类型的品种有洋葱、韭葱、大蒜、韭菜、芦笋等。它们大多数都有强烈的穿透性的芳香，但只在植物组织破损后由风味前体物经酶促反应后产生。最重要的风味物除少量的乙醇、丙醇外，几乎都是含硫化合物。如二-1-丙基二硫醚（洋葱气味），二-2-丙烯基硫醚（大蒜气味）。

百合科蔬菜经烹调受热后，风味发生了很大变化，其刺激性的香辣催泪气味下降，味感变甜。这除了一些易挥发性成分损失外，主要是含硫化合物发生了降解。

2. 十字花科蔬菜　主要包括洋白菜、芥菜、萝卜、花椰菜等。它们最重要的气味物也是含硫化合物。例如卷心菜的硫醚、硫醇和异硫氰酸酯及不饱和醇和醛为主体风味物，萝卜、芥菜和花椰菜中的异硫氰酸酯是主要的特征风味物。

不同加工处理后的洋白菜的风味成分会因处理方法和条件的不同而产生差异。经脱水干燥的洋白菜腈类化合物含量增加，这是因为在干燥条件下芥子酶的活性降低，风味前体物黑芥子硫苷酸发生降解造成的。

3. 葫芦科和茄科蔬菜　葫芦科蔬菜除了甜瓜、西瓜外还包括许多瓜类蔬菜，例如黄瓜。茄科蔬菜除了辣椒外，重要的还有番茄、马铃薯等。

黄瓜的香气成分主要是由羰基化合物和醇类化合物组成。特征风味物是2-反，6-顺-壬二烯醛和2-反，6-顺-壬二烯醇。黄瓜瓜蒂部分呈苦味，主要是葫芦素引起。

红柿的嗅感成分已发现80种以上，特征香气物质主要是3-顺-己烯醇、2反-己烯醛和3-顺-己烯醛。马铃薯香气的特征化合物是3-乙基-2-甲氧基吡嗪，但含量极低。

4. 伞形花科蔬菜　包括胡萝卜、芹菜等。萜烯类化合物是最典型的气味物，它们和醇类及羰基化合物是主要气味贡献物，形成有点刺鼻的清香。

5. 食用菌类　食用菌的种类很多，它们以风味鲜美和富含蛋白质及多种维生素而受到人们的喜爱，蘑菇的挥发性成分已鉴定出20多种，其中呈强烈蘑菇香的主成分为1辛烯-3-醇，而香菇中的为香菇精。

(二) 水果中的香气物质

柑橘果实中萜、醇、醛和酯含量都很高，但萜类是特征风味的主要贡献者。例如甜橙中的巴伦西亚橘烯、金合欢烯及桉叶-2-烯-4-醇，红橘中的麝香草酚、长叶烯、薄荷二烯酮，柠檬中的β-甜没药烯、石竹烯和α-萜品烯等。柑橘果肉和果皮中的嗅感成分差别很大，不同的榨汁方法生产的果汁风味会有很大的差别。

在柑橘类水果的加工产品中，容易产生过量的苦味。在葡萄柚、脐橙和伏令夏柑中，主要的苦味物质是柠碱。它是一个三萜双内酯化合物，在完整的果实中并不存在，仅有它的前体柠碱衍生物。后者是一个无苦味的化合物。在果汁提取后，酸性条件有利于柠碱衍生物发生脱水、闭合形成D环，生成柠碱，从而造成苦味现象，并影响果汁质量。果汁脱苦可采用酶法使酯环水解，但此反应是可逆的，在酸性条件下D环可以重新闭合而产生苦味。因此，目前进一步使用柠酸脱氢酶将D环打开的化合物氧化成无苦味的17-脱氢柠酸A环内酯，来解决橙汁不可逆脱苦的问题。

苹果的香气成分是由250种以上的化合物所构成的，主要的特征气味物是异戊酸乙酯、乙醛和2-反-己烯醛。不同品种苹果间的香气差别不仅是嗅感物种类不同，更重要的是各组分的含量比例不一样。

香蕉的已知香气成分在230种以上，多为酯类、醇类和羰基化合物。产生香蕉特有的甜果香的特征化合物主要是含C_4-C_6醇的低沸点酯类，如乙酸异戊酯、乙（或丙、丁）酸戊醇。

草莓的香气中有一种独特的甜味，而且香气非常容易变化。磨碎的草莓浆中己烯醛是主要的香气成分，但在完整的草莓果实中并不存在。到目前为止，它的特征香气成分尚未搞清楚。

菠萝中酯类气味物十分丰富，己酸甲酯和己酸乙酯是其特征风味物。

大多数水果在成熟时才散发出诱人的芳香，这是酶（特别是酯化酶）起的作用，例如把已经开始成熟的黄色香蕉果肉切片上滴加异戊醇，便迅速发生酯化反应生成乙酸异戊酯，未成熟的香蕉观察不到这种现象。苹果、草莓、桃、李、杏、柑橘、哈密瓜、葡萄、菠萝和香蕉的香味人所共知，而热带水果如荔枝、龙眼、番石榴、芒果、菠萝蜜、红毛丹、山竹、榴梿等大多香气强烈，有人不喜欢甚至讨厌，这都是习惯的缘故。对各种蔬菜的喜恶也是一样。

八、动物性食物中的香气物质

（一）肉香

生肉具有腥气味，而在烧烤时则产生美好的香气，有二百多种，其中有醇、醛、酮、酸、酯、醚、呋喃、吡咯、内酯、碳水化合物、芳香族化合物、含氮化合物等类化合物。肉香味是这许多种成分综合作用的结果，主要是糖和氨基酸反应生成的各种挥发性物质，此外，也与油脂分解和含硫化合物热分解的生成物有关。

肉香具有种属差异，如牛、羊和猪肉的香气各具特色。种属差异主要由不同种肉中脂类成分存在的差异所决定的。不同加工方式，如煮、炒、烤、炸、熏和腌得到的熟肉香气也存在一定差别。

（二）水产品的气味

水产品风味所涉及的范围更为广泛。一方面是因为水产品的品种更多；另一方面水产品的随新鲜度而变化的风味性质也比其他食品更为明显。风味主要是由嗅感香气和鲜味共同组成。其鲜味成分主要有$5'$-肌苷酸（IMP）、氨基酰胺及肽类、谷氨酸钠及琥珀酸钠等。

水产动物死亡后，体内的ATP发生分解生成ADP和AMP，AMP能够进一步降解形成IMP。如果从死亡到加工的时间过长，IMP会进一步分解为无味的肌苷，甚至会形成苦味的次黄嘌呤。因此可以通过测定次黄嘌呤来鉴别鱼类的新鲜度。

新鲜鱼有淡淡的清鲜气味，与植物中通过脂肪氧化酶所产生的C_6，C_8和C_9羰基化合物的气味（黄瓜、甜瓜气味）极其相似。但商品鱼带有逐渐增多的腥气。这是由于鱼死后，在腐败菌和酶的作用下，体内固有的氧化三甲胺转变为三甲胺，ω-3不饱和脂肪酸转化为2,4-癸二烯醛和2,4,7-癸三烯醛，赖氨酸和鸟氨酸转化为六氢吡啶及δ-氨基戊醛和δ-氨基戊酸的结果。

（三）牛乳制品的香气

鲜乳在过度加热煮沸时常产生一种不好闻的加热臭味，其中含甲酸、乙酸及丙酮酸等，牛乳在日光下放置会产生所谓的日光臭，这主要是甲硫氨酸的降解产物所致。乳制品中的亮氨酸在微生物的作用下发生脱氨、脱羧反应，生成的异戊醛会形成麦芽气味。

巴氏奶，稀奶油和黄油中的香气成分基本都是乳中固有的挥发性成分，只是随着乳脂肪的转移而发生了分配。香气成分主要为丙酮、乙醛、二甲硫醚及低级脂肪酸等。

奶粉和炼乳加工过程中，鲜奶中固有的一些香气成分因挥发而部分损失，加热又产生了一些新的风味物质。例如脱脂奶粉的不新鲜气味主要由糠醛、丁酸-2-糠醇酯、烷基吡嗪、N-乙基-2-甲酰吡咯、邻甲酚、苯甲醛及水杨醛等12种物质有关，这些化合物都是Maillard反应的产物和二次生成物。

丁二酮、乙醛和乳酸是发酵乳制品的特征风味。它们的产生是乳酸菌作用的结果。乳酸发酵分为同型和异型两种。同型乳酸发酵可使一分子乳糖转化为两分子乳酸；而异型乳酸发酵则使一分子乳糖在转化为一分子乳酸的同时还产生乙醇或乙酸。丁二酮是代谢的副产物。

九、发酵食品的香气

发酵食品的种类很多，主要的类别除了发酵乳制品外，还有酒类、酱、醋等。它们的风味成分非常复杂，其来源主要有以下几个方面：一是原料本身含有的风味成分；二是原料中某些物质经过微生物发酵代谢作用而生成的风味成分；三是在加工制造过程中产生的物质，以及这些物质在后来的储存加工过程中又新生成的风味成分。

在各种白酒中已经鉴定出300多种挥发成分，包括醇、酯、酸、羰基化合物、缩醛、含氮化合物、含硫化合物、酚、醚等。前四类成分含量最多，种类也最多。乙醇和挥发性的直链和支链饱和醇是最典型的醇类，乙酸乙酯、乳酸乙酯和己酸乙酯是主要的酯，乙酸、乳酸和己酸是主要的酸，乙缩醛、乙醛、丙醛、糠醛、丁二酮是主要的羰基化合物。

葡萄酒的香气成分包括芳香和花香两大类。芳香成分来自果实本身，是果酒的特征香气；花香成分则是在发酵和陈化过程产生的。

红葡萄酒中的高碳醇含量最高，主要是异戊醇，其它的异丁醇、仲戊醇含量很少。此外在发酵过程中还会产生甘油，带给产品浓厚的口感，影响葡萄酒的风味。葡萄酒的酯类主要是乙酸乙酯，其次是己酸乙酯和辛酸乙酯。羰基化合物主要是乙醛，当乙醛与乙醇、水等缩合成乙缩醛后，酒的香气就变得柔和。葡萄酒中有机酸的含量很高，总量在7000mg/kg以上，主要是酒石酸、苹果酸、乙酸、乳酸、琥珀酸、柠檬酸和葡萄糖酸等。

啤酒中测定出的香气物质达到了300种以上，但总的含量很低。仅高碳醇和有机酸稍多。此外啤酒还含有约0.5%的二氧化碳，有助于啤酒香气的和谐。啤酒所具有的独特苦味，是由于大量使用的酒花中所含的苦味成分和在酿造过程中新产生的苦味成分共同形成的。啤酒中的苦味成分大概有30种左右，大多数是葎草酮类（α-酸或甲种苦味酸）和蛇麻酮类衍生物（β-酸或乙种苦味酸）。其中α-酸的含量最多，主要包括4类：α-酸、异α-酸、别异α-酸和α-酸的氧化衍生物。

酱油的风味是大豆、小麦等原料经曲菌酶作用分解后，在18%的食盐溶液中由乳酸菌、酵母等长期发酵生成的氨基酸、糖类、酸类、羰基化合物和乙醇等成分共同形成的。后续的加热工艺发生褐变反应后，香气得到显著加强。其整体风味是由它的特征香气和氨基酸和肽类所产生的鲜味、食盐的咸味、有机酸的酸味等味感共同组成的。酱油熟化后期从阿魏酸、对香豆酸形成的4-乙基愈创木酚是酱油的特征风味物之一。

食醋的主要成分为乙酸，含量在3%～3.5%左右。其它的风味物含有乙醇、辛醇、乙酸乙酯、3-羟基丁酮、糠醛，以及微量的异戊醇、戊醇、乙酸丁酯、丙醛等物质。

十、嗜好性食品的香气

咖啡的香气以愈疮木酚、N-甲基吡咯为主。茶的香气成分在300种以上，其中烃类有26种，醇和酚类有49种，醛类50种，酮类31种，酸类31种，酯和内酯类54种，其他含氧化合物12种，含氮化合物47种，含硫化合物5种。

第六节 加工和储藏对食品风味的影响

一、食品加工中风味与营养的关系

食品风味物质（主要是香气成分）形成的基本途径，除了一部分是由生物体直接生物合成之外，其余都是通过在贮存和加工过程中的酶促反应或非酶反应而生成。这些反应的前体物质，大多来自于食品中的营养成分，如糖类、蛋白质、脂肪以及核酸、维生素等。因此，从营养学的观点来考虑，食品在贮存加工过程中发生生成风味成分的反应是不利的。这些反应不但使食品的营养成分受到损失，尤其使那些人体必需而自身不能或不易合成的氨基酸、脂肪酸和维生素得不到充分利用。当反应控制不当时，甚至还会产生抗营养的或有毒性的物质、如黑色素、稠环化合物等。

从食品工艺的角度看，食品在加工过程中产生风味物质的反应，既有有利的一面，增加了食品的多样性和商业价值等；也有不利的一面，如降低了食品的营养价值、产生不希望的褐变。这两方面没有明确的界定，要根据食品的种类和工艺条件的不同来具体分析。例如，对于花生、芝麻等食物的烘炒加工，在其营养成分尚未受到较大破坏之前，即已获得良好风味，而且这些食物在生鲜状态也不大适于食用，因而这种加工受到消费者欢迎。对咖啡、可可、茶叶或酒类、酱、醋等食物，在发酵、烘烤等加工过程中其营养成分和维生素虽然受到了较大的破坏，但同时也形成了良好的风味特征，所以这些变化也是有利的。又如，对粮食、蔬菜、鱼、肉等食物来说，它们必须经过加工才能食用。若在不很高的温度、受热时间不长的情况下，营养物损失不多而同时又产生了人们喜爱、熟悉的风味。有些烘烤或油炸食品，如面包、饼干、烤猪、烤鸭、炸鱼、炸油条等，其独特风味虽然受到人们的偏爱，但如果是在高温下长时间烘烤油炸，会使其营养价值大为降低，尤其是重要的限制氨基酸赖氨酸的明显减少。水果经加工后，其风味和维生素等也受到很大损失，远不如食用鲜果。表3-3、表3-4列举了几种蔬菜及肉类、蛋类食物经烹调后维生素的保存率。食物烹调时要急火快炒，炊具应选用铁锅，因为这样可以补充机体铁元素的不足。要避免用铜锅、铝锅炒菜，因铜离子可促使抗坏血酸（维生素C）氧化、分解，使用铜锅炒菜抗坏血酸的损失比使用铁锅高2~6倍。铝锅传热快，但铝摄入体内对神经系统有害，影响幼儿智力发育，加速人脑组织老化。肉类、蛋类等动物性食物经烹调后蛋白质、脂肪和糖类等营养素的含量变化不大，而维生素因烹调方式不同而有不同程度的损失。动物性食物在烹调时应采用大火急炒，并加入适量豆粉，既可减少维生素的损失，又可使食物色、香、味、形俱全。

表 3-3　几种蔬菜烹调后抗坏血酸和胡萝卜素的保存率（%）

蔬菜名称	加工及烹调方式	抗坏血酸	胡萝卜素
绿豆芽	水洗，加调味品，油炒 9~13min	59	—
韭菜	切成段，加调味品，油炒 5min	52	94
油菜	切成段，加调味品，油炒 5~10min	64	76
雪里红	切成段，加调味品，油炒 7~9min	69	79
菠菜	切成段，加酱油，油炒 9~10min	84	87
大白菜	切成小块，加酱油，油炒 12~18min	57	—
西红柿	去皮，切块，加盐，油炒 3~4min	94	—
青椒	切成丝，加盐，油炒 1~5min	78	90
胡萝卜	切成块，加盐，油炒 6~12min	—	79
土豆	去皮，切丝，加调味品，油炒 6~8min	54	—

表 3-4　肉类、蛋类食物经烹调后维生素的保存率（%）

菜肴名称	加工及烹调方式	保存率		
		硫胺素	核黄素	尼克酸
炒肉丝	加酱油，油炒 1~2min	87	79	55
蒸肉丸	将肉绞碎，加淀粉，拌成丸子，蒸 1h	53	13	70
炸里脊	切片，加淀粉，加调料，于油中炸 1~2min	57	62	47
清炖	切片，加盐和水，大火煮沸，小火炖 30min	35	59	25
红烧	切块，油炸 3min，小火炖 30min	40	62	50
炒猪肝	加酱油和淀粉，油炒 3min	68	99	83
炒鸡蛋	搅匀，加调料，油炒 1~2min	87	99	100
煎荷包蛋	放入热油中煎	78	91	89
煮鸡蛋	大火煮沸 10min	93	97	96

二、食品加工中的调香

(一) 食用香料的分类

为了提高食品的风味而添加的香味物质，称为食用香味料，习惯简称食用香料。除了直接用于食品的香料外，其他某些香料如牙膏香料、烟草香料、口腔清洁剂、内服药香料等。在广义上也可看作为食用香料一类。

食用香料与日用或其他香料不同。日用香料的香气只通过人们的鼻腔嗅感到，而食用香料除了鼻子能嗅感到外，还包括从口腔进入鼻腔的嗅感，以及香料对食品的味感和其他一些感觉所产生的影响。所以这两者通常被认为有着本质的差别。

食用香料种类繁多，可分为天然香料和合成香料两大类。

1. 天然香料

（1）动物香料　动物性香料品种很少，都是从个别种类的动物身上采取的香气物质。目前被利用的仅有 4 种。麝香的主要香气物质是麝香酮；灵猫香是灵猫分泌腺的分泌物，主要香气成分是灵猫酮；海狸香是海狸分泌腺分泌的香气物质，叫海狸香素，化学结构不明；龙涎香是抹香鲸的肠内结石，一般是从海上浮游物中采取的，香气成分是龙涎香醇。这些动物香料来源困难,价格昂贵,目前大都用于高级化妆品,很少用作食品香料。

(2) 植物香料　用于食品的天然香料几乎全是植物性香料。

根据植物性食品香料的使用情况,可将其分为辛香味香料和植物精油两大类。

① 辛香味香料　辛香味香料主要是指在食品调味调香中使用的芳香植物的干燥粉末或精油。常见的有以下几种,有热感和辛辣感的香料,如辣椒、姜、胡椒、花椒、番椒等;有辛辣作用的香料,如大蒜、葱、洋葱、韭菜等;有芳香性的香料,如月桂、肉桂、丁香、众香子、肉豆蔻等;香草类香料,如茴香、甘草、百里香、枯茗等;带有上色作用的香料,如姜黄、红椒、藏红花等。

② 植物精油　这是从植物中提取出来的具有芳香气味的挥发性液体,通常由数十种以上的化合物组成。

精油在一般情况下挥发性高、具有独特的香气,较强的杀菌力和防腐力,但不稳定,高温下易变质。它的化学成分可大致分为烃的含氧化合物和萜类化合物两类。例如橘子精油和柠檬精油90%以上为萜类化合物。

2. 合成香料

(1) 纯化学合成香料　在合成香料中,一类是与天然香料成分化学结构完全相同的化合物、如苯乙醇、醋酸苄酯、香叶醇、薄荷脑、洋茉莉醛、松油醇、甲苯醇、香豆素、香兰素等。另一类是那些天然香料成分中虽没有发现,但香气非常类似的化合物,或者是香气卓越、独特的化合物。比较成功的重要合成香料有异色满麝香、环十五内酯、巴西酸次乙酯、仙客来醛、百合醛、新苓兰醛等。

(2) 以天然物为基础的合成香料

①浓缩果汁和溜出物　近年来浓缩果汁的制造技术日趋进步,已出现以浓缩果汁为基本原料,并加入有天然果汁新鲜味的食用香料后得到的水果香精,具有味觉和香气相互作用的效果。

②抽提物(浸膏)和酊剂得到的溶液(抽提物或酊剂)　在抽提物或酊剂中除了含有精油的香气成分外,还含有能被溶剂溶解的色素、油脂、树脂、呈味物质等成分。因此可作为重要的食用香料。香荚兰豆、咖啡、可可、辣椒等香料都是制取抽提物和酊剂原料的典型代表。

③酶制剂食用香料　酶制剂食用香料是利用酶的作用而制成的食用香味料。例如,将脂肪酶放入牛乳中,使其发生酶促反应,使得到强化牛奶香料。把蛋白酶放入马、兽肉内水解所得的氨基酸和肽类等分解物,可作肉类的食用香味料等。

(二) 食品香气的控制与增强

食品香气的控制、稳定与增强在食品加工行业中称为食品的调香。

1. 控制作用

(1) 酶的控制作用　酶对食品,尤其是植物性食品香气物质的形成,起着十分重要的作用。在食品的贮存和加工过程中,除了采用加热或冷冻等方法来抑制酶的活性外,如何利用酶的活性来控制香气的形成,目前也正在研究和探索。例如,大豆制品中的豆腥味,用化学或物理方法完全除掉相当困难。而利用醇脱氢酶和醇氧化酶来将这些醛类氧化,便有可能除去它们产生的豆腥味。

(2) 微生物的控制作用　发酵过程是将微生物加入食物内进行人为管理的繁殖。发酵香气主要来自微生物作用下的代谢产物。例如,发酵乳制品的微生物有三种类型。一是只产生乳酸的细菌;二是产生柠檬酸和发酵香气的细菌;三是产生乳酸和香气成分的细菌。其中第三类菌能将柠檬酸在代谢过程中产生的α-乙酰乳酸转变成具有发酵乳制品特征香气的丁二酮,故有人也将它叫做芳香细菌。因此,可以通过选择和纯化菌种来控制香气。

2. 稳定和隐蔽作用

香气物质出于蒸发原因而造成的损失,可以通过适当的稳定作用来防止;在一定条件下使食品中香气成分的挥发性降低的作用,叫稳定作用。稳定作用必须是可逆的,否则会造成香气成分的损失而毫无意义。香气物质的稳定性是由食物本身的结构和性质所决定的。例如,完整无损的细胞比经过研磨、均质等加工后的细胞能更好地结合香气物质;加入软木脂或角质后,也会使香气成分的渗透性降低而易于保存。目前对食品香气的稳定作用大致有两种方式。

(1) 形成包含物 即在食品微粒表面形成一种水分子能通过而香气成分不能通过的半渗透性薄膜。这种包含物一般是在食品干燥过程中形成的。组成薄膜的物质有纤维素、淀粉、糊精、果胶、琼脂、羧甲基纤维素等。它们通常能与较大分子的营养物或香气成分结合而不能与水分子结合,当加入水后易将香气成分释放出来。

(2) 物理吸附作用 对那些不能形成包含物的香气成分,可以通过物理吸附作用(如溶解或吸收)而与食物成分结合。一般液态食品比固态食品有较大的吸附力;脂肪比水有更大的粘结性;大分子量的物质对香气的吸收性较强等。例如,可用糖来吸附醇类、醛类、酮类化合物。用蛋白质来吸附醇类化合物。但若用糖或蛋白质来吸附酸类、酯类化合物,则效果要差很多。

3. 增强作用

目前主要采用两种途径来增强食品香气,一是加入食用香料以达到直接增加香气成分的目的。二是加入香味增加剂。它们具有用量极少、增香效果显著、并能直接加入到食品中去等优点。香味增效剂本身不一定呈现香气,亦不改变食品中香气物质的结构和组成。它的作用在于加强对嗅感神经的刺激,提高和改善嗅细胞的敏感性,加强香气信息的传递。香味增效剂有各种类型,呈现出不同的增香效果。有的增效作用较为单一,只对某个种类食品有效果。有的增香范围广泛,对各类食品都有增香作用。目前在实践中应用较多的主要有麦芽酚、乙基麦芽酚等。

(三) 食用香料的调配

食用香味料大多数是调和香味料,它由天然香料、合成香料以及其他的辅助成分配制而成。设计调和香味料的配方叫调香味。设计配方的技术人员称为调香味师。按照配方制造调和香味料的过程叫作调和。正如食品一般都需经过烹调才会变得美味可口一样,从这个角度看,调香味和烹调十分类似。例如胡椒十分辛辣而很难直接食用,若将它与某些调味汁适量混合,便会产生美味效果。调香味的原理在于如何取得香气风味平衡。调香味的目的在于寻求各种香味料之间的和谐美。因此,必须充分掌握各种单体香味料原有的风味,它们可与哪些香味料配合,以怎样比例配合,等等。

调和香味料基本上是由下列几种成分组成:

1. 主香剂 是赋予特征香气的绝对必要成分,是目标香气的骨干结构,它形成了调和香味料的主体和轮廓。

2. 合香剂 也叫调和剂,有调和效果,使香气在幅度和深度上得到扩展,更为浓郁,起到将香气味调节成或幽雅或清爽、或强烈或温柔、或绵甜或醇厚的作用。

3. 娇香剂 又叫修饰剂或变调剂,是一种使用少量即可奏效的暗香成分,对主体香气起着缓冲调和作用,能使香气更为美妙。

4. 定香剂 由于调和香味料各成分的挥发性有时相差悬殊,时间长了易挥发组分先散失后会使原有的香气特色削弱或消失。定香剂的作用是使各种成分紧密结合而得到一定的保留性,挥发速度保持均匀。一般要求它具有沸点较高、粘度较大、活性较好、与其他物质的亲相力强等特点。有的主香剂也会兼有定香作用。常用的定香剂有苯甲酸苄酯等。应当指出,即使加入定香利后,调和香味料的香气仍会随着时间的延长而发生一定的变化。

三、食品加工中味感的调配

(一) 各种味感的相互作用

1. 咸味同其他味的关系

(1) 咸味和甜味 把1%、2%、10%、20%的食盐溶液作为咸味样品、在这些溶液里各添加5%的蔗糖,研究咸味和甜味的关系;另一方面,把10%、25%、50%、60%蔗糖液作甜味样品,在这些溶液中各添加5%的食盐,研究甜味和咸味的关系。其结果发现:由于添加蔗糖,咸味减小;因添加少量食盐,甜味增大;大量食盐的加入,甜味减小。

(2) 咸味和酸味 在1%、2%、10%、20%的食盐溶液中添加5%的醋酸,研究咸味和酸味的关系;把0.01%、0.1%、0.3%、0.5%醋酸溶液作为酸味样品,在这些溶液中各添加5%的食盐,研究酸味和咸味的关系。其结果为:咸味因添加少量的醋酸而加强。咸味因添加多量酯酸而减少。不论醋酸在哪一个浓度,添加少量食盐,酸味加强;添加多量食盐则酸味变弱。

(3) 咸味和苦味 在1%、2%、10%、20%的食盐溶液中各添加5%的咖啡,研究咸味和苦味关系;在比值为0.03%和稍呈苦味的0.05%的咖啡溶液里,各添加5%的食盐溶液,研究苦味和咸味的关系。其结果为:咸味因添加咖啡而减小;苦味因添加食盐而减小。

(4) 咸味和鲜味 咸味由于谷氨酸钠的添加而被抑制。呈鲜物质的溶液由于食盐的添加,其鲜味更强。

2. 甜味同其他味的关系

(1) 甜味和酸味 配制成5%、10%、25%、50%的蔗糖溶液和0.01%、0.1%、0.3%、0.5%的醋酸溶液。结果:甜味因添加少量醋酸而减少,添加越大,甜味越小。酸味因蔗糖的添加而减小,添加量越大,酸味越小。但不是纯量比关系,酸味大小与pH值有关。

(2) 甜味和苦味 用10%、20%、50%、60%的蔗糖溶液作为甜味试料,苦味试料用0.03%、0.05%的咖啡,结果为:甜味因咖啡的添加而减小。

3. 酸味同其他味的关系

(1) 酸味和甜味 酸味和甜味共存时,易发生味的消杀效果。

(2) 酸味和苦味 如在酸中加入少量的苦味物质或单宁等有收敛味的物质,则酸味增大。

4. 鲜味同其他味的关系

谷氨酸钠的特征是给予食品以鲜味,与其他呈味成分的关系如下:

鲜味可使咸味缓和,由于其协同作用可以增强食品的味道的作用。鲜味可使酸味缓和。鲜味与甜味共存时产生复杂的味感。鲜味可使苦味减弱。

(二) 调味原理

调味原理是从化学和物理的角度来分析味的生成和转变规律的,下面从渗透、溶解、分解、合成和粘附等方面加以分析。

1. 渗透原理

在常用的调味料中,盐是主要的,而盐的渗透力也是最强的。在烹调的时候,常常发现这样一种情况:当将盐加入新鲜蔬菜中拌和之后,不久就会发现蔬菜有了咸"味",而菜的外面湿润,原料也由饱满变得萎蔫。这是因为盐中的电解质与蔬菜表面的水分接触,形成了高浓度的盐溶液,由于"渗透"作用,使低浓度的溶液向高浓度渗透,蔬菜细胞小的水就被"吸"到外表,使蔬菜略显萎蔫。另一方面,浓盐溶液由于渗透压,盐水同样能通过渗透作用进入原料内部,这两种渗透同时发生,直到平衡为止。

这种利用渗透原理调味的方法,在食品加工中应用十分广泛。我国有很多风味食品,如皮蛋、咸鸡蛋、榨菜、酱菜、腊肉、腌鱼、板鸭、火腿等,都是利用渗透原理加工制成的。

2. 溶解扩散原理

溶解是指固体或液体物质的分子,均匀地分布在汤或水中。加味精、盐或糖溶解在场水中,使汤水呈现鲜味、咸味或甜味。辣椒、胡椒等都含有辣味成分,溶解在汤水中则显现辣味;醋溶解在汤水中,使汤水呈酸味。饮用茶叶、咖啡,正是利用溶解原理,将其苦味成分溶解在水中,形成了人们喜爱的饮料。

有些原料本身含有鲜味成分,加工时这种鲜味成分溶解在汤水中,从而使汤汁鲜美。

扩散包含着物质的"对流"作用,"对流"就是凭着受热的液体或气体的流动导热。对流传热与调味的关系是,分子在加热的情况下热运动增加对流作用同样促进了调味剂物质的热运动,分子之间相互作用,使溶液中的呈味物质进入原料中,而原料中呈味物质亦溶解到了溶液中,使汤汁中含有原料的滋味。

3. 分解原理

某种化合物通过化学反应,分解成两种或多种较简单的化合物或单质的现象,称为分解。加热能促进这种分解,如动物原料中的蛋白质能分解成各种氨基酸,其中谷氨酸有鲜味。蒸煮甘薯时,经淀粉酶在适当温度下的作用,生成麦芽糖而使甜味增加,烤甘薯时还原糖量显著增加。其他如大米、团粉、藕、土豆等,都有类似的显味变化。

另外有一类食物,是利用微生物的繁殖来分解食物。使食物发生变化,从而产生新的味觉,如泡菜、酸菜、酸黄瓜、酸奶等。

4. 合成原理

各种调味品都含有自身的呈味物质。各种加工原料同样由醛、醇、酸、醚、酮、酚等化学物质组成。正因为如此,当原料与调味品混合接触后,在加热的作用下,分子之间会发生一系列极其复杂的化学反应,生成一些新的物质,并产生滋味。

5. 粘附原理

粘附也就是粘裹的意思,即将调料拌和或者粘附在食品的表面,可以使食品呈现不同的味道。粘附作用一般用于质地紧密、不易入味的原料，或因造型需要和成品菜质感的特殊要求，不宜长时间加热的原料，以及加工速度快而味感要达到浓厚要求的一类成品。

第七节　机体营养状况对化学感觉的影响

一、营养素摄入与化学感觉

营养素摄入与化学感官功能之间密切相关。外周味觉和嗅觉组织是由特异分化的上皮细胞组成的，这些细胞具有相对较高的更新率（味觉细胞10～12天，嗅觉细胞30～45天）和新陈代谢。足量营养素的供应对维持这些上皮组织适宜的功能是不可缺少的。同时，这些感官系统的功能状态又可强烈地影响食物和营养素的摄入。尽管长期以来都意识到这种关系，但关于这些组织的营养素需求却了解很少。

二、机体营养状况对化学感觉的影响

（一）维生素A

维生素A缺乏会增加口腔和鼻腔上皮的角质化。此外，粘多糖合成减少会降低外周感受器区域的清洁作用，并使上皮干燥。接着发生刺激物通向化学感受器的通路受阻。大鼠体内维生素A耗尽导致渐近性的味觉丧失，补充维生素A后可逆转。在地方性化学感觉缺陷的地区，这种症状不是维生素A缺乏的常见症状。然而，已有报道，维生素A不足的正常成人以及维生素A耗尽的肝硬化、急性病毒性肝炎和吸收不良病人会产生味觉和嗅觉减退。补充维生素A可逆转这些化学感觉的减退。锌对维持血浆维生素A正常水平有重要的作用，服用锌也可减轻酒精性肝硬化病人的味觉缺陷（taste deficit）。鉴于维生素A的潜在毒性，在治疗性补充开始之前，必须先明确维生素A可能对病人的致病作用。

（二）B族维生素

对狗的研究表明，膳食诱导的烟酸、核黄素、吡多醇、泛酸和叶酸缺乏可导致口腔黏膜的非炎性损伤，尤其是在舌背表面，而且观察到舌表乳头的萎缩和退化，特别是在舌前部。尽管对于烟酸缺乏可累及到整个舌表面，但受影响最严重的是蕈状乳头，而未见轮廓乳头出现异常的记录。采用连续性缺乏试验，则上述病理变化会逐步恶化。补充治疗可迅速恢复上皮的正常。2～3天可明显改善，一周内可完全恢复。但组织的恢复较慢。某种维生素缺乏的动物可出现明显的损伤，但这些可确认的损伤也见于多种维生素缺乏的动物。

（三）维生素E

一份对萎缩性舌炎的老年病人研究报道指出，血浆维生素E浓度与舌乳头萎缩之间有直接联系，但不是病因关系。与维生素E状况有关的化学感官功能的主观报道资料尚未见报道。

（四）铜

血浆铜蓝蛋白水平低的人在用青霉胺治疗期间，有报道发生了可逆性味觉减退。然而，还不清楚青霉胺的作用是否因缺铜而引起。青霉胺也可与锌、镍及其他阳离子结合，并据报道锌也可改善青霉胺治疗病人的味觉敏感性。对Wilson病（肝豆状核变性）病人使用青霉胺不会引起化学感觉疾病。

(五）碘

已有文献报道甲状腺功能减低病人有味觉和嗅觉敏感性降低或味觉混淆。据报道，这种病人的感觉障碍可达百分之几到百分之八十。这通常是由于症状发作缓慢，并且发作后又缺乏主观意识。替代激素治疗一般可调整化学感觉失调。用抗甲状腺药治疗甲亢病人也会引起局部或全部味觉或嗅觉丧失，停药后即可痊愈。

(六）铁

缺铁性贫血病人也报道有味觉减退。口服补铁剂（50mg/d以上）至铁营养状况正常后，大多数病人在两周内味觉可恢复。铁缺乏的个体中可有异食癖，但目前没有证据表明这与化学感觉功能的变化有关。

(七）锌

明显的锌缺乏可引起化学感觉异常，唾液中有一种含锌蛋白和味觉及食欲有关，缺锌时，此蛋白减少，影响味觉与食欲，可导致味觉异常，食欲减退，可有异食癖。补充锌可恢复。

（张燕，曹小红，任大林）

第四章 食品分析检验的一般方法

第一节 食品感官检验法

一、感官检验的意义

食品的品质包括卫生品质（毒素、微生物污染）、营养品质（营养素和发热量）、经济品质（售价和货架期）和感官品质（适口性、色、香、味和喜好度等）。所以，作为食品不仅要符合营养和卫生的要求，还必须能为消费者所接受。其可接受性通常不能由化学分析和仪器分析结果来下结论。因为用化学分析和仪器分析方法虽然能对食品中各组分（如糖、酸、卤素等）的含量进行测定，但并没有考虑组分之间的相互作用和对感觉器官的刺激情况，缺乏综合性判断。例如，食盐会使人产生咸味感觉，糖会使人产生甜味感觉。当两者混合时，给人的感觉并不是简单的两者相加。人的感官是十分有效而敏感的综合检测器，可以克服化学分析和仪器分析方法的不足，对食品做出综合性的感觉评价，并能加以比较和准确地表达，从而对食品的可接受性做出判断。此外，感官检验还用于鉴别食品的质量，各种食品的质量标准中都定有感官指标，如外形、色泽、滋味、气味、均匀性、浑浊程度、有无沉淀及杂质等。这些感官指标往往能反映出食品的品质和质量的好坏，当食品的质量发生了变化时，常引起某些感官指标也发生变化。因此，通过感官检验可判断食品的质量及其变化情况。总之，感官检验在食品生产中的原材料和成品质量控制、食品的贮藏和保鲜、新产品开发、市场调查等方面具有重要的意义和作用。食品的卫生、营养和经济品质均可用物理、化学方法或仪器方法来测定，而食品的感官品质只能用人的感觉器官来判断。其目的是为了评价食品的可接受性和鉴别食品的质量。

食品的感官检验是通过人的感觉—味觉、嗅觉、视觉、触觉，以语言、文字、符号作为分析数据对食品的色泽、风味、气味、组织状态、硬度等外部特征进行评价的方法。或者说是根据食品的外部特征（如颜色、气味等）直接作用于人体感觉器官所引起的反映而对食品进行检验的方法，感官检验是与仪器分析并行的重要检测手段。由于感官检验法简单、灵敏，不需特殊的器材，况且人的很多感觉功能，因为迄今任何分析方法都还不能完全代替人工品尝。再者消费者对食品的好坏评价与其嗜好直接有关，从而导致食品接受性的评价往往只能通过感官检验来实现。基于上述种种原因，目前不少食品质量的综合评价还以感官检验法为主。

二、感官检验的种类

按检验时所利用的感觉器官，感官检验可分为视觉检验、嗅觉检验、味觉检验和触觉检验。

（一）视觉检验

通过被检验物作用于视觉器官所引起的反应对食品进行评价的方法称为视觉检验。

在感官检验中，视觉检验占有重要位置，几乎所有产品的检验都离不开视觉检验。视觉检验即用肉眼观察食品的形态特征。如观察色泽可判断水果、蔬菜的成熟状况和新鲜程度；通过透光感可以判断饮料的清澈与混浊，把瓶装液体倒过来，可检验有无沉淀物和夹杂物，据此判断食品是否受到了污染或变质。

视觉检验不宜在灯光下进行，因为灯光会给食品造成假象，给视觉校验带来错觉。检验时应从外往里检验，先检验整体外形、罐装食品有无凸罐或凹罐现象；软包装食品是否有胀袋现象等，检验内容物，然后再给予评价。

（二）嗅觉检验

通过被检验物作用于嗅觉器官而引起的反映评价食品的方法称为嗅觉检验。

嗅觉是辨别各种气味的感觉，人的嗅觉非常灵敏，有时用一般方法和仪器不能检测出来的轻微变化，用嗅觉检验可以发现。如鱼、肉蛋白质的最初分解和油脂的开始酸败，其理化指标变化不大，但敏感的嗅觉可以觉察到有氨味和哈喇味。

气味是由食品中散发出来的挥发性物质，它受温度的影响较大，温度低时挥发慢，气味淡；反之则气味浓。因此在进行嗅觉检验时，可把样品稍加热，或取少许样品于洁净的手掌上摩擦，再嗅验。

嗅觉器官长时间受气味浓的物质刺激会疲劳，灵敏度降低，因此，检验时应由淡气味到浓气味的顺序进行，检验一段时间后，应休息一会。

（三）味觉检验

通过被检验物作用于味觉器官所引起的反映评价食品的方法称为味觉检验。

味觉是由舌面和口腔内味觉细胞（味蕾）产生的，基本味觉有酸、甜、苦、咸四种，其余味觉都是由基本味觉组成的混合味觉。味觉还与嗅觉、触觉等其他感觉有联系。味蕾的灵敏度与食品的温度有密切关系，味觉校验的最佳温度为 20～40℃，温度过高会使味蕾麻木，温度过低亦会降低味蕾的灵敏度。

味觉校验前不要吸烟或吃刺激性较强的食物，以免降低感觉器官的灵敏度。检验时取少量被检食品放入口中，细心品尝，然后吐出（不要咽下），用温水漱口。若连续检验几种样品，应先检验味淡的，后检验味浓的食品，且每品尝一种样品后，都要用温水漱口，以减少相互影响。对已有腐败迹象的食品，不要进行味觉校验。

（四）触觉检验

通过被检验物作用于触觉感受器官所引起的反映评价食品的方法称为触觉检验。

触觉检验主要是借助手、皮肤等器官的触觉神经来检验某些食品的弹性、韧性、紧密程度、稠度等，以鉴别其质量。如对谷物可以抓起一把，凭手感评价其水分；对肉类，根据它的弹性可判断其品质和新鲜程度；对馅糖和蜂蜜，根据用掌心或指头揉搓时的润滑感可鉴定其稠度。此外，在品尝食品时，除了味觉外，还有脆性、粘性、弹性、硬度、冷热、油腻性和接触压力等触感。

感观检查有其局限性和主观性，感官认为良好的食品，不一定符合营养和卫生要求，某些有害成分也不一定影响食品的感官印象。进行感官检验时，通常先进行视觉检验，再进行嗅觉检验，然后进行味觉检验及触觉检验。

第二节 食品物理检验法

根据食品的相对密度、折射率、旋光度等物理常数与食品的组分及含量之间的关系进行检测的方法称为物理检测法。物理检测法是食品分析及食品工业生产中常用的检测方法。

一、密度与相对密度（比重法）

（一）测定相对密度的原理和意义

密度（density）是指物质在一定温度下单位体积的质量，以符号 ρ 表示，其单位为 g/cm^3。相对密度是指某一温度下物质的质量与同体积某一温度下水的质量之比，以符号 d 表示。

因为物质一般都具有热胀冷缩的性质（水在 4℃ 以下是反常的），所以密度和相对密度都随温度的改变而改变。故密度应标出测定时物质的温度，表示为 ρ_t，如 ρ_{20}。相对密度应标出测定时物质的温度及水的温度，表示为 $d_{t_2}^{t_1}$，如 d_4^{20}、d_{20}^{20}，其中 t_1 表示物质的温度，t_2 表示水的温度。

密度和相对密度虽有不同的含意，但两者之间有如下关系：

$$d_{t_2}^{t_1} = \frac{t_1 \text{温度下物质的密度}}{t_2 \text{温度下水的密度}}$$

因为水在 4℃ 时的密度为 $1.000000g/cm^3$，所以物质在某温度下的密度 ρ_t 和物质在同一温度下对 4℃ 水的相对密度 d_4^t 在数值上相等，两者在数值上可以通用。故工业上为方便起见，常用 d_4^{20}，即物质在 20℃ 的质量与同体积 4℃ 水的质量之比来表示物质的相对密度，也称为比重。其数值与物质在 20℃ 时的密度 ρ_{20} 相等。

相对密度是物质重要的物理常数。各种液态食品都具有一定的相对密度，当其组成成分及浓度发生改变时，其相对密度往往也随之改变。通过测定液态食品的相对密度，可以检验食品的纯度、浓度及判断食品的质量。

蔗糖、酒精等溶液的相对密度随溶液浓度的增加而增高，通过实验已制定了溶液浓度与相对密度的对照表，只要测得了相对密度就可以由专用的表格上查出其对应的浓度。

正常的液态食品，其相对密度都在一定的范围内。例如：全脂牛奶为 1.028~1.032，植物油（压榨法）为 0.9090~0.9295。当因掺杂、变质等原因引起这些液体食品的组成成分发生变化时，均可出现相对密度的变化。如牛乳的相对密度与其脂肪含量、总乳固体含量有关。脱脂乳相对密度升高，掺水乳相对密度下降。油脂的相对密度与其脂肪酸的组成有关，不饱和脂肪酸含量越高，脂肪酸不饱和程度越高，脂肪的相对密度越高；游离脂肪酸含量超高，相对密度越低；酸败的油脂相对密度升高。因此，测定相对密度可初步判断食品是否正常以及纯净程度。需要注意的是，当食品的相对密度异常时，可以肯定食品的质量有问题，当相对密度正常时，并不能肯定食品质量无问题，必须配合其它理化分析，才能确定食品的质量。总之，相对密度是食品生产过程中常用的工艺控制指标和质量控制指标。

（二）液态食品相对密度的测定方法

测定液态食品相对密度的方法常用密度计法。

1. 仪器

密度计是根据阿基米德原理制成的,其种类很多,但结构和形式基本相同,都是由玻璃外壳制成。它由三部分组成,头部是球形或圆锥形,内部灌有铅珠、水银或其它重金属,使密度计能直立于溶液中,中部是胖肚空腔,内有空气故能浮起。尾部是一细长管,内附有刻度标记,刻度是利用各种不同密度的液体标度的。食品工业中常用的密度计按其标应方法的不同,可分为普通密度计、锤度计,乳稠计,波美计等。

2. 测定方法

将混合均匀的被测样液沿筒壁徐徐注入适当容积的清洁量筒中,注意避免起泡沫。将密度计洗净擦干,缓缓放入样液中,待其静止后,再轻轻按下少许,然后待其自然上升,静止并无气泡冒出后,从水平位置读取与液平面相交处的刻度线。同时用温度计测量样液的温度,如测得温度不是标准温度,应对测得值加以校正。

3. 注意事项

(1) 该法操作简便迅速,但准确性差,需要样液量多,且不适用于极易挥发的样品。

(2) 操作时应注意不要让密度计接触量筒的壁及底部,待测液中不得有气泡。

(3) 读数时应以密度计与液体形成的弯月面的下缘为准。若液体颜色较深,不易看清弯月面下缘时,则以弯月面上缘为准。

二、折光度法

均一物质的折光度(refraction),与比重、熔点、沸点一样是其物理指标。测定样品的折光度,就可以判断其均一程度和纯度。某些重要物质及其不同浓度的水溶液的折光度,通过试验已绘制成表,因此,可以用折光度来测定物质的纯度和浓度(油类、糖类、醇类等)。

折光度也用于油脂和脂肪酸的鉴定。因为每一种脂肪酸均有其特征的折光度,随着饱和脂肪酸分子量的增大,折光度也增大。不饱和脂肪酸要比起同数目碳原子的饱和脂肪酸折光度大得多。脂肪酸内双键数目增加,折光度也增加。酸度高的油脂,折光度低。比重大的油折光度也大。

折光度也广泛用于纯糖溶液浓度的测定,还可用其测定以糖为主要成分的食品,例如果汁、番茄制品、蜂蜜、糖浆等固形物。也可用于测定可可制品中脂肪百分率,巧克力制品中糖的百分率和蛋白固形物。也可用于测定牛乳中乳糖的百分含量,用其判断牛乳中是否掺水。但对于食品中悬浮的固形物则不能用该法测定。

(一)测定折光度的原理

光的反射定律为入射角等于反射角。光的折射定律为无论入射角怎样改变,入射角正弦与折射角正弦之比,恒等于光在两种介质中的传播速度之比。利用光的反射定律和折射定律,可通过测定液体中光线的折光度来测定一些物质的含量。

(二)折光仪的使用方法

折光仪是利用临界角原理测定物质折射率的仪器,其种类很多,食品工业中最常用的是阿贝折光仪和手提式折光仪(糖度计)。

1. 阿贝折光仪的使用

(1) 测定液体时,滴加1~2滴样品试液于下面棱镜上,迅速将两块棱镜闭合。

(2) 目镜观察,转动棱晶旋钮,使视野出现明暗两部分。

(3) 旋转色散补偿器旋钮，使视野中只有黑白两色。
(4) 旋转棱晶旋钮，使明暗分界线在十字线交叉点。
(5) 从读数镜筒中读取折射率或重量百分浓度。
(6) 测定样液温度。
(7) 用水、乙醇或乙醚擦净棱晶表面及其他各机件。

2. 计算

标尺读数即为测定温度条件下的折射率值。如测定温度不在20℃时，必须按公式换算为20℃时的折射率（n_{20}）。

折射率（n_{20}）= $n' + 0.00038 \times (t - 20)$

式中：n'为样品温度在t时测得的折射率；t为测定折射率时的样品温度；0.00038为样品温度在10~30℃范围内每差1℃时折射率的校正系数。

3. 影响折射率测定的因素

（1）光波长的影响　物质的折射率因光的波长而异，波长较长折射率较小，波长较短折射率较大。测定时光源通常为白光。当白光经过棱晶和样液发生折射时，因各色光的波长不同，折射程度也不同，折射后分解为多种色光，这种现象称为色散。光的色散会使视野明暗分界线不清，产生测定误差。

（2）温度的影响　溶液的折射率随温度而改变，温度升高折射率减小，温度降低折射率增大。折光仪上的刻度是在标准温度20℃下刻制的，所以最好在20℃下测定折射率。否则，应对测定结果进行温度校正。超过20℃时，加上校正数，低于20℃时，减去校正数。

4. 手持式折射仪简介

手持式折射仪的光学原理与阿贝折光仪在反射光中使用时的相同。该仪器操作简单、便于携带，常用于生产现场检验及田间检验。

三、旋光法

应用旋光仪测量旋光性物质的旋光度以确定其含量的分析方法叫旋光法。

(一) 旋光法的测定原理

1. 光学活性物质、旋光度与比旋光度

分子结构凡具有不对称碳原子，能把偏振光的偏振面旋转一定角度的物质称为光学活性物质。许多食品成分都具有光学活性，如单糖、低聚糖、淀粉以及大多数的氨基酸和羟酸等。其中能把偏振光的振动平面向右旋转的，称为"具有右旋性"，以（+）号表示；反之，称为"具有左旋性"，以（-）号表示。

当偏振光通过光学活性物质的溶液时，偏振面所旋转的角度叫作该物质的旋光度（optical activity），以 α 表示。旋光度的大小随光源的波长、液层厚度、光学活性物质的不同种类、浓度及其温度而异。在一定条件下，旋光度是每一种光学活性物质的特征常数。对于它的溶液，在一定温度和一定光源情况下，当溶液浓度为1ml中含光学活性物质1克，浓层厚度为1分米，偏振面所旋转的角度叫作该物质的比旋光度。

比旋光度与光的波长及测定温度有关。通常规定用纳光D线（波长589.3纳米）在20℃时测定，在此条件下，比旋光度用 $[\alpha]_D^{20}$ 表示。因在一定条件下比旋光度 $[\alpha]_\lambda^t$ 是已知的，液层厚度为一定，故测得了旋光度 α 就可计算出旋光质溶液中的浓度。

2. 变旋光作用

具有光学活性的还原糖类（如葡萄糖，果糖，乳糖，麦芽糖等），在溶解之后，其旋光度起初迅速变化，然后渐渐变得较缓慢，最后达到恒定值，这种现象称为变旋光作用。这是由于有的糖存在两种异构体，即 α 型和 β 型，它们的比旋光度不同。这两种环型结构及中间的开链结构在构成一个平衡体系过程中，即显示出变旋光作用。因此，在用旋光法测定蜂蜜，商品葡萄糖等含有还原糖的样品时，样品配成溶液后，宜放置过夜再测定。若需立即测定，可将中性溶液（pH7）加热至沸，或加几滴氨水后再稀释定容；若溶液已经稀释定容，则可加入碳酸钠干粉至石蕊试纸刚显碱性。在碱性溶液中，变旋光作用迅速，很快达到平衡。但微碱性溶液不宜放置过久，温度也不可太高，以免破坏果糖。

（二）旋光计的结构及原理

1. 普通旋光计

最简单的旋光计是由两个尼克尔棱晶构成，一个用于产生偏振光称为起偏器；另一个用于检验偏振光振动平面被旋光质旋转的角度，称为检偏器。当起偏器与检偏器光轴互相垂直时，即通过起偏器产生的偏振光的振动平面与检偏器光轴互相垂直时，偏振光通不过去，故视野最暗，此状态为仪器的零点。若在零点情况下，在起偏器和检偏器之间放入旋光质，则偏振光振动平面被旋光质旋转，从而与检偏器光轴互成某一角度，使偏振光部分地或全部地通过检偏器，结果视野明亮。此时若将检偏器旋转一角度使视野最暗，则所旋角度即为旋光质的旋光度。

2. 自动旋光计简介

前边介绍的普通旋光计，虽然具有结构简单，价格低廉等优点，但也存在着以肉眼判断终点、有人为误差、灵敏度低及须在暗室内工作等缺点。自动旋光计，采用光电检测器及晶体管自动示数装置，具有体积小、灵敏度高、没有人为误差、读数方便、测定迅速等优点。目前在食品分析中应用十分广泛。

自动旋光计的工作原理，采用 20W 钠光灯作光源，由小孔光栅和物镜组成一简单的点光源平行光束。平行光源通过起偏器产生平面偏振光，偏振光通过磁旋线圈时，其振动平面在交变磁场的作用下产生以原来振动平面为中心的左右对称摆动，此现象称为磁旋光效应。光线经过检偏器投影到光电倍增管上，产生交变光电讯号。

第三节　食品化学分析法

食品化学分析是指食品卫生分析过程中所用的各种化学分析方法。化学分析，分为定性和定量两部分。定性分析是测定样品中有无某种成分存在。定量分析是测定样品中某些化合物或混合物成分的含量，或者是测定已知某物质的绝对量。一般常用下列几种方法。

一、重量分析法

重量分析是将被测组分用一定的方法，从试样中分离出来，然后根据被测组分的重量或试样中其它组分的重量计算被测组分在试样中的含量。根据分离方法的不同，重量分析法又可分汽化法，萃取法和沉淀法等。

(一) 汽化法

汽化法是最简单重量分析法，如测定食品中的水分、果酒中可溶性固形物含量，可将试样在105℃左右干燥，再根据干燥前后的重量差，计算出失去的水分。

1. 操作方法

(1) 样品干燥　精确称取均匀样品2.00～10.00g（视样品性质和水分含量而定），置于已干燥、冷却和称重的有盖称量瓶中，移入100～105℃烘箱内，开盖干燥2～3h后取出，加盖，置干燥器中冷却0.5h，称重。再烘1h，冷却、称重。重复此操作直至恒重，即前后两次质量差不超过2mg。

对于粘稠液体或酱类，则先用称量瓶称取约10g经酸洗和灼烧过的细海沙，内放一根细玻璃棒，于105℃干燥至恒重，再加入3.00～5.00g样品，用玻璃棒把海砂和样品混匀，然后移入干燥箱内，于105℃烘至恒重。

(2) 计算

$$\chi = \frac{m_2 - m_1}{m} \times 100$$

式中　χ——水分含量（质量分数，%）
　　　m_1——恒重前称量瓶相样品质量（g）
　　　m_2——恒重后称量瓶相样品质量（g）
　　　m——样品质量（g）

2. 说明

由于常压干燥法不能完全排出食品中的结合水，所以常压干燥法不可能测出食品中真正的水分。常压干燥法不适用于胶体、高脂肪、高糖食品以及含有较多在高温中易氧化和易挥发物质的食品。

(二) 萃取法

1. 原理

苯取法是利用被测组分在有机溶剂中的可溶性，将之与试样其它组分分离，然后将有机溶剂挥发除去，再称残渣重量，计算出被测组分的含量。如乳制品中粗脂肪的测定，即采用此法。

2. 仪器　索氏提取器（见图4-1）

3. 操作方法（索氏提取法）

(1) 样品处理

① 固体样品　精密称取2.00～5.00g样品（可取测定水分后的样品），必要时拌以海沙，全部移入滤纸筒内（干样粉碎后过孔径0.45mm筛，肉类绞两次，一般样品用组织捣碎机）。

② 液体或半固体样品　称取5.00～10.00g样品，置于蒸发皿中，加入海沙约20g，于沸水浴上蒸干后，再于100±5℃干燥，研细，全部转入滤纸筒内。蒸发皿及附有样品的玻璃体，均用蘸有乙醚的脱脂棉擦净，并将棉花放入滤纸筒内。

(2) 抽提

将滤纸筒放入抽提筒内，连接已干燥至恒重的抽提瓶，由冷凝器上端加入乙醚或石油醚至接受瓶内容积的2/3处，于50～70℃水浴上加热，使乙醚或石油醚不断回流抽提，一般抽提6～12h。

(3) 称重

取下抽提瓶，回收乙醚或石油醚，待抽提瓶内乙醚剩下 1～2ml 时在水浴上蒸干，再于 100±5℃ 干燥 2h，置于干燥器内冷却 0.5h，称重，并重复操作至恒重。

4. 计算

粗脂肪含量按公式计算：$w = \dfrac{m_1 - m_0}{m_2} \times 100$

式中 w——样品中脂肪的含量，%

m_0——抽提瓶的质量，g

m_1——抽提瓶和脂肪的质量，g

m_2——样品的质量（按测定水分前的质量计），g

5. 说明

本法主要是测定食品中游离脂肪的含量。

本法测得的脂肪中，还含有可溶于脂肪的有机酸、色素、香精、醛、酮等，故称为粗脂肪。

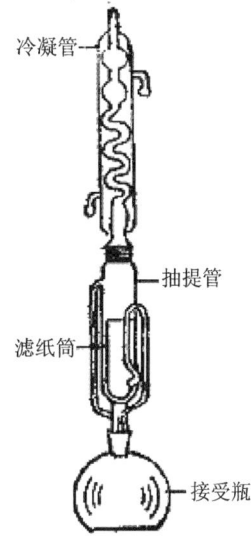

图 4-1 索氏提取器

（三）沉淀法

沉淀法是利用沉淀反应将被测组分从试样中沉淀出来，然后将沉淀烘干或灼烧，最后根据沉淀的重量计算被测组分的含量。如测定啤酒中硫酸盐含量就是采用沉淀法，其反应为：

$$Ba^{+2} + SO_4^{-2} = BaSO_4$$

二、滴定分析法

滴定分析是食品化学分析的重要方法。通常将一种已知准确浓度的试剂溶液即标准溶液滴加到被测物质溶液中，直到标准溶液与被测组分按反应式化学计量关系恰好反应完全为止，根据标准溶液的用量和浓度，计算出被测组分含量的一类方法称为滴定分析法。在滴定分析中所使用的标准溶液称滴定剂。将标准溶液从滴定管滴加到被测物质溶液中的操作过程称为滴定。当加入的标准溶液与被测组分按反应式的化学计量关系恰好反应完全时，反应到达了化学计量点。

（一）滴定分析的分类

滴定分析根据所用的化学反应不同，可分为酸碱滴定法、氧化还原滴定法、沉淀滴定法和络合物滴定法。

1. 酸碱滴定法

酸碱滴定法基于以下化学反应 $H^+ + OH^- \rightleftharpoons H_2O$。它可以用 NaOH 等作标准溶液测定酸性物质，也可以用盐酸或硫酸滴定碱性物质，酒类化验中总酸、总酯的测定即采用此法。

2. 氧化还原滴定法

此法是基于氧化还原反应的滴定法。分析中应用最多的是碘量法。碘量法又分为直接法和间接法两类；直接法是利用碘的氧化作用直接滴定；间接法是利用碘离子的还原性与具有氧化性的被测物质作用后生成游离碘，再用硫代硫酸钠作标准液滴定析出的碘，进而测出被测物质的含量。例如：用过量的碘氧化还原糖，然后用硫代硫酸钠滴定剩余的碘，从而计算出还原糖含量。

$$R-\underset{H}{\overset{O}{C}}+I_2+H_2O \rightleftharpoons R-\underset{OH}{\overset{O}{C}}+2HI$$

$$2Na_2S_2O_3+I_2 \rightleftharpoons Na_2S_4O_6+2NaI$$

3. 沉淀滴定法

沉淀滴定法是利用沉淀反应的滴定法，例如酿造用水中氯化物含量的测定：

$$Ag^+ + Cl^- \rightleftharpoons AgCl\downarrow$$

4. 络合滴定法

利用形成络合物反应来进行滴定的方法叫络合滴定法。

目前应用最广的是用乙二胺四乙酸二钠盐（简称 EDTA）为滴定剂。例如用它来测定水中总硬度（即水中钙、镁的总量），其反应为：

$$Ca^{2+} + Mg^{2+} + h_2Y^{2-} \rightleftharpoons Ca(Mg)Y^{2-} + 2H^+$$

（二）滴定的操作方法

1. 滴定管的使用方法

（1）酸式滴定管的使用方法：酸式滴定管经常夹在滴定管架的右面，活塞柄向外。左手从中间向右伸出，拇指在管前，食指和中指在管后，手指拿住活塞柄。食指和中指由下向上各顶住活塞柄的一端，拇指在上面指挥活塞柄的转动方向，当拇指稍稍移向任何一端按下时，活塞就向那一端转动。在转动时，中指及食指不要伸直，应该微微弯曲，向里扣住，此时无名指和小指向手心弯曲，手指背面顶住滴定管下端管口，向外推。这样即易于操作，又可防止把活塞顶出。注意平握塞棒，手心不能触及活塞，以免把活塞顶出。必须熟练掌握旋转活塞的方法，能做到开关自如，准确控制溶液的流速，要做到需要加一滴，就不多不少加一滴，需要加半滴就加半滴。

（2）碱式滴定管的使用方法：碱式滴定管一般架在滴定管架的左边。左手拇指在前，食指在后，拿住橡皮管中有玻璃球所在部位稍上一点的地方。无名指、中指和小指夹住出口管，使出口管垂直而不摆动，拇指和食指挤压玻璃珠的右上角，使在玻璃珠旁边形成空隙。但不要用力过猛，使玻璃珠向下移，以致堵塞出口管。特别注意不要按玻璃珠以下的地方，以免放开时吸进气泡。

2. 滴定的操作方法

最好是在锥形瓶或碘量瓶中进行，必要时也可以在烧杯中进行。在锥形瓶中滴定时，左手按操作法控制滴定管活塞（在滴定全过程中，左手一直不能离开活塞），右手前三指拿住锥形瓶瓶须，让滴定管下端伸入瓶口约 1 厘米。边滴边摇，以同一方向作圆周运动（勿使瓶口碰滴定管、滴定速度每分钟约 10ml 为宜）。注意观察标准溶液的滴落点。接近化学计量点时，指示剂发生局部变色，转动 1~2 次后，颜色完全消逝，此时就不再边滴边摇，而改为滴一滴，摇一摇，等到必摇 2~3 次后才能消逝时，表示离化学计量点已近，此时用洗瓶冲洗锥形瓶内壁，以便把转动时留在壁上的溶液洗下（这时溶液应呈未到化学计量点的颜色）。左手微微转动活塞，使流出半滴标准溶液落入溶液中，摇摇锥形瓶。如此反复，直到刚刚出现终点的颜色不再消逝时为止。络合滴定到达了化学计量点的颜色后，应放置 15 秒不褪色时为止。

3. 滴定管的读数方法

由于附着力和内聚力的作用，确定管内的液面呈弯月形。无色水溶液的弯月面比较清晰而有色溶液的弯月面清晰度较差。因此两种情况的读数方法稍有不同。无色或浅色溶液应读弯月面下缘的最低点，视线应与弯月面下缘的最低点在同一水平上。对于有色溶液，如高锰酸钾，应读弯月面的上缘，视线应与液面的最高点相切。但在同一次滴定中，初读和终读应该用同一种方法读数。

第四节 食品的仪器分析法

仪器分析是以测量物质的某些物理或物理化学性质的参数来确定其化学组成、含量或结构的分析方法。在最终测量过程中，利用物质的这些性质获得定性、定量、结构以及解决实际问题的信息。常见的仪器分析分为三类：光谱分析法、电化学分析法和色谱法。

光谱分析法是建立在物质使电磁辐射的能量发生改变基础上的一类分析方法。包括原子发射光谱法，原子吸收光谱法，紫外-可见吸收光谱法，红外吸收光谱法和荧光光谱法等。

电化学分析法是建立在溶液电化学性质基础上的一类分析方法，包括电位分析法，库仑分析法，伏安法和电导分析法等。

色谱法是利用混合物中各组分在两相中有不同的分配比例来达到分离的目的。分离后的组分可以进行定性或定量分析，有时分离和测定同时进行，有时先分离后测定。色谱法包括气相色谱法和液相色谱法等。

一、紫外-可见光光度分析方法

利用被测物质的分子对紫外-可见光具有选择性吸收的特性而建立的分析方法称为紫外-可见吸光光度法（spectrophotometry）。

（一）紫外-可见吸光光度法的特点

1. 具有较高的灵敏度　一般物质可测到 $10^{-3} \sim 10^{-6}$ mol/L。适用于微量组分的测定。

2. 有一定的准确度　该方法相对误差为 2%～5%，可满足对微量组分测定的要求。

3. 操作简便、快速、选择性好、仪器设备简单　近年来由于新显色剂和掩蔽剂的不断出现，提高了选择性，一般不分离干扰物质就能测定。

4. 应用广泛　可测定大多数无机物质及具有共轭双键的有机化合物。在医学、生物学等领域中常用来剖析天然产物的组成和结构、化合物的含量的测定及生化过程的研究等。

（二）基本原理

1. 物质对光的选择性吸收

溶液之所以呈现不同的颜色，是与它对光的选择性吸收有关。当一束白光（由各种波长的色光按一定比例组成）通过一有色溶液时，某些波长的光被溶液吸收，另一些波长的光不被吸收而透过溶液。人眼能感觉的波长在 400～760nm，为可见光区。溶液的颜色由透过光的波长所决定。例如，$KMnO_4$ 溶液强烈地吸收黄绿色的光，对其他颜色的光吸收很少或不吸收，所以溶液呈现紫红色。又如 $CuSO_4$ 溶液强烈地吸收黄色的光，所以溶液呈现蓝色。如溶液对白光中各种颜色的光都不吸收，则溶液为透明无色，反之，则呈黑色。如果两种颜色的光按适当的强度比例混合后组成白光，则这两种有色光称为互补色，成直线关系的两种光可混合成白光。各种物质的颜色（透过光）与吸收光颜色的互补关系列于表 4-1 中。

表 4-1 物质颜色（透过光）与吸收光颜色的互补关系

物质颜色	黄绿	黄	橙	红	紫红	紫	蓝	绿蓝	蓝绿
吸收光颜色	紫	蓝	绿蓝	蓝绿	绿	黄绿	黄	橙	红
吸收光波长 (nm)	400~450	450~480	480~490	490~500	500~560	560~580	580~600	600~650	650~760

以上仅简单地用有色溶液对各种波长光的选择吸收来说明溶液的颜色。究竟某种溶液最易选择吸收什么波长的光？可用实验方法来确定，即用不同波长的单色光透过有色溶液，测量溶液对每一波长的吸光程度（称为吸光度）。然后以波长为横坐标，吸光度为纵坐标作图可得一曲线，称为光吸收曲线（absorption curve）。每种有色物质溶液的吸收曲线都有一个最大吸收值，所对应的波长为最大吸收波长（λ_{max}）。一般定量分析就选用该波长进行测定，这时灵敏度最高。如有干扰物质存在时，光吸收曲线重叠，应根据干扰较小，而吸光度尽可能大的原则选择测量波长。对不同物质的溶液，其最大吸收波长不同、此特性可作为物质定性分析的依据。对同一物质，溶液浓度不同，最大吸收波长相同，而吸光度值不同。因此，吸收曲线是吸光光度法中选择测定波长的重要依据。

2. 光的吸收定律　朗伯-比耳定律

当一束强度为 I_0 的单色光通道吸光溶液时，设吸收光的强度为 I_a，透过光的强度为 I_t，吸收池表面反射的强度为 I_r，它们之间的关系为：

$$I_0 = I_a + I_t + I_r$$

紫外-可见分光光度测定法一般先用参比溶液调零，再测定样品溶液，吸收池的材料和结构都相同，因此反射光的强度 I_r 基本相同，其影响可忽略不计。上式简化为：

$$I_0 = I_a + I_t$$

透过光强度 I_t 与入射光强度 I_0 之比称为透光度（transmittance），用 T 表示。透光度越大，表示透过的光越多，吸收的光越少。

$$T = \frac{I_t}{I_0}$$

透光度通常用百分透光度 T % 表示。

Lambert 研究得出：溶液对光的吸收程度（吸光度）与液层厚度 b 成正比，称为 Lambert 定律。Beer 研究得出：溶液对光的吸收程度与溶液浓度 C 成正比，称为 Beer 定律。将二者合并组成为 Lambert-Beer 定律，即：

$$A = \lg \frac{I_0}{I_t} = \lg \frac{1}{T} = KbC$$

其中，A 为吸光度（absorbance），K 为比例常数。

Lambert-Beer 定律可表述为：在一定条件下，物质的吸光度与溶液浓度和液层厚度的乘积成正比。此定律称为光的吸收定律，是吸收光谱法定量分析的依据。

吸光度具有加和性。若溶液中存在两种或两种以上可吸收入射光的物质时，则总吸光度是各吸光物质产生的吸光度的和。这种加和性是分光光度法测定混合组分的依据，但同时表明共存组分也可带来干扰。

在上式中，溶液的浓度单位不同时，比例常数 K 分别用 ε（摩尔吸光系数）和 α（吸光系数）表示。

摩尔吸光系数 ε：当溶液浓度 c 以 mol/L、厚度 b 以 cm 为单位时，K 用 ε 表示为：
$$A = \varepsilon bc$$

摩尔吸光系数 ε 的大小与溶液的浓度及液层厚度无关，与吸光物质的性质、入射光波长、溶剂等因素有关。① 物质性质不同，ε 值大小不同，所以 ε 为物质的特征常数；② 溶剂不同，同种物质的 ε 值不同，因此应指明溶剂；③ 入射光波长不同，ε 值不同，因此应指明波长。在一定条件下，ε 值可作为定性参数之一。

定量分析时，用 ε 值评价方法的灵敏度。ε 值愈大，测定的灵敏度愈高。因此，在分析工作中，常通过实验条件的选择使吸光物质的 ε 值尽可能的大，从而获得尽可能高的测定灵敏度。物质的 ε 值是通过测定适当低浓度溶液的吸光度后，代入上式计算得到。

吸光系数 α：当浓度 c 以 g/L、厚度 b 以 cm 为单位时，K 用 α 表示。则为：
$$A = \alpha bc$$

（三）紫外-可见分光光度计

1. 仪器的构成

分光光度计一般由光源、单色器、比色池、检测器和指示器五部分组成。

（1）光源　紫外-可见分光光度计要求光源要有足够的发射强度及足够的稳定性。一般用钨灯、碘钨灯（卤钨灯）、溴钨灯、氢灯、氘灯、汞灯等，少数用氙灯。常用卤钨灯和氘灯。卤钨灯用于可见光区和近红外光区，它的波长范围约 320nm～3.5μm。氘灯用于紫外光区，可使用波长范围在 160～380nm 左右

（2）单色器　单色器就是一种能将连续光谱分解，并能从中分出一种所需要波长的单色光所用装置。紫外-可见分光光度计要求单色器透光率大、光损失小、获得单色光的强度要足够大，色散率好，获得单色光的单色性要纯，其他波长杂散少等。

现代高级的分光光度计往往采用双色散元件组成单色器，即包含两个光栅或两个棱镜；或一个棱镜与一个光栅。这样可以明显地减少杂散光，并进一步提高仪器的分辨能力。

（3）吸收池　吸收池又称为比色皿（杯），是用于盛装试液和决定透光层厚度的容器。吸收池按材料可分为两类，即石英吸收池和玻璃吸收池。石英吸收池适用于紫外及可见光区，对近红外区（波长<3μm）也是透明的。玻璃池只能用于可见光区。

（4）检测器　检测器的功能是检测光信号，并转变成电信号。其要求检测器灵敏度要高；响应时间短，响应的线性关系良好，并对不同波长的光具有相同的响应可靠性，以及噪声水平低，有良好的稳定性等。光电倍增管是最常用的检测器，其在 180～700nm 范围内均有良好的响应。在使用时，应注意光电倍增管同样也有疲劳效应，其会降低检测灵敏度。

（5）读数指示器　指示器的作用是把光电流或放大的信号以适当方式显示或记录下来。新型的分光光度计采用数字显示器或连接计算机直接读出吸光度 A 或百分透光度 T％或浓度 C，也可以连接打印机记录结果。

2. 常见分光光度计

（1）722 型分光光度计　它是可见光分光光度计。采用卤钨灯作光源，真空光电管作为光电转换器，并采用微电流放大器和数字显示器，可使用波长范围扩展到 330～800nm。

(2) TU-1900型紫外-可见分光光度计　它是当前较先进的仪器。具有优良的光学系统，先进的电子系统，保证了0.015%T的低杂散光。有丰富度的定量分析软件和光谱扫描及处理软件，并有蠕动进样器、超微量池架、恒温池架、光学积分球、镜面反射等可选择的附件。

3. 应用分光光度法应注意的问题

(1) 比耳定律是一个只适用于稀溶液的定律，当浓度大到一定程度时，溶液中溶质的电离或聚合会发生一定程度的变化，从而导致对比耳定律的偏离。应尽可能在吸光度0.1~1.0范围内测定，以减小光度误差。

(2) 溶液的pH　pH对显色剂的平衡浓度、被测组分的存在形态以及配合物的形成起了重要作用。适当调节pH或使用缓冲溶液还可以消除某些干扰反应，通常通过实验来确定溶液的适宜pH值。在被测组分浓度和显色剂浓度一定的条件下，测定不同pH试液的吸光度。当吸光度值基本不变的某pH范围即为适宜的pH范围。

(3) 显色剂量　所需显色剂的量决定于形成有色化合物的组成，显色剂太多或太少都会引起偏离比尔定律，最佳显色剂浓度及量由实验确定。

(4) 时间　由于各显色反应的速率以及形成有色化合物的稳定性不同，因此必须控制显色反应的时间。

(5) 温度　通常显色反应在室温下进行，但有的反应需要升温或降温。

(6) 加试剂的次序　以一定的次序加入试剂很重要，否则显色反应不完全或不可能发生，而发生了干扰反应。

(7) 稳定性　若形成的有色化合物不很稳定，测量应尽快进行，有色化合物对光敏感，则应避光。

(8) 掩蔽　由于特效显色反应很少，可以通过掩蔽干扰离子来达到高选择性，可使用一些掩蔽剂达到此作用。

(四) 定性与定量

1. 定性方法

利用紫外及可见分光光度法对化合物进行定性分析时，需将待测试样和标准品用相同的溶剂配成浓度相近的溶液，将一系列不同波长的单色光，照射到含待测组分的溶液，可测得相应的一系列吸光度。如果以吸光度为纵坐标，以波长为横坐标作图，便可得到该待测物质的吸收曲线。然后比较两吸收光谱的特征，如：吸收峰数目、最大吸收波长、吸收峰的形状、摩尔吸光系数等，若两者非常一致，可以认为它们基本上是同一种物质。如果得不到标准品。也可以与文献上的标准图谱进行对照、比较，但要注意其测定条件必须一致。

2. 定量方法

(1) 标准曲线法　配制一系列不同浓度的标准溶液（一般应作五个点，最低点与最高点的浓度约差一个数量级），在待测物质的λmax处，依次测定它们的吸光度，然后以溶液浓度为横坐标，以吸光度为纵坐标作图，若待测物质对光的吸收符合比尔定律，使得到一条直线，称为标准曲线。在相同条件下测定未知液的吸光度，便可从标准曲线上找出与此吸光度相对应的浓度。

(2) 直接比较法　当标准曲线为过原点的直线时，可用直接比较法定量。操作步骤为配制与待测试样溶液浓度 C_x 相近的标准溶液 C_s，在相同条件下分别测定它们的吸光度 A_s 和 A_x。根据吸收定律，样品溶液和标准溶液的 K、b 相同，可得：

$$C_x = \frac{A_x}{A_s} \cdot C_s$$

根据公式计算出样品溶液的浓度。

二、原子吸收分光光度法

原子吸收光谱法（atomic absorption spectrometry，AAS）又称为原子吸收分光光度法。它是基于物质所产生的原子蒸气对特定谱线（通常是待测元素的特征谱线）的吸收作用来进行定量分析的一种方法。原子吸收光谱法由于它独有的优点，该法已成为原子光谱研究和物质成分分析的重要而有权威的常规方法之一，它的特点是：

1. 选择性强　在原子吸收光谱分析中，每种元素都有几乎不可能与其他元素相混淆的特征吸收光谱，因此对大多数试样可不经分离而直接进行多种元素的测定；

2. 灵敏度高　火焰原子吸收分析法对多数元素可测到 $10^{-8} \sim 10^{-10}$ g/ml，非火焰（石墨炉）原子吸收分析法可测到 10^{-13} g/ml。

3. 准确度高，操作简便　一般测定低含量的试样时，火焰法的相对标准误差约为 1～2%；石墨炉法的相对标准误差约为 15%。

4. 精密度高，分析速度快　如果将处理试样的时间除外，火焰原子吸收分析法测定时间为数十秒，石墨炉法测定时间为数分钟；

5. 应用范围广　此法可用来测定 70 多种元素，从常量到痕量组分均可进行。因此在生物学、医学、环境保护、地质、冶金、农业等各领域中得到极其广泛的应用。它已成为普及程度最高的仪器分析方法之一。

（一）原子吸收分光光度法的基本原理

1. 理论基础

当原子受外界能量激发，其最外层电子可能跃迁到不同能级，因此可能有不同的激发态。电子从基态跃迁到能量最低的激发态（第一激发态）时，要吸收一定波长的光，它再跃迁回基态时，则发射出同样波长的光、对应的谱线为共振发射线，简称共振线。电子从基态跃迁到第一激发态所产生的吸收谱线称为共振吸收线，也称共振线。由于每种原子的结构和外层电子排布不同，对不同元素的原子只能激发到它特定的激发态，所以每种原子所能吸收的光量子的能量不同，即被吸收的光的波长不同。例如，波长为 213.9nm 的光量子能被基态锌原子吸收。而且，每种元素需要特定能量的光量子来激发它的基态原子。例如，波长为 422.7nm 的光量子能激发基态的钙原子。所以，每种元素气相状态原子的吸收光谱具有一系列特定波长的吸收谱线。在原子吸收分光光度法中，就是利用基态原子对从光源辐射出的待测原子的特征共振线的吸收程度来进行分析的。

从光源辐射出的光强为 I_0 的特征谱线，通过厚度为 L 的原子蒸气时，部分被吸收后，其透过光强为 I 而它们的关系符合朗伯-比尔定律，即

$$I = I_0 e^{-k_0 L}$$

式中，K_0 为原子蒸气对频率为 v 的光的吸光系数。

应用于原子吸收分光光度测定中的实用基本关系式可简单地表达为：

$$A=K'C$$

式中，A 为吸光度；C 为待测元素的浓度；K' 为与实验条件有关的常数。此式表明，在确定的实验条件下，吸光度与待测元素浓度成线性关系。

2. 原子化过程

（1）火焰原子化的基本过程　样品原子化过程示意图见图 4-2

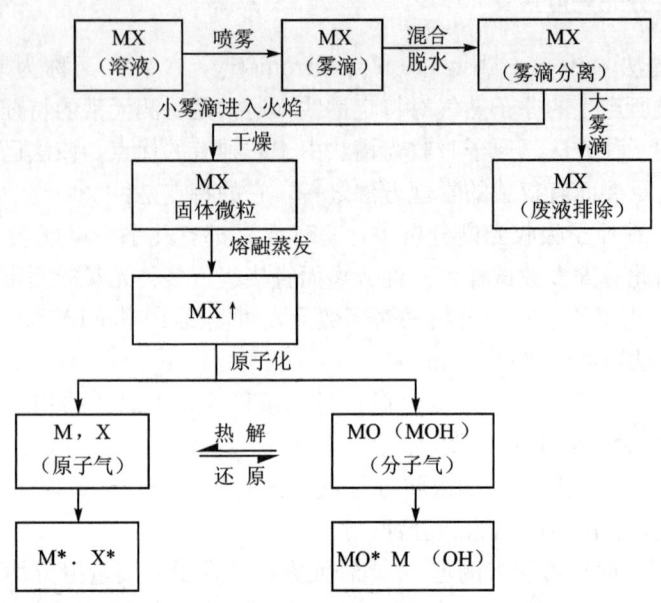

图 4-2　火焰原子化过程示意图

（2）无火焰原子化的机理　不同于火焰原子化，石墨炉高温原子化采用直接进样和程序升温方式，样品需经过干燥→灰化→原子化 3 个阶段。在石墨炉中随着待测元素的原子化，基态原子的密度不断增大，同时又由于对流，扩散作用和发生再化合或凝聚而减少。搞清原子化的机理对于提高原子化效率和消除各种基体干扰都有重要意义。

①还原作用　石墨炉内具有较强的碳还原气氛，在灰化阶段内硝酸盐分解产生的氧化物或原来的氧化物被碳还原为自由原子。

②热解作用　通过炉子的高温使金属氧化物解离。不同盐类的解离方式不同。

（二）原子吸收分光光度计

原子吸收分光光度计由光源、原子化系统、单色器、检测器和读出装置等部分组成。

1. 光源

原子吸收分光光度计光源的作用是发射待测元素基态原子所吸收的特征共振线，为了实现峰值吸收测量，要求光源发射的谱线应足够窄，辐射强度应足够大，背景低，噪声小，稳定性好和使用寿命长。符合上述要求的光源有空心阴极灯、无极放电灯等。应用最广的是空心阴极灯。由待测元素或含待测元素的合金材料制成的空心圆筒形阴极和一个由钨、钛或其它材料制成的阴极，密封在带有光学窗口的硬质玻璃管内，管内充低压惰性气体氖或氩。在波长 370nm 以下的光学窗口用石英，波长在 370nm 以上的光学窗口用普通光学玻璃制成。当在阴阳电极间施加 300~500V 电压时，灯便开始辉光放电。电子从阴极高速飞向阳极过程中，与惰性气体原子发生碰撞使之电离。在电场作用下，带正电荷的离子高速撞击阴极内壁，使金属原子发生溅射。溅射出来的金属原子再与高速运动的电子、原子及离子等发生碰撞而被激发，返回基态时发射出待测元素的特征谱线-共振线。

2. 原子化器

原子化器（atomizer）的作用是将试样中的待测元素转变成能吸收辐射共振线的基态原子。待测元素由试样转入气相并解离为基态原子的过程，称为原子化过程。试样中待测元素的原子化过程，是利用原子化器提供的能量使试样干燥、蒸发和原子化。原子化器的性能直接影响测定的灵敏度和重现性，因此要求其原子化效率高、记忆效应小和噪声低。原子化可分为火焰原子化（flame atomization）和无焰原子化（flameless atomization）两大类。

（1）火焰原子化器　火焰原子化法是利用化学火焰固有的温度、气氛等特性，使待测元素原子化，该法所用的原子化装置为火焰原子化器。火焰原子化法的优点是操作简便、快速、稳定性好和精密度高，是目前应用较广的原子化法。缺点是原子化效率不高，灵敏度比无焰原子化法低，需试样量较多（不能少于0.5～1.0ml），原子化过程中常伴有化学反应，干扰待测元素的原子化。火焰原子化器一般由雾化器、雾化室和燃烧器组成，其结构如图4-3所示。① 雾化器：雾化器的作用是将试样溶液雾化；② 雾化室：雾化室又称混合室，它的作用是使细微的雾滴与燃气、助燃气充分混合均匀，以减少它们进入火焰时对火焰的扰动，并使大雾滴凝结为液珠，沿室壁流入泄漏管排出，不再进入燃烧器内而造成记忆效应；③ 燃烧器：燃烧器的作用是形成火焰，并使细微的待测试液雾滴与燃气和助燃气一起在火焰中燃烧、蒸发和原子化。表4-2列出几种常用火焰及其燃烧特性。

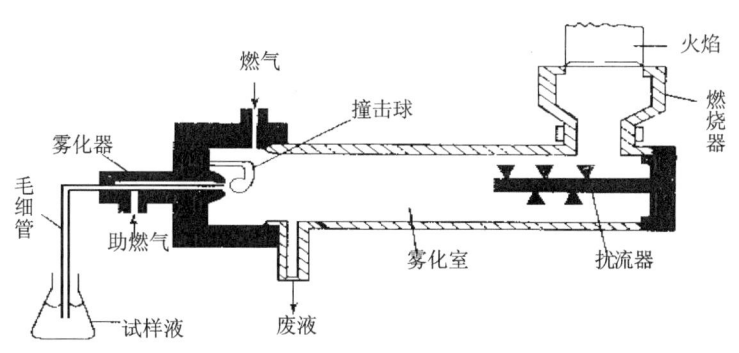

图4-3　火焰原子化器结构示意图

（2）石墨炉原子化器　无焰原子化法是利用电热、阴极溅射、等离子体、激光或冷原子发生器等方法使待测元素转变成基态原子。其中石墨炉原子化法是发展最快、使用最多的原子化技术。石墨炉原子化法亦称电热原子化法，其原子化装置称为石墨炉原子化器。原子化器上的石墨炉管是采用电热难溶材料（石墨）制作的，通电时石墨炉管产生的高温使样品熔融而产生待测元素的基态原子。它的特点是：①原子化效率高，与火焰原子化法相比，基态原子在石墨炉吸收区停留时间较长，约为前者的1000倍，原子化效率可达90％以上；②试样用量少，液体为几微升至几十微升，固体为几毫克；③可直接分析悬浊液、粘稠液体和一些固体试样;④灵敏度比火焰原子化法高 1~2 个数量级,绝对灵敏度可达 $10^{-10}\sim10^{-13}$ g/L。缺点是:基体效应大,重现性比火焰原子化法差。

表 4-2　几种常用火焰及其燃烧特性

火焰		气体流量(L/min)		火焰温度(K)
类型	状态	燃气	助燃气	
空气-乙炔	贫燃气	<1.2	8	
	化学计量性	1.2~1.5	8	2450
	富燃性	1.7~2.2	8	2300
氧化亚氮-乙炔	贫燃气	3.5	10	
	化学计量性	3.5~4.5	10	3200
	富燃性	4.5	10	2955
空气-丙烷	化学计量性	0.3~0.45	8	2200
空气-氢	化学计量性	6	8	2300

石墨炉原子化器结构简单,性能良好,使用方便,其装置见图 4-4。石墨炉管长约 30~50mm,内径 5~6mm,外径 8~9mm,管上有直径约 1~2mm 的小孔,用以进样。石墨管内外都通入惰性气体,防止石墨管氧化。在石墨炉原子化器中还设有水冷却系统,使石墨管表面温度不超过 60℃,并能迅速降低炉温以便开始新的一次升温。

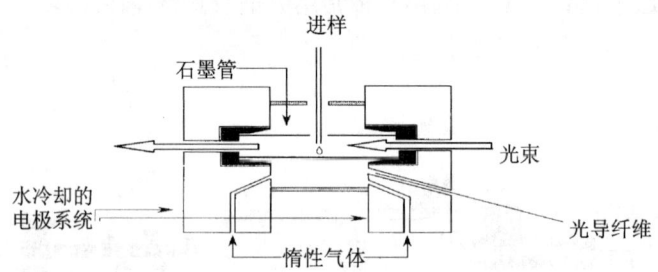

图 4-4　石黑炉子原子化器结构示意图

石墨炉原子化器工作过程分为干燥(drying)、灰化(ashing)、原子化(atomizing)和高温净化(cleaning at high temperature)四个阶段程序升温。干燥的目的是除去样品中的溶剂或水分,灰化的作用是除去基体和有机物。试样经干燥、灰化后,待测元素在原子化阶段转化为基态原子并对来自光源的共振线产生吸收,由检测系统测定吸光度值。高温净化是对石墨管空烧处理,以除去石墨管内的残留物,防止记忆效应。

采用石墨炉原子化的原子吸收分光光度计都配备自动高温控制装置,可以很方便地根据需要设置程序升温,控制各阶段的温度和时间,分析时能自动完成原子化器的高温程序变化过程。

在普通石墨管内放进一薄片石墨平台,称为 L'vov 平台。样品加在平台上,可以减少或消除石墨管内环境温度不均匀而产生的干扰,提高测定的精度。这种恒温平台石墨炉技术已逐渐推广应用,特别适用于易挥发性元素的测定。

(3) 氢化物发生原子化器　氢化物发生原子化法是另一种无焰原子化技术，在测定 As、Sb、Bi、Ge、Sn、Pb、Se、Te 等元素时，具有较高的灵敏度，可达 10^{-9} g 数量级。其原子化装置为氢化物发生原子化器，它是利用这些元素在盐酸溶液中能被强还原剂 $NaBH_4$（或 KBH_4）还原为极易挥发的氢化物，再将其导入石英吸收管中进行原子化。该法的优点是：基体干扰和化学干扰较小，因为氢化物发生过程是一个分离过程，操作简便、快速。缺点是精密度比火焰法差。因 As、Sb、Bi、Se 等元素的氢化物的毒性较大，所以必须在良好的通风设备下操作。

3. 光学系统

原子吸收分光光度计中的光学系统的组成（主要由色散元件、凹面镜和狭缝组成，该系统称为单色器）和作用与紫外-可见吸光光度法中的分光系统基本相同。其区别的在于该法的分光系统置于原子化系统之后。单色器的作用是将待测元素的共振线与邻近的谱线分开。它所选用的色散元件为棱镜或衍射光栅。单色器的性能由色散率和分辨率决定。色散率指在光谱仪焦面上两条谱线间的距由 δx 与其波长差 $\delta \lambda$ 的比值，常用其倒数 $\delta \lambda / \delta x$ 表示；分辨率指分开邻近的两条谱线的能力和集光本领。色散率越大，分辨率越高。一般衍射光栅的色散率高于棱镜的色散率，且不随波长的变化而变化。所以通常采用衍射光栅作为色散元件。

4. 检测系统

检测系统的作用是将来自分光系统的光信号转变为电信号，经放大后由读数装置显示读数或由记录仪记录。原子吸收分光光度计的检测系统由检测器、放大器和读数装置三部分组成。检测器用光电倍增管，它具有放大倍数高、信噪比大、线性关系好等特点。放大器用同步检波放大器，可在放大被测信号的同时除掉非被测信号（直流信号）。读数装置是由计算机程序控制，自动数据处理和打印系统。

5. 原子吸收分光光度计的类型

常用的原子吸收分光光度计有单道单光束型、单道双光束型以及可同时测定两种元素的双道双光束型。

(1) 单道单光束型　单道单光束型原子吸收分光光度计只有一个单色器和一个检测器，这是最早的一类原子吸收分光光度计，因结构比较简单，共振线在外光路损失少，灵敏度较高，价格比较低，至今仍广泛应用。但这种类型的仪器不能消除光源波动引起的基线漂移，使测定结果产生误差。

(2) 单道双光束型　单道双光束型原子吸收分光光度计也只有一个单色器和一个检测器，它利用切光器将来自光源的辐射分为两束，基本原理与单波长双光束紫外-可见分光光度计相同。光源的任何波动都可得到补偿，使仪器的输出信号稳定，信噪比较高。

除上述两种类型原子吸收分光光度计外，近年还发展了多道单光束和多道双光束原子吸收分光光度计，这类仪器具有多个单色器和多个检测器，可以同时测定多种元素，能获得更多的信息。

原子吸收分析仪器型号更新非常快，发展趋势是自动化程度更高、仪器性能更完善、软件内容更丰富，同时注重应用多道检测器，开发多元素的同时测量；与其它仪器连用以及计算机与化学计量学的应用，也促进了智能型原子吸收分光光度计的研制和开发。

(三) 定量分析

1. 条件的选择

(1) 分析线　为了能得到最高的灵敏度，通常选用共振线作分析线。而测定高含量元素时，为了避免试样浓度过度稀释所引起的误差，可选用灵敏度较低的非共振吸收线为分析线。

(2) 狭缝宽度　狭缝宽度影响光谱通带和检测器接受的能量。原子吸收分析中，由于使用了锐线光源，光谱重叠干扰的几率小，可以允许使用较宽的狭缝。这样可以增加光强，使用小的检测器增益以降低噪声。如果待测元素的分析线附近没有干扰谱线存在，且连续背景很小时，可使用较宽的狭缝。当分析线附近有干扰谱线，且火焰的背景发射很强时，就应使用较窄的狭缝。

(3) 空心阴极灯的工作电流　空心阴极灯一般需要预热 10~30 min 才能达到稳定输出。灯电流过小，放电不稳定。灯电流过大，发射谱线变宽，导致灵敏度下降，校正曲线变弯曲，灯寿命缩短。选用灯电流的一般原则是，在保证有足够强且稳定的光强输出条件下，尽量使用较低的工作电流。

2. 定量分析方法

常用的方法有标准曲线法、标准加入法和内标法。

(1) 标准曲线法　同分光光度法相似，在确定的工作条件下，配制相同基体的含有不同浓度待测元素的一系列标准溶液，分别测量其吸光度 A。将吸光度 A 对浓度 C 绘制标准曲线。然后在相同条件下测定样品溶液的吸光度，从工作曲线上找出对应的溶液浓度值。

(2) 标准加入法　又称增量法。当试样基体影响较大，又没有纯净的基体空白，或测定纯物质中较微量的元素时，往往采用标准加入法。待测溶液的浓度可用计算法和作图法求得。

计算法　在两个相同大小的量瓶中，分别注入等量的待测溶液，然后，在其中一个瓶中再加入一定量的标准溶液，将此两溶液都稀释到刻度处．摇匀后．测其各自的吸光度，得：

$$A_x = Kc_x$$
$$A_s = K(c_x + c_s)$$

将此两式相除得：

$$\frac{A_x}{A_s} = \frac{c_x}{c_x + c_s} \text{ 或 } c_x = \frac{A_x}{A_s - A_x} c_s$$

作图法　在若干个相同大小的量瓶中，加入等量的待测液，然后，瓶 1 中加水，其他瓶中依次加入不同含量标准溶液，全部稀释至刻度处，摇匀，测其各自的吸光度 A，以吸收度 A 对待测元素的标准量 c 作图，并使绘制的直线延长，而交于横标轴，此直线的延长线在横轴的交点到原点的距离就是原始试样溶液中待测元素的浓度。

(3) 内标法　内标法系在标准溶液和试样溶液中分别加入一定量的试样中不存在的内标元素，同时测定这两种溶液中待测元素和内标元素的吸光度，绘制 A/A_0-c 标准曲线。A 和 A_0 分别为标准溶液中待测元素和内标元素的吸光度，c 为标准溶液中待测元素的浓度。再根据试液中待测元素和内标元素吸光度比值，从标准曲线上求得试样中待测元素的浓度。

内标法在一定程度上可消除燃气及助燃气流量、进样量、火焰湿度、样品雾化率、溶液粘度、基体组成、表面张力、吸收速度等因素变动所造成的误差。

三、分子发光分析法（molecule emission spectrometry，MES）

当物质吸收了一定频率的辐射能之后，分子中的电子由原来的基态跃迁至激发态的不同振动能级，这一过程称为激发。大多数分子在室温下处于基态的最低振动能级。分子由基态激发到激发态，所需激发能可由光能、化学能或电能等供给。若分子吸收了光能而激发到高能态，在返回基态时，发射出与吸收光相等或不相等的辐射，这一现象我们称它为光致发光。最常见的两种光致发光现象是荧光（fluorescent）和磷光（phosphorescence）。这两种光致发光过程的机理不同，通常从现象上加以区分。荧光是在激发后马上发生，当激发光停止照射后，发光过程几乎立即停止（$10^{-9} \sim 10^{-6}$ s），而磷光则将持续一段时间（$10^{-1} \sim$ 100s）。荧光分析和磷光分析是基于这类光致发光现象而建立起来的分析方法。若在化学反应中，产物分子吸收了反应过程中释放的化学能而被激发。在返回基态时发出光辐射称为化学发光。根据化学发光强度的总量来确定物质含量的方法称为化学发光分析法。

（一）分子发光的原理

1. 分子的激发过程

分子具有一系列严格分立的能级，处于基态的分子吸收了特征频率的能量后，可以从低能级跃迁到较高能级。这个过程称为激发。分子的电子能级跃迁通常是由其基态最高占有轨道上一个电子跃迁到激发态的最低空轨道上。根据电子跃迁时吸收光子能量和电子自旋状态的不同，可产生各种电子激发态。

2. 受激分子的弛豫方式

受激分子可通过几种不同去活化的途径而回到基态。这种去活化过程称为弛豫。弛豫方式可分为无（非）辐射弛豫和光发射弛豫。

（1）无（非）辐射弛豫 无辐射弛豫包括振动弛豫、内转换和系统间交叉、外转换。

（2）光发射弛豫-荧光和磷光 处于电子激发态的分子（S_1^* 或 T_1^*）通过光发射回到电子基态，称光发射弛豫。从电子单重激发态（S_1^* 的最低振动能级）跃迁到电子基态的各振动能级（$S_1^* \to S_0$）时的发射光称为荧光。由电子三重激发态跃迁到其基态各振动能级（$T_1^* \to S_0$）时的发射光称为磷光。因为在发射荧光或磷光前有一部分能量已被消耗（振动弛豫），所以发射的荧光的特征波长比吸收的特征波长要来得长。由于 $T_1^* \to S_0$ 跃迁比 $S_1^* \to S_0$ 跃迁放出的能量更要小，磷光的波长要比荧光的波长稍为长些。荧光和磷光的区别，除产生机制不同外，荧光存在的平均寿命短，$10^{-6} \sim 10^{-9}$ 秒之间，磷光的寿命可为 10^{-4} 秒到数秒。所以除去激发光源后，荧光立即熄灭，但磷光还可能持续一段时间。

3. 激发光谱和荧光光谱（发射光谱）

任何能发出荧光的物质都具有两种特征光谱，即激发光谱和荧光光谱。

（1）激发光谱 用不同波长的单色光激发荧光物质使之发光，然后测定每一波长的激发光所产生的荧光强度，并以激发光波长 λ 为横坐标，荧光强度 I 为纵坐标作图，便可得到荧光物质的激发光谱（excitation spectrum）。实际上，激发光谱就是荧光物质的表观吸收光谱。激发光谱中最高峰的波长，能使荧光的物质发出最强的荧光。

（2）荧光光谱 固定激发光波长和强度，而让物质所发射的荧光通过单色器色散，以测定不同波长时荧光强度，以荧光或波长 λ 为横坐标，荧光或强度 I 为纵坐标作图，使得到荧光光谱，又称荧光发射光谱。荧光光谱的形状与激发光波长无关。荧光光谱的形状有线状和带状两种。一般地讲，气态、蒸气态的荧光物质的荧光表现为线状光谱；液态、固态的荧光物质表现为带状光谱。

荧光光谱和激发光谱呈现大致的镜像对称关系。这是因为激发光谱中的第一吸收带是物质分子由基态激发至第一激发态各振动能级所致，其形状决定于激发态振动能级的分布情况；荧光光谱是受激分子从最低振动能级回至基态中各振动能级所致，其形状决定于基态的振动能级的分布情况。由于激发态与基态的振动能级分布类似，因此荧光光谱和激发光谱形状相似，呈镜像对称。

激发光谱和荧光光谱可用来鉴别荧光物质，另作为在进行荧光测定时选择激发波长和荧光测定波长的根据。

(二) 荧光分光光度计

1. 荧光分光光度计的组成

荧光分光光度计和紫外-可见分光光度计的构造基本上是相同的。仪器包括 4 个主要部件：激发光源、激发和发射单色器、样品池及检测器。

由激发光源发出的光，经第一单色器（激发单色器）色散后，得到所需要的激发光波长，照射到放有荧光物质的试样池上，产生荧光，让与光源方向垂直的荧光经第二种单色器（发射单色器）滤出激发光所发生反射光、溶剂的散射光和溶液中的杂质荧光。只让被测组分的一定波长的荧光通过。然后由检测器把荧光变成电信号，经放大后显示结果。

(1) 光源　常见的光源有氙灯和高压汞灯，常用的是氙灯。

(2) 单色器　荧光分光光度计装有两个光栅单色器，激发单色器和发射单色器。

(3) 样品池　荧光测量用的样品池通常用四面透光的方形石英池。

(4) 检测器　荧光的强度比较弱，因此要求检测器有较高的灵敏度。在荧光计中常用光电池或光电管；在荧光分光光度计中常用光电倍增管，其输出经放大后，连接到计算机中，由显示器进行输出并同时存储到计算机硬盘中。

2. 荧光分光光度计主要功能

当前荧光分光光度计一般由高能量光学系统和微机主控部件组成。荧光分光光度计的数据处理系统采用个人计算机管理。仪器的操作指令可以通过键盘命令控制，有很多操作可用鼠标控制器轻而易举地完成。新型的荧光分光光度计能测定荧光、磷光、化学发光和生物发光，适用于气体、液体、浑浊体和固体样品的测定。国外几家有代表性公司的荧光分光光度计（如日立、岛律、PE公司），仪器一般都具有如下几个功能：

(1) 测定功能　激发光谱、发射光谱、同步光谱、时间扫描、定量分析（强度测量）测定功能包括：重复测量；自动搜索最佳激发波长；最佳发射波长；单、双、叁波长测量等。

(2) 数据处理功能　数据处理功能包括：数学计算（＋、－、×、÷），平滑，标度扩展与缩小，峰检测和读出，速率计算，数据读出，数据打印输出，工作曲线制备，1、2 和 3 次方程拟合以及折线工作曲线，工作曲线校正，平均计算，面积积分，时间积分等。

(3) 文件功能　文件功能包括：数据的存贮、调用、删除，本机文件格式转换为 ASCⅡ格式等。

(4) 显示和记录功能　显示和记录功能包括：标度自动调节，数据读出，数据打印输出，现行工作曲线颜色，线形的改变等。

(三) 定性与定量

1. 定性方法

荧光物质特征的光谱包括激发光谱和荧光光谱两种。在分光光度法中,待测物质只有一种特征的吸收光谱,而荧光分析法能测出两种特征光谱,因此,它对鉴定物质的可靠性较强。当然,必须在标准品对照下进行定性。配制与待测试样浓度相近的标准溶液,应配制3管不同浓度标准溶液。首先,固定荧光波长,逐个扫描标准溶液荧光强度对激发光波长的关系曲线谱图,在谱图上确定与标准浓度变化相关的荧光峰值所对应的最大激发波长。然后固定适宜的激发波长,逐个扫描标准溶液荧光强度对发射波长的关系曲线谱图。在谱图上确定与标准浓度变化相关的荧光峰值所对应的最大发射波长。按照以上方法分别扫描待测溶液荧光强度对激发波长和发射波长的关系曲线。然后比较荧光光谱的特征,如:荧光峰数目、最大激发光波长和最大发射波长、荧光峰的形状等,若两者非常一致,可以认为它们基本上是同一种物质。此外还可以根据荧光效率、荧光寿命、荧光偏振等许多参数进行定性分析。

2. 定量方法

荧光法的定量方法与紫外可见吸收光谱法基本相同,也是采用标准曲线法和直接比较法。

(1) 标准曲线法　以已知量的标准物质按样品相同方法处理后,配成一系列不同浓度的标准溶液。常以其中浓度最大的一个溶液调节 F 值使其在仪器适宜的读数范围内。以此为标准,测定空白溶液与其它浓度标准溶液的荧光强度,以荧光强度对标准溶液的浓度绘制标准曲线。然后将处理后的样品溶液,在同一条件下测定其荧光强度。根据测得的样品荧光强度从标准曲线上即可求得其含量。

由于影响荧光分析灵敏度的因素较多,为了使一个实验在不同时间所测得的数据能够前后一致,每次测绘标准曲线时或者在每次测定样品前,应用一个稳定的荧光物质的标准溶液作为基准进行校正。例如:在测定维生素 B_2 时,采用硫酸奎宁作为基准。

(2) 直接比较法　如果荧光物质的标准曲线通过原点,就可以选择在其线性范围内,用直接比较法进行测定。取已知量的纯荧光物质,配成标准溶液,使其浓度在线性范围内,测定其荧光强度 F_s。然后在同样条件下测定样品溶液的荧光强度 F_x 和空白溶液的 F_0,并要求 C_x 尽量接近 C_s。由标准溶液的浓度和这两个溶液的荧光强度比,求得样品中荧光物质的含量。

四、气相色谱法

色谱法是一种分离分析方法,它是利用各物质在两相中具有不同的分配系数,当两相作相对运动时,这些物质在两相中进行多次反复的分配来达到分离的目的。这种技术已广泛应用于石油、化工、医药卫生等许多领域。在食品营养研究,毒物分析及环境监测等方面,是必不可少的工具。

(一) 色谱分析法的原理

1. 色谱法基本概念

俄国植物学家 M. Tswett 于 1906 年首先提出色谱法。Tswett 把植物绿叶的色素混合液加在一根装有干燥固体碳酸钙颗粒(称固定相)的玻璃长管(称为填充色谱柱)上端,然后让洗脱剂(亦称流动相)石油醚自上而下流过。在石油醚不断冲洗下,原来在柱子上端的色素混合液向下移动。由于色素中各组分性质的差异，与碳酸钙的作用力大小不同，作用力小的先流出，作用力大的后流出，最后分离成不同颜色的清晰色带，因此称这种方法为色谱法。然后将潮湿的碳酸钙挤出玻璃管，用刀将各色带切下，对其中的组分用合适的分析方法分别进行测定，这是经典色谱法。各色素的分离过程与其含量测定过程是离线的，即不能连续进行。现代色谱法的分离过程与其含量测定过程是在线的，即连续进行。当一个二组分（A 和 B）的混合样品在 t_1 时间从柱头加入，随着流动相不断加入，洗脱作用连续进行，直至 A 和 B 组分先后流出柱子而进入检测器，从而使各组分浓度转变成电信号后记录在记录纸上，或显示在荧光屏上，或由电脑贮存后打印出来。

2. 色谱法分类

色谱法种类很多，通常按以下几种方式分类：

（1）按两相状态分类 在 Tswett 的实验中，碳酸钙是固定不动的，称为固定相，石油醚是流动的，称为流动相。根据流动相状态，流动相是气体的，称为气相色谱法（gas chromatography，GC）；流动相是液体的，称为液相色谱法（liquid chromatography，LC）。若流动相为超临界流体，则称为超临界流体色谱法（supercrtical fluid chromatography，SFC）。

根据固定相状态，是活性固体（吸附剂）还是不挥发液体或在操作温度下呈液体（此液体称固定液，它预先固定在一种载体上），气相色谱法又可分为气—固色谱法（gas solid chromatography，GSC）和气—液色谱法（gas liquid chromatography，GLC）；同理，液相色谱谱法也可分为液—固色谱（liquid solid chromatography，LSC）和液—液色谱法（liquid liquid chromatography，LLC）。

（2）按分离原理分类 色谱法中，固定相的性质对分离起着决定性的作用。

根据不同组分在固定液中溶解度的大小而分离的称为分配色谱。气相色谱法中的气—液色谱和液相色谱法中的液—液色谱均属于分配色谱。

根据不同组分在吸附剂上的吸附和解吸能力的大小而分离的称为吸附色谱。气相色谱法中的气—固色谱和液相色谱法中的液—固色谱均属于吸附色谱。

根据固定相材料的不同进行分类。以离子交换剂为固定相的称为离子交换色谱。以孔径有一定范围的多孔玻璃或多孔高聚物为固定相的称为尺寸排阻色谱。采用化学键合相（即通过化学反应将固定液分子键合于多孔载体，如硅胶上）的称为键合相色谱。

（3）按固定相的形式分类 将固定相装于柱管中组成的称为柱色谱。固定相填充满玻璃或金属管中的称为填充柱色谱；固定相固定在细管内壁的称为毛细管柱色谱。

固定相呈平面状的称为平板色谱。平板色谱有纸（paper）色谱和薄层（thin layer）色谱。前者以吸附水分的滤纸作固定相，后者以涂敷在玻璃板上的吸附剂作固定相。

3. 色谱参数

（1）基本术语

① 色谱流出曲线 在色谱法中，当样品加入后，样品中各组分随着流动相的不断向前移动而在两相间反复进行溶解、挥发，或吸附、解吸的过程。如果各组分在固定相中的分配系数不同，它们就有可能达到分离，分配系数大的组分，滞留在固定相中的时间长，在柱内移动的速度慢，后流出柱子，分配系数小的组分则相反。分离后的各组分的浓度经检测器转换成电信号而记录下来，得到一条信号随时间变化的曲线，称为色谱流出曲线，也称为色谱

峰。

② 基线（base line） 操作条件稳定后，无样品通过时检测器所反映的信号-时间曲线。稳定的基线是一条水平直线。

③ 色谱峰（peak） 色谱流出曲线上的凸起部分。

(2) 定性参数

① 死时间（dead time，t_0） 不被固定相吸附或溶解的组分，即非滞留组分（如空气，适用于热导检测器；甲烷，适用于火焰离子化检测器）从进样开始到色谱峰顶（即浓度极大）所对应的时间。

② 保留时间（retention time，t_R） 组分从进样开始到色谱峰顶所对应的时间。

③ 调整保留时间（adjusted retention time，t'_R） 扣除死时间后的组分保留时间。它表示该组分因吸附或溶解于固定相后，比非滞留组分在柱内多滞留的时间（$t'_R = t_R - t_0$）。

(3) 柱效参数

① 半峰宽（peak width at half-height，$W_{1/2}$） 色谱峰高一半处的宽度，又称半宽度。

② 峰宽（peak width，W_b） 从色谱流出曲线两侧拐点所作的切线与基线交点之间的距离，也称基线宽度。

③ 标准偏差（standard deviation，σ） 正态分布曲线两侧拐点之间距离的一半，即 0.607 倍峰高处的色谱峰宽度的一半。σ 与半峰宽的关系为

$$W_{1/2} = 2.355\sigma$$

与峰底宽的关系为

$$W_b = 4\sigma$$

标准偏差的大小，说明组分在流出色谱柱过程物质的分散程度。σ 小，分散程度小、极点浓度大、峰形窄、柱效高。反之，σ 大，峰形宽、柱效低。

(4) 平衡参数 色谱分离是一个非常复杂的过程，它是色谱体系热力学过程和动力学过程的综合表现。热力学过程是指与组分在体系中分配系数相关的过程。动力学过程是指组分在该体系两相间扩散和传质的过程。组分、流动相和固定相三者的热力学性质使不同组分在流动相和固定相中具有不同的分配系数，分配系数的大小反映了组分在固定相上的溶解-挥发或吸附-解吸的能力。分配系数大的组分在固定相上的溶解或吸附能力强，因此在柱内的移动速度慢。反之，分配系数小的组分在固定相上的溶解或吸附能力弱，在柱内的移动速度快。经过一定时间后，由于分配系数的差别，使各组分在柱内形成差速移行，达到分离的目的。

① 分配系数（partition coefficient） 在色谱分配过程中，假设考虑柱内极小一段的情况，在一定的温度、压力条件下，组分在该一小段柱内发生的溶解-挥发或吸附-解吸的过程称为分配过程。当分配达平衡时，组分在两相间的浓度之比为一常数，该常数称为分配系数（或称分布系数）K。

$$K = \frac{\text{组分在固定相中的浓度}}{\text{组分在流动相中的浓度}} = \frac{C_s}{C_m}$$

② 分配比（partition ratio） 一定的温度、压力条件下，分配达平衡时，组分在两相中的总量之比称分配比 k'，又称容量因子。

$$k' = \frac{\text{组分在固定相中的浓度}}{\text{组分在流动相中的浓度}} = \frac{W_S}{W_m}$$

分配比与分配系数的不同在于分配比不仅与组分和两相性质有关,而且还与两相体积有关。

③ 保留值(retention value) 试样中各组分在色谱柱中滞留时间的数值称为保留值,被分离组分在色谱两相中的滞留时间主要取决于它在两相中的分配过程,保留值与分配过程有关,受热力学和动力学因素的控制。在一定的实验条件下,任何组分都有恒定的保留值,因此保留值是色谱基本的定性参数。通常可用时间或流动相的体积表示,分别称为保留时间和保留体积。

(5) 分离参数

① 分离度(resolution,R) 相邻两峰分开的距离是平均峰宽 [$(W_1+W_2)/2$] 的几倍,称为分离度。

② 有效峰数(effective peak,EPN) 在含有 Z 与 $Z+1$ 个碳的正构同系物的色谱峰间能容纳的色谱峰数,在一定条件下,EPN 越大,色谱柱的分离性能越好。

③ 分离值(separation value,SV) 两个相邻峰的分离度为 R^* 时,在含 Z 与 $Z+1$ 个碳的同系物色谱峰间能容纳的峰数。

(二) 色谱法的基本步骤

色谱法一般都有四个基本操作步骤:

1. 准备色谱柱:根据式样分析目的选择好固定相,按操作形式的要求将固定相制备成色谱床(填装成色谱柱);

2. 进样:将处理好的样品以一定的方式加到固定相的一端;

3. 洗脱:将流动相以一定的速度,运载着加在固定相上的样品,连续地通过固定相。在两相的相对运动中使样品的各组分彼此分离。

4. 分析:收集从色谱床上分离的各组分,进行分析测定(定性、定量)。

(三) 气相色谱仪

气相色谱法是色谱法的一个分支。在气相色谱中流动相是气体,固定相是固体吸附剂(气-固色谱法)或涂在惰性固体表面上的液膜(气-液色谱法)。其中,气-液色谱法应用最为广泛。

气相色谱仪所采用的基本设备可分为五个部分,包括气路系统、进样系统、分离系统、检测系统和放大记录系统。

样品由色谱柱入口处的进样器导入,被气体流动相("载气")携入色谱柱,样品中的各组分在气、液两相中进行反复分配,最后由于其分配系数的不同而达到分离,先后由色谱柱出口进入检测器,产生信号,由记录仪记录下来,以进行定性、定量分析。

1. 气路系统(载气)

气相色谱常用的载气为氮气、氢气和氦气等。载气的选择主要由检测器性质及分离要求所决定。载气在进入色谱仪前必须经过净化处理,如果载气中含有微量水会使聚酯类固定液解聚,载气中的氧在高温下易使某些极性固定液氧化。对电子捕获检测器,载气中水分含量更是严重影响仪器的稳定性和检测灵敏度。某些检测器除载气外还需要辅助气体,如火焰离子化和火焰光度检测器需用氢气和空气作燃气和助燃气。各气路都应有气体净化管,常用的气体净化剂为分子筛、硅胶、活性炭等。载气流量由稳压阀或稳流阀调节控制。

2. 进样系统

液体样品在进柱前必须在气化室内变成蒸气，气化室由绕有加热丝的金属块制成，温控范围在 50~500℃。对气化室要求热容量大，使样品能够瞬间气化，并要求死体积小，对易受金属表面影响而发生催化、分解或异构化现象的样品，可在气化室通道内置一玻璃插管，避免样品直接与金属接触。液体样品的进样通常采用微量注射器，气体样品的进样通常采用医用注射器或六通阀。

3. 分离系统

（1）色谱柱　色谱柱是气相色谱仪的心脏部分，可分为填充柱和毛细管柱等。填充柱是指将固定相填充在内径约 4mm 的柱管内而制成的色谱柱。填充的固定相种类很多，按操作条件下固定相的物理状态，可分为液体固定相和固体固定相两大类。液体固定相大多为高沸点的有机化合物，在操作条件下呈液态，称为固定液。固定液不能直接装在色谱柱内，而是将它涂渍在一种颗粒状的固体表面上，这种固体颗粒称为载体（或担体），也是固定相的重要组成部分。制备时可以根据固定液与载体的合适配比（通常为 5%~20%），称取一定量固定液，并溶解于合适的有机溶剂中，然后加入定量载体混合均匀，在红外灯下烘烤，让溶剂慢慢挥发殆尽。最后，将此已涂布有固定液的载体填充至色谱柱内。固体固定相包括固体吸附剂、多孔性聚合物及化学键合固定相等。填充固定相时要求均匀紧密，以保证良好的柱效。

毛细管柱具有柱效高和分析速度快的特点。这种柱的内径只有 0.2~0.5mm，固定液的厚度 0.3~1.5μm，而柱长达数米至数十米，理论塔片数可达 10^6，因而柱效极高，大大提高了气相色谱法对复杂物质的分离能力。

①担体　在填充柱中所用的担体，要求表面积大，颗粒均匀；表面呈化学惰性，不与被分离物质反应；热稳定性好，有一定的机械强度。担体可分为两大类：硅藻土型担体是由天然硅藻土经煅烧而成，因含少量氧化铁而呈粉红色，故称为红色担体；如果在煅烧前加少量碳酸钠作助熔剂，煅烧后使氧化铁生成了无色的铁硅酸钠，故称为白色担体，另一类为非硅藻土类担体。

②固定液　根据相对极性可分为四类，非极性固定液，如角鲨烷。用于分离非极性或弱极性的物质；弱极性固定液，如硅油类的 OV－1 等，用于分离非极性或弱极性的物质；中等极性固定液，例如磷酸三甲酚酯等，用于分离中等极性物质，也适合于各种物质一般分离；强极性固定液，例如 β、β′-氧二丙腈等，用于分离极性物质。

（2）温度控制系统　温度控制系统用于设置、控制和测量气化室、柱室和检测室等处的温度。气化室温度应使试样瞬间气化但又不分解，通常选在试样的沸点或稍高于沸点。对热不稳定性样品，可采用高灵敏度检测器，则大大减少进样量，使气化温度降低。

检测室温度的波动影响检测器（火焰离子化检测器除外）的灵敏度或稳定性，为保证柱后流出组分不至于冷凝在检测器上。检测室温度必须比柱温高数十度，检测室的温度控制精度要求在 ±0.1℃ 以内

柱室温度的变动会引起柱温的变化，从而影响柱的选择性和柱效，因此柱室的温度控制要求精确，温控方法根据需要可以恒温，也可以程序升温。

4. 检测系统（检测器）

（1）检测器类型　气相色谱检测器常用的是热导检测器、火焰离子化检测器、电子捕获检测器、火焰光度检测器等。这四种检测器都是微分型检测器，微分型检测器的特点是被测组分不在检测器中积累，色谱流出曲线呈正态分布，即呈峰形峰面积或峰高与组分的质量或浓度成比例。

气相色谱检测器可分为通用性检测器，如热导和火焰离子化检测器及选择性检测器，如电子捕获、火焰光度检测器。通用性指对绝大多数物质都有响应，选择性检测器只对某些物质有响应，对其他物质无响应或响应很小。

根据检测原理，又可将检测器分为浓度型和质量型。热导和电子捕获检测器属浓度型；火焰离子化及火焰光度检测器属质量型。浓度型检测器指其响应与进入检测器的浓度的变化成比例；质量型检测器指其响应与单位时间内进入检测器的物质量成比例。

（2）检测器的性能要求

① 灵敏度高　单位物质量通过检测器时产生的信号大小称为检测器对该物质的灵敏度 S。以组分的浓度（c）或质量（m）对响应信号（R）作图，得一条通过原点的直线，直线的斜率就是检测器的灵敏度。其斜率越大，灵敏度越高。

② 检测限低　检测限 D 又称检测度或敏感度，定义为当检测器产生的信号（峰高）恰是噪声的 2 倍时，单位时间或单位体积内进入检测器的最小物质量。检测限不仅决定于灵敏度，而且受制于噪声，所以它是衡量检测器性能好坏比较全面的指标。通常情况下，D 值越小的检测器，越有利于痕量分析。

③ 线性范围宽　检测器的线性范围是指检测器响应信号与被测组分质量或浓度呈线性关系的范围。通常以线性范围内最大进样量与最小进样量的比值，或以最大允许进样浓度与最小检测浓度的比值表示。比值越大，线性范围越宽，越有利于定量测定。线性范围宽的实际意义是，某一组分的进样量变化达 N 倍时，仍呈线性关系。

（3）火焰离子化检测器　火焰离子化检测器（flame ionization detector，FID）是一种高灵敏度通用性检测器，它几乎对所有的有机物都有响应，而对无机物、惰性气体或火焰中不解离的物质等无响应或响应很小。它的灵敏度比热导检测器高 $10^2 \sim 10^4$ 倍，检测限达 10^{-13} g/s，对温度不敏感，响应快，适合连接开管柱进行复杂样品的分离，线性范围为 10^7。

（4）热导检测器

热导检测器（thermal conductivity detector，TCD）是气相色谱常用的检测器。其结构简单，稳定性好，对有机物或无机物都有响应，适用范围广，但灵敏度较低，一般适宜作常量或 10^{-6} 数量级分析。热导检测器的线性范围约为 10^4。

（5）电子捕获检测器　电子捕获检测器（election capture detector，ECD）是一种放射性离子化检测器，只对电负性物质有响应，物质的电负性越强，检测灵敏度越高，其最小检测浓度可达 10^{-14} g/ml，线性范围为 10^3 左右。

（6）火焰光度检测器　火焰光度检测器（flame photometry detector；FPD）是一种对硫、磷化合物有高响应值的选择性检测器，又称"硫磷检测器"，它对硫、磷的响应比烃类高 1 万倍，适合于分析含硫、磷的有机化合物和气体硫化物，在大气污染和农药残留分析中应用很广，检测限可达 10^{-13} g/s（P）、10^{-11} g/s（S）。

(四) 定性与定量

1. 定性 ① 气相色谱法定性分析的依据是色谱数据的峰位置参数即保留时间（t_R），通过比较标准物（$t_{R(S)}$）与样品组分（$t_{R(x)}$）的一致性，确定色谱峰是何组分。或相对保留值（$r_{i,s}$），选择某种物质作参照物（S），分别计算标准物的相对保留值及样品组分相对保留值，并比较一致性，从而确定色谱峰是何组分；② 在样品中加纯品后看峰高的增加；③ 在没有标准纯物质时，可以使用文献报道的保留时间或相对保留时间。在完全相同的操作条件下，分析测定样品组分的保留时间或相对保留时间，与文献提供的分析组分保留值对比一致性，可以得到有一定参考价值的定性分析结果。

2. 定量 利用峰面积或峰高与组分含量成正比的关系，用外标法（标准曲线法）或内标法进行定量。内标法将内标物加入到试样中，一同进样分析。所以能有效扣除样品基体对待测物的影响。在不超出色谱柱负载时，定量分析结果与进样量无关。因此克服了外标法因进样量及操作条件不一致引起的误差。内标法的具体作法是：准确称取试样，加入一定纯物质作为内标物，然后进行 GC 分析，根据试样和内标物的重量及其相应的峰面积比求出某组分的含量。

五、高效液相色谱法

高效液相色谱法（high performance liquid chromatography，HPLC）是以液体为流动相，该法引入了气相色谱的理论与实验方法，流动相改为高压输送，采用高效固定相及在线检测等手段，发展而成的分离分析方法。该法具有分离效能高、分析速度快及检测灵敏度高等特点。根据这些特点，人们称该法为高速液相色谱法、高压液相色谱法、高分辨液相色谱法或高效液相色谱法等。这些名称是在发展过程中人们根据该法的某些特点而命名，目前采用高效液相色谱法的名称。

气相色谱法虽然也具有快速、分离效率高、用样量少等优点，仅它要求样品能够气化，从而常受到样品的挥发性限制。在约 300 万个有机化合物中，可以直接用气相色谱法分析的仅占 20%。对于挥发性差或热不稳定的化合物，虽然可以采取裂解、水解、硅烷化等方法预处理，但毕竟增加了操作上的麻烦，改变了原来样品的面目，而且不易复原。

高效液相色谱法只要求样品能制成溶液，而不需要气化，因此不受样品挥发性的约束。对于挥发性低、热稳定性差、分子量大的高分子化合物以及离子型化合物尤为有利。如氨基酸、蛋白质、生物碱、核酸、甾体、类脂、维生素及抗生素等。分子量较大、沸点较高的有机物以及无机盐类，都可用高效液相色谱法进行分析。

（一）HPLC 具有的突出特点

1. 高压：由于 HPLC 是以液体作为流动相，而液体比气体通过色谱柱时所受的阻力要大得多，所以必须施加高的压力，一般达 15~30MPa，最高可达 50MPa。这是 HPLC 与 GC 相比较的最显著的特点。

2. 高速：由于采用了高压泵输液，流动相液体的流速可控制在 1~10ml/min，比经典的液相色谱要快得多。

3. 高效：由于 HPLC 分离柱的采用直径 3~5μm 的高效填料，理论塔板数可达几万/m，甚至更高。

4. 高灵敏度：由于采用高灵敏的检测器和自动化装置，可检出 10^{-9}g 乃至 10^{-11}g 的物质；所需试样量很少，通常只需数微升至数十微升试样即可进行分析。

(二) HPLC 的分类　根据分离的机理，HPLC 可分为四种类型

1. 液固吸附色谱：以吸附剂作固定相，以不同极性的溶剂作流动相的载液，根据试样中各组分的吸附能力不同而进行分离的方法，称为液固吸附色谱。

2. 液液分配色谱：常用反相色谱，以弱极性的固定液涂于担体上作为固定相，以强极性的溶剂（如水加甲醇）作流动相的载液，根据试样中各组分在载液和固定液之间的分配系数不同而达到分离。

3. 离子交换色谱：以离子交换树脂为固定相，根据树脂上可电离的离子与流动相中各种具有相同电荷的离子进行可逆交换的亲和力不同而进行分离。

4. 尺寸排阻色谱（又称凝胶过滤法）：是以凝胶为固定相，这是一种经过交联而具有立体网状结构的多聚体，在凝胶内部有一定大小的空穴，当待分离组分随流动相通过填充有凝胶的色谱柱时，体积大的分子不能渗透到孔穴内部而被排阻，因而较早地被洗脱下来，小分子或离子由于可以渗透到凝胶孔穴内而较晚流出，从而使相对分子质量不等的物质被依次收集，并分别测定。

(三) 固定相和流动相

1. 固定相

高效液相色谱固定相按承受的高压能力可分为刚性固体和硬胶两大类。刚性固体以二氧化硅为基质，它可以承受较高的压力，若在它的表面键合各种功能团，其应用范围更广泛。

固定相按孔隙深度可分为表面多孔型和全多孔微粒型两大类，表面多孔型是在实心玻璃外面覆盖一层多孔活性物质，如硅胶、氧化铝、离子交换剂和聚酰胺等，其厚度为 $1\sim 2\mu m$，以形成无数向外开放的浅孔。全多孔微粒型由直径为 $10^{-3}\mu m$ 数量级的硅胶微粒凝聚而成。

2. 流动相

高效液相色谱中，流动相对分离起着极其重要的作用，在固定相选定之后，流动相的选择是最关键的。根据相似者相溶原理选择适宜的溶剂作为流动相。常用溶剂的极性顺序排列如下：

水（极性最大）、甲酰胺、乙腈、甲醇、乙醇、丙醇、丙酮、二氧六环、四氢呋喃、甲乙酮、正丁醇、醋酸乙酯、乙醚、异丙醚、二氯甲烷、氯仿、溴乙烷、苯、氯丙烷、甲苯、四氯化碳、二硫化碳、环己烷、己烷、庚烷、煤油（极性最小）。

溶剂极性的选择：在正相分配层析中，先选中等极性的溶剂为流动相，若组分的保留时间太短（出柱快、洗脱的快），则表示溶剂的极性太大（溶剂强度大，对样品溶解度太大），则改用极性较弱的溶剂，其组分保留时间太长，则再选极性在上述两溶剂之间的溶剂，如此多次实验，选出最适宜的溶剂。

(四) 高效液相色谱仪

高效液相色谱仪的基本设备可分为五个部分，包括输液系统、进样系统、分离系统、检测系统与记录和控制系统。

1. 高压泵

高压泵的作用是提供动力，以便在高压下连续不断地输送流动相，保证流动相能正常工作。高压泵按其输出液体的情况分为恒流泵和恒压泵两类。恒流泵又称机械泵，输出流量稳

定，与色谱柱引起的阻力变化无关，但压力则随外界阻力变化，常用的有机械注射泵和机械往复泵两种。应用最多的是机械往复泵，它具有较多优点，如流量不受流动相粘度和柱渗透性等因素影响，易于调节控制，死体积小，便于清洗和更换流动相等。它的缺点是输液有脉动。恒压泵以高压气瓶为动力源，输出压力恒定，而流量则随色谱系统阻力的变化而变化，有直接气压和气动放大泵等。恒压泵的优点是压力稳定、无脉动、结构简单、易于清洗和更换溶剂较方便。特别适合于梯度洗脱操作。缺点是输出液流有脉动，需要外加脉动阻尼器，一般仪器配备的高压泵均为柱塞往复式恒流泵。

2. 梯度洗脱装置

梯度洗脱装置的功能与气相色谱中的程序升温装置相似。所谓梯度洗脱，就是在分离复杂混合物时，按照一定的程序连续改变流动相的组成，通过流动相极性的变化来提高分析速度。梯度洗脱装置有两类：一类是低压梯度，又称外梯度，即在常压下预先按一定的程序将溶剂混合后，再用泵输入色谱柱；另一类是高压梯度，又称内梯度，即用两台或两台以上泵将不同溶剂加压后按程序规定的流量比例输入梯度混合室混合，再使之进入色谱柱。其优点是方便，能得到任意类型的梯度曲线，易于自动化，但至少需两台高压泵，价格较高。

3. 进样装置

(1) 隔膜注射进样器　它是在色谱柱顶端装一耐压弹性隔膜，进样时用微量注射器刺穿隔膜将试样注入色谱柱。其优点是装置简单、价廉、方便、进样体积易改变，同时谱带扩展小；缺点是允许进样量小，通常为 $1\sim10\mu l$，重复性差，不能耐受高压，压力高于10MPa时必须停流进样，但无法取得准确的保留时间，峰形重现性亦较差。

(2) 高压进样阀　通过进样阀（常用六通阀、双路进样阀等）直接向压力系统内进样而不必停止流动相流动的一种进样装置。优点是能在高压下进样，适应大体积进样，定量精度高，重复性好，易于自动化；缺点是有一定死体积，容易造成谱峰柱前扩宽。

(3) 自动进样器　在程序控制器或微机控制下，可自动进行取样、进样、清洗等一系列操作。操作者只须将样品按顺序装入贮样装置。

4. 色谱柱

色谱柱是HPLC最重要的部件，由柱管和固定相构成。色谱柱常用内壁抛光过的优质不锈钢制成，形状几乎全为直形，柱长10~50cm，一般分析柱内径2~5mm。

一般情况购买的商品色谱柱，初次使用的柱应先用厂家规定的溶剂冲洗一定时间，然后再改用分析用的流动相，至基线平稳方可进样，每次用毕需将色谱柱用适当溶剂仔细冲洗一定时间。取下将两端紧紧密封，使之在不干燥的条件下保存。

5. 恒温器

近年来生产的仪器一般配备恒温器。有恒温水浴夹套和电热恒温装置两种类型，用于控制色谱柱温度。前者只适用于70℃以下恒温操作，后者可控制温度范围为室温到150℃。高效液相色谱仪若未配备恒温器，仪器室内应安装空调，以保证分析时温度恒定。因为柱温对组分保留值的改变影响较大，而且温度高流动相易产生气泡，直接影响定性定量结果。

6. 检测器

检测器是高效液相色谱仪的三大关键部件之一。它的作用是将从色谱柱流出的组分转化为可供检测的电信号，常用的检测器有：

(1) 紫外吸收检测器　紫外吸收检测器是HPLC中用得最早而又最广的检测器之一。

直到现在,几乎所有色谱仪都配有这种检测器。它不仅有高的选择性和灵敏度,而且对环境温度、流速波动、冲洗剂组成的变化不甚敏感,因此无论等度或梯度冲洗,都可使用。对强吸收物质的检测下限可达 1ng。这种检测器是通过测定物质在流动池中吸收紫外光的大小来确定其含量的,对于单色光,物质在流动池中的吸收服从比尔定律。

(2) **示差折光检测器** 示差折光检测器也称光折射检测器,是一种通用型检测器。基于连续测定色谱柱流出物光折射率的变化而用于测定样品浓度。溶有样品的流动相和流动相本身之间光折射率之差即表示样品在流动相中的浓度。原则上凡是与流动相光折射指数有差别的样品都可用它来测定,其检测限可达 $10^{-6} \sim 10^{-7}$ g/ml。

(3) **荧光检测器** 荧光检测器是最灵敏的高效液相色谱检测器。它属于选择性浓度型检测器,光源发出的光束通过透镜和激发滤光片,分离出特定波长的紫外光,此波长称为激发波长,再经聚焦透镜聚集于吸收池上,此时荧光组分被紫外光激发,产生荧光在与光源垂直的方向上经聚焦透镜将荧光聚焦,再通过发射滤光片,分离出发射波长,并投射到光电倍增管上,荧光强度与组分浓度成比例。

荧光检测器的灵敏度比紫外吸收检测器约高两个数量级,因此特别适合于痕量分析。非荧光物质可通过与荧光试剂反应变成荧光物质后检测,扩大了该检测器的应用范围。

(4) **电化学检测器** 电导检导器、库仑检测器、伏安检测器及安培检测器一般说都可用作高效液相色谱的检测器,但安培检测器最常用。

安培检测器由一恒电位仪和一个薄层反应池构成。常用高效液相色谱检测器的性能比较见表 4-3。

表 4-3 高效液相色谱四种检测器的主要性能

性 能	紫 外	示差折光	荧 光	电化学
类别	选择性	通用性	选择性	通用性
线性范围	2.4×10^4	10^4	10^3	10^4
最小检测量(ng)	$0.1 \sim 1$	$10^2 \sim 10^3$	$10^{-1} \sim 10^{-2}$	$0.01 \sim 1$
梯度洗脱	能	不能	能	不能
对流速的敏感性	不敏感	不敏感	不敏感	敏感
对温度的敏感性	低	敏感	低	敏感

(五) 定性与定量

高效液相色谱法主要用于复杂成分混合物的分离、定性与定量。由于 HPLC 分析样品的范围不受沸点、热稳定性、相对分子质量大小及有机物与无机物的限制,一般说来只要能制成溶液就可分析,因此 HPLC 的分析范围远较 GC 广泛。

HPLC 的定性定量方法与 GC 有很多相似之处。液相色谱法的定量方法常用外标法及内标法等进行定量分析。

六、电化学分析法

电化学分析(electroanalytical methods)是仪器分析的重要组成部分。是最早应用的仪器分析法,始于 19 世纪初,至今已有近 200 年的历史。电化学分析与溶液的电化学性质有关。溶液的电化学性质是指构成的电池的电学性质(如电极电位、电流、电量和电导等)和化学性质（溶液的化学组成、浓度等）。电化学分析就是利用这些性质，通过传感器-电极将被测物质的浓度转换成电学参数而加以测量的方法。

习惯上，电化学分析法按照测量电学参数的类型分类。以溶液电导作为被测量参数的方法，称为电导分析法（conductometry）；通过测量电池电动势或电极电位来确定被测物质浓度的方法，称为电位分析法（potentiometry）；通过测量电解过程中消耗的电量求出被测物质含量的方法，称为库仑分析法（coulometric analysis）；利用电解过程中所得的电流-电位（电压）曲线进行测定的方法，称为伏安法（voltammetry）。

电化学分析在20世纪中期获得了新的推动力，目前仍属快速发展的学科。今后还会出现许多新方法，尤其在本身自动化和与其他分析方法联用技术方面，将会得到更快地发展。电化学分析法具有设备简单、操作方便、方法多、应用范围广和便于推广等优点。其中许多方法便于自动化，可用于连续、自动及遥控测定。另外，电化学分析法也有比较好的灵敏度、准确度与重现性。许多电化学分析法，既可定性，又可定量；既可用于分析，又可用于分离；既能分析有机物，又能分析无机物，是仪器分析的一个重要组成部分，在生产、科研、医药卫生各个领域有着广泛的应用。

（一）电位分析法

1. 原理

（1）原电池　化学能与电能互相转变的装置称为电池，它是任何一类电化学分析法中必不可少的装置，每个电池由两支电极和适当的电解质溶液组成，一支电极与它所接触的电解质溶液组成一个半电池，两个半电池构成一个电池。著名的Daniell电池是一个典型的原电池，它由$Zn/ZnSO_4$电极和$Cu/CuSO_4$电极组成。两极用导线接通后，铜极发生还原反应，锌极发生氧化反应，整个电池中自发进行的反应为：

$$Zn + Cu^{2+} \rightarrow Zn^{2+} + Cu$$

电子由锌极流向铜极。则锌极为负极，铜极为正极。

为简化起见，化学电池常用符号来表示：①将负极（发生氧化反应的电极）写在左侧，正极（发生还原反应的电极）写在右侧；②用化学式表示电池中各物质的组成并注明其状态，气体要注明压力，溶液要给出浓度；③用单竖线"｜"表示能产生电位差的两相界面，双竖线"‖"代表盐桥。因此，Daniell电池可表示为

$$(-)\ Zn\ |\ ZnSO_4\ (C_1\ mol/L)\ \|\ CuSO_4\ (C_2\ mol/L)\ |\ Cu\ (+)$$

原电池将化学能转变为电能，在外电路接通的情况下，反应可以自发地进行并向外电路供给电能，锌片放入$ZnSO_4$溶液中，铜片放入$CuSO_4$溶液中。两电解质溶液之间用烧结玻璃或半渗透膜隔开。当两电极接通后，锌电极上发生氧化反应

$$Zn \rightleftharpoons Zn^{2+} + 2e$$

铜电极上发生还原反应

$$Cu^{2+} + 2e \rightleftharpoons Cu$$

电池的总反应为

$$Zn + Cu^{2+} \rightleftharpoons Zn^{2+} + Cu$$

Zn失去2个电子氧化成为Zn^{2+}而进入溶液，锌失去的电子留在锌电极上，通过外电路流到铜电极被溶液中Cu^{2+}接受，使Cu^{2+}还原为金属Cu而沉积在铜电极上。锌电极带负电，铜电极带正电，锌电极是原电池的负极，铜电极是正极。电流的方向与电子流动的方向相

反,电流从电势高的正极流向电势低的负极。电池的电动势用电位计测量。

(2) 能斯特(Nernst)方程　对任意一个给定电极,电极反应可写成:

$$Ox + ne \rightarrow Red$$

其电极电位值与组成电极的物质及其活度、温度等关系可用能斯特方程式表示:

$$\varphi = \varphi + \frac{RT}{nF} \ln \frac{a_{Ox}}{a_{Red}}$$

式中,a 为物质的活度,单位为 mol/L;R 为气体常数,其值为 8.314J/mol·K;T 为绝对温度(K),n 为半反应中电子转移数;F 为法拉第常数,数值为 96487C/mol。a_{Ox} 和 a_{Red} 分别为氧化态和还原态的活度。将各常数带入上式,自然对数换算为常数对数,在25℃时 Nernst 方程为

$$\varphi = \varphi^{\theta} + \frac{0.059}{n} \lg \frac{a_{Ox}}{a_{Red}}$$

由上式可见,测定电极电位就可测定离子的活度(或浓度),这就是直接电位法的依据。

2. 电极的分类

(1) 按反应机理分类

① 金属基电极　常用的金属基电极有以下3种类型:金属-金属离子电极,金属-金属难溶盐电极和惰性金属电极。

② 膜电极　以固体膜或液体膜为传感体,对某种离子具有选择性响应,用以指示溶液中某种离子浓度的电极统称为膜电极。膜电极是电位法中应用最多的一种指示电极,离子选择电极基本上都是膜电极。至今国内外制成的商品离子选择电极已达40种左右,可直接或间接测定几十种阴阳离子。

(2) 按电极功能分类

① 指示电极与工作电极　电化学中把测量过程中,电极电位随溶液中待测离子的活度(或浓度)的变化而变化,并能反映出待测离子活度(或浓度)的电极,称为指示电极,电位分析法中的玻璃电极和离子选择电极为常用的指示电极。如果测量过程中,有明显的净电流通过电极,主体溶液的浓度发生变化的电极,称为工作电极,如伏安分析法的滴汞电极和铂电极。

② 参比电极与辅助电极　在测量过程中,电极的电位不受溶液组成变化的影响,其电位值基本固定不变的电极,称为参比电极。电位分析法用指示电极和参比电极组成测量电池;在伏安分析法中,当通过的电流过大,参比电极无法承受时,用另一支电极与工作电极、参比电极组成三电极电池体系,由另一支电极与工作电极形成回路,传送电流,另一支电极称辅助电极,也称对电极,常用铂电极作辅助电极。

3. 直接电位法

电位法是通过测量电池电动势求得物质的含量,测量要求电池中一个电极的电极电位由待测离子的活度决定,称指示电极;另一个电极的电位准确已知并恒定,称参比电极。电动势的测量应采用"零电流"的方法,以保持测量在接近平衡状态下进行。

(1) 参比电极　参比电极是指在温度、压力一定的条件下,其电极电位已知,且不随待测溶液的组成改变而改变的电极。

参比电极要求装置简单,电极电位重现性好。在测量电动势时,即使有微量电流通过,

电极电位仍能保持恒定。

最好的参比电极为标准氢电极,它是参比电极的一级标准,但由于在制作和使用上均不方便,日常工作中很少应用。常用的参比电极有甘汞电极和银-氯化银电极。甘汞电极属二级标准电极。由汞、甘汞和氯化钾溶液组成。银-氯化银电极是银丝镀上一层氯化银,浸在不同浓度的氯化钾溶液中,即构成银-氯化银电极。

(2) 指示电极　电极电位与溶液中待测离子活度(或浓度)呈 Nernst 响应的电极称为指示电极。电位分析法用的指示电极主要有两种类型:金属基电极和薄膜电极。

① pH 玻璃电极

这是一类发现较早的离子选择电极,其中最先研制成功的是测定 H^+ 离子活度的 pH 玻璃电极。电极的传感膜是一种固溶体玻璃膜,故称为刚性基质电极。玻璃电极对阳离子的选择性响应,主要由玻璃膜的组成决定。改变玻璃的化学成分和组分的相对含量,可制成对不同一价阳离子有响应的离子选择电极。已制成的有 H^+、Li^+、Na^+、K^+、Rb^+、Cs^+、NH_4^+ 等电极。

② 复合 pH 玻璃电极

通常由两个同心玻璃套管构成。内管为玻璃电极,外管一般由 Ag-AgCl 电极浸入相应的电解质溶液(如 KCl)中作参比电极;下端为微孔隔离材料层,既防止电极内外溶液混合,也是测定时的离子迁移通道。使用复合 pH 电极省去了组装电极的步骤,有利于小体积溶液 pH 测定,发展很快。

4. 其他离子浓度的测定

电位法测定其他阴、阳离子的关键是为被测离子选择一支合适的指示电极。其中应用最多、最重要的指示电极是一类被称为离子选择电极的膜电极。

离子选择电极是一种对溶液中特定离子(阴、阳离子)有选择性响应能力的电极。其电极电位与响应离子活度(或浓度)满足 Nernst 关系式,它们与一般电极体系不同,离子选择电极电位不是来源于交换电子的电极反应,而是来源于响应离子在电极膜上的离子交换和扩散作用。前述测量溶液 pH 的玻璃电极就是一种对氢离子有选择性相应的离子选择电极。

5. 电位法的应用

(1) 溶液 pH 值的测量　直接电位法是测量溶液 pH 值的常用方法,采用玻璃膜电极和饱和甘汞电极与被测离子溶液组成"pH 测量电池"。pH 酸度计能将电池电动势直接转换成 pH 读数,pH 指示器上直接标示 pH 值。

pH 标准缓冲液是测定试液 pH 值的基准。所以 pH 标准缓冲液的配制及其 pH 值的确定非常重要。我国标准计量局颁发了六种 pH 标准缓冲液及其在 $0\sim95℃$ 的 pH_s 值,作为 pH 测定的统一标准。

(2) 仪器　在电位法中,测量电池电动势时只允许有微小的电流通过,否则会引起很大的误差。离子选择电极的内阻很高,测量仪器的输入阻抗至少应大于电极内阻 1000 倍以上,才能使测量误差小到可以忽略的程度,故测量时使用专为离子选择电极设计的高输入阻抗的电子毫伏计。目前常用的国产仪器有 pHS-3TC 型、pHS-2ST 型、pHS-3CW 微机型、Delata320 型等酸度计。仪器操作方便,可选择显示 pH、mV 表示,经济实用。

(二) 电导分析法

以测量电解质溶液电导为基础的分析方法称为电导分析法,它又分为直接电导法和电导滴定法。通过测量溶液电导值而直接求未知组分含量的方法叫直接电导法;利用在滴定过程中滴定剂与被测物质溶液发生化学反应而引起溶液电导变化,以确定化学计量点的滴定方法叫电导滴定法。电导分析法有较高的灵敏度,分析方法简便、快速,但方法无选择性,一般用于水的纯度检验和单纯物质含量或离子总含量的测定。在离子色谱分析中,可用电导池做检测器。电导法还用于弱电解质的解离度和离解常数的测定,难溶盐的溶解度和溶度积的测定和反应速度常数的测定。

1. 基本原理

(1) 电导和电导率　金属可以导电,电解质溶液也可以导电,但其导电的机理不同。将连接电源的两支电极插入电解质溶液中,构成一个电导池。正负离子在电场的作用下向相反方向定向移动,并在电极上发生可逆电化学反应而传递电子,因此,电解质溶液具有导电的能力,并且遵守欧姆定律。电导等于其电阻的倒数,电阻率的倒数称为电导率,电导率与电解质溶液的组成和浓度有关。通过测定电阻,计算电导率可计算出电解质溶液的浓度。

(2) 摩尔电导率　电解质溶液的电导率不仅与温度、离子的浓度(即离子在一定介质中,于单位场强作用下单位时间移动的距离)有关,还与电解质的正、负离子所带的电荷和电解质的含量有关。离子浓度越大,所带电荷越多,电导率也越大。为了比较电解质的导电能力,提出了摩尔电导率的概念。摩尔电导率是指两个相距 1m 的平行电极间含有 1 摩尔电解质的溶液所具有的电导,以 λ_m 表示。

(3) 无限稀溶液的摩尔电导率　因为离子间的相互作用,摩尔电导率也随溶液浓度的改变而改变,浓度越稀,摩尔电导率越大,当电解质溶液无限稀释时,离子间的相互作用接近零;弱电解质的电导率除与电解质的量有关外,还与电解质的电离度有关,当浓度无限稀时,其电离度也达到一极限值,溶液的摩尔电导率为最大值。因当电解质溶液无限稀时,其摩尔电导率趋于恒定,达到最大值,此值称为无限稀溶液的摩尔电导率。

2. 电导的测量

电导是电阻的倒数,测量溶液的电导实际上是测量其电阻。测量溶液的电阻不能采用测量一般导体电阻的办法,因为溶液在通过直流电流时,容易产生极化现象,在电极表面析出物质,从而使电极表面附近的溶液组成不断发生改变,不能得到准确恒定的数值。所以,测量电导需采用振荡频率较大(1000赫兹)的交流电源,这样电极表面的氧化和还原过程迅速交替地进行,电流流动产生极化所引起的浓度变化,在交流电对称的条件下被抵消,于是保持了溶液组成稳定,极化作用减轻。对于电解质含量较高的溶液,采用镀"铂黑"电极,即在电极表面覆盖一层极细的铂粉,可以极大地增加电极的表面积,减小电流密度,也减轻了极化作用。

电导测量系统由电导池和电导仪组成。

(1) 电导池　在硬质玻璃容器中,加入被测试液,再插入一对面积相同、两电极间距离恒定不变的铂电极,构成电导池。

(2) 电导率仪　常见的电导率仪的测量电路有惠斯通电桥平衡式和分压式两种。

(四) 伏安法

伏安法是以测量电解过程中得到的电流-电压曲线为基础的电化学分析法。以滴汞电极为工作电极的伏安法称为极谱法,它是伏安法发展的基础。伏安法具有设备简单、分析速度快、准确度高等特点,适用卫生防疫、医疗及食品检验等部门。

(五) 其他电化学分析方法

1. 溶出伏安法　溶出伏安法是以极谱法为基础发展起来的,该方法将富集和测定有效地结合在一起,使灵敏度大为提高。溶出伏安法分为两大步骤:第一步是被测物在电极上沉积富集,第二步是被测物从电极上溶出,依据溶出过程的电流-电压曲线进行分析测定,故称为溶出伏安法。根据溶出时电极发生的反应类型又分为阳极溶出伏安法和阴极溶出伏安法。溶出伏安法所用工作电极都是固定体积的电极。

2. 电位溶出分析法　是在溶出伏安法基础上发展起来的电化学分析法,正日益受到人们的重视,已由经典电位溶出法发展为微分电位溶出法。电位溶出法方法简单,适于卫生检测。

电位溶出法的操作分两步:第一步与溶出伏安法相同,在恒电位下进行电解富集;第二步是断开恒电位电路,将富集元素利用化学反应(不是电化学方法)溶出,记录电位随时间变化的 φ-t 曲线。根据 φ-t 曲线的特征进行定性定量分析。

第五节　食品的微生物检验法

一、食品微生物检验的意义

食品微生物检验就是应用微生物学的理论与方法,研究外界环境和食品中微生物的种类、数量、性质、活动规律及其对人和动物健康的影响。它与食品微生物学、医学微生物学、兽医微生物学、农业微生物学、卫生学等关系甚为密切,与传染病学、免疫学、病理学、组织学、解剖学等也有一定的联系。食品微生物检验方法为食品监测必不可少的重要组成部分。

首先,食品微生物检验是衡量食品卫生质量的重要指标之一,也是判定被检食品能否食用的科学依据之一。其次,通过食品微生物检验,可以判断食品加工环境及食品卫生情况,能够对食品被细菌污染的程度作出正确的评价,为各项卫生管理工作提供科学依据,提供传染病和人类、动物的食物中毒的防治措施。再次,食品微生物检验是以贯彻"预防为主"的卫生方针,可以有效地防止或者减少食物中毒和人畜共患病的发生,保障人民的身体健康;同时,它对提高产品质量,避免经济损失,保证出口等方面具有政治上和经济上的重大意义。

二、食品微生物检验的范围

食品不论在产地或加工前后,均可能遭受微生物的污染。污染的机会和原因很多,一般有:食品生产环境的污染,食品原料的污染,食品加工过程的污染等。根据食品被细菌污染的原因和途径可知,食品微生物检验的范围包括以下几点:

(一) 生产环境的检验

车间用水、空气、地面、墙壁等。

(二) 原辅料检验

包括食用动物、谷物、添加剂等一切原辅材料。

(三) 食品加工、储藏、销售诸环节的检验

包括食品从业人员的卫生状况检验、加工工具、运输车辆、包装材料的检验等。

(四) 食品的检验

重要的是对出厂食品、可疑食品及食物中毒食品的检验。

三、食品微生物检验的指标

食品微生物检验的指标就是根据食品卫生的要求，从微生物学的角度，对不同食品所提出的与食品有关的具体指标要求。我国卫生部颁布的食品微生物指标有菌落总数、大肠菌群和致病菌三项。

(一) 菌落总数

菌落总数是指食品检样经过处理，在一定条件下培养后所得 1g 或 1ml 检样中所含细菌菌落的总数。它可以反应食品的新鲜度、被细菌污染的程度、生产过程中食品是否变质和食品生产的一般卫生状况等。因此它是判断食品卫生质量的重要依据之一。

(二) 大肠菌群

包括大肠杆菌和产气杆菌的一些中间类型的细菌。这些细菌是寄居于人及温血动物肠道内的常居菌，它随着大便排出体外。食品中如果大肠菌群数越多，说明食品受粪便污染的程度越大。故以大肠菌群作为粪便污染食品的卫生指标来评价食品的质量，具有广泛的意义。

(三) 致病菌

致病菌即能够引起人们发病的细菌。对不同的食品和不同的场合，应选择一定的参考菌群进行检验。例如：海产品以副溶血性弧菌作为参考菌群，蛋与蛋制品以沙门菌、金黄色葡萄球菌、变形杆菌等作为参考菌群，米、面类食品以蜡样芽胞杆菌、变形杆菌、霉菌等作为参考菌群，罐头食品以耐热性芽胞菌作为参考菌群等等。

(四) 霉菌及其毒素

我国还没有制定出霉菌的具体指标，鉴于有很多霉菌能够产生毒素，引起疾病，应该对产毒霉菌进行检验。例如：曲霉属的黄曲霉、寄生曲霉等，青霉属的桔青霉、岛青霉等，镰刀霉属的串珠镰刀霉、禾谷镰刀霉等等。

(五) 其他指标

微生物指标还应包括病毒，如肝炎病毒、猪瘟病毒、鸡新城疫病毒、马立克氏病毒、口蹄疫病毒、狂犬病病毒、猪水泡病毒等；另外，从食品检验的角度考虑，寄生虫也被很多学者列为微生物检验的指标：如旋毛虫、囊尾幼、蛔虫、肺吸虫、弓形体、螨、姜片吸虫、中华分枝睾吸虫等等。

四、食品微生物检验的一般程序

食品微生物检验是一门应用微生物学理论与实验方法的一门科学，是对食品和微生物的存在与否及种类和数量的验证。众所周知，在生物科学中，微生物学是一门实践性最强的学科之一，它有一套自己独特的研究方法。要学习好微生物检验，必须具有医学微生物学、兽医微生物学、食品微生物学、传染病学、病理学等学科的基础，要了解食物中毒的临床症状

和流行病学，熟悉各种致病菌的生物学特性；掌握各种致病菌、霉菌和病毒的检验程序。

食品微生物检验的一般步骤如下：

（一）检验前准备

1. 准备好所需的各种仪器，如冰箱、恒温水浴箱、显微镜等。
2. 各种玻璃仪器，如吸管、平皿、广口瓶、试管等均需刷洗干净，包装，湿法（121℃，20min）或干法（160～170℃，2h）灭菌，冷却后送无菌室备用。
3. 准备好实验所需的各种试剂、药品，做好普通琼脂培养基或其他选择性培养基，根据需要分装试管或灭菌后倾注平板或保存在46℃的水浴中或保存在4℃的冰箱中备用。
4. 无菌室灭菌，如用紫外灯法灭菌，时间不应少于45min，关灯半小时后方可进入工作；如用超净工作台，需提前半小时开机。必要时进行无菌室的空气检验，把琼脂平板暴露在空气中15min，培养后每个平板上不得超过15个菌落。
5. 检验人员的工作衣、帽、鞋、口罩等灭菌后备用。工作人员进入无菌室后，在实验没完成前不得随便出入无菌室。

（二）样品的采集与处理

在食品的检验中，样品的采集是极为重要的一个步骤。所采集的样品必须具有代表性，这就要求检验人员不但要掌握正确的采样方法，而且要了解食品加工的批号、原料的来源、加工方法、保藏条件、运输、销售中的各环节，以及销售人员的责任心和卫生知识水平等。样品可分为大样、中样、小样三种。大样指一整批，中样是从样品各部分取的混合样，一般为200g；小样又称为检样，一般以25g为准，用于检验。样品的种类不同，采样的数量及采样的方法也不一样。但是，一切样品的采集必须具有代表性，即所取的样品能够代表食物的所有成分。如果采集的样品没有代表性，即使一系列检验工作非常精密、准确，其结果也毫无价值，甚至会出现错误的结论。

取样及样品处理是任何检验工作中最重要的组成部分，以检验结果的准确性来说，实验室收到的样品是否具代表性及其状态如何是关键问题。如果取样没有代表性或对样品的处理不当，得出的检验结果可能毫无意义。如果根据一小份样品的检验结果去说明一大批食品的质量或一起食物中毒的性质，那么设计一种科学的取样方案及采取正确的样品制备方法是必不可少的条件。

1. 食品检验的取样方案

采用什么样的取样方案主要取决于检验的目的，例如用一般的食品的卫生学微生物检验去判定一批食品合格与否；查找食物中毒病原微生物；鉴定畜禽产品中是否含有人兽共患病原体等等。目的不同，取样方案也不同。

（1）食品卫生学微生物检验的取样方案　目前国内外使用的取样方案多种多样，如一批产品采若干个样后混合在一起检验，按百分比抽样；按食品的危害程度不同抽样；按数理统计的方法决定抽样个数等等。不管采取何种方案，对抽样代表性的要求是一致的。最好对整批产品的单位包装进行编号，实行随机抽样。表4-4列出我国的食品样品取样方案。

（2）食物中毒微生物检验的取样　当怀疑发生食物中毒时，应及时收集可疑中毒源食品或餐具，同时收集病人的呕吐物、粪便或血液等。

（3）人畜共患病病原微生物检验的取样　当怀疑某一动物产品可能带有人兽共患病病原体时，应结合畜禽传染病学的基础知采取病原体最集中、最易检出的组织或体液送实验室检验。

2. 食品微生物检验采样方法

按照上述采样方案，能采取最小包装的食品就采取完整包装，必须拆包装取样的应按无菌操作进行。

不同类型的食品应采用不同的工具和方法：

（1）液体食品，充分混匀，用无菌操作开启包装，用100ml无菌注射器抽取，注入无菌盛样容器。

（2）半固体食品，用无菌操作拆开包装，用无菌勺子从几个部位挖取样品，放入无菌盛样容器。

（3）固体样品，大块整体食品应用无菌刀具和镊子从不同部位割取，割取时应兼顾表面与深部，注意样品的代表性，小块大包装食品应从不同部位的小块上切取样品，放入无菌盛样容器。

表4-4 食品采样方案

检样种类	采样数量	备注
进口粮油	粮：按三层五点采样法进行（表、中、下三层） 油：重点采取表层及底层油	每增加1000t，增加1个混样
肉及肉制品	生肉：取屠宰后两腿内侧肌或背最长肌100g/只 脏器：根据检验目的而定 光禽：每份1只 熟肉：酱卤制品、肴肉及灌肠取样应不少于200g，烧烤制品应取样50cm² 熟禽：每份样1只 肉松：每份样品200g 香肚：每份样品1个	要在容器的不同部位取样
乳及乳制品	生乳：1瓶 奶酪：1个 消毒乳：1瓶 奶粉：1袋或1瓶，大包装200g 奶油：1包，大包装200g 酸奶：1瓶或1罐 炼乳：1瓶或1听 淡炼乳：1罐	每批样品按千分一采样，不足千件者抽一件
蛋品	全蛋粉：每件200g 巴氏消毒全蛋粉：每件200g 蛋黄粉：每件200g 蛋白片：每件200g	一日或一班生产为一批，检验沙门菌按5%抽样，但每批不少于3个检样 测菌落总数、大肠菌群：每批按装听过程前、中、后流动采样3次，每次取样50g，每批合为1个样品
	冰全蛋：200g 冰蛋黄：200g 冰蛋白：200g	在装听时流动采样，检验沙门菌，每250kg取样一件
	巴氏消毒全蛋：每件200g	检验沙门菌，每250kg取样一件 测菌落总数、大肠菌群：每批按装听过程前、中、后流动采样3次，每次取样50g

续表

检样种类	采样数量	备 注
罐头	可采用下述方法之一： 1.按杀菌锅抽样： （1）低酸性食品罐头杀菌冷却后抽样2罐，3kg以上大罐每锅抽样1罐 （2）酸性食品罐头每锅抽样2罐。一般一个班的产品组成一个检验批，各锅的样罐组成一个检验组，每批每个品种取样基数不得少于3罐 2.按生产班（批）次抽样：（1）取样数为1/6000，尾数超过2000者增取1罐。每班（批）每个品种不得少于3罐 （2）某些产品班产量较大，则以30000罐为基准，其取样数按1/6000；超过30000罐以上的按1/20000；尾数超月4000罐者增取1罐 （3）个别产品量过小，同品种同规格可合并批次为一批取样。但并班总数不超过5000罐，每个班次取样数不得少于3罐	产品如按锅堆放，在遇到由于杀菌操作不当引起问题时，也可以按锅处理
水产品	鱼：1条 虾：200g 蟹：2只 贝壳类：按检验目的而定 鱼松：1袋	不足200g者加量
冰冻饮品	冰棍、雪糕：每批不得少于3件，每件不得少于3支 冰激凌：原装4杯为1件，散装200g 食用冰块：500g为1件	班产量20万支以下者，一班为1批；以上者以工作台为1批
软饮料	碳酸饮料及果汁饮料：原装2瓶为一件，散装500ml 散装饮料：500ml为1件 固体饮料：原装1袋	每批3件，每件2瓶
调味品	酱油、醋、酱等：原装1瓶，散装500ml 味精：1袋 袋装调味料：1袋	
冷食菜、豆制品	采取200g	
酒类	采取2瓶为1件，散装500ml	

(4) 冷冻食品，大包装小块冷冻食品按小块个体采取，大块冷冻食品可以用无菌刀从不同部位削取样品或用无菌小手锯从冻块上锯取样品，也可以用无菌钻头钻取碎屑状样品，放入盛样容器。

(5) 所述食品取样还应注意检验目的，若需检验食品污染情况，可取表层样品；若需检验其品质情况，应取深部样品。

(6) 生产工序监测采样

①车间用水：自来水样从车间各水龙头上采取冷却水；汤料等从车间容器不同部位用100ml无菌注射器抽取。

②车间台面、用具及加工人员手的卫生监测：用$5cm^2$孔无菌采样板及5支无菌棉签擦拭$25cm^2$面积。若所采表面干燥，则用无菌稀释液湿润棉签后擦拭，若表面有水，则用干棉签擦拭，擦拭后立即将棉签头用无菌剪刀剪入盛样容器。

③车间空气采样：直接沉降法。将5个直径90mm的普通营养琼脂平板分别置于车间的四角和中部，打开平皿盖5min，然后盖盖送检。

3. 食品微生物检验的样品处理

样品处理应在无菌室内进行，若是冷冻样品必须事先在原容器中解冻，解冻温度为：2~5℃不超过18h或45℃不超过15min。

一般固体食品的样品处理方法有以下几种：

(1) 捣碎均质方法　将100g或100g以上样品剪碎混匀，从中取25g放入带225ml稀释液的无菌均质杯中8000~10000r/min均质1~2min，这是对大部分食品样品都适用的办法。

(2) 剪碎振摇法　将100g或100g以上样品剪碎混匀，从中取25g进一步剪碎，放入带有225ml稀释液和适量Φ5mm左右玻璃珠的稀释瓶中，盖紧瓶盖，用力快速振摇50次，振幅不小于40cm。

(3) 研磨法　将100g或100g以上样品剪碎混匀，取25g放入无菌乳钵充分研磨后再放入带有225ml无菌稀释液的稀释瓶中，盖紧盖后充分摇匀。

(4) 整粒振摇法　有完整自然保护膜的额粒状样品（如蒜瓣、青豆等）可以直接称取25g整粒样品置入带有225ml无菌稀释液和适量玻璃珠的无菌稀释瓶中，盖紧瓶盖，用力快速振摇50次，振幅在40cm以上。冻蒜瓣样品若剪碎或均质，由于大蒜的杀菌作用，所得结果大大低于实际水平。

(5) 胃蠕动均质法　这是国外使用的一种新型的均质样品的方法，将一定量的样品和稀释液放入无菌均质袋中，开机均质。均质器有一个长方形金属盒，其旁安有金属叶板，可打击塑料袋，金属叶板由一恒速马达带动，作前后移动而撞碎样品。

(三) 样品的送检与检验

1. 采集好的样品应及时送到食品微生物检验室，越快越好，一般不应超过3h，如果路途遥远，可将不需冷冻的样品保持在1~5℃的环境中，勿使冻结，以免细菌遭受破坏；如需保持冷冻状态，则需保存在泡沫塑料隔热箱内（箱内有干冰可维持0℃以下），应防止反复冰冻和溶解。

2. 样品送检时，必须认真填写申请单，以供检验人员参考。

3. 检验人员接到送检单后，应立即登记，填写序号，并按检验要求，立即将样品放在冰箱或冰盒中，并积极准备条件进行检验。

4. 食品微生物检验室必须备有专用冰箱存放样品，一般阳性样品发出报告后 3 天（特殊情况可适当延长）方能处理样品；进口食品的阳性样品，需保存 6 个月方能处理；阴性样品可及时处理。

第二节 其他检验技术

近年来，食品仪器分析的发展十分迅速，一些学科的先进技术不断渗透到食品分析中，形成了日益增多的分析仪器和分析方法，从而使仪器分析在食品分析中所占的比重不断增长，并成为现代食品分析的重要支柱。当今食品分析中已基本采用仪器分析的方法代替手工操作的老方法，气相色谱仪、高效液相色谱仪、氨基酸自动分析仪、原子吸收分光光度计以及可进行光谱扫描的紫外-可见分光光度计、荧光分光光度计等均得到了普遍应用，新技术的发展也为食品检验提供了新的手段，ICP - AES，质谱技术，HPCE，HPCE - MS 技术，化学发光分析技术和生物芯片技术等，加上计算机的广泛使用，有力推动了食品分析的发展，使得食品分析正处在一个崭新的发展时代。

一、电感耦合等离子体原子发射光谱法在食品分析中的应用

电感耦合等离子体原子发射光谱法（Inductively Coupled Plasma - Atomic Emission Spectrometry，简称 ICP - AES）是以电感耦合等离子矩为激发光源的一类光谱分析方法。由于具有检出限低、选择性好、准确度和精密度高、分析速度快、线性范围宽等优点，在地矿、冶金、环境、生物、农业、食品、石油样品分析中获得了广泛的应用。

（一）原理

"等离子体"一般是指高度电离的气体，这种"等离子体"内含有大量的电子、离子，也含有部分分子和原子，整体呈现电中性。从这些"等离子体"定义可知，多少年来一直在使用的电弧法、火花法和火焰法的光源，都是一种"等离子体"光源，也就是说，我们从很久以前就开始使用"等离子体"光源了。但是在光谱分析用光源的历史中，这些光源已经属于古典的光源，目前一般不称之为"等离子体"光源了，而目前制造和使用的发射光谱分析用的"等离子体"。光源指的多半是在氩气或氦气等稀有气体中发生的火焰状放电，包括直流等离子体喷焰和感应耦合等离子体光源等。

1. 原子发射光谱的产生　原子发射光谱法是利用线光谱进行测定的一种方法。绝大多数物质在较低的温度下，均处于最低能量的基态 E，要使某种物质发光，必须使这种物质的原子跃迁至较高能量的激发态 E_1、E_2……。当这种物质的原子从较高能态跃迁回到原来的基态或能量较低的激发态时，可能发生辐射去激过程而发射出彼此分立的线光谱。它不像分子光谱的带状或连续光谱，这些线光谱对元素具有特征性与专一性，是元素定性分析的依据。

最低的激发态，又称为共振态，由共振态向基态跃迁所辐射的谱线称为共振线。共振态的激发所需要能量最低，易于激发，谱线强度亦最强。因此，共振线又称灵敏线。由于光谱线强度正比于待测原子的浓度，是定量分析的依据。定量方法可采用标准曲线法，在电感耦合等离子体原子发射光谱法定量分析中广泛地采用内标法。

2. 电感耦合等离子体 ICP - 焰炬的形成　原子发射光谱的光源有两个作用：①使待测物

质充分原子化，以便获得自由原子（通常指基态）；②能使原子激发到较高的能态。

ICP 是以射频发生器提供的高频能量加到感应耦合线圈上，并将等离子炬管置于该线圈中心。因而在炬管中产生高频电磁场，用微电火花引燃，使通入炬管中的氩气电离，产生电子和离子而导电，导电的气体受高频电磁场作用，形成与耦合线圈同心的涡流区，强大的电流产生高热，从而形成火炬状并可自持的等离子体。样品由载气带入雾化系统后，以气溶胶形式进入等离子体的轴向通道，在高温和惰性气氛中被充分蒸发、电离和激发，发射出所含元素的特征谱线。

通常产生等离子体的气体是氩气，是化学惰性的单原子元素。具有以下特性：①发射的是一个简单谱，而火焰产生的是分子光谱；②具有能激发和离子化周期表中大部分元素的能力；③与分析物间不形成稳定的化合物。

（二）ICP 的构成

原子发射光谱仪由：光源、样品导入系统、光色散系统、检测系统和数据采组成集与处理系统。

ICP 是应用较广的一种等离子体光源。ICP 是利用电磁感应高频加热原理，在高频电场作用下，使流经石英炬管的工作气体电离而形成能自持的稳定等离子体。ICP 装置由高频发生器、进样系统和等离子炬管三部分组成。

（1）高频发生器　高频发生器又称高频电源，分为自激式和它激式两种振荡类型。自激式振荡器由整流电源、振荡回路和电子管功率放大器组成。它激式振荡器是利用石英晶体的压电效应构成振荡器。此种振荡器性能较好，但成本较高。

（2）进样系统　ICP 的进样方式有三种，即溶液进样、氢化物进样和固体进样。

溶液进样：在 ICP 中，用得最多的是溶液气溶胶进样系统。溶液气溶胶进样有气动雾化法和超声雾化法两种。在商品雾化器中，玻璃同轴型气动雾化器和直角型气动雾化器是最常用的两种。超声波雾化器是由超声波发生器，进样器和雾化室三部分组成，比气动雾化器复杂，但雾化效率可提高 10 倍，检出限相应地改善 3~10 倍。

氢化物进样：生成挥发性氢化物的进样技术，在 ICP 光谱分析中的应用日益增多，并有商品仪器出售。

固体进样：固体直接进样方式包括双高频进样、射流进样、悬浊液进样以及样品直接插入 ICP 中的样品导入方式等。固体粉末进样可免去样品的预处理过程，对分析工作者具有很强的吸引力。操作简单，不使用溶剂，空白值低，不易污染，与溶液进样相比稀释倍数低，有利于降低检出限，都是固体粉末进样的优势所在。

（3）等离子炬管　炬管的结构对 ICP 的放电特性，氩气用量，功率消耗及分析性能都有很大影响。炬管的种类很多，随材料形状、尺寸以及是否可拆卸等而不同，但大多数炬管都是由三根同心石英管组合而成，根据管径大小分为大炬管、中炬管和小炬管。常规炬管的外径为 18~20mm，外管通入工作气体，称作等离子气；中管通入辅助气；内管通入载气，把样品引入 ICP。

（4）供气系统气流共分三路，冷却气、辅助气和载气。冷却气的流量为 10~20L/min，是三路气流中主要气流。它的作用是冷却焰炬管壁（因外管内最大涡流处的温度可达 10000K），并迫使等离子体收缩，电流密度增大，湿度升高。等离子体稳定在炬管上方的中心都位。辅助气的流量 1L/min，作用是把点燃的等离子焰稍向上托起。载气又称为喷雾气，流量 0.3~3 L/min，是 ICP 主要参数之一。作用有：①使溶液提升，并通过雾化产生细粒状气溶胶；②使形成的气溶胶进入 ICP 而经历蒸发-原子化-激发-电离的过程。载气流量是 ICP 主要参数之一。

（三）ICP‐AES 的应用特点

1. 分析精度高

电感耦合等离子体原子发射光谱仪可准确分析含量达到 10^{-9} g 级的元素，而且很多常见元素的检出限达到 $\mu g/L$，分析精度非常高。对高低含量的元素要求同时测定，尤其对低含量元素要求精度高的项目，使用 ICP‐AES 法非常方便。

2. 样品范围广

电感耦合等离子体原子发射光谱仪可以对固态、液态及气态样品直接进行分析，但由于固态样品存在不稳定、需要特殊的附件且有局限性，气态样品一般与质谱、氢化物发生装置联用效果较好，因此应用最广泛也优先采用的是溶液雾化法（即液态进样）。从实践来看，溶液雾化法通常能取得很好的稳定性和准确性。而在测试工作中，运用一定的专业知识和经验，采取各种化学预处理手段，通常都能将不同状态的样品转化为液体状态，采用溶液雾化法完成测定。溶液雾化法可以进行 70 多种元素的测定，并且可在不改变分析条件的情况下，同时进行多元素的测定，或有顺序地进行常量、微量及痕量浓度的元素测定。

3. 动态线性范围宽

一般的精密分析仪器都有它的线性范围（一般在 10^3 以下），以明确该类仪器准确测定的浓度区间（不同类型的仪器或同类不同生产厂家的仪器还有区别），如果待测元素的浓度过高或过低，就必须进行化学处理，如稀释或浓缩富集，使待测浓度位于误差允许的线性范围之内。因此，当常量元素和微量元素需要同时测定时，就增加了分析的难度，加大了工作量，而测定结果往往还不理想。电感耦合等离子体原子发射光谱仪的动态线性范围大于 10^6，也就是说，在一次测定中，既可测百分含量级的元素浓度，也可同时测 10^{-9} 级浓度的元素，这样就避免了高浓度元素要稀释、微量元素要富集的操作，既提高了反应速度，又减少了繁琐的处理过程不可避免产生的误差。

4. 多种元素同时测定

多种元素同时测定是 ICP‐AES 法最显著的特点。众所周知，每一种物质无论是以何种物理状态存在，其化学成分往往是很复杂的，既有必须存在的高浓度的主量元素，也存在不需要的杂质元素；有金属元素，也有非金属元素。用化学分析、原子吸收光谱法等只能单个元素逐一测定，而 ICP‐AES 法可在适当的条件下同时测定，不但可测金属元素，而且对很多样品中必测的非金属元素硫、磷、氯等也可一次完成，这也是原子吸收光谱仪达不到的。

5. 定性及半定量分析

对于未知的样品，等离子体原子发射光谱仪可利用丰富的标准谱线库进行元素的谱线比对，形成样品中所有谱线的"指纹照片"，计算机通过自动检索，快速得到定性分析结果，再进一步可得到半定量的分析结果。这一优势对于事故的快速初步的判断、某种处理过程中的中间产物的分析、不需要非常准确的结果等情形非常快速和实用。

二、质谱法在食品检验中的应用

质谱（mass spectrometry）是带电原子、分子或分子碎片按质荷比（或质量）的大小顺序排列的图谱。质谱仪器是一类能使物质粒子（原子、分子）电离化成离子并通过适当的稳定的或变化的电场磁场将它们按空间位置、时间先后或者轨道稳定与否实现质荷比分离，并检测其强度后进行物质分析的仪器。质谱技术已广泛的应用于军事、石油、地质、环境、生物、食品、医药等各个领域。

（一）质谱的基本原理

质谱的基本原理是物质的分子在气态被电离，所产生的离子在高压电场中加速，在磁场中偏转，然后到达收集器，产生信号，其强度与到达的离子数目成正比，所记录的信号构成质谱。质谱的表示方法有三种：质谱图、质谱表和质谱元素图。在质谱图中，每个质谱峰表示一种质荷比的离子，质谱峰强度表示该离子的多少。因此，根据峰位可进行定性分析，根据峰高可进行定量分析。在有机质谱仪中，还可以进行样品结构的分析。

（二）质谱仪器的组成

质谱仪属于离子光学类仪器，结构复杂，精度很高。质谱仪主要六大部分组成，即进样系统、离子原、质量分析器、离子检测器、真空系统和电学系统，其中前四部分为质谱仪的分析系统。此外，现代质谱仪器均配有计算机数据处理系统，以便高效，快速的计算和处理从质谱仪器中获得的大量数据。

（三）质谱法的特点

在有机化合物结构分析的四大工具中，与核磁共振波谱、红外光谱和紫外光谱比较，质谱法有其突出的特点：

（1）质谱法是唯一可以确定分子式的方法。

（2）灵敏度高，通常只需要微克级甚至更少的样品，便可得到质谱图。检出限最低可达 10^{-14} g。

（3）根据各类有机化合物分子的断裂规律，质谱中的分子碎片离子峰提供了有关有机化合物结构的丰富的信息。

（四）质谱技术在食品中有毒有害成分分析中的应用

随着生活水平的提高和科技的发展，人们对食品中的有毒有害物质越来越关注。一般食品中的农药残留量及其它有害成分的含量甚微，往往需要进行痕量分析，对分析方法的灵敏度要求较高。因此质谱技术通常是与其它的分离分析技术联用，用于食品中有毒有害物质的分析。

采用气相色谱/质谱方法，可测定样品中的有机杀虫剂、除草剂等农药的残留，萘的残留。液相色谱-质谱/质谱具有极高的灵敏度，特别适合进行痕量分析，可以鉴别和测定各种类型的农药、兽药以及生物毒素等残留物。如：蔬菜中杀虫剂；谷物中矮壮素、瓜萎镰菌醇；动物组织（肌肉、脂肪、肝、和肾）中庆大霉素、磺胺二甲嘧啶和甲氧苄氨嘧啶；制品中聚醚离子载体类兽药（拉沙里菌素、奈良菌素和盐霉素）、杂环芳胺；牛奶中庆大霉素和新霉素；啤酒中玉米赤霉烯酮等。

三、HPCE 与 HPCE‐MS 技术在食品分析中的应用

毛细管电泳（CE）是经典电泳技术和现代微柱技术的结合产物，高效毛细管电泳（HPCE）作为新的色谱技术之一发展非常迅速，这是目前任何分析技术所难以比拟的。由于 HPCE 具有远快于 HPLC 和一般电泳的分析速度（5～30min）、分离度高（理论板数最

高可达 $1 \times 10^7/m$)、检测灵敏度高（一般为 $10^{-5} \sim 10^{-9} mol/L$)、进样量少（1~10nl)、再现性佳、能直接进样及易于自动化操作，且几乎可以与各种检测器（如MS）联用、适用范围广等优点，作为一种极其重要的分离分析方法，成为近20年来发展最快的一种技术。HPCE已引起生命科学、食品科学等各领域的极大重视，并广泛应用在系列化分析、临床医学、环保、食品、化学等领域，应用于生物大分子等领域的分离及有机小分子和无机离子的分析中。

（一）毛细管电泳的工作原理

毛细管电泳是使毛细管柱内的不同带电粒子（离子、分子或衍生物）在高压电场作用下，以不同的速度在电泳介质中定向迁移，从而进行分离。

（二）毛细管电泳在食品分析中的应用

毛细管电泳在食品分析中的应用主要包括蛋白质、糖类、维生素、矿物质、有机酸、食品添加剂、农药残留量、生物毒素、抗生素残留量和食品中其它一些物质的测定。由于传统的HPLC进行维生素的分离效果不佳。因此，HPCE技术在维生素的分析应用方面正逐步成为食品行业的一种普及方法。用HPCE测定速度快、成本低，可在15分钟内同时测定多种水溶性维生素药品中维生素 B_1、维生素 B_2、维生素 B_6、维生素 B_{12}、维生素C、烟酸、乳清酸、泛酸、烟酰胺，并有很好的重复性。黄酮类化合物普遍存在于植物性食品中，通过HPCE技术可快速测定几个黄酮类组分。

无机离子的分析，HPCE分离无机阴离子的关键是在电解质溶液中加入电渗流改性剂，使电渗流的方向与阴离子的电泳方向相同，负极进样，正极检测。目前用HPCE分析阴离子的应用有蔬菜及饮用水中 Cl^-、SO_4^{2-}、NO_3^-、F^- 的测定等。矿物质也是用HPCE测定最多的一部分。

（三）HPCE-MS技术

毛细管电泳（CE）可以快速、高效地分离复杂混合物，但无法用于未知样品的定性分析。而质谱法（MS）具有较强的定性功能，在一次分析中可获得很多结构信息，能提供组分的分子量和结构信息，但不能分离组分。将分离技术与质谱法相结合是分离科学方法学中的一项突破性进展。HPCE-MS在一次分析中可同时得到迁移时间、分子量和碎片特征信息，为复杂样品的定性、定量分析提供了一种强有力的手段。在HPCE的所有检测器中，质谱（MS）是唯一能提供分析物结构和分子量信息的检测器。

四、离子色谱法在食品分析中的应用

离子色谱分析法（ion chromatography，IC）是在20世纪70年代出现、80年代迅速发展起来的，以无机、特别是无机阴离子混合物为主要分析对象的新的分析方法。从原理来讲，离子色谱的分离方式仍是基于离子交换的分离机理，居于液相色谱分离模式中的一种。但由于离子色谱仪器及分离检测过程的一些特殊性，往往作为一种独立的分析仪器出现。

离子色谱法是以低交换容量的离子交换树脂为固定相对离子性物质进行分离，用电导检测器连续检测流出物电导变化的一种液相色谱方法。专用的离子色谱仪配置的是离子交换柱和电导检测器，这也正是它与普通液相色谱仪的不同之处。用专用的离子色谱仪可以进行离子交换色谱和离子排斥色谱两种方式的分析。目前，这两种分离方式仍然是离子色谱日常分析工作的主体。事实上，非离子交换树脂固定相和非电导检测器也已广泛用于离子性物质的分离与分析，特别是对近年来研究较多的生物医药样品中的有机离子的分析，用上述两种离子色谱分离方式已经无能为力了。因此，我们完全可以将离子色谱法的概念加以扩展。

（一）离子色谱法的类型

按分离机理可以将离子色谱法分为离子交换色谱法（IEC）、离子排斥色谱法（ICE）、离子对色谱法（IPC）、离子抑制色谱法（ISC），和金属配合物离子色谱法（MCIC）。前三种分离方式（模式）是主要的。

（二）离子色谱在食品分析应用的意义

溶液中离子型化合物的测定是经典分析化学的主要内容。对阳离子的分析已有一些快速而灵敏的分析方法，如原子吸收、高频电感耦合等离子体发射光谱和 x 射线荧光分析法等。而对阴离子的分析长期以来缺乏快速灵敏的方法，一直是沿用经典的容量法、重量法和光度法等。这些方法大都是操作步骤冗长费时，需用多种化学试剂，灵敏度低而且有干扰。

作为近 20 年来发展最快的分析技术之一，离子色谱具有的快速、灵敏、检出限低（可测范围为 mg/kg～μg/kg）、重现性好，选择性高和同时测定多组分的优点，其中很多是目前难以用其他方法测定的离子，尤其是阴离子。离子色谱对阴离子的分析是分析化学中的一项新的突破。

随着生活水平的不断提高，人们对饮食安全性的要求也越来越高。科学研究和大量实验证明，食品中所含的某些微量元素对人类十分有害。例如茶叶中的镉、铅等是对人体有毒的金属元素，铜、锌、锰、钴是人体所必需的微量元素，但摄入过量也会引起中毒症状。再如饮料中的防腐剂以及其它添加剂如糖精和柠檬酸与人体的关系更是密不可分。为此，准确无误且快速测出饮食中微量元素的含量是十分重要的。离子色谱作为一种新的分析方法以它所具有优点在食品分析领域大显身手，离子色谱可以较好地对食品中的无机阴、阳离子和有机酸、碱进行测定。离子色谱法在食品分析中的应用对生命科学的研究有不可估量的作用。

五、生物技术检测法在食品分析中的应用

近年来，生物技术检测方法以自身独特优势在食品检验中显示出巨大的应用潜力，其应用几乎涉及到了食品检验的各个方面，包括食品的品质评价、质量监督、生产过程的质量监控及食品科学研究。尤其是，它能够对许多过去难于测定的成分进行检测。因此，生物技术在食品的开发利用、营养食品的设计等方面都具有广泛、积极的意义。

生物技术检测方法之所以有强大的生命力不仅在于它具有特异的生物识别功能、极高的选择性，而且还在于它可与现代的物理化学方法相结合，产生一些简单、结果精确、灵敏、专一、微量和快速、成本低廉的检测方法，因此其在食品检验中占有越来越重要的地位。

（一）在食品检验中应用的几种生物检测技术

1. 免疫法

免疫法是最灵敏的生物检测方法，具有高特异性和高灵敏性（灵敏度可达 1μg/kg）、操作简便、再现性好，应用前景看好。用免疫法可进行蛋白质结构分析，由于不同蛋白质的物理、化学性质差别极小，只能通过各种免疫方法或标记探针法加以区别。

（1）荧光抗体法

将荧光抗体溶液滴加于固定的标本上，一定时间后用缓冲液冲洗，若有相应抗原存在，即与荧光抗体结合，在荧光显微镜下即可看到发荧光的抗体复合物。荧光抗体法在微生物污

染鉴定中经常使用，最常用于沙门菌的检测。

(2) 酶联免疫吸附法

酶联免疫吸附法是一种基本的酶免疫检测方法，其选择性好、灵敏度高、结果判断客观准确、实用性强。酶免疫法和其他免疫法一样，都是以抗体和抗原的特异性结合为基础的。以酶或辅酶为标记物，标记抗原或抗体，用酶促反应的放大作用来显示初级免疫学反应。酶联免疫吸附法除可检测食品中的毒素、残留农药及微生物外还可用于营养素的测定，如蛋白质、激素等近百种食品成分的测定。

2. 酶检测法

酶检测法就是用酶来测定某些用一般化学方法难于检测的食品成分的含量或测定食品中某些特殊酶的活性或含量。其最大特点就是特异性强。所以常用于分析结构和物理化学性质比较相近的同类物质的分别鉴定。如测定食品中残存有机农药的含量、微生物污染或了解食品的制备、保存情况。

酶检测法的样品一般不需要进行很复杂的预处理，由于酶的催化效率很高，反应条件温和，酶检测法的检测速度也比较快。常用的有以下方法：

(1) 终点测定法

在以待测物质为底物的酶反应中，如果使底物能够接近完全地转化为产物，而且底物或产物又具有某种特征性质，通过直接测定转化前后底物的减少量、产物的增加量或辅酶的变化等就可以定量待测物质。

(2) 动力学测定法

在反应体系中精确加入一定数量的酶，测定反应物或产物变化的速度。测定的参数可以是吸光度、荧光度、pH值等。

(3) 多酶偶联测定法

当被测定的底物或反应产物没有易于检测的物理化学手段时，可采用两种或两种以上的酶进行连续式或平行式的偶联反应，使底物通过两步或多步反应，转化为易于检测的产物，从而测定待测物质的含量。例如葡萄糖的定量测定。

(4) 酶标免疫检测法

抗体与相应的抗原具有选择和结合的双重功能。若要测定样品中抗原的含量，就将酶与待测定抗原的对应抗体结合在一起，制成酶标抗体。然后将酶标抗体与样品液中待测抗原，通过免疫反应结合在一起，形成酶-抗体-抗原复合物，通过测定复合物中酶的含量就可得出待测抗原的含量。此法可用于食品的污染检测，尤其适用于毒素的快速检测。

(5) 放射性核素测定法

酶的活性可以采用核素标记的底物进行测量。经酶解后随时间所生成的放射性产物含量与酶的浓度成正比。也可用放射性核素的底物在酶的作用下得到的产物，分离测定产物的核素含量。此法可用于需要进行极微量的分析或因新发现的酶还未找到适当的分析法时的测定。

(二) 核酸探针技术和多聚酶链反应技术

核酸探针技术和多聚酶链反应技术是近年来发展起来的两种高新生物技术，自其问世以来，已在许多领域得到了广泛的应用。

1. 核酸探针技术

核酸探针技术又名基因探针技术或核酸分子杂交技术，具有敏感性高和特异性强等优点。两条不同来源的核酸链如果具有互补的碱基序列，就能够特异性的结合而成为分子杂交链。据此，可在已知的 DNA 或 RNA 片段上加上可识别的标记（如放射性核素标记、生物素标记等），使之成为探针，用以检测未知样品中是否具有与其相同的序列，并进一步判定其与已知序列的同源程度。

核酸探针技术已被广泛应用于进出口动植物及其产品的检验。用于检验食品中一些常见的致病菌及产毒素菌，如大肠杆菌、沙门菌等多种病原体的检验。近年来，放射性核素标记的核酸探针正越来越多地用于产肠毒素性大肠杆菌的快速检测。

2. 多聚酶链反应技术

多聚酶链反应技术是一种极敏感的分子生物学方法，是一项 DNA 体外扩增技术，在体外对特定的双链 DNA 片段进行高效扩增，故又称基因体外扩增法。

多聚酶链反应技术快速、特异、敏感，在食品中致病菌的检测方面具有很大的应用潜力。如可用于单核细胞增多症李氏杆菌、金黄色葡萄球菌、顽固性梭状芽胞杆菌、沙门菌等的检测。

（三）生物传感器技术

生物传感器是一种新兴的生物技术产品，在分析领域中具有极大的发展潜力和前景，它是由生物活性物质制成的生物功能敏感元件，再配上适当的信号转换器而构成的传感器。生物活性物质包括酶、抗原、抗体、细胞器、完整细胞、激素、核酸等。生物传感器具有结构紧凑、操作方便、检测迅速、选择性好灵敏度高等特点，能够从微量的试样中测定其痕量物质。

生物传感器在食品检验中的应用相当广泛，几乎渗透到了各个方面，其包括食品中基本成分的检测、食品添加剂的检测、有毒有害成分的检测、感官指标及一些特殊指标（如食品保质期）的检测。

六、生物芯片技术在食品分析中的应用

生物芯片是 20 世纪 90 年代初发展起来的一种全新的微量分析技术，综合了分子生物学、免疫学、微电子学、微机械学、化学、物理、计算机等多项技术。虽然生物芯片的研究与开发仅有十几年时间，但其飞速发展引起了世界各国的广泛关注。生物芯片的概念源自于计算机芯片，是由美国 affymetrix 公司最早提出，又称 DNA 芯片，基因芯片等。目前发展了基因芯片、蛋白质芯片和芯片缩微实验室 3 类主要产品。即在 $1\sim2cm^2$ 左右的硅片或玻璃片片基上，将大量的生物探针（基因探针、基因片段、抗原、抗体）按特定方式固定，形成可供反应的微阵列，与样品作用后，借助扫描仪等光学仪器进行数据采集和分析。

（一）对食品营养成分等的检测

分子生物学等现代生命实验科学的发展为营养科学在分子和细胞水平上进行研究提供了巨大的帮助，尤其是随着人类基因组测序工作的完成以及相应的功能基因组学研究手段的建立，使今天的营养学研究可更全面、更深入地集中在饮食与基因相互作用这一重要基础课题上，并诞生了一门新兴学科——营养基因组学。营养基因组学是研究营养素和植物化学物质对人体基因的转录、翻译表达以及代谢机理的科学。它以分子生物学技术为基础，应用

DNA芯片、蛋白质组学技术等来阐明营养素与基因的相互作用。目前世界上许多营养研究机构都先后制定了营养基因组研究计划。利用基因芯片技术研究食品的营养成分，营养素与蛋白和基因表达的关系，将为揭示肥胖的发生机理和预防打下基础。此外，营养与肿瘤相关基因表达的研究，如癌基因、抑癌基因的表达与突变，营养与心血管疾病、高血压、糖尿病、免疫系统疾病、神经系统、内分泌系统关系的分子水平研究都可以来用芯片技术；还可以利用其研究金属硫蛋白基因与金属硫蛋白、锌转运体基因与微量元素锌的吸收、转运与分布的关系，视黄醇受体/视黄醇受体基因与维生素A的吸收、转运与代谢的关系等；还可以检测食品中有毒、有害的化学物质、生物毒素等，以便及时采取有效的措施避免各种因食品卫生不良导致的损失。

（二）对转基因食品的检测

利用基因工程技术可以改造食品原料，改善食品的品质和加工性能，如对蛋白质、油脂、碳水化合物的改造；增强果蔬食品的贮藏性和保鲜性能；生产保健食品和特殊食品；改革传统的发酵工艺等。基因工程技术在食品领域的新发展是基因食品（基因改良食品）的产生。随着转基因工程的发展，由基因工程产生的基因食品也越来越多的充斥着消费市场。转基因技术增加了食物的种类，提高了营养，增加食物供应，给人们带来了前所未有的物质丰富，解决粮食短缺，减少农药使用，避免环境污染；降低生产成本，降低食品的价格；提高食品的附加值，创造了更多的价值。

转基因食品在取得巨大的经济效益的同时，安全性也受到全球的关注，其安全性主要集中在外源基因的食用安全性、外源基因蛋白的食用安全性及外源基因次生效应的安全性。转基因食品的安全性检测内容包括基因供体（来源、分类、学名、与其它物种的关系、作为食品食用的历史、含有毒物的历史、过敏性、传染性、抗营养因子、生理活性物质、关键性营养成分）、基因修饰插入的DNA（介导物或基因构成、DNA成分的来源、转移方法、助催化剂活性）、受体（与供体相比的表现特征、引入基因的表达水平和稳定性、新基因拷贝量、引入基因移动的可能性、引入基因的功能、插入片段的特征）等。对于微生物介导的转基因食品的检测还应包括该微生物的分类学特征（培养方法、生物型、生理特征）、增殖能力或浸染性、寄主范围、有无质粒、抗生素、毒性、对受体的形态、生理特征及健康、繁殖的影响。1999年10月，欧共体公布的转基因食品检测方法有酶联免疫吸附检测法和PCR法，前者存在加热可能使某些成分变性的缺点，后者受多种因素的影响，而且容易交叉感染，造成假阳性等缺点，使得这两种方法的应用受到一定的限制，检测结果不准确。而不断发展和完善的基因芯片技术可对转基因食品进行定性检测，还可以定量的检测其种类。该技术是将大量的探针分子固定在支持物上，与标记的样品分子杂交，通过检测每个探针分子杂交信号的强度，对结果进行数据分析，可以获取样品分子的序列和数量信息，判断该样品是否含有转基因的成分，鉴定该食品是天然的还是转基因的，是否在安全的限度内。利用该技术可检测食用成品和鲜活的动植物材料，灵敏性、自动化程度高、特异性强、假阳性低、简便快速，是一门极有发展前途的技术。

（三）对食品中微生物的检测

食品卫生检测中一个重要的方面是及时准确的检测出食品中的病原性微生物，这些致病微生物的存在会严重威胁人类的健康。不洁或者带有致病菌的食品不仅造成巨大的经济损失，还会严重危害消费者的健康，从食品的生产、加工、运输、销售、消费的各个环节都极易被各种病菌污染。传统的生化培养检测方法需要经过几天的微生物培养和复杂的计数，操作繁杂，不能及时反映生产过程或销售过程中的污染情况，且灵敏度不高，使得食品的安全检测潜在一定的危险，给消费者带来很大的威胁；PCR法快速，比前者灵敏，但成本高，假阳性多，也不是很好的检测食品微生物污染的方法。基因芯片可广泛的应用于各种导致食品腐败的致病菌的检测，该技术具有快速、准确、灵敏等优点，可以及时反映食品中微生物的污染情况。低密度的 cDNA 芯片如用 16S 或 23S cDNA 序列的限制酶切片段制备的芯片对微生物进行检测是可行的。国内外都已开始食品微生物检测芯片的研究，并取得了一些肯定的结论。

第七节　分析方法的选择

一、正确选择分析方法的重要性

食品理化分析检验的目的在于为生产部门和市场管理监督部门提供准确、可靠的分析数据，以便生产部门根据这些数据对原料的质量进行控制，制定合理的工艺条件，保证生产正常进行，以较低的成本生产出符合质量标准和卫生标准的产品；市场管理和监督部门则根据这些数据对被检食品的品质和质量做出正确客观的判断和评定，防止质量低劣食品危害消费者的身心健康。为了达到上述目的，除了需要采取正确的方法采集样品，并对采取的样品进行合理的制备和预处理外，在进行食品化学分析时，从现有的众多分析方法中，选择正确的分析方法是保证分析结果准确的又一关键环节。首先需要对分析方法的分类有一定的了解，并要掌握分析方法的选择原则。分析方法选择得当，才能以所需的速度和精度获得所需的数据。否则即使前序环节非常严格、正确，得到的分析结果也可能是毫无意义的，甚至会给生产和管理带来错误的信息，造成人力、物力的损失。

二、食品分析方法的分类

根据对方法本身误差的认识，分析方法一般可分为以下3种。

（一）决定性方法　此类方法的准确度最高，系统误差最小，需要高精密度的仪器和设备、高纯试剂和训练有素的技术人员进行操作。用于发展及评价参考方法和标准品，不直接用于常规分析。

（二）参考方法　此类方法已用决定性方法鉴定，或虽未被鉴定但暂时被公认可靠，证明其有适当的灵敏度、特异性、重现性、直线性和较宽的测定范围。参考方法的实用性在于评价常规方法，决定常规方法是否可被接受，新型分析仪器及配套试剂的质量也必须用参考方法进行评价。

（三）常规方法　即日常工作中使用的方法。这类方法应有足够的精密度、准确度、特异性和适当的分析范围等性能指标。

根据分析中获得关键数据所主要使用的量具，食品分析方法又可分为容量分析、质量分析和仪器分析。前两类方法所需设备简单，速度较慢，结果较准确，适应于一般小型化验室使用。后一类方法需要使用专门的分析仪器，速度一般高于前两种方法，灵敏度高，通常用前两种方法校准，分析结果也准确，但要求分析者熟练掌握操作过程。因此大型分析仪器主要适用于专门的分析机构。

三、选择分析方法应考虑的因素和步骤

食品样品中待测成分的分析方法往往很多。在食品科学的主要应用领域内，常遇到的是对方法的选择。原则上应选出准确、稳定、简便、快速、经济的方法。怎样选择最恰当的分析方法是需要周密考虑的。一个良好的分析方法的确定需经过以下的程序：①精密度与准确度的检验；②灵敏度与检出限的检验；③测定下限的确定；④可比性及再现性的测定。只有通过严格的把关、筛选和质量管理，我们才可保证分析数据的可靠性。一般地说，应该综合考虑下列各因素：

（一）分析要求的准确度和精密度

不同的分析方法的灵敏度、选择性、准确度、精密度各不相同，要根据生产和科研工作对分析结果要求的准确度和精密度来选择适当的分析方法。根据被分析对象考虑待测物的含量范围、含有哪些杂质和它们可能对测定的干扰，提出所需分析方法的选择性要求。

（二）分析方法的繁简和速度

不同分析方法操作步骤的繁简程度和所需时间及劳力各不相同，每样次分析的费用也不同。要根据待测样品的数目和要求取得分析结果的时间等来选择适当的分析方法。同一样品需要测定几种成分时，应尽可能选用能用同一份样品处理液同时测定该几种成分的方法，以达到简便、快速的目的。

（三）样品的特性

各类样品中待测成分的形态和含量不同；可能存在的干扰物质及其含量不同，样品的溶解和待测成分的提取的难易程度也不相同。根据被分析对象考虑待测物的含量范围、含有哪些杂质和它们可能对测定的干扰，提出所需分析方法的选择性要求。根据样品的这些特征来选择制备待测液、定量某成分和消除干扰的适宜方法。

（四）现有条件

分析工作一般在实验室进行，各级实验室的设备条件和技术条件也不相同。应根据具体条件来选择适当的分析方法。根据本实验室的设备、分析仪器、标准参考物质等装备情况设想可能采用的方法。

（五）初步确定分析方法

综合考虑以上因素和条件，详细查阅资料、文献，初步确定何种方法为适宜。确定分析方法还要考虑分析方法的权威性，选择的顺序为①国家部颁标准检验方法；②国际上公认的分析检验方法；③行业标准方法；④文献杂志发表的检测方法。选择国家部颁标准检验方法及国际上公认的分析检验方法（如美国分析化学家协会和欧洲标准化委员会）进行样品分析，可以提高结果的可信度。

（六）方法评价

确定分析方法之后，必须作一系列方法评价试验，考察方法误差的大小。若方法误差小于分析任务的允许误差范围，则方法可用，否则另选方法。

四、分析检验方法的评价

食品分析过程中，样品分析测定的过程比较复杂，误差来源很多，因此分析方法的质量

保证极其重要。一个方法可否被接受,须作一系列的评价试验,以考查其精密度、准确度、灵敏度和重现性等是否达到要求,只有达到一定的要求,才能从方法上保证分析结果的误差在允许误差范围内。

(一) 精密度

精密度是指多次平行测定结果相互接近的程度。这些测试结果的差异是由偶然误差造成的。它代表着测定方法的稳定性和重现性。

精密度的高低可用偏差来衡量。偏差是指个别测定结果与几次测定结果的平均值之间的差别。偏差有绝对偏差和相对偏差之分。测定结果与测定平均值之差为绝对偏差,绝对偏差占平均值的百分比为相对偏差。

分析结果的精密度,可以用单次测定结果的平均偏差 ($\bar{d}$) 表示,即

$$\bar{d} = \frac{|d_1|+|d_2|+\cdots+|d_n|}{n}$$

d_1、$d_2 \cdots d_n$ 为 1,2,…n 次测定结果的绝对偏差。平均偏差没有正负号。用这种方法求得的平均偏差称算术平均偏差。单次测定结果的相对算术平均偏差为:

$$相对平均偏差 = \frac{\bar{d}}{\bar{x}} \times 100\%$$

$\bar{x}$ 为单次测定结果的算术平均值。

平均偏差的另一种表示方法为标准偏差(均方根偏差)。单次测定的标准偏差(S)可按下列公式计算:

$$S = \sqrt{\frac{d_1^2+d_2^2+\cdots+d_n^2}{n-1}} = \sqrt{\frac{\sum d_i^2}{n-1}}$$

单次测定结果的相对标准偏差称为变异系数,即

$$变异系数 = \frac{S}{\bar{x}} \times 100\%$$

标准偏差较平均偏差有更多的统计意义,因为单次测定的偏差平方后,较大的偏差更显著地反映出来,能更好地说明数据的分散程度。因此,在考虑一种分析方法的精密度时,通常用标准偏差和变异系数来表示。

(二) 准确度

准确度是指测定值与真实值的接近程度。测定值与真实值越接近,则准确度越高。准确度主要是由系统误差决定的,它反映测定结果的可靠性。准确度高的方法精密度必然高,而精密度高的方法准确度不一定高。

准确度高低可用误差来表示。误差越小,准确度越高。误差是分析结果与真实值之差。误差有两种表示方法,即绝对误差和相对误差。绝对误差指测定结果与真实值之差;相对误差是绝对误差占真实值(通常用平均值代表)的百分率。选择分析方法时,为了便于比较,通常用相对误差表示准确度。

某一分析方法的准确度,可通过测定标准试样的误差,或做回收试验计算回收率,以误差或回收率来判断。

在回收试验中,加入已知量的标准物的样品,称加标样品。未加标准物质的样品称为未知样品。在相同条件下用同种方法对加标样品和未知样品进行预处理和测定,按下列公式计算出加入标准物质的回收率。

$$P\% = \frac{x_1 - x_0}{m} \times 100\%$$

式中：$P\%$——加入标准物质的回收率

m——加入标准物质的量

x_1——加标样品的测定值

x_0——未知样品的测定值

（三）灵敏度

灵敏度是指分析方法所能检测到的最低限量。不同的分析方法有不同的灵敏度，一般情况下，仪器分析法具有较高的灵敏度，而化学分析法（重量分析和容量分析）灵敏度相对较低。在选择分析方法时，要根据待测成分的含量范围选择适宜的方法。一般地说，待测成分含量低时，须选用灵敏度高的方法；含量高时宜选用灵敏度低的方法，以减少由于稀释倍数太大所引起的误差。由此可见灵敏度的高低并不是评价分析方法好坏的绝对标准，一味追求选用高灵敏度的方法是不合理的。如重量分析和容量分析法，灵敏度虽不高，但对于高含量的组分（如食品的含糖量）的测定能获得满意的结果，相对误差一般为千分之几。相反，对于低含量组分（如痕量营养素）的测定，重量法和容量法的灵敏度一般达不到要求，这时应采用灵敏度较高的仪器分析法。而灵敏度较高的方法相对误差较大，但对低含量组分允许有较大的相对误差。表4-5为一般食品分析中允许相对误差范围，供选择分析方法时参考。

表4-5 一般食品分析的允许相对误差

含量%	允许相对误差%	含量%	允许相对误差%
80～90	0.4～0.1	1～5	5～1.6
40～80	0.6～0.4	0.1～1	20～5.0
20～40	1.0～0.6	0.01～0.1	50～20
10～20	1.2～1.0	0.001～0.01	100～50
5～10	1.6～1.2		

（任大林）

第五章　食品样品的采集和前处理

第一节　食品样品的采集、保存和制备

一、食品样品的采集

(一) 采样的重要性和分类

采样就是从原料或产品的总体（通常指一个货批）中抽取样品的过程。采样是分析中最基础的工作。试样是采样和制样的结果，它必须很好地代表整个货批的任何一方面待分析的质量。否则，再先进的分析设备、再精确的测试方法、再准确的试样分析结果，都将毫无意义。正确地进行采样和制样是食品分析工作中非常重要的第一步。

在食品分析工作中，为了特殊需要，采样有时可能是有选择的。但通常是在总货批中按一定方式和方法取样，取得代表整个货批全面质量的客观样品。根据食物的种类不同，可分为粮谷、粮谷制品、油料、食油、水果、水果制品、蔬菜、蔬菜制品、蛋、蛋制品、乳、乳制品、肉、肉制品、水产品、酿造品、蜂产品、饮料等不同食物和相应条件下的采样。根据分析对象所处的地点不同，可分为原料产地、储藏库、加工厂、成品库、市场、口岸、码头等不同地点和相应条件下的采样。根据分析对象的运动状态，可分为仓库中、储罐中、流水作业线上、运输途中等不同运动状态和相应条件下的采样。根据食品的其他不同，又分为散装、包装品的采样和液体、固体、半固态食品的采样。多数国家是按第一种分类方法制定采样方法标准的，其他的分类方法按不同情况的需要，以不同形式列入采样标准方法中。

(二) 食品样品的采集原则

1. 代表性

由于食品种类繁多，组成不均匀，所含成分的分布也不一致，因此，要求所采样品能反映全部样品的真实情况，即所采样品应该是具有高度代表性的平均样品，否则分析结果再准确也是毫无意义的。例如，某酒厂日产蒸馏酒十吨，为了监测白酒中甲醇、杂醇油、铅等项，不可能将十吨酒全部进行分析，而只能取其一部分进行测定。那么怎样取其一部分呢？大家都知道，蒸馏酒在生产时总是"去头弃尾"，也就是说在先蒸馏出来的白酒中杂醇油含量高，在最后蒸出的白酒中甲醇含量高（理论上甲醇沸点低，应在酒头部分蒸出多，而杂醇油应在酒尾部分蒸出多）。但是，由于甲醇极性强、易与水形成共沸物，杂醇油则不易形成共沸物，所以杂醇油在酒头部分蒸出多，甲醇在酒尾蒸出多。如果采先蒸出的白酒测杂醇油，采后蒸出的白酒测甲醇，其结果都会偏高，而不能代表全部蒸馏酒的质量，只有采取中间蒸出的酒或采全部蒸出的酒经充分混匀后的一部分做代表样，才能充分体现这批白酒中甲醇、杂醇油可靠含量。由此可见作为代表的样品既不是含待测组分最高的也不是含量最低的，而应取其中等含量。

2. 典型性

针对污染或怀疑污染的，掺伪或怀疑掺伪的和中毒或怀疑中毒的食品，应采集典型的认为可疑的食品，然后送交化验室检验。

3. 适时性

所谓适时性就是让我们工作中有一个强烈的时间概念。因为我们要监测的食品总是随时间的推移而在发生不断的变化，为了得到正确结论就不能坐失良机。例如为了调查某海域里海藻类里汞的含量，观察数年，了解其动态，则调查采样时每年都在同一月份采样，因为海藻体内汞含量在一年四季中是不一样的。再如发生食物中毒应立即赴现场采样，否则不易取得产生中毒的食品。

总之，采样时应充分注意样品的代定性、典型性、适时性。这是一般原则，除此以外，采样应满足分析的精度要求。由于食品材料的均匀性差，食品分析中采样和制样带来的误差，往往大于后续测定带来的误差。因此，应严格地按照采样和制样的各项要求，认真地完成这项工作。

采样时还应该认真填写采样记录，写明样品的生产日期、批号、采样条件、包装情况、样品的起运日期、来源地点、数量、厂方化验情况、品质、并填写检验项目、采样人、采样时间。制备好的试样应一式三份，供检验、复验和备查用。

（三）食品样品的采集方法

1. 采样步骤

采样一般分三步，依次获得检样、原始样品和平均样品。由分析对象大批物料的各个部分采集的少量物料称为检样；许多份检样综合在一起称为原始样品；原始样品经过技术处理，再抽取其中的一部分供分析检验的样品称为平均样品。

2. 采集方法

作为代表的样品既不是含待测组分最高的也不是含量最低的，而应取其中等含量。在实际工作中很难区分哪些含量高、哪些又是含量低的。但是按其含量多少的分布基本是正态分布，因此随机采集一定数量（份数）进行测定，取其均值可基本代表这批样品的质量。在采样时采多少份才能满足这点要求呢？如果采的过多又如何办？现介绍具体做法如下。

（1）包装固体样品

对包装的固体样品（件、袋、桶、包、箱、盒、瓶）可按不同批号分别进行，对同一批号的样品采样数可按理论式 $S=\sqrt{\dfrac{n}{2}}$ 进行，其中，S 代表采样次数（份数），n 为样品总数。例如，有 200 包糖，则应从其中 10 包采样，然后混匀缩分作为样品。最后取样量应为各项分析所用量的 2～3 倍。

① 箱装苹果、蛋类、糕点类　在许多箱中可以定间隔选定箱，也可将箱堆分三层，每层用十字交叉法选出五箱作为样品箱。在每箱中以中分法分成八个部分，再从每部分中间点取出一个苹果供检。这八个苹果作为一个样，如果将八个苹果都粉碎混匀，其量很大，为此再将每个苹果"米字"纵切八瓣，横切成 16 块。再从中取出四块，计八个苹果 32 块放在一起研碎混匀作检用样，取法如图 5-1 所示。上述取样基本保证了样品的代表性。

② 罐装或瓶装食品类　白酒、罐头、汽水、啤酒等，可在同一批号箱数中以公式 $S=$

$\sqrt{\dfrac{n}{2}}$ 设定样品箱数,采用等间隔或不等间隔随机设定箱,从中可随机取一瓶作样品。也可以随机选 5 瓶、9 瓶作样品,原则是应考虑其代表性问题。

③ 袋装粮食类 按上中下三层,每层对角线法设定样品袋,然后从每层五袋抽部分样,然后将 15 份混匀,让其自然流落成圆锥型,再压平顶尖,四分法缩分,如此多次进行,直至够一个样品用量为止。具体缩分见图 5-2 所示。

(2) 非包装固体样品 散装粮食、水产品、肉类、水果、蔬菜等非包装样品,采集时应针对待测项目的要求和样品的性状具体对待,必须充分注意代表性。

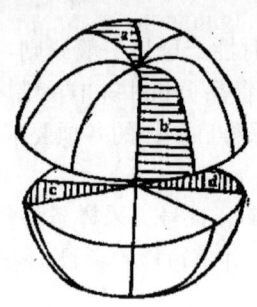

图 5-1 苹果取样法

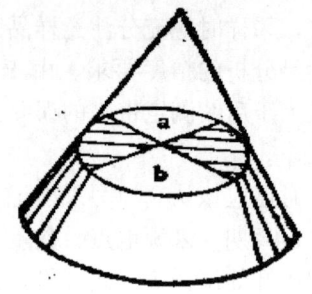

图 5-2 粮食取样法

① 散装粮谷等 用车船散装的粮谷,在采样时应分三层,每层采用对角线法设点,然后将各点样混匀,用缩分法缩分后供检。

粮食、油料的取样也可以使用粮食、油料取样器。取样方法如下:

小粒粮食包装采样方法:将包装采样器槽口向下,从包的一端斜对角插入包的另一端,然后槽口向上取出。每包采样次数一致。

特大粒粮食、油料(如花生果、仁、葵花子、蓖麻籽、大蚕豆、甘薯片等)取样包数:200 包以下的取样不少于 10 包;200 包以上的每增加 100 包增取 1 包。取样方法:采取倒包和拆包相结合的方法。取样比例,倒包占按规定取样包数的 20%,拆包占按规定取样包数的 80%。倒包:先将取样包放在洁净的塑料布或地面上,拆开包口缝线,缓慢地放倒,双手紧握袋底两角,提约 50cm 高,倒拖约 1.5m,全部倒出后,从相当于袋的中部和底部用取样器取出样品。每包、每点取样数量一致。拆包:将袋口缝线拆开 3~5 针,用取样铲从上部取出所需样品。每包取样数量一致。

② 鱼贝类 取样时应考虑鱼龄、体重、鱼体形状、龟蛇品种、分析项目、食用方法等。一般体重大于 1kg 小于 2kg 者可取样 3 条,体重 0.5~1kg 取 5 条,0.5kg 以下取 10 条。如果体重很小者则按总重量采样 1kg。贝类应取 1~2kg(贝壳)。大虾取 20 个,小虾按总重量取 1kg。蟹取 10~30 个。咸渍品取样略多于鲜品,冻品也略多于鲜品。

③ 瓜果、蔬菜类 体积较大的可取 1~3 个,如西瓜可取 1 个(同一地区产品),为了具有代表性可取大、中、小各一个然后"纵向米字切开"再横切,如图 5-1 所示,每个取西瓜 abcd 四部分,共 12 块合并、供检。萝卜可按此法取样。白菜、卷心菜则按图 5-3 所示取样,也可按图 5-1 所示方法取样,外型不均匀的蔬菜除按图 5-1、5-3 所示取法,还可采用"等分取样法",即将其分成等距离若干份,取其相同间隔的各份,匀质后进行缩分,

但注意缩分时应将其搅匀,防止水分取的多少不一,造成误差较大,具体取法如图 5-4 所示。

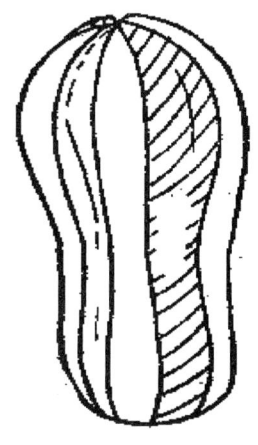

图 5-3　瓜果取样法

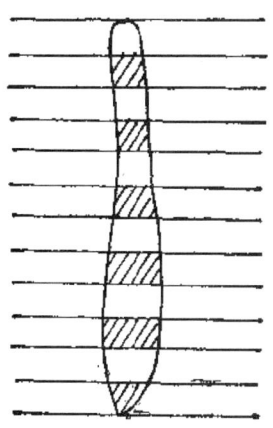

图 5-4　等分取样法

④ 植物植株（木本、草本）　多年生木本植物,干中有年轮,年轮不同一些成分的含量分布也不同,尤其是环境污染项目,此时应按图 5-5 取各段后再按 a、b 取,然后再粉碎混匀。草木也可用"等分取样法"或取全株如图 5-6。

⑤ 肉及肉制品　被测组分不同在动物肉中分布也是不同的。例如,有机氯农药主要残留在动物脂肪中。重金属毒物主要残留在脏器和肌肉中,为了测定整体的含量,取样时应充分考虑其代表性,一般应按动物结构、各部位具体情况合理采集。如对猪、牛、羊等大动物,则应从五部分取样 500g,如图 5-7（a）,弃皮、骨取其肉切碎混匀分取一定量。鸡、鸭等按图 5-7（b）取样,应弃骨。总之应针对具体情况、充分考虑其代表性才行。

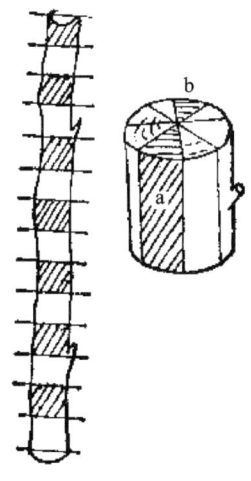

图 5-5　木本植物取样法

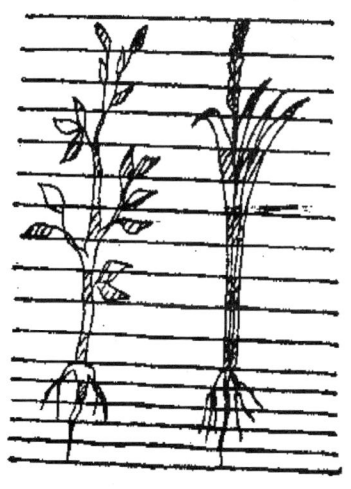

图 5-6　草本植物取样法

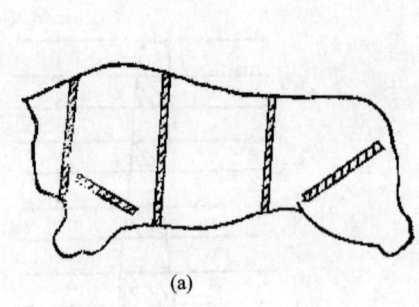 

图 5-7 动物肉取样法

肉制品如香肠、小肚、火腿等，如果系均匀形状可以纵向分取，再缩分。也可按"等分法"分取样品。形状不均匀可以"等分法"分取样品。

(3) 液体物料（如植物油、鲜乳）

① 包装体积不太大的：可先按 $\sqrt{总件数/2}$ 确定采样件数。开启包装，充分混合。混合时可用混合器。如果容器内被检物量较少，可用由一个容器转移到另一个容器的方法混合。然后从每个包装中取一定量综合到一起，充分混合均匀后，分取缩减到所需数量。

② 大桶装的或散（池）装的：这类物料不便混匀，可用虹吸法分层（大池的还应分四角及中心五点）取样，每层 500ml 左右，充分混合后，分取缩减到所需数量。

二、食品样品的运输与保存

（一）样品运输

不论是将样品送回实验室，还是要将样品送到别处去分析，都要考虑和防止样品变质，生鲜样品要冰冻运送，易挥发样品要密封运送，水分较多的样品要装在几层塑料食品袋内封好，干燥的样品可用牛皮纸袋盛装，样品的外包装要结实而不易变形和损坏。此外，运送过程中要注意车辆的清洁，避免样品污染。

（二）样品保存

采回的样品应尽快进行分析，如不能这样做时（特别是复检样品和保留样品），就要保质保存。根据不同的样品，保存的方法也不同。干燥的农产品只要放在干燥的室内就可保存1~2周；易腐的样品应在冷藏或冷冻的条件下存放，冷藏或冷冻时要把样品密封在加厚塑料袋中以防水分渗进或逸出；对含水多的样品，也可先分析其水分后将剩余样品干燥保存；有些成分，如胡萝卜素、黄曲霉毒素 B_1、维生素 B_1，容易发生光解，以这些成分为分析项目的样品，必须在避光条件下保存。如果向样品中加入某些有助于样品保藏的防腐剂、稳定剂等纯度较高的试剂并不会干扰要进行的分析，可以采用这种方法，以利延长样品保存期。

一般样品在检验结束后应保留一个月，以备需要时复查，保留期服从检验报告单签发日起计算；易变质食品不予保留。保存样品时同样要严格注意卫生、防止污染。

（三）样品保存注意问题

样品从采集到实验室分析检验的一段过程为运输和贮存阶段。尽管采样时充分注意采样的各项规则，使样品能充分代表被测的食品质量。但是如在运输时或贮存时不很好注意，也会对结果带来不应有的影响。因此在样品运输贮存直至检验期间应尽最大可能保持食品原有状态。对于那些有小包装的食品（瓶装、罐装、塑料袋装）可仍然用原包装并迅速送交实验室。对于那些没有小包装的样品则应注意下列几个问题。

1. 包装容器

一般对于液体样品应选择清洁干燥的容器，该容器具有防水、防油、防震性能，并且具有密封的塞（如磨口、橡胶塞、塑料塞），塞子应具有不溶解、耐油、无腐蚀性的特点。

对于固体、半固体则采用防油、防水、清洁、干燥的广口瓶，也可用塑料袋、厚纸袋盛装。盛装样品主要的容器有以下几种。

（1）玻璃容器

所用玻璃容器应是透明无色清洁的，最好是硬质玻璃。用玻璃容器盛装测定重金属或碱金属水溶液态的样品时，容器最好预先清洗干净后用10%～20%硝酸浸泡24h以上，以防玻璃对金属的吸附，特别是陈旧的玻璃瓶，表面不光洁即"霉变"，则很易吸附金属离子，这种现象为物理吸附，就是光洁的玻璃也能吸附，这是玻璃的性质决定的。玻璃是非晶态固体，在这些非晶态固体质点上的极性是不一样的，也就是荷不同的电荷，负电荷处则很容易吸附金属离子，如果预先用稀硝酸浸泡，即把瓶壁原来吸附的金属离子用H^+取代下来，又可以用H^+将玻璃瓶壁上负电荷处质点全占据，防止了重新从样品中吸附被测的金属离子。

玻璃容器通透性最差，因此样品不易受外界污染，容器内的样品中一些挥发性成分也不易损失，且不被其他样品溶解，所以基本上适用于一切液体、固体、半固体样品盛装。但应注意一点，除测定面粉水分所用的样品，其他面粉样品最好不用玻璃瓶装，因通透性差，很易发霉。

（2）塑料容器

塑料容器系以氯乙烯、乙烯、丙烯、氟乙烯的聚合体制成的，塑料在制备中添加一些酯类及其他成分。塑料制品在成型时，表面虽光滑，但其表面一些分子价键也会发生扭曲，使各处质点的电荷也不平衡，因此易吸附金属及一些有极性的官能团。塑料容器通透性比玻璃大、不宜破碎、宜保存运输、适用于盛装大部分样品，但不宜装测定重金属的液体样品，也不宜用以盛测定农药残留量的样品，更不宜盛装油脂类的样品。

（3）纸袋

纸袋系由纤维系组成的纸张制成的，通透性强、易保存，但不宜防水、防火，适用于盛装固体样品，但不适于盛装测定易挥发成分的样品及含油脂的样品。

（4）铝制、不锈钢制容器

近些年来采样容器采用金属容器，可用于测定不受金属影响的样品，但不宜用于醋、盐渍菜等样品的盛装。

（5）布袋

可用布袋盛装一些颗粒固体样品。

2. 贮存时间

各种样品保存时间不易过长，否则样品发生物理、化学、生化等变化影响测定结果。如测定动物性食品中挥发性盐基氮，如不能及时分析则样品将不断产生。又如易腐败变质样品、易发霉生虫的样品、易氧化的样品、测定挥发成分的香料、氯乙烯等样品都应争取时间进行检验。分析这类样品如不能及时分析时，可密封好之后置于低温冰箱中保存。如系测定金属类的易腐败的样品，也可以于105℃干燥后备用。

3. 贮存场所

一般不能及时分析的样品应放在专用房间、冰箱或冷库中保存，不能随意乱放。有人把用塑料瓶装的白酒放在实验室地板上，送样单位要求检验是否受汞污染，结果被检出汞含量很高。无奈又重新从原批号酒中来进行分析，结果未检出汞。原因是第一次采样后放在地板上的位置曾经打碎过水银温度计。不能把含有挥发香味的样品混放，否则互相串味。存放样品的场所不得有鼠、虫等，应通风良好，不受外界的污染，不潮湿，清洁卫生，排列整齐，不互相交叉影响。易腐败变质的样品，在采样时，在不影响分析结果的原则下可加5％甲醛固定、防腐，也可加乙醇防腐。如甲醛、甲醇有影响则应放在冰箱中低温保存。易挥发的样品则应放在密闭容器中保存。

三、食品样品的制备

（一）除去非食用部分

食品检验是分析可食部分，对于通常不食用的部分，应预先予以剔除。因为在作为商品销售时，这些非食用部分往往连同出售，特别是未加工的食品。在常规剔除的植物性食品中，根据不同品种，需要剔除某些不食用的根、皮、茎、柄、叶、壳、核等；在动物性食品中，常需剔除羽毛、鳞爪、骨、胃、肠内容物、局部病灶、脓包溃疡，以及胆囊、甲状腺、皮脂腺、淋巴结等，剔除部分，在必要时应计量。

（二）除去机械杂质

一切肉眼可见的机械杂质应从食品中剔除出来，如杂草、植物种子、树叶、泥土、沙石、昆虫、竹木碎片、铁屑、玻璃等异物。

（三）均匀化处理

样品在采集时已经切碎或混匀，但还不能达到分析要求，当样品到达实验室后，应进一步进行切碎并磨细，过筛和混匀的工作。使检验样品的各部分组成均匀一致，希望达到取出其中任何一部分，都能获得相同的分析结果。

常用的处理工具有：磨粉机、万能微型粉碎机、切割型粉碎机、球磨机、高速组织捣碎机、绞肉机等。使食品组织进一步粉碎，颗粒大小达到分析要求。各种机具应尽量选用惰性材料，如不锈钢材，合金材料，玻璃，陶瓷，高强度塑料等。

为控制颗粒度均匀一致，可采用标准筛过筛。标准筛为金属丝编织的不同孔径的配套过筛工具，可根据分析要求选用。常用标准筛的筛号，筛目和孔径，见表5-1。

表5-1 常用的标准筛

筛号	筛目	孔径（mm）	筛号	筛目	孔径（mm）
1	10	2.00	6	100	0.154
2	24	0.800	7	120	0.125
3	50	0.356	8	150	0.100
4	65	0.250	9	200	0.074
5	80	0.180	10	250	0.057

过筛时，要求全部样品都通过筛孔，未通过的部分应继续粉碎并过筛，直至全部样品都通过为止，而不应将未过筛部分随意丢弃，否则将造成食品样品中的成分构成改变，从而影响样品的代表性。经过磨碎过筛的样品，必须进一步充分混匀，再行称样。

液体或半流体样品，只要充分搅匀即可。固体油脂应加热熔化后进行混匀。

第二节　食品样品的前处理

一、样品前处理的意义

（一）样品前处理的目的

样品前处理应达到以下目的：① 浓缩被测组分，提高测定的精密度和准确度；② 消除共存组分对测定的干扰；③ 通过生成衍生物等前处理方法，使一些通常难以获得检测信号的待测组分转化为具有较高响应值的化合物；④ 经过前处理后的样品更易保存和运输；⑤ 除去样品中对分析仪器有害的组分，延长仪器的使用寿命。

（二）样品前处理的地位

一个完整的食品分析过程，应包括样品采集、样品处理、分析测定、数据处理和报告结果五大步骤。统计结果表明，上述各步所需时间占全部分析时间的百分率大致为：样品采集 6.0%；样品处理 61.0%；分析测试 6.0%；数据处理与报告结果 27.0%。其中样品处理所需时间占去整个分析时间的 60% 以上。用于样品前处理的时间是样品分析测试所需时间的 10 倍以上。一般情况下，分析一个样品只需几分钟到几十分钟，而样品前处理却要花费几个小时乃至几十个小时。因此，样品前处理方法与技术的研究一直是分析检验工作者极其关注的问题。对各种样品前处理的新方法、新技术的探索、研究与完善已成为现代食品分析的重要课题和发展方向之一。

（三）样品前处理的评价依据

目前，样品前处理的方法多达数十种。可以说，没有一种前处理方法能适合各种不同样品或不同的被测组分。即使同一被测物，如果样品所处的环境不同，也得采用不同的前处理方式。因此在具体操作时，一定要从实际出发，统筹兼顾，才能从众多的方法中选择出切实可行的前处理方法。

评价前处理方法的选择是否合理，一般应遵循以下准则：①所选方法应能最有效地除去测定的干扰组分，否则即使方法简单、快速也不宜采用；②待测组分的回收率要足够高；③操作简便、省时；④尽量避免使用昂贵的试剂和仪器，以保持成本低廉。对于一些新型高效、简便可靠而自动化程度又很高的样品前处理技术，尽管所需仪器的价格较为昂贵，但因其效率和效益显著，必要的投资还是值得的；⑤对生态环境和人体健康不产生影响，即所选前处理方法少用或不用污染环境或影响人体健康的试剂。对于必须使用的试剂，一定要设法做到能循环使用，或使其危害降至最低限度。

二、食品样品的无机化处理

测定食品中的无机成分时，共存的或与无机物结合的大量有机物质将干扰测定，故预先必须将所有的有机物质进行破坏除去，使待测的金属或非金属转变成无机物的形式，然后进行测定。破坏有机物质的操作，称为样品的无机化处理，主要可分为湿消化和干灰化两类。

(一) 湿消化法

湿消化法简称消化法，是常用的样品无机化方法之一。通常是在适量的食品样品中，加入硝酸、高氯酸、硫酸等氧化性强酸，结合加热来破坏有机物。有时还要加一些氧化剂（如高锰酸钾、过氧化氢等），或催化剂（如硫酸铜、硫酸汞、二氧化硒、五氧化二钒等），以加速样品的氧化分解，完全破坏样品中原有的有机物，使待测的无机成分释放出来，并形成各种不挥发的无机化合物，以便做进一步的分析测定。

1. 常用的氧化性强酸在消化中的特点

(1) 硝酸：通常使用的浓硝酸，其浓度为 65%～68%，具有较强的氧化能力，在温热及光照下就可分解成氧、二氧化氮和水；二氧化氮还可进一步分解成氧和一氧化氮，但氧化不持久，这是由于它本身的沸点较低（121.8℃），不耐受高温，故当需要补加硝酸时，应稍放冷，以免高温时迅速挥发损失，既浪费试剂，又污染环境。消化液中常残存较多的氮氧化物，如氮氧化物对待测成分的测定有干扰时，需再加热驱赶，有时还要加水加热，才能除尽氮氧化物。高浓度的硝酸易使某些金属（如铝、铁、钙、镁）形成钝化膜。对锡和锑易形成难溶的锡酸（H_2SnO_3）和偏锑酸（$HSbO_3$）或其盐。在很多情况下，单独使用硝酸尚不能完全分解有机物，如与其他酸配合使用时，可取得较好的效果。

硝酸的最大优点是具有较强的溶解能力，除了金和铂以外，几乎对所有的金属都能溶解。

(2) 高氯酸：冷的高氯酸没有氧化能力，但加热时是一种强氧化剂，其氧化能力强于硝酸和硫酸，几乎所有的有机物都能被它分解，消化食品的速度也快。这是由于高氯酸在加热条件下能产生氧和氯的缘故。但需注意，在高温下直接接触某些还原性较强的物质，如酒精、甘油、脂肪、糖类以及次磷酸或其盐时，因反应剧烈而有发生爆炸的可能，故一般不单独使用，并且勿使消化液烧干，以免发生危险。

(3) 硫酸：热的浓硫酸具有一定的氧化性，受热分解时，放出氧、二氧化硫和水。热的浓硫酸对有机物有强烈的脱水作用，并使其碳化，有较长的碳化阶段，进一步氧化便生成二氧化碳。对食品中的蛋白质可使其氧化脱氨，但不能进一步氧化成氮氧化物，故氧化能力不如高氯酸和硝酸强。硫酸所形成的某些盐类，溶解度不如硝酸盐和高氯酸盐好，如钙、锶、钡、铅的硫酸盐，在水中的溶解度较小。但硫酸具有沸点高（338℃），不易挥发损失等优点。

2. 常用的消化方法　　在实际工作中，除了单独使用硫酸的消化法外，经常采取几种不同的氧化性酸类配合使用，利用各种酸的特点，取长补短，以达到安全快速、完全破坏有机物的目的。几种常用的消化方法如下：

(1) 单独使用硫酸的消化法：此法在样品消化时，仅加入硫酸一种氧化性酸，在加热情况下，依靠硫酸的脱水碳化作用，使有机物破坏。由于硫酸的氧化能力较弱，消化液碳化变黑后，保持较长的碳化阶段，使消化时间延长。为此，常加入硫酸钾或硫酸钠以提高其沸点，加适量硫酸铜或硫酸汞作为催化剂，来缩短消化时间。如用凯氏定氮法测定食品中蛋白质的含量，就是利用此法来进行消化的。在消化过程中蛋白质中的氮转变成硫酸铵留在消化液中，不会进一步氧化成氮氧化物而损失。在分析一些含有机物较少的样品如饮料时，也可单独使用硫酸，有时可适当配合一些氧化剂如高锰酸钾和过氧化氢等。

（2）硝酸-高氯酸消化法：此法可先加硝酸进行消化，待大量有机物分解后，再加入高氯酸，或者以硝酸-高氯酸混合液将样品浸泡过夜，或小火加热待大量泡沫消失后，再提高消化温度，直至消化完全为止。此法氧化能力强，反应速度快，碳化过程不明显，消化温度较低、挥发损失少。但由于这两种酸经加热都容易挥发，故当温度过高，时间过长时，容易烧干，并可能引起残余物燃烧或爆炸。为了防止这种情况发生，有时加入少量硫酸，以防烧干。同时加入硫酸后可适当提高消化温度，充分发挥硝酸和高氯酸的氧化作用。本法对某些还原性较强的样品，如酒精、甘油、油脂和大量磷酸盐存在时，不宜采用。

（3）硝酸-硫酸消化法：此法是在样品中加入硝酸和硫酸的混合液，或先加入硫酸，加热，使有机物分解，在消化过程中不断补加硝酸。这样可缩短碳化过程，减少消化时间，反应速度适中。此法因含有硫酸，不宜作食品中碱土金属的分析，因碱土金属的硫酸盐溶解度较小。对于较难消化的样品，如含较大量的脂肪和蛋白质时，可在消化后期加入少量高氯酸或过氧化氢，以加快消化的速度。上述几种消化方法各有优缺点，在处理不同的样品或做不同的测定项目时，作法上略有差异。在掌握加热温度、加酸的次序和种类、氧化剂和催化剂的加入与否，可按要求和经验灵活掌握，并同时作空白试验，以消除试剂及操作条件不同所带来的误差。

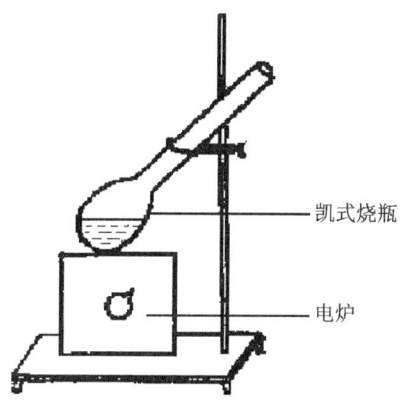

图 5-8　敞口消化法

3. 消化的操作技术　根据消化的具体操作不同，可分为敞口消化法、回流消化法、冷消化法和密封罐消化法等。

（1）敞口消化法：这是最常用的消化操作法。通常在凯氏烧瓶或硬质锥形瓶中进行消化。凯氏烧瓶是一种底部为梨形具有长颈的硬质烧瓶（图 5-8）。

操作时，在凯氏烧瓶中加入样品和消化液，将瓶倾斜呈约 45 度，用电炉、电热板或煤气灯加热，直至消化完全为止。由于本法系敞口加热操作，有大量消化酸雾和消化分解产物逸出，故需在通风橱内进行。

（2）回流消化法：测定具有挥发性的成分时，可在回流消化器中进行（图 5-9）。这种消化器由于在上端连结冷凝器，可使挥发性成分随同冷凝酸雾形成的酸液流回反应瓶内，不仅可避免被测成分的挥发损失，也可防止烧干。

（3）冷消化法：冷消化法又称低温消化法，是将样品和消化液混合后，置于室温或 37～40℃烘箱内，放置过夜。由于在低温下消化，可避免极易挥发的元素（如汞）的挥发损失，不需特殊的设备，较为方便，但仅适用于含有机物较少的样品。

图 5-9　回流消化法

(4) 密封罐消化法：在聚四氟乙烯容器中加入样品，如果样品量为1g或1g以下，可加入4ml 30％过氧化氢和1滴硝酸，加压于密封罐内，置140℃烘箱中保温4h，待自然冷却至室温，摇匀，开盖，便可取此液直接测定，不需要再冲洗转移等手续。由于过氧化氢和硝酸经加热分解后，均生成气体逸出，故空白值较低。注意根据消化食品类别调整加入酸的量。加入的总体积不得超过消化罐体积的1/3。

4. 消化操作的注意事项

(1) 消化所用的试剂，应采用纯净的酸及氧化剂，所含杂质要少，并同时按与样品相同的操作，做空白试验，以扣除消化试剂对测定数据的影响。如果空白值较高，应提高试剂纯度，并选择质量较好的玻璃器皿进行消化。

(2) 消化瓶内可加玻璃珠或瓷片，以防止暴沸，凯氏烧瓶的瓶口应倾斜，不应对着自己或他人。加热时火力应集中于底部，瓶颈部位应保持较低的温度，以减少冷凝酸雾并减少被测成分的挥发损失。消化时如果产生大量泡沫，除迅速减小火力外，可加入少量不影响测定的消泡剂，如辛醇、硅油等，也可将样品和消化液在室温下浸泡过夜，第二天再进行加热消化。

(3) 在消化过程中需要补加酸或氧化剂时，首先要停止加热，待消化液稍冷后才沿瓶壁缓缓加入，以免发生剧烈反应，引起喷溅，造成对操作者的危害和样品的损失。在高温下补加酸，会使酸迅速挥发，既浪费酸，又会对环境增加污染。

(二) 干灰化法

干灰化法简称灰化法或灼烧法，同样是破坏有机物质的常规方法。

1. 干灰化法分类

(1) 高温灰化：利用高温（450～550℃）破坏样品中的有机物，使食品样品脱水、焦化，并在空气中氧的作用下，有机物氧化分解成二氧化碳、水和其他气体而挥发，剩下无机物（盐类或氧化物）供测定用。根据样品的种类、待测组分的性质及实验目的不同，该法大致可分为常压高温分解法、高压高温分解法和氧瓶燃烧法。

① 常压高温分解法：将经粉碎或匀浆的样品置于铂、镍、银或瓷坩埚中，先在一定温度下干燥并炭化，再置于高温电炉中灼烧至样品灰分呈白色或浅灰色，经溶解、定容供分析测定用。

② 高压干灰化法：常用高压干灰化法在氧弹中进行。它能抗高压，外壳为不锈钢。对某些特殊组分（如氟）的测定，要求用铂衬里，以免腐蚀设备，玷污试样。

③ 氧瓶燃烧法：在敞开体系对样品进行干灰化，容易使汞、硒、砷这样易挥发的待测组分损失。敞开体系也不宜用于对氟、氯、溴、碘等非金属样品的处理，而氧瓶燃烧法可有效消化这类样品。将样品用无灰滤纸按要求包好，钩在氧瓶磨口塞的铂丝上，在氧瓶中充入氧气和吸收液，点燃滤纸，迅速塞紧瓶塞，让其燃烧灰化，振摇瓶子让燃烧产物溶解于吸收液中，溶液供分析使用。

(2) 低温灰化法：利用高频等离子体技术，以纯O_2为氧化剂，在灰化过程中不断产生氧化性强的氧等离子体（由激发态氧分子、氧离子、氧原子、电子等混合组成），在低温下破坏样品。它克服了高温灰化法的缺点，但低温灰化需要使用专门的等离子体低温炉，该仪器价格较高。

2. 灰化法的优缺点

灰化法与消化法比较有较大的不同，它基本上不加或加入很少的试剂，因而有较低的空白值；它能处理较多的样品；很多食品经灼烧后灰分少，体积小，故可加大称样量（可达10g左右），在方法灵敏度相同的情况下，可提高检出率。灰化法适用范围广，很多痕量元素的分析都可采用。灰化法操作简单，需要设备少，灰化过程中不需要人一直看守，可同时作其他实验准备工作，并适合作大批量样品的前处理，省时省力。灰化法的缺点是，由于敞口灰化，温度又高，故容易造成被测成分的挥发损失；其次是坩埚材料对被测成分的吸留作用，由于高温灼烧使坩埚材料结构改变造成微小空穴，使某些被测成分吸留于空穴中很难溶出，致使回收率降低。

3. 提高回收率的措施

用灰化法破坏有机物时，影响回收率的主要因素是高温挥发；其次是容器壁的吸留。故提高回收率的措施有：

（1）采取适宜的灰化温度：灰化食品样品，应在尽可能低的温度下进行，但温度过低会延长灰化时间，通常选用500~550℃灰化2h，或在600℃灰化0.5h，一般不要超过600℃。控制较低的温度是克服灰化缺点的主要措施。近年来，开始采用低温灰化技术，将样品放在低温灰化炉中，先将炉内抽至接近真空（10Pa左右），然后不断通入氧气，每分钟为0.3~0.8L，用射频照射使氧气活化，在低于150℃的温度下便可将有机物全部灰化。但低温灰化炉仪器较贵，尚难普及推广。

（2）加入助灰化剂：加助灰化剂往往可以加速有机物的氧化，并可防止某些组分的挥发损失和坩埚吸留。例如，加氢氧化钠或氢氧化钙可使卤族元素转变成难挥发的碘化钠和氟化钙等；灰化含砷样品时，加入氧化镁和硝酸镁，能使砷转变成不挥发的焦砷酸镁（$Mg_2As_2O_7$）；氧化镁还起衬垫坩埚材料的作用，减少样品与坩埚的接触和吸留。

（3）促进灰化和防止损失的措施：样品灰化后如仍不变白，可加入适量酸或水搅动，帮助灰分溶解，解除低熔点灰分对碳粒的包裹，再继续灰化，这样可缩短灰化时间，但必须让坩埚稍冷后才加酸或水。加酸还可改变盐的组成形式，如加硫酸可使一些易挥发的氯化铅、氯化镉转变成难挥发的硫酸盐；加硝酸可提高灰分的溶解度。但酸不能加得过多，否则会对高温炉造成损害。

（三）微波溶样技术

微波对吸收介质，有快速加热升温的特性。微波溶样技术具有许多优点：①快速高效，一般只要3~4min便可将样品彻底分解，对食品及生物样品特别有效；②消化在密封状态下进行，试剂无挥发损失，既降低了试剂用量，又减少了废酸废气的排放，改善了工作环境；③密封消化避免了一些能形成易挥发组分如砷、硒、汞的损失，同时也降低了环境对试样的氧化作用，有利于对还原型物质（如亚铁）的分析测试；④用电量少，大大节省了能源。

研究证明，利用微波溶样技术处理食品、生物样品，明显优于经典溶样技术。分解后的样品适合于原子吸收分光光度法（AAS）及电感耦合等离子体发射光谱法（1CP-AES）等分析。

1. 微波溶样原理　微波能穿透绝缘材料，但遇良导体则产生反射作用。介于上述二者之间的介电物质则吸收微波。微波能穿透聚四氟乙烯等容器直接作用于消化溶剂和样品。样品消化用微波炉频率均为2450MHz，高频电磁场一方面使水、酸、过氧化氢等溶剂以及样品中的极性分子快速转向和定向排列，产生剧烈的震动、摩擦和撞击作用，使试样与试剂的接触界面不断快速更新,加速了样品的分解;另一方面,样液中的各种离子在高频电磁场作用下产生快速变换方向的迁移运动,使离子与周围各种分子加剧碰撞而使体系升温,也有利于样品被撕裂、震碎和分解。这就是微波溶样高效快速的本质原因。

2. 微波溶样装置

(1) 微波炉　微波溶样可使用专用的消化微波炉,如美国 CEM 公司 MDS-2000 系列微波消化炉,利用微机控制,使用功率和所需时间可预编程序,功能多,自动化程度高,抗腐蚀能力强,但价格较为昂贵。也可以使用家用微波炉,即一般烹调用微波炉。只要对它们略加改装便可使用。这类微波炉抗腐蚀性能较差,但价格便宜。

(2) 消化容器　消化容器的材料必须为微波能穿透的材料如玻璃、陶瓷、塑料等。早期使用的是敞开式容器,构成的材料有玻璃、聚四氟乙烯及聚碳酸酯等。敞开式容器的温度只能达到溶液的沸点,酸易腐蚀仪器设备,还可发生交叉污染、待测物的飞溅及挥发损失,因而逐渐被密闭容器所取代。目前使用的密闭容器的材料主要为聚四氟乙烯,其优点是质地纯净,化学稳定性好,表面光洁,不易吸附样液中的物质,便于清洗,机械强度大而又易于加工,在 250℃ 以下使用极为安全。用密闭容器消化样品,待测物和溶剂不易挥发损失,试剂用量少,空白值低,可显著降低检出限,在消化样品时能增压升温,有自动卸压装置,当内压超过一定值即自动打开阀门减压并将酸气排出。

(3) 防腐蚀装置　不论采用何种密闭消化器都应有防止酸气逸出的装置和措施。这样的装置和措施有:① 以耐酸涂料喷涂微波加热腔;② 在消化容器外加一个保护装置,如有机玻璃罩,耐热玻璃矩形食品罐,聚乙烯食品盒等;③ 及时排出酸气。可用抽气泵将敞开式容器的酸雾从保护盒中抽出,通入压缩气体如 N_2、CO_2 或压缩空气以驱除偶尔泄漏的酸雾。

3. 微波溶样技术的应用

微波溶样法对食品和生物样品的分解效果十分令人满意。用微波溶解食品及生物样品的例子很多。例如,用聚四氟乙烯杯分解牛肝、菠菜、西红柿、树叶、松针、牡蛎组织,可快速而有效地用 ICP-AES 测定其中的若干种元素;将微波加热与传统加热方法相结合,在聚四氟乙烯容器中先用 HNO_3 在电热板上预消化牡蛎、牛肝、稻米、小麦、人尿等试样,然后再加 HNO_3 于每一份试样中,加盖密封,分两步用不同功率分解试样,均可取得良好的消化效果。在国产家用微波炉及自制聚四氟乙烯高压釜中用 HNO_3 及 H_2O_2 分解猪肝样,取消化液用火焰原子吸收光度法测定其中的铁和锰,用氢化物发生原子荧光法测定硒,所得结果均与推荐值吻合,而微波法制备待测液的速度则比推荐方法要快得多。小体积微波溶样技术也颇具特色。例如在石墨炉原子吸收光谱仪自动进样器的试样杯中用微波分解海虾,测定其中的 Fe、Cu、Cd,操作简便、快速,结果准确可靠。

微波溶样技术虽大大提高了酸溶解试样的能力,但仍受到一些限制,如有些样品不得不用熔融法才能分解完全;有一些进入溶液的组分有时因生成沉淀而使测定结果偏低。此外,聚四氟乙烯材料在酸分解过程中经受高温高压,影响使用寿命。这些不足均有待改进。

几种食品样品的无机化处理的方法比较见表 5-2。

表 5-2 各种无机化前处理方法的比较

方法	优 点	缺 点
湿法消化	(1) 普遍采用的消解方法。 (2) 样品的多寡无限制。 (3) 简单。 (4) 容易添加试剂和样品。 (5) 易于监视。 (6) 成本低廉。	(1) 加热板消化样品较慢。 (2) 消化过程中的酸易带入微量杂质。 (3) 有些酸（盐酸等）加热时会减弱作用。 (4) 挥发性元素（汞等）在消化时易损失。 (5) 时时观察过程避免蒸干。 (6) 酸性气体对人员健康有危害。 (7) 试剂消耗量大。 (8) 样品可能被空气中飘浮的微粒污染。 (9) 有时微量金属会从容器（玻璃）中渗出。 (10) $HClO_4$ 处理不当时可能产生爆炸。
密封容器	(1) 在外套不锈钢的密封容器中，高压罐消化温度可达约 300℃。 (2) 分解的产物仍留在容器中，所以能减少酸的分解。 (3) 酸液不会蒸发或失去。 (4) 酸性气体不会逸出容器外。 (5) 挥发性元素保留在样品溶液里。 (6) 只需较少的定时观察。 (7) 没有外环境因素污染样品。 (8) 微量金属不会从高压罐渗出。	(1) 高压下的消化样品，适用样品约 0.1~0.2g。 (2) 如果超过器皿的限压片破了，样品会随酸一同逸出。 (3) 装配及清洗消化容器极为费时。 (4) 外套不锈钢和 PTFE 高压罐较贵。 (5) 压力釜中的反应过程，在开启容器前，无法观察。
干式灰化	(1) 可用来处理不适于融解并需要长期压力消化的样品。 (2) 样品大小无限制。 (3) 简单。 (4) 不需经常监视。	(1) 灰化温度高达 1000℃，挥发性元素会损失。 (2) 灰化速度缓慢，约 1~4h。 (3) 样品污染可能很严重。 (4) 灰化需大功率，耗电。
微波消化	(1) 与消解相效率比提高 4~100 倍。 (2) 消化温度可达 270℃。 (3) 用于消化酸类不会因为其活性成分的蒸发而降低或失去强度。 (4) 可以消除环境等导致的污染。 (5) 挥发性元素不会损失。 (6) 由于智能化，对人无危害。 (7) 在许多消化程序中可避免使用高氯酸。 (8) Teflon PFA 消化罐为半透明的材质，可以观察反应过程。	(1) 此方法为发展中技术，尚未十分完善。 (2) 装配及清洗消化管较为费时。 (3) 某些元素（氯、铍等）在高压会渗入 Teflon 容器中。 (4) 对于难溶性无机、有机样品有时则需在石英容器中进行消化，或改为熔融或灰化方式。 (5) 用样量较少，一般在 0.1~0.5g（有机），0.5~1.0g（无机）。 (6) 整个微波系统价格较贵。

三、干扰成分的分离除去

消化和灰化,主要用于测定无机成分时的前处理。对于食品中各种有机成分的测定可以采取更多的前处理手段,将被测成分从干扰成分及样品基体中分离出来,以利于分析测定。

(一) 透析法

水溶性物质常用透析法来提取,方法是取捣碎的样品或匀浆置于半透膜内,浸泡在纯水中,因膜内含有大小不同的分子和离子而具有较高的渗透压,膜外的水分子能不断通过半透膜进入膜内,由于高分子物质不能透过半透膜,而小分子或离子能通过半透膜进入膜外水中,从而达到分离的目的。

(二) 挥发法

挥发性物质常用挥发法进行分离。例如,要将氟化物从食品中分离出来,可加硫酸加热,使氟变成易挥发的氟化氢气体,然后吸收于碱中,便可进行测定。

(三) 顶空法

顶空法是将成分复杂的样品置于密闭系统中,经恒温一定时间达到平衡后,测定蒸气相中被测成分的含量,便可间接得到组分在样品中的含量。它使复杂样品的提取净化程序一次完成,大大简化了样品的前处理操作。

(四) 液-液萃取法

液-液萃取法是一种常用的分离方法。它利用溶质在两种互不相溶的溶剂中溶解度不同而达到分离。例如,食品中的脂肪可用乙醚或石油醚进行萃取;如要测定猪油中的有机氯农药,可先用石油醚萃取,然后加浓硫酸使猪油中的脂肪变成极性大的亲水性物质,加水进行反萃取,便可除去脂肪,石油醚层即为较纯的有机氯农药。

在有机物的萃取分离中,相似者相溶的原则是十分有用的。一般说来,有机物易溶于有机溶剂而难溶于水,但有机物的盐易溶于水而难溶于有机溶剂。所以,有时需改变被测组分的极性,以利于萃取分离。

(五) 固相萃取法

固相萃取法是近十几年来国外普遍应用的分离方法,它利用 SEP - PAK 柱对样品提取液中待测成分的截留作用,与其他不易被截留的成分进行分离,然后用少量洗脱液将被测成分冲洗下来,而与在此条件下不易被洗脱的成分相分离。这与现行的液-液萃取,减压浓缩等技术相比,不仅省时简便,而且消耗有机溶剂少,接触毒物少,分离、净化和富集的效果好,我国也已开始应用这一技术。

分离方法还较多,可根据样品的种类、被测成分和干扰成分的性质差异,来选择合适的分离方法。

(任大林)

第六章 食品营养成分的分析测定

第一节 食品中水分的测定

水是人类及动植物生存不可缺少的物质。而食品当中水分的含量的高低对食物的感官性状、组成比例、贮藏的稳定性等有很大的影响。

成人每日水的摄入量大约 2500ml 左右,其中从饮水或饮料摄入 1200 ml,从食物摄入 1000ml,机体内生水 300ml。

人体每天从外界不断地摄取的各种食物,不外乎以下五类:谷类薯类、动物性食品(肉、禽、蛋、鱼、奶等)、豆类及其制品、蔬菜水果、纯热能食品(动植物油脂、各种食用糖、酒类)。各种食品中水分的含量差别很大,见下表 6-1。

表 6-1 某些食物水分含量 (g/100g)

食物	水分 (g)	食物	水分 (g)
大白菜	94.6	小麦粉(标准粉)	12.7
胡萝卜	89.2	馒头	43.9
苹果	85.9	稻米	13.3
梨	85.8	粳米(标一)	13.7
猪肉(肥瘦)	46.8	马铃薯	79.8
猪肉(瘦)	71.0	甘薯	73.4
牛肉(肥瘦)	72.8	粉丝	15.0
牛肉(瘦)	75.2	黄豆	10.2
草鱼	77.3	豆腐	82.8
带鱼	73.3	花生仁	6.9
鸡蛋	74.1	蘑菇(鲜)	92.4
牛奶	89.8	蘑菇(干)	13.7

水分是食品的重要检验项目之一。测定水分的目的主要有两个:①确定食品中的实际含水量(或干物质的含量),为加工和贮藏提供基础数据;②为了以全干物质为基础计算食品中其他组分的含量,以增加其他测定项目的可比性。

食品中存在的水大致包括两类,游离水和结合水,而在进行检测中,主要是对游离水和结合水的总量进行测定,一般采用在 95~105℃下加热干燥或在减压下低温烘烤所减失的重量百分数表示。但在此情况下失去的重量并不完全是水分,还包括少量的易挥发成分,如醇类、芳香油、有机酸等,故又称作"干燥失重",但一般食品中此类挥发性物质较少,所以通称食品水分。

一、水分的测定方法

食品中水分的测定方法主要有：

1. **直接干燥法** 直接干燥法适用于在95～105℃下，不含或含其他挥发性物质甚微的食品，如谷物及其制品、水产品、豆制品、乳制品、肉制品及卤菜制品等食品中水分的测定。有时在测定谷物作物种子水分时干燥的温度可达到130℃。

2. **减压干燥法** 由于一些食品加热至100℃以上时容易破坏、变质，或不容易去除结合水，如糖浆、砂糖、糖果、蜂蜜、果酱、味精等易分解的食品中水分的测定可采用减压干燥法。食品中的水分在常压760mmHg（101.3kPa）下，沸点为100℃，减压则可使沸点下降，为此可用减压干燥法测定食品水分含量。通常多用300～400mmHg（40.0～53.3kPa）下，60℃条件测定。

3. **蒸馏法** 食品中的水分与甲苯或二甲苯共同蒸出，收集馏出液于接收管内，由于密度不同，馏出液在接收管内分层，根据体积即可计算含量。本法适用于含较多其他挥发性物质的食品，如油脂、香辛料等。特别是香料，蒸馏法是唯一公认的水分测定法。

4. **卡尔费休氏法** 卡尔费休法是1935年卡尔费休（Karl Fischer）提出的，至今仍是测定水分最为准确的化学方法，现包括卡尔费休容量滴定法和库仑法两种，该方法的原理是基于卡氏试剂在有机溶剂中与试样中的水反应并消耗定量的碘。该方法具有操作简单、速率快、精度高等优点，在生产中得到广泛应用。

5. **微波加热法** 微波是一种特殊的电磁波，波长介于无线电波和红外辐射之间，能量正好可使水分子产生极化。具体到微波加热干燥，当外加电场不断改变方向，水分子极化并随着电场方向不断地迅速转动，水分子间即产生剧烈的碰撞和摩擦，部分能量转化为热能，湿物料中的水分子迅速获得热量而汽化，从而达到干燥。微波加热的特点是可在物料的不同深度同时产生热，这种"体加热作用"，使加热更快速、更均匀，大大缩短处理材料所需的时间，节省了能源，并改善加热的质量。微波加热测定水分具有快速、简便、准确的特点，所用时间仅为烘失重法的1/6，消耗的电能只是烘箱法的1/30～1/50，节省了时间和能量。该法操作简便、快速，测定结果准确度高，误差小。因此，微波法测定水分在实际工作中具有很强的实用性。

6. **水分测定仪** 其工作原理为被测物含水量通过传感器转换成电量，通过对电量的测量得出谷物的含水量。水分测定仪主要由传感器、放大器及仪表组成。主要用于粮谷物水分测定。能在10秒内测试出谷物样品的水分、温度和重量，方便可靠。其测试的水分结果与烘箱法测定的结果误差不超过±0.2%。

二、直接干燥法测定食品中水分

（一）原理

食品中的水分一般是指在100℃左右直接干燥的情况下，所失去物质的总量。直接干燥法适用于在95～105℃下，不含或含其他挥发性物质甚微的食品，如谷物及其制品、水产品、豆制品、乳制品、肉制品及卤菜制品等食品中水分的测定。

（二）主要仪器 电热恒温干燥箱。

（三）操作步骤

1. 固体样品

取切碎或磨细的样品,放入恒重称量瓶中,加盖,精密称量后,置95~105℃干燥箱中,开盖,干燥2~4h后,加盖取出,置于干燥器内冷却,称量。然后再放入干燥箱中干燥,取出,置于干燥器内冷却后再称量。重复此次操作,直至前后两次质量差不超过2mg,即为恒量。

2. 半固体或液体样品

称取样品,置于加入海砂并且干燥至恒量的蒸发皿中,加入蒸馏水使样品完全分散。然后在沸水浴上加热使其蒸干。置95~105℃干燥箱中干燥4h后盖好取出,放入干燥器内冷却,0.5h后称量。然后再放入干燥箱中干燥1h左右,取出,置于燥器内冷却,0.5h后再称量。重复此次操作,直至前后两次质量差不超过2mg,即为恒量。

(四)操作注意事项

干燥箱加热取出后置干燥器内要冷却后再称量。

第二节 食品中蛋白质及氨基酸的测定

一、食物中蛋白质的测定

蛋白质所含的主要元素为碳、氧、氮、氢、硫等,是人体氮的唯一来源,并且各种蛋白质含氮量十分接近,平均为16%,利用这一特性,早在1883年约翰就发明了定氮测定蛋白质含量的分析方法,至今仍被广为应用。

蛋白质的含量可由它们的物理化学性质,如折射率、比重、紫外吸收等性质来推知,或用化学方法,如定氮、双缩脲反应、Folin-酚试剂反应等方法来计算,测定方法有定氮法、双缩脲法、紫外线吸收法、Folin-酚比色法、考马斯亮蓝染料比色法、自动凯氏定氮法等,其中凯氏定氮法为经典的检测食品中蛋白质的方法。

在食品中,食物蛋白质含量的测定主要采用凯氏定氮法。因为大多数蛋白质的含氮量相当接近,平均约为16%。因此在任何生物样品中,每克氮相当于6.25(即100÷16)克蛋白质,其折算系数为6.25。只要测定生物样品中的含氮量,就可以算出其中蛋白质的大致含量(见表6-2)。

表6-2 不同食物氮折算蛋白质的折算系数

食物	折算系数	食物	折算系数
全小麦	5.83	芝麻、葵花子	5.30
小麦胚芽	6.31	杏仁	5.18
大米	5.95	花生	5.46
燕麦	5.83	大豆及其制品	5.71
大麦及黑麦	5.83	鸡蛋(全)	6.25
玉米	6.25	肉类和鱼类	6.25
小米	6.31	乳及乳制品	6.38

样品中蛋白质的百分含量(g%)=每克样品中含氮量(g)×6.25×100%

但不同蛋白质的含氮量是有差别的，故折算系数不尽相同，需要准确计算时，要选择合适的换算系数，否则会引起较大的偏差。不同食物氮折算蛋白质的折算系数见表 6-2。

凯氏定氮法经过多次改良，现有微量法、半微量法、全量法、仅取样量及操作略有不同，基本原理和步骤是一致的。

凯氏定氮法的操作步骤见第十一章实验教程中实验一。

二、食品中氨基酸的测定

(一) 氨基酸的测定方法

氨基酸的测定方法主要有：化学分析法、电化学分析法、色谱分析法、毛细管电泳法、比色法，近年来高效液相色谱-质谱（HPLC-MS）和毛细管电泳-质谱（CE-MS）分析氨基酸是氨基酸测定的一种新趋势。

1. 化学分析法

(1) 甲醛滴定法　其原理是在中性或弱碱性水溶液中，氨基酸的 α-氨基与醛类反应生成 Schif 碱，即 α-氨基酸与甲醛反应生成亚甲基亚氨基衍生物。亚甲基亚氨基衍生物用碱滴定，从而得到样品中总氨基酸的含量。此法简单易行、快速方便，多应用于发酵工业中，用来测定发酵液中氨基酸含量的变化。

(2) 凯氏定氮法　用于测定样品中总氮的含量，然后根据蛋白质和氨基酸中的氮含量，从而得知含氮的氨基酸、蛋白质的总量。

2. 电化学分析法

选用合适的电极对不同的氨基酸进行分析，是氨基酸进行电化学分析的一种常用方法。此法以其简单、灵敏、无放射、无污染等特点越来越受到人们关注。目前，电导检测和安培检测的方法，也广泛应用于氨基酸的分析，毛细管电泳电化学检测（CEEC）中的安培检测是最灵敏的检测方法之一。氨基酸的电化学分析可分为直接电化学分析和间接电化学分析。对于胱氨酸、半胱氨酸、酪氨酸等电活性的氨基酸一般采用直接电分析法。氨基酸的电分析法也存在不足，如具有直接的电化学活性的氨基酸不多、可逆性较差、背景干扰较大、非电化学活性的氨基酸仍需进行衍生化反应等，因此实际应用时选择合适的体系及反应条件便成为研究这类方法的关键。

3. 色谱分析法

(1) 纸色谱法和薄层色谱法　色谱的特点是操作简单、分离效能较高、所需仪器设备廉价、因而应用广泛。用薄层色谱法可以对多达 60 多种氨基酸及其衍生物进行分离分析，常用的薄层板有硅胶、聚酰胺纤维素，采用相应的展开剂对氨基酸进行分离，然后分别采用紫外光荧光或可见光进行检测，具有展开快、分离效能高、灵敏度高、耐腐蚀等特点，比纸色谱的应用更广泛。

(2) 气相色谱　氨基酸属不挥发性物质，气相色谱（GC）法分析氨基酸须衍生反应使之成为易于气化的物质。应用较广的反应有两种，即生成三氟乙酰（N-TFA）氨基酸正丁酯和生成七氟丁酰基（N-HFA）氨基酸丁基酯，另外还有一些其他方法。GC 分析是一种高效能、选择性好、灵敏度高、操作简单、应用广泛的分析、分离方法。气相色谱法分析氨基酸成本低，并且便于与质谱联用，确定氨基酸的结构，从而有可能发现新的氨基酸或测定非蛋白质氨基酸。这是自动化氨基酸分析仪所不及的，近年来，已在生化、医药、食品等方面得到了广泛的应用。缺点是衍生反应干扰多、专一性差。目前此方法在氨基酸分析中应用不多。

（3）液相色谱 传统的氨基酸分析技术用离子交换色谱分离氨基酸。柱后与茚三酮反应，即氨基酸经高效液相色谱分离后与茚三酮反应，以紫外检测器于440nm和570nm进行双波长检测定量。此法可在低压条件下进行，具有氨基酸水解物稳定的优点。采用阳离子交换色谱分离、柱后茚三酮衍生光度检测技术的商品化的自动氨基酸分析仪在20世纪60年代初问世。现在的自动氨基酸分析仪已实现了程控自动化和数据处理电脑化，分析时间已缩短至1h以内。缺点是：操作复杂、影响因素多，需要柱后衍生装置和衍生试剂。近十多年来，随着高效液相色谱技术的迅速发展，人们对氨基酸分析所用的仪器、衍生剂柱前处理、衍生方法及色谱条件等，进行了大量的研究和改进。将传统的离子交换色谱和柱后衍生，发展成为具有广泛适用性的现代柱前衍生氨基酸反相高效液相色谱分析技术，为氨基酸分析提供了广阔的前景。目前已报道的柱前衍生试剂很多。

（4）高效阴离子交换色谱-积分脉冲安培检测法 高效阴离子交换色谱-积分脉冲安培检测法（HPAEC-IPAD）是一种新的氨基酸分析方法。此方法是基于氨基酸分子中的羧基在强碱性介质中可以形成阴离子，而氨基酸分子中的氨基在强碱性介质中通过施加一定的电位，可在贵金属（金、铂）电极表面发生氧化反应，从而实现氨基酸的阴离子交换色谱分离和积分脉冲安培检测。

4. 毛细管电泳

毛细管电泳（CE）是20世纪80年代中后期发展起来的一门分析技术，它具有进样少，绝对灵敏度高，分辨率高等特点，与光学检测或电化学检测技术相结合，可以对氨基酸进行分离分析。它有毛细管区带电泳（CZE）；胶束毛细管色谱（MECC）；毛细管色谱（CEC）；毛细管凝胶电泳（CGE）；毛细管胶束电动色谱（MEKC）；毛细管等速电泳（CITP）；亲和毛细管电泳（ACE）；毛细管离子电泳（CIE）等几种模式可供选择。近年来，由于高效毛细管电泳（HPCE）的广泛研究，使CE更加被重视。HPCE主要分离氨基酸、多肽、蛋白质、核酸等大分子物质，由于其高效（理论塔板数大于105），快速（分析时间不超过40min），进样量少和溶剂消耗量少等优点，得到了迅速的发展。CE今后发展方向仍是继续提高分辨率、速度和检测器的选择性。同时，增加自动进样装置和使之微机化、商品化。另外，将它与质谱仪更好地结合，可对生物分子特性作出更快、更准确的分析，以进一步拓宽CE在各个领域的应用范围。

5. 比色法（色氨酸测定）

色氨酸在酸性溶液中水解很容易破坏，所以不能在酸水解液中测得真正的含量，必须用碱进行水解，色氨酸能和对二甲基氨基苯甲醛试剂生成蓝色，其颜色的深浅与色氨酸的量成直线关系。

6. 其他分析技术

高效液相色谱-质谱（HPLC-MS）和毛细管电泳-质谱（CE-MS）分析氨基酸是一种新趋势。

(二) 氨基酸自动分析仪法测定食品中的游离氨基酸

1. 基本原理

食品中的蛋白质经盐酸水解成为游离氨基酸，经氨基酸分析仪的离子交换柱分离后，与茚三酮溶液产生颜色反应，再通过分光光度计比色测定氨基酸含量。

本方法是用氨基酸自动分析仪测定食物中氨基酸的方法。利用各种氨基酸的兼性离子特性、极性和分子大小等性质的不同，使用阳离子交换树脂进行柱层析，再用不同的pH值和离子浓度的缓冲液依次将它们洗脱。洗脱的顺序为：酸性氨苯酸和极性较大的氨基酸，其次是非极性的和芳香性氨基酸，最后是碱性氨基酸，相对分子质量小的比相对分子质量大的先下来。适用于食品中的天冬氨酸、苏氨酸、丝氨酸、谷氨酸、脯氨酸、甘氨酸、丙氨酸、缬氨酸、蛋氨酸、异亮氨酸、亮氨酸、酪氨酸、苯丙氨酸、组氨酸、赖氨酸和精氨酸等十六种氨基酸的测定。其最低检出限为10pmol。本方法不适用于蛋白质含量低的水果、蔬菜、饮料和淀粉类食品中氨基酸测定。

2. **主要仪器** 氨基酸自动分析仪、真空泵、恒温干燥箱、真空干燥器（温度可调节）。

3. **操作步骤**

(1) 水解：将称好的样品放于水解管中。在水解管内加盐酸，加入新蒸馏的苯酚3~4滴，接到真空泵的抽气管上，抽真空，待压力接近0Pa时，充入高纯氮气，再抽真空充氮气，重复三次后，在充氮气状态下封口或拧紧螺丝盖，将已封口的水解管放在110±1℃的恒温干燥箱内，水解22h后，取出冷却。打开水解管，过滤水解液后，全部转移定容。吸取滤液于容量瓶内，用真空干燥器在40~50℃干燥，残留物用少许水溶解，再干燥，反复进行两次，最后蒸干，用pH2.2的缓冲液溶解，供仪器测定用。

(2) 测定：准确吸取一定量混合氨基酸标准，用pH2.2的缓冲液稀释，作为上机测定用的氨基酸标准，用氨基酸自动分析仪以外标法测定样品测定液的氨基酸含量。

第三节 食品中脂肪及脂肪酸的测定

一、食品中脂肪的测定方法

1. **索氏提取法** 利用脂肪能溶于有机溶剂的性质，在索氏提取器中试样用无水乙醚或石油醚等溶剂抽提后，蒸去溶剂所得的物质，称为粗脂肪。因为除脂肪外，还含色素及挥发油、蜡、树脂等物。抽提法所测得的脂肪为游离脂肪。

2. **酸水解法** 试样经酸水解后，蛋白质、纤维素等被强酸破坏，用乙醚提取，除去溶剂即得总脂肪含量。酸水解法测得的为游离及结合脂肪的总量。

3. **碱性乙醚法** 乙醚不能从乳或其他液体食品中直接抽取脂肪，需先用碱处理，使酪蛋白钙盐溶解，并降低其吸附力，才能使脂肪球与乙醚混合。在乙醇和石油醚存在下，使乙醇溶解物存留在溶液内，加入石油醚则可使乙醚不与水混溶，而只抽出脂肪和类脂化合物。石油醚的存在可使分层清晰。将醚层分离并将醚除去后，即可得出脂肪含量。

4. **甲醇-氯仿抽提法** 用极性甲醇和非极性氯仿作溶剂，可与样品中水分形成三元抽取体系，将样品组织中结合的脂质变成游离脂肪，同时也能将诸如磷脂类极性脂质提取出（即将全部脂肪提取出），然后挥发掉溶剂，称重定量。

5. **皂化法** 脂肪在氢氧化钾乙醇溶液中被皂化为钾肥皂（钾肥皂比钠肥皂更易溶解于水，故用氢氧化钾而不用氢氧化钠）。钾肥皂被盐酸酸化为脂肪酸，过剩的氢氧化钾被中和。游离脂肪酸再用石油醚萃取。吸取一定量的萃取液蒸去石油醚后，以中性乙醇溶解脂肪酸，用氢氧化钾标准溶液滴定之。根据氢氧化钾溶液的消耗量，及加入石油醚萃取时，根据溶解于酒精层未被萃取出的残留脂肪酸的高尔风（colffon）系数，即可算出脂肪含量。

索氏提取法和酸水解法比较常用。索氏抽提法所测得的脂肪为游离脂肪，酸水解法测得的为游离及结合脂肪的总量。碱性乙醚法适用于乳类及其制品脂肪的测定，而氯仿-甲醇提取法则用于含蛋白质、脂蛋白、磷脂等丰富的食物效果较好。

索氏提取法测定食品中的脂肪的操作步骤见第十一章实验教程中实验二。

二、食品中脂肪酸的测定方法

1. 气相色谱法　样品经硫酸甲醇溶液和氯仿液萃取，用肉豆蔻酸作内标物，以气相色谱法测定样品中乳酸、草酸、富马酸、丁二酸、戊二酸、软脂酸、油酸、亚油酸和亚麻酸等物质含量。或者脂类用醚法或氯仿甲醇混合液提取后，用碱处理，使游离脂肪酸，甘油酯以及磷脂等构成脂肪酸的物质变成水溶性的碱盐，然后用有机溶剂去除不皂化物（固醇、萜烯、蜡等），再用酸水解，使其转变成游离脂肪酸。经硫酸甲酯化处理后，用气相色谱法分离各种脂肪酸。

2. 碱性滴定法　样品以乙醚混合液溶解，以氢氧化钾溶液滴定，根据滴定的结果，以油酸计算出游离脂肪酸的含量。

3. 乙酸铜比色法　样品经索氏抽提法提取后，加乙酸铜溶液处理，在波长640nm处比色测定。

4. 硝酸银络合法　用硝酸银浸渍过的硅胶薄层，可用来分离饱和脂肪酸甲酯、不饱和脂肪酸甲酯及分离不饱和程度不同的不饱和脂肪酸及顺反异构体等。

5. 高效液相色谱法　植物油中多含不饱和脂肪酸组分，样品经皂化后，不用溶剂萃取，以18-寇醚-6作催化剂，使得到的酸酯化成对溴代苯酰甲酯，波长254nm处的紫外检测器测定。

实际工作中气相色谱法比较常用，可以测定制品中各种脂肪酸占总脂肪酸的百分比，样品处理较简单，方法灵敏度较高，现介绍如下：

（一）原理

样品中的脂肪酸一般以甘油三酯的形式存在，经过氢氧化钾甲醇液的甲酯化，生成相应的脂肪酸甲酯，用气相色谱仪可分离并定量分析。

（二）主要仪器

气相色谱仪，氢火焰离子化检测器。

（三）操作步骤

1. 色谱条件

色谱柱 2m×4mm 填充 80～100 目 ChromosorbW，涂以 8% 或 10%（质量分数）二乙二醇琥珀酸酯。

柱温：210℃；进样器温度：280℃；监测器温度：280℃。

2. 测定

样品加入石油醚和苯，轻轻摇动使之溶解。加入氢氧化钾-甲醇溶液，混匀。静止，加蒸馏水使石油醚苯甲酯溶液升到瓶颈上部，放置待澄清。吸取上清液，室温下充氮使之浓缩，取浓缩液用于色谱分析。

第四节　食品中碳水化合物的测定

一、食品中还原糖的测定

(一) 还原糖的测定方法

1. 直接滴定法　将一定量的碱性酒石酸铜甲液和乙液等量混合，硫酸铜与氢氧化钠作用，生成天蓝色的氢氧化铜沉淀，立即与酒石酸钾钠起反应，生成可溶性的酒石酸钾钠铜络合物。在加热条件下，以次甲基蓝作为指示剂，用去除蛋白质的样液滴定，样液中的还原糖与酒石酸钾钠铜反应，生成红色的氧化亚铜沉淀，氧化亚铜再与试剂中的亚铁氰化钾反应，生成可溶性化合物，达到终点时，稍过量的还原糖把次甲基蓝还原，溶液由蓝色变为无色，即为滴定终点，根据样液消耗量可计算出还原糖含量。本法又称快速法，适合于各类食品中还原糖的测定，是国家标准分析方法。

2. 高锰酸钾滴定法　样品经除蛋白质后，其中还原糖把铜盐还原为氧化亚铜，加酸性硫酸铁后，氧化亚铜被氧化成铜盐，以高锰酸钾溶液滴定氧化作用后生成的亚铁盐，根据高锰酸钾消耗量，计算氧化亚铜含量，然后再求得还原糖含量。

3. 斐林试剂比色法　含有醛基或酮基的单糖和多糖的水解产物，在碱性条件下煮沸能使斐林试剂中的二价铜离子还原为一价的氧化亚铜，而使蓝色的斐林试剂脱色，脱色的程度与溶液中含糖量成正比。在590nm波长处进行比色测定，本法在100～500mg/L还原糖范围内呈良好的线性关系。

(二) 直接滴定法测定食品中还原糖的步骤

1. 原理

样品经除去蛋白质后，在加热条件下，以次甲基蓝作指示剂，直接滴定标定过的碱性酒石酸铜溶液，根据样品液消耗体积计算还原糖量。

2. 操作步骤

(1) 样品处理：①乳类、乳制品及含蛋白质的冷食类：加入乙酸锌溶液及亚铁氰化钾溶液，加水定容，混匀，沉淀，静置30min，用干燥滤纸过滤，弃去初滤液，滤液备用。②酒精性饮料：用氢氧化钠溶液中和至中性，在水浴上蒸发至原体积的四分之一后，移入容量瓶中，加水定容。③含大量淀粉的食品：加水，在水浴中加热1h，冷后加水至刻度，混匀，静置，沉淀。吸取上清液于另一容量瓶中，慢慢加入乙酸锌溶液及亚铁氰化钾溶液，加水至刻度，混匀，沉淀，静置30min，用干燥滤纸过滤，弃去初滤液，滤液备用。④汽水等含有二氧化碳的饮料：在水浴上除去二氧化碳后，移入容量瓶中，加水定容，混匀后备用。

(2) 标定碱性酒石酸铜溶液：吸取一定量碱性酒石酸铜甲液及乙液，置于锥形瓶中，加水，加入玻璃珠2粒，从滴定管滴加葡萄糖或其他还原糖标准溶液，电炉上控制在2min内加热至沸，趁热以每两秒1滴的速度继续滴加葡萄糖或其他还原糖标准溶液，直至溶液蓝色刚好褪去为终点，记录消耗葡萄糖或其他还原糖标准溶液的总体积，同时平行操作三份，取其平均值，计算每一定量碱性酒石酸铜溶液相当于葡萄糖的质量或其他还原糖的质量(mg)。

(3) 样品溶液预测：吸取一定量碱性酒石酸铜甲液及乙液，置于锥形瓶中，加水，加入玻璃珠 2 粒，在电炉上控制在 2min 内加热至沸，趁沸以先快后慢的速度，从滴定管中滴加样品溶液，并保持溶液沸腾状态，待溶液颜色变浅时，以每两秒 1 滴的速度滴定，直至溶液蓝色刚好褪去为终点，记录样液消耗体积。当样液中还原糖浓度过高时应适当稀释，再进行正式测定，使每次滴定消耗样液的体积控制在与标定碱性酒石酸铜溶液时所消耗的还原糖标准溶液的体积相近。当浓度过低时则采取直接加入预测样品液，免去加水，再用还原糖标准溶液滴定至终点，记录消耗的体积与标定时消耗的还原糖标准溶液体积之差相当于一定量样液中所含还原糖的量。

（4）样品溶液测定：吸取一定量碱性酒石酸铜甲液及乙液，置于锥形瓶中，加水，加入玻璃珠 2 粒，从滴定管滴加比预测体积少 1ml 的样品溶液至锥形瓶中，电炉上使在 2min 内加热至沸，趁沸继续以每两秒 1 滴的速度滴定，直至蓝色刚好褪去为终点，记录样液消耗体积。同法平行操作三份，得出平均消耗体积。按消耗体积计算样品中还原糖的含量。

（三）高锰酸钾滴定法

1. 原理

样品经除去蛋白质后，其中还原糖把铜盐还原为氧化亚铜，用酸性硫酸铁处理后，氧化亚铜被氧化为铜盐，同时生成硫酸亚铁，以高锰酸钾溶液滴定氧化作用后生成的亚铁盐，根据高锰酸钾消耗量，计算氧化亚铜含量，再查表得还原糖量。

反应式如下：

$$Cu_2O + Fe_2(SO_4)_3 + H_2SO_4 \longrightarrow 2CuSO_4 + 2FeSO_4 + H_2O$$

$$10FeSO_4 + 2KMnO_4 + 8H_2SO_4 \longrightarrow 5Fe_2(SO_4)_3 + 2MnSO_4 + K_2SO_4 + 8H_2O$$

2. 操作方法

（1）样品处理：①乳类、乳制品及含蛋白质的冷食类：样品置于容量瓶中，加水，加碱性酒石酸铜甲液及氢氧化钠溶液，加水至刻度，混匀，静置 30min，用干燥滤纸过滤，弃去初滤液，滤液备用。②酒精性饮料：样品置于蒸发皿中，用氢氧化钠溶液中和至中性，在水浴上蒸发，移入容量瓶中。加水，加碱性酒石酸铜甲液及氢氧化钠溶液，加水至刻度，混匀。静置 30min，用干燥滤纸过滤，弃去初滤液，滤液备用。③含多量淀粉的食品：样品置于容量瓶中，加水，在 45℃水浴中加热 1h。冷后加水至刻度，混匀，静置。吸取上清液于另一容量瓶中，加碱性酒石酸铜甲液及氢氧化钠溶液，加水至刻度，混匀。静置 30min，用干燥滤纸过滤，弃去初滤液，滤液备用。④汽水等含有二氧化碳的饮料：取样品置于蒸发皿中，在水浴上除去二氧化碳后，移入容量瓶中，加水至刻度，混匀后，备用。

（2）测定：吸取处理后的样品溶液，于烧杯内，加入碱性酒石酸铜甲液及乙液，于烧杯上盖一表面皿，加热，控制在 4min 内沸腾，再准确煮沸 2min，趁热用铺好石棉坩埚抽滤，并用 60℃热水洗涤烧杯及沉淀，至洗液不呈碱性为止。将坩埚放回原烧杯中，加硫酸铁溶液及水，用玻棒搅拌使氧化亚铜完全溶解，以高锰酸钾标准溶液滴定至微红色为终点。

同时吸取水，加入与测定样品时相同量的碱性酒石酸酮甲液、乙液、硫酸铁溶液及水，按同一方法做空白试验。根据消耗高锰酸钾标准溶液计算氧化亚铜含量，再查表得还原糖量。

二、食品中蔗糖的测定

蔗糖的测定方法为：样品经除去蛋白质后，其中蔗糖经盐酸水解转化为还原糖，再按还原糖测定。根据水解前后还原糖的差值即可计算出蔗糖含量。

$$C_{12}H_{22}O_{11} + H_2O \longrightarrow C_6H_{12}O_6 + C_6H_{12}O_6$$

蔗糖   转化糖

三、食品中淀粉的测定

(一) 食品中淀粉的测定方法

1. 酸水解法   样品经除去脂肪及可溶性糖类后,用酸水解淀粉成葡萄糖,按还原糖测定方法测定还原糖含量,再折算为淀粉含量。此法适用于淀粉含量较高,而半纤维素和多缩戊糖等其他多糖含量较低的样品。否则,水解时它们也被水解为木糖、阿拉伯糖等还原糖,定性测定结果偏高。

2. 酶水解法   样品经除去脂肪和可溶性糖类后,在淀粉酶的作用下,使淀粉水解为低分子糊精和麦芽糖,再用盐酸进一步水解为葡萄糖,然后按还原糖测定法测定其含量,并折算成淀粉含量。由于淀粉酶的水解只有专一性,它只水解淀粉而不会水解其他多糖,所以该法不受半纤维素、多缩戊糖、果胶等多糖的干扰,分析结果准确可靠。

3. 旋光法   淀粉具有旋光性,在一定条件下旋光度的大小与淀粉的浓度成正比。用氯化钙溶液提取淀粉,使之与其他成分分离,用氯化锡沉淀提取溶液中的蛋白质后,测定旋光度,即可计算出淀粉含量。本法适用于淀粉含量较高,而可溶性糖类含量很少的谷物样品。

(二) 酶水解法测定食品中淀粉

1. 原理

样品经除去脂肪及可溶性糖类后,其中淀粉用淀粉酶水解成双糖,再用盐酸将双糖水解成单糖,最后按还原糖测定,并折算成淀粉。

2. 操作步骤

(1) 样品处理:样品置于放有折叠滤纸的漏斗内,先用乙醚分次洗除脂肪,再用乙醇(85%)洗去可溶性糖类,将残留物移入烧杯内,并用水洗滤纸及漏斗,洗液并入烧杯内,将烧杯置沸水浴上加热,使淀粉糊化,放冷至60℃以下,加淀粉酶溶液,在55~60℃保温1h,并时时搅拌。然后取1滴此液加1滴碘溶液,应不显现蓝色,若显蓝色,再加热糊化并加一定量淀粉酶溶液,继续保温,直至加碘不显蓝色为止。加热至沸,冷后移入容量瓶中,并加水至刻度,混匀,过滤,弃去初滤液。取滤液,置于锥形瓶中,加盐酸,装上回流冷凝器,在沸水浴中回流1h,冷后加2滴甲基红指示液,用氢氧化钠溶液中和至中性,溶液转入容量瓶中,加水定容,混匀备用。

(2) 测定:按还原糖测定方法进行操作。同时量取水及与样品处理时相同量的淀粉酶溶液,按同一方法做试剂空白试验。

四、食物中粗纤维的测定

长期以来,在食品工业领域一直沿引"粗纤维"这一概念,影响了食物纤维生理功能的研究和发展。Trowell (1972) 首次引入"膳食纤维"(dietary fiber) 这一全新的名词,1976年他将膳食纤维定义为"不被人体消化吸收的多糖类碳水化合物和木质素"。

膳食纤维的主要成分包括所有膳食纤维成分,如非淀粉多糖、木质素和抗性淀粉(也包括回生淀粉和改性淀粉)。通常将膳食中的非淀粉类多糖与木质素合称为膳食纤维,它包括可溶性和不溶性膳食纤维，来源于水果的果胶，海藻的藻胶和某些植物的粘性物质可溶于水，称之为可溶性膳食纤维；而来源于谷类、豆类种子外皮的半纤维素、纤维素和木质素不溶于水，称为不溶性膳食纤维。食物样品中除去淀粉后，残渣用酸水解成中型糖，然后用气相色谱或高效液相色谱定量检测其总和，即为非淀粉多糖。或用酶解方法检测，包括纤维素、半纤维素、果胶及植物胶。

（一）食物中粗纤维的测定方法

1. 重量法　在硫酸的作用下，样品中的糖、淀粉、果胶质和半纤维素经水解后去除，再用碱处理去除蛋白质及脂肪酸，遗留的残渣为粗纤维。本法为国家标准分析方法。

2. 容量法　用2%盐酸溶液除去可溶性糖、淀粉和半纤维素后，用80%硫酸使纤维素溶解并加热水解为葡萄糖后测定，再换算为纤维素含量。本法为国家标准分析方法中的参考方法。

3. 酸性洗涤法　用酸性洗涤剂代替酸碱法中硫酸和氢氧化钠来消化样品中蛋白质和糖类，避免了酸碱法中部分木质素、半纤维素和纤维素的损失。

4. 中性洗涤法　样品经热的中性洗涤剂浸煮后，残渣用热蒸馏水充分洗涤，除去样品中游离淀粉、蛋白质和矿物质，然后加入α-淀粉酶溶液以分解结合态淀粉，再用蒸馏水、丙酮洗涤，以除去残存的脂肪、色素等，残渣经烘干，即为中性洗涤纤维素（不溶性膳食纤维）。

（二）膳食纤维含量的测定方法

膳食纤维的分析方法与传统粗纤维的分析方法完全不同。"粗纤维"是指植物经一定浓度的酸、碱、醇、醚等溶剂作用后的剩余残渣物量，强烈的溶剂处理导致了几乎100%的水溶性纤维、50%～60%半纤维素和10%～30%的纤维素被溶解损失掉。因此，必须建立全新的膳食纤维分析方法。膳食纤维分析方法很多，主要有洗涤剂法和酶法两大类。洗涤剂法简单方便，但只能得到不溶性纤维含量；酶法能同时分析出可溶性纤维与不溶性纤维含量，但分析过程复杂且成本较高。

1. NDF法（neutral detergent fiber）　样品在硫酸月桂酯钠存在下，细胞内容物被溶出，洗脱后测定其残渣。该法又叫中性洗涤剂纤维素法。NDF测得值包括纤维素、半纤维素、木质素的总量。

2. ADF法（acid detergent fiber）　样品在十六烷基三甲氨溴化物存在下处理，除去细胞内容物，测定残渣，该法又叫酸性洗涤剂纤维素法。ADF测得值包括纤维素、木质素的量。

3. 水溶与水不溶膳食纤维含量的快速分析法　本方法是利用中性洗涤剂法测定样品中的不溶性纤维素含量，样品加入中性洗涤剂溶液。通过多孔坩埚进行吸滤，在105℃烘箱中干燥过夜，再在高温炉中灰化，冷却后称重；利用酶法测定水溶性纤维素含量，样品加入耐热型α-淀粉酶，酶解后过滤分离出可溶性膳食纤维，往滤液中加入糖化酶，反应后加入无水乙醇使沉淀生成。后经105℃干燥器，灰化称重。它适宜于分析加工食品，食品原料（包括饲料）中的水溶与水不溶纤维含量。

（三）重量法测定食物中粗纤维

1. 原理

在硫酸作用下，样品中的糖、淀粉、果胶质和半纤维素经水解除去后，再用碱处理，除去蛋白质及脂肪酸,剩余的残渣为粗纤维。如其中含有不溶于酸碱的杂质,可灰化后除去。

2. 操作步骤

(1) 样品移入锥形瓶中,加入煮沸的硫酸,加热使微沸,保持体积恒定,维持 30min,取下锥形瓶,立即用亚麻布过滤后,用沸水洗涤至洗液不呈酸性。

(2) 再用煮沸的 1.25% 氢氧化钾溶液,将亚麻布上的存留物洗入原锥形瓶内,加热微沸 30min 后,取下锥形瓶,立即以亚麻布过滤,以沸水洗涤后,移入已干燥称量的垂熔坩埚或同型号的垂熔漏斗中,抽滤。用热水充分洗涤后,抽干。再依次用乙醇和乙醚洗涤一次。将坩埚和内容物在 105℃ 烘箱中烘干后称量,重复操作,直至恒量。如样品中含有较多的不溶性杂质,则可将样品移入石棉坩埚,烘干称量后,再移入 550℃ 高温炉中灰化,使含碳的物质全部灰化,置于干燥器内,冷却至室温称量,所损失的量即为粗纤维量。

第五节 食品中维生素的测定

一、食品中维生素 A 的测定

维生素 A(vitamin A)又称视黄醇(retinol,VA)。维生素 A 最好的食物来源是动物肝脏、鱼肝油、蛋类、奶及奶制品。胡萝卜素主要存在于红黄色及绿色的蔬菜水果中。植物中的胡萝卜素具有与维生素 A 相似的化学结构,能在体内转化为维生素 A,故又称为维生素 A 原。

(一)维生素 A 的测定方法

1. 比色法 维生素 A 与三氯化锑氯仿溶液作用,产生蓝色化合物,在波长 620nm 处有特异吸收。此蓝色化合物的深浅与样品溶液中所含维生素 A 的量成正比,因此,可以求出样品中维生素 A 的含量。

2. 紫外分光光度法 维生素 A 在紫外区波长 325nm 处有最大吸收。因而当样品中的干扰物质去除后,就可用紫外分光光度法进行维生素 A 的定量分析。

3. 荧光法 样品经乙醚提取后,以薄层层析分离纯化出样品中的维生素 A,其斑点转溶于正丁醇或环己烷中,测定其在激发波长 340nm,发射波长 490nm 处的荧光强度,即可求出样品中的维生素 A 含量。

4. 高效液相色谱法 比色法适用于维生素 A 含量较高的样品,方法简便、快速、准确。但对维生素 A 含量低的样品,如每克样品中含 5~10μg 维生素 A 时,因受其他脂溶性物质干扰,不易比色测定。紫外分光光度法、荧光法和高效液相色谱法不必加显色剂,可直接测维生素 A 的含量,对低含量样品也能得到精确的结果。测定食品中维生素 A,首先要对样品进行皂化,再用适当的有机溶剂萃取。

(二)三氯化锑比色法测定食品中维生素 A

1. 原理

在三氯甲烷中维生素 A 与三氯化锑相互作用,产生蓝色物质,其深浅与溶液中所含维生素 A 的含量成正比。该蓝色物质虽不稳定,但在一定时间内可用分光光度计于 620 nm 波长处测定其吸光度。

2. 主要仪器　分光光度计。

3. 操作步骤

（1）样品处理：根据样品性质，可采用皂化法或研磨法。

皂化法：适用于维生素 A 含量不高的样品，可减少脂溶性物质的干扰，但全部试验过程费时，且易导致维生素 A 损失。

样品在皂化瓶内加入氢氧化钾及乙醇，置于电热板上回流。将皂化瓶内混合物移至分液漏斗中，静置分层后，水层放入第二个分液漏斗内。再次静置分层，水层放入三角瓶中，醚层与第一个分液漏斗合并。用水洗涤醚层，直至洗涤液与酚酞指示剂呈无色为止（大约 3 次）。然后将醚层液经过无水硫酸钠滤入三角瓶中，再用乙醚冲洗分液漏斗和硫酸钠两次，洗液并入三角瓶内。置水浴上蒸馏，回收乙醚。待瓶中剩约 5ml 乙醚时取下，用减压抽气法至干，立即加入一定量的三氯甲烷使溶液中维生素 A 含量在适宜浓度范围内。

研磨法：适用于每克样品维生素 A 含量大于 $5\sim10\mu g$ 样品的测定，如肝的分析。研磨法步骤简单，省时，结果准确。

样品放入盛有 $3\sim5$ 倍样品质量的无水硫酸钠研钵中，研磨至样品中水分完全被吸收，并均质化。将全部均质化样品移入带盖的三角瓶内，加入乙醚。紧压盖子，用力振摇 2min，使样品中维生素 A 溶于乙醚中。使其自行澄清（大约需 $1\sim2h$），或离心澄清。取澄清的乙醚提取液，放入比色管中，在 $70\sim80℃$ 水浴上抽气蒸干，立即加入 1ml 三氯甲烷溶解残渣。

（2）测定：于一比色管中加入三氯甲烷，加入 1 滴乙酸酐为空白液，另一比色管中加入三氯甲烷，其余比色管中分别加入样品溶液及 1 滴乙酸酐。于 620nm 波长处，以三氯甲烷调节吸光度至零点，将样品移入光路前，迅速加入三氯化锑—三氯甲烷溶液。于 6 秒内测定吸光度，与标准管比较求出样品中维生素 A 的含量。

二、食品中维生素 E 的测定

维生素 E 是所有具有 α-生育酚（tocopherol）生物活性的色满（苯并二氢呋喃）衍生物的统称。已知自然界存在的维生素 E 有 8 种，其差别仅在于甲基的数目和位置不同。在较为重要的 α、β、γ、δ 四种异构体中，以 α-生育酚的生理活性最强，一般所说的维生素 E 即指 α-生育酚而言。具有抗脂质过氧化作用。

(一) 维生素 E 的测定方法

1. 比色法　维生素 E 与 $FeCl_3$ 反应，Fe^{3+} 被还原成 Fe^{2+}，Fe 可与 α、α'-联氮苯发生颜色反应，呈红色，因此在波长 520nm 处测定吸光度可定量测定样品中维生素 E 的含量。

2. 薄层层析法　样品经皂化，使维生素 E 游离，用乙醚抽提出不皂化物，用薄层层析法分离出 α-维生素 E，使其与三氯化铁溶液反应，三价铁被还原为二价铁，二价铁与 α、α'-联氮苯反应生成络盐，测定其显色深度，求出 α-维生素 E 的含量。

3. 荧光法　α-维生素 E 分子结构中具有苯环，因此具有荧光，且其荧光强度与样品中维生素 E 含量成正比。样品经皂化，把不皂化物溶解在正己烷中，测定其荧光强度，并与标准 α-维生素 E 作比较，定量地求出样品中的维生素 E 含量。

4. 气相色谱法　生育酚与甾醇类均存在于不皂化物中，而且分子中均具有羟基，因此在同样条件下，利用气相色谱可以分离测定生育酚与甾醇。为了将 α-生育酚与 β-、γ-生育酚分离，预先要将样品进行三甲基硅烷化或酯化。为了除去胆固醇等的干扰，可采用费罗里矽柱层析或毛地黄皂苷-硅藻土柱层析。

5. 高效液相色谱法　高效液相色谱法能简便地分离、定量 α、β、γ、δ 型生育酚，它是常用的定量法。采用高效液相色谱法，一般试样不必进行前处理，但有的样品需进行皂化等前处理或者进行预置柱处理。比色法操作比较简单、灵敏度较高。但维生素 E 没有特异的反应，需要采取一些方法除去干扰。荧光法特异性强，干扰少、灵敏、快速、简便。高效液相色谱法具有简便、分辨率高等优点，是分析维生素较好的方法。

(二) α、α′-联氮苯比色法测定食品中维生素 E 的步骤

1. 原理

维生素 E 能将高价铁离子还原为亚铁离子，利用所生成的亚铁离子与 α、α′-联氮苯的颜色反应，可测定维生素 E 的含量。

2. 主要仪器　分光光度计。

3. 操作步骤

(1) 皂化：样品于烧杯中，加入水搅匀，移入分液漏斗中，分别加入氨水、乙醇摇匀，然后用乙醚进行抽提三次，收集乙醚层，用水洗涤乙醚层共三次。水层用乙醚再进行抽提一次，合并所用乙醚。在索氏脂肪抽脂器中蒸发除去乙醚或在氮气流下蒸发除去乙醚。取提取液于脂肪烧瓶中，连接回流冷凝管，在氮气流中用氢氧化钾-甲醇溶液在 72~74℃温度下皂化。皂化液用适量甲醇稀释，并移入分液漏斗中，加水，然后用乙醚萃取 3 次。合并乙醚提取液，用水洗涤，再用氢氧化钾溶液洗涤一次，最后用水洗至中性。提取液通过无水硫酸钠柱脱水，在 CO_2 气流中减压蒸发至干，然后用苯溶解。

(2) 纯化：将残渣溶解于苯液中，通过预先用苯润湿的吸附柱，然后用苯洗脱至洗出液容积为 25ml。吸附柱上的颜色被胡萝卜素变为微绿蓝色，被维生素 A 变为暗蓝色。若无胡萝卜素存在，可直接溶解残渣于乙醚中。

(3) 比色：取适量样液于比色管中，加三氯化铁无水乙醇溶液，摇均匀，再加 α、α′-联氮苯-无水乙醇溶液，用无水乙醇定容至刻度，摇匀。放置 10~15min，于分光光度计 520nm 处测定吸光度。同样条件下做一空白试验。

(三) 高效液相色谱法测定食品中维生素 A 及维生素 E

采用高效液相色谱法测定维生素 A 及维生素 E 的含量是目前比较准确和稳定的方法，具备一定设备的实验室可以采用该方法。它能同时测定 β-胡萝卜素。

1. 原理

样品中的维生素 A 及维生素 E 经皂化提取处理后，将其从不可皂化部分提取至有机溶剂中。用高效液相色谱 C_{18} 反相柱将维生素 A 和维生素 E 分离，经紫外检测器检测，并用内标法定量测定。

2. 主要仪器　高效液相色谱仪，紫外分光检测器。

3. 色谱条件

预柱：ultrasphere ODS 10μm，4mm×4.5cm；分析柱：ultrasphere ODS 5μm，4.6mm×25cm；流动相：甲醇+水=98+2，混匀。紫外检测器波长：300nm；进样量：20μl；流速：1.2ml/min。

4. 操作步骤

（1）样品处理：①皂化：样品于皂化瓶中，加无水乙醇，进行搅拌，直到颗粒物分散均匀为止。加10%抗坏血酸，苯并[e]芘内标液，混匀。加入氢氧化钾混匀。于沸水浴回流30min使皂化完全。②提取：将皂化后的样品移入分液漏斗中，静置分层，弃去水层。用水洗分液漏斗中的乙醚层，用pH试纸检验直至水层不显碱性（最初水洗轻摇，逐次振摇强度可增加）。③浓缩：将乙醚提取液经过无水硫酸钠滤入与旋转蒸发器配套的250～300ml球形蒸发瓶内，于55℃水浴中减压蒸馏并回收乙醚，待瓶中剩下约2ml乙醚时，取下蒸发瓶，立即用氮气吹掉乙醚立即加入乙醇，充分混合，溶解提取物。

将乙醇液离心5min（5000r/min）。上清液供色谱分析。如果样品中维生素含量过少，可用氮气将乙醇液吹干后，再用乙醇重新定容，并记下体积比。

（2）样品分析：取样品浓缩液20μl，待绘制出色谱图及色谱参数后，再进行定性和定量。

定性：用标准物色谱峰的保留时间定性。

定量：根据色谱图求出某种维生素峰面积与内标物峰面积的比值，以此值在标准曲线上查到其含量。或用回归方程求出其含量。

三、食品中维生素D的测定

维生素D也是一种脂溶性维生素，维生素D的种类很多，以维生素D_2（麦角钙化醇）和维生素D3（胆钙化醇）最为重要。维生素D的生理功能是调节磷、钙的代谢，促进骨骼与牙齿的形成，它是生命必需的营养素和钙代谢中重要的生物调节因子。缺乏时，儿童引起佝偻病，成人则引起骨质疏松症。人及动物皮肤中的7-脱氢胆固醇经紫外光照射即可转变为维生素D_3。因此，凡能经常接受阳光照射者不会发生维生素D缺乏症。

（一）维生素D的测定方法

由于食品中维生素D含量低，而干扰维生素D测定的物质颇多，目前尚没有对维生素D有特异性的显色剂，所以给分析工作带来一定困难。维生素D定量法有：

1. 比色法　维生素D与三氯化锑在氯仿中产生橙黄色，并于500nm波长处有一个最大的吸收值。呈色的强度与维生素D含量成正比，故可以比色定量。

2. 紫外法　溶于乙醇的维生素D在波长265nm处对光具有最大的吸收且光吸收强度与维生素D的含量成正比，故可以定量测定。

3. 荧光法　本法适用于生物体液中维生素D的测定。维生素D_2和D_3在硫酸的乙醇溶液中，在紫外光照射下产生蓝色的荧光，借此用于测定生物体液中的维生素D_2和D_3。

4. 薄层层析法　样品经聚乙二醇辛基苯基醚及六偏磷酸钠混合的脂肪提取剂作用后，通过经乙醚、石油醚混合物提取分离出脂肪，经氢氧化钾皂化，分离出不皂化物。再用活性氧化铝柱层析去掉生育酚、胡萝卜素等干扰物。用助滤剂545、聚乙二醇600及漂白土柱层析，除掉维生素A和E及其分解产物。用毛地黄皂苷—硅藻土柱层析除去胆固醇。最后用顺丁烯二酸酐去掉甾醇类等无生物活性物后，样液中维生素D经过薄层层析定位及半定量测定，然后刮下斑点，溶于无水乙醇中，经离心，取上清液，在紫外分光光度计波长265nm处测定吸光值，计算样品中维生素D的含量。

5. 高效液相色谱法　样品经过抽出脂肪、皂化、抽提不皂化物以及经过毛地黄皂苷-碱藻土和皂土二次柱层析,将脂肪和维生素 A 和维生素 E 等干扰物除去,然后注入液相色谱仪中,流动相为正己烷：环己烷＝1∶1 的混合溶液,内含 0.8% 的异丙醇,以紫外检测器进行测定,求出样品中维生素 D 的含量。

（二）三氯化锑比色法测定维生素 D

1. 原理

维生素 D 与三氯化锑在三氯甲烷中产生橙黄色,并在 500nm 波长处有最大吸收,呈色强度与维生素 D 的含量成正比。加入乙酰氯可以消除温度、湿度等干扰因素的影响。维生素 A 与维生素 D 共存时,须先用柱层析分离、去除维生素 A,再比色测定。

本法测定的是维生素 D_2、D_3 的总量。

2. 主要仪器　分光光度计。

3. 操作方法

（1）样品的处理：皂化和提取同维生素 A 的测定。如果样品中有维生素 A 共存时,必须进行纯化、分离维生素 A。纯化：将样品提取液倒入分离柱内,再用石油醚淋洗,弃去最初收集的 10ml,再用容量瓶收集淋洗液至刻度。将淋洗液移入分液漏斗中,加入水洗涤三次。将上述石油醚层通过无水硫酸钠脱水,移入锥形瓶或脂肪烧瓶中,在水浴上浓缩至约至恰干,立即加入氯仿,加塞摇匀备用。

（2）测定：吸取上述已纯化的样品溶液于比色皿中,置于分光光度计的比色槽内,立即加入三氯化锑-氯仿-乙酰氯溶液,在 500nm 波长下测定吸光度值,根据样品溶液的吸光度,从标准曲线上查出其相应的含量。

四、食品中 β-胡萝卜素的测定

在植物中不含已形成的维生素 A。某些有色（黄、橙和红色）植物中含有类胡萝卜素,其中一小部分可在小肠和肝细胞内转变成视黄醇和视黄醛的类胡萝卜素称为维生素 A 原,如 α-胡萝卜素、β-胡萝卜素、β-隐黄素、γ-胡萝卜素等,其中以 β-胡萝卜素的生物效价最高。胡萝卜素也是维生素 A 的重要来源。它主要存在于红黄色及绿色的蔬菜水果中,含胡萝卜素较丰富的食品有胡萝卜、辣椒、番茄、橘子、香蕉等。

（一）β-胡萝卜素的测定方法

胡萝卜素是一种植物色素,常与叶绿素、叶黄素等共同存在于植物体中,这些色素都能被有机溶剂所提取。因此,测定时必须将胡萝卜素与其他色素分离开来。一般要经过皂化、溶剂萃取、分离、浓缩、测定等操作。目前测定胡萝卜素的方法主要有以下几种：

1. 纸层析法　由于胡萝卜素经常与叶绿素、叶黄素共存于植物中,这些色素能被有机溶剂提取,对测定胡萝卜素有干扰。本法用石油醚提取色素,然后进行纸上层析分离,由于 β-胡萝卜素极性最小,展开速度快,易与其他色素分离。将分离后的层析斑剪下,用石油醚洗脱后在 450nm 波长处测定吸光度,计算胡萝卜素的含量。

2. 薄层层析法　原理与纸层析法相同,用石油醚提取色素,在制备的硅胶和硅藻土玻璃板上层析分离,用石油醚洗脱后在 450nm 波长处测定吸光度,计算胡萝卜素的含量。

3. 柱层析法　将样品提取液加入已填充吸附剂的色谱柱,利用一定的吸附剂对不同色素的不同吸着能力,将样品提取液中有生理价值的胡萝卜素从类胡萝卜素中分离出来。在适当条件下，各种色素被吸在吸附柱的不同位置上，形成色层谱。然后用石油醚洗脱，收集流出液真空浓缩，吹干，加石油醚定容，以石油醚为空白，450nm 波长下检测吸光度。

4. 分光光度法　样品通过石油醚-丙酮混合溶液萃取，使之与非类胡萝卜素成分分离，在 450nm 波长下测定萃取溶液的吸光度，可以计算出食品中总胡萝卜素的含量。

5. 高效液相色谱法　各种类胡萝卜素在 450nm 可见光波长条件下都有不同程度的吸收，样品中的类胡萝卜素经有机溶剂提取后，利用 HPLC 反相色谱柱进行分离测定，根据保留时间和峰高（或峰面积）与标准比较而定性和定量。

（二）高效液相色谱法（HPLC）测定食品中胡萝卜素

高效液相色谱法是目前测定胡萝卜素含量最好的方法，能同时测定 α-、β-、γ 胡萝卜素及其它类胡萝卜素。现介绍 β-胡萝卜素测定的主要操作过程：

1. 原理

样品中的 β-胡萝卜素，用石油醚＋丙酮（80＋20）混合液提取，经三氧化二铝柱纯化，然后用高效液相色谱法测定，以保留时间定性，峰高或峰面积定量。

2. 主要仪器　高效液相色谱仪。

3. 参考条件

色谱柱：Spherisorb CL8 柱 4.6mm×150mm；流动相：甲醇＋乙腈（90＋10）；流速：1.2ml/min；波长：448 nm。

4. 操作步骤

（1）样品提取：①淀粉类食品：样品用石油醚或石油醚＋丙酮混合液振摇提取，吸取上层黄色液体并转入蒸发器中，重复提取直至提取液无色。合并提取液，于旋转蒸发器上蒸发至干（水浴温度为 30℃）。②液体食品：样品加入石油醚＋丙酮反复提取，静置分层，将下层水溶液放入另一分液漏斗中再提取，直至提取液无色为止。合并提取液，于旋转蒸发器上蒸发至干。③油类食品：样品加入石油醚＋丙酮反复提取，直至上层提取液无色，合并提取液，于旋转蒸发器上蒸发至干。

（2）纯化：将样品提取液残渣，用少量石油醚溶解，然后进行氧化铝层析。先用洗脱液丙酮＋石油醚洗氧化铝柱，然后再加入溶解样品提取液的溶液，用丙酮＋石油醚洗脱 β-胡萝卜素，收集于容量瓶中。用 0.45μm 微孔滤膜过滤，滤液作 HPLC 分析用。

（3）样品测定：吸取已纯化溶液 20μl 依法操作，从标准曲线查得或回归求得所含 β-胡萝卜素的量。

（三）纸层析法测定食品中胡萝卜素

1. 原理

样品经过皂化后，用石油醚提取食品中的胡萝卜素及其他植物色素，以石油醚为展开剂进行纸层析，胡萝卜素极性最小，移动速度最快，从而与其他色素分离，剪下含胡萝卜素的区带，洗脱后于 450nm 波长下定量测定。

2. 主要仪器　分光光度计。

3. 操作步骤　需在避光条件下进行操作。

（1）样品预处理：①皂化：样品加脱醛乙醇、氢氧化钾溶液，回流加热 30 min，然后用冰水使之迅速冷却。皂化后样品用石油醚提取，直至提取液无色为止。②洗涤：将皂化后样品提取液用水洗涤至中性。将提取液通过盛有无水硫酸钠的小漏斗，漏入球形瓶，用少量石油醚分数次洗净分液漏斗和无水硫酸钠层内的色素，洗涤液并入球形瓶内。③浓缩与定容：将上述球形瓶内的提取液于旋转蒸发器上减压蒸发至近干，取下球形瓶，用氮气吹干，立即加入石油醚定容，备层析用。

(2) 纸层析：①点样：吸取浓缩液在滤纸下端迅速点样。②展开：待纸上所点样液自然挥发干后，将滤纸卷成圆筒状，置于预先用石油醚饱和的层析缸中，进行上行展开。③洗脱：待胡萝卜素与其他色素完全分开后，取出滤纸，自然挥发干石油醚，将位于展开剂前沿的胡萝卜素层析带剪下，立即放入盛有石油醚的具塞试管中，用力振摇，使胡萝卜素完全溶入试剂中。

(3) 测定：以石油醚调零点，于 450nm 波长下，测吸光度值。以其值从标准曲线上查出 β-胡萝卜素的含量。

4. 注意事项

实验需在避光条件下进行。

五、食品中维生素 B_1 的测定

(一) 维生素 B_1 的测定方法

1. 荧光分光光度法　硫胺素在碱性高铁氰化钾溶液中，能被氧化成一种蓝色荧光物质-硫色素。在紫外光下，硫色素发出荧光。在标准条件和没有其他物质存在的情况下，荧光强度与硫色素的浓度成正比。

2. 荧光目测法　本法原理基本上与荧光计法相同。在测定中也必须把产生荧光物质的杂质去除，但不必用离子交换柱。其方法是在酸性样品溶液中，加铁氰化钾氧化，其氧化物可用丁醇抽去。经提取后同荧光计法一样，在碱性溶液中，氧化硫胺素为硫色素。在紫外灯下与标准液产生的荧光强度比较，求得样液中硫胺素的相应含量。

3. 高效液相色谱法　维生素 B_1 测定通常采用反相色谱法进行分离，利用紫外检测器或荧光检测器检测。利用荧光检测器检测时，应首先使从样品中提取的维生素 B_1 氧化成硫色素，然后转入正丁醇或异丁醇中，再进行 HPLC 分析。HPLC 法快速、简便、准确、灵敏度高。

(二) 硫色素荧光法测定维生素 B_1

1. 原理

硫胺素在碱性铁氰化钾溶液中被氧化成硫色素，在紫外线照射下，硫色素发出蓝色荧光。在给定的条件下，以及没有其他荧光物质干扰时，此荧光之强度与硫色素量成正比，即与溶液中硫胺素量成正比。如样品中含杂质过多，应经过离子交换剂处理，使硫胺素与杂质分离，然后以所得溶液作测定。

2. 主要仪器　荧光分光光度计。

3. 操作步骤

(1) 样品处理：①提取：样品加入盐酸使其溶解，放入高压锅中加热水解后，调其 pH 值为 4.5。加入淀粉酶和蛋白酶，于 45～50℃ 温箱过夜保温。凉至室温，定容，然后混匀过滤，即为提取液。②净化：提取液加入装有活性人造浮石的盐基交换柱，用热蒸馏水冲洗，重复三次。加入酸性氯化钾（温度为 90℃ 左右），收集此液于刻度试管内，凉至室温，用酸性氯化钾定容，即为样品净化液。③氧化：将样品净化液分别加入 A，B 两个反应瓶。在避光条件下将氢氧化钠加入反应瓶 A，将碱性铁氰化钾溶液加入反应瓶 B，振摇约 15 秒，然

后加入正丁醇，将 A, B 两个反应瓶同时用力振摇。

（2）测定：荧光测定条件：激发波长 365nm；发射波长 435nm；激发波狭缝 5nm；发射波狭缝 5nm。依次测定下列荧光强度：样品空白荧光强度（样品反应瓶 A_x）；标准空白荧光强度（标准反应瓶 A_s）；样品荧光强度（样品反应瓶 B_x）；标准荧光强度（标准反应瓶 B_s）。根据标准管荧光强度计算样品维生素 B_1 含量。

六、食品中维生素 B_2 的测定

维生素 B_2 又称核黄素（riboflavin），维生素 B_2 是 7,8-二甲基异咯嗪与核醇的缩合物，呈黄棕色针状结晶。在酸性溶液中稳定，碱性中不稳定，在日光或紫外光照射下降解生成光黄素（lumiflavin）、光色素（lumichrome）等，这些降解产物失去核黄素性质并可促进脂质过氧化，故储存核黄素必须避光。在烹调肉类和各类食物时不宜加碱。

（一）维生素 B_2 的测定方法

维生素 B_2 的定量方法，大体可分两大类，即理化定量法和生物定量法。

1. 理化定量法有：①荧光法　包括光黄素法和核黄素法，前者比后者要求浸出充分彻底，必须将样品中结合型 B_2 变成游离型，且易混浊，这是其不足。光黄素法原理是维生素 B_2 在碱性条件下经紫外线照射而分解转化为非活性的光黄素。光黄素的荧光强度比核黄素的强得多，而且溶于氯仿中。将经过光照射后的碱性溶液进行酸化，用氯仿萃取，然后用荧光光度计进行测定。核黄素法是维生素 B_2 水溶液呈黄绿色荧光，在 440nm 的激发波长、525nm 发射波长处可以产生最大荧光强度。在稀溶液中，荧光的强度与核黄素的浓度成正比。当加入氧化剂低亚硫酸钠后，样品中的杂质和核黄素都被还原成无荧光物质。由还原前后的荧光差值，可以测定核黄素的含量。②分光光度法　维生素 B_2 在波长为 224、267 和 375 以及 444nm 处具有吸收峰。一般在 444nm 处测定吸收，操作简便，专一性强。测定需要避光条件下操作，样品在酸性环境加热溶解后，以试剂空白作为对照，在分光光度计于波长 444nm 处测定吸光度，按 $C_{17}H_{20}N_4O_6$ 的吸收系数（$E_{1cm}^{1\%}$ 444nm）为 323 计算所得。亦可由维生素 B_2 标准液与样品液中测定出吸光度，从而计算样液中维生素 B_2 的含量。③高压液相色谱法　样品在稀盐酸溶液中经消化，使用淀粉酶和木瓜酶分解样液中的淀粉和蛋白质后，为维生素 B_2 测定样液。然后用 C_{18} 柱，乙腈-磷酸盐缓冲溶液作流动相，以荧光检测器进行测定。该法简便、快速，还能同时测定维生素 B_2、FMN（黄素单核苷酸）、FAD（黄素核嘌呤二核苷酸）与维生素 B_1。

2. 生物定量法有：①微生物法　用对 B_2 非常敏感的微生物定量 B_2，也是定量 B_2 的好方法。用碱水解其结合状态，从食品中萃取出核黄素。适当稀释后，以干酪乳酸杆菌生长所产生的浊度估算维生素 B_2 含量。在仔细控制的条件下，干酪乳酸杆菌的生长对维生素 B_2 有特定的需要。②动物试验法。③酶法。

在这些方法中荧光法和微生物法比较多用，荧光法操作简单，结果准确，因此经常使用该法。

（二）荧光法测定维生素 B_2

核黄素荧光法操作简单、灵敏度高，是应用最为普遍的方法。

1. 原理

核黄素在 440~500nm 波长光照射下发生黄绿色荧光。在稀溶液中其荧光强度与核黄素

的浓度成正比。在波长525nm下测定其荧光强度。试液再加入低亚硫酸钠（$Na_2S_2O_4$），将核黄素还原为无荧光的物质，然后再测定试液中残余荧光杂质的荧光强度，两者之差即为食品中核黄素所产生的荧光强度。

2. 主要仪器　荧光分光光度计。

3. 操作步骤　整个操作过程需避光进行。

（1）样品提取：①水解：样品加盐酸，置于高压锅内高压水解。水解液冷却后，滴加氢氧化钠，调pH为4.5。含有淀粉的水解液，加入淀粉酶溶液，含高蛋白的水解液，加木瓜蛋白酶溶液。

（2）氧化去杂质：取一定体积的样品提取液及核黄素标准使用液（约含1～10μg核黄素）分别加水、加冰乙酸，混匀。加高锰酸钾溶液使氧化去杂质。

（3）核黄素的吸附和洗脱：将全部氧化后的样液及标准液通过装入硅镁吸附剂的吸附柱后，用热水洗去样液中的杂质。然后用洗脱液将样品中核黄素洗脱并收集于一带盖刻度试管中，再用水洗吸附柱，收集洗出液体并定容，混匀后待测荧光。

（4）测定：于激发光波长440nm，发射光波长525nm，测量样品管及标准管的荧光值。待样品及标准的荧光值测量后，在各管的剩余液中加低亚硫酸钠溶液，立即混匀，在20秒内测出各管的荧光值，作各自的空白值。计算核黄素含量。

（三）微生物法

1. 原理

某一种微生物的生长（繁殖）需要某些维生素。例如干酪乳酸杆菌的生长需要核黄素，培养基中若缺乏这种维生素该细菌便不能生长。在一定条件下，该细菌生长情况，以及它的代谢物乳酸的浓度与培养基中该维生素含量成正比，因此可以用酸度及混浊度的测定法来测定样品中核黄素的含量。

2. 主要仪器　电热恒温培养箱、液体快速混合器、高压消毒锅。

3. 操作步骤　因核黄素易被日光和紫外线破坏，故一切操作要在暗室内进行。

（1）样品制备：将粉碎或打成匀浆的样品，加入盐酸溶液，混匀。置于高压锅内，水解。冷至室温，用氢氧化钠溶液调节pH至4.6。加入淀粉酶或木瓜蛋白酶水解。过滤。对于脂肪量高的食物，可用乙醚提取，以除去脂肪。

（2）样品管制备：吸取样品溶液，置于具塞试管中，用氢氧化钠调节pH至6.8，加水稀释至刻度。取两组试管，各加不同量样品稀释液，每管加水至刻度，再加入基本培养储备液，混匀。塞上棉塞，置于高压锅内灭菌。

（3）接种和培养：待试管冷至室温，将培养好的制备接种液在无菌操作条件下接种，置于37±0.5℃恒温箱中培养约72h。

（4）滴定：将试管中培养液倒入三角瓶中加嗅麝香草酚蓝溶液，以0.1mmol/L氢氧化钠溶液滴定，终点呈绿色。以第一瓶的滴定终点作为变色参照瓶，约30min后再换一参照瓶，因溶液放置过久颜色变浅。用标准核黄素溶液绘制标准曲线，计算样品中核黄素含量。

七、食品中维生素C的测定

（一）维生素C的测定方法

1. 2,4-二硝基苯肼比色法　用活性炭将还原型抗坏血酸氧化为脱氢抗坏血酸，然后与

2,4-二硝基苯肼作用生成红色的脎。在浓硫酸的脱水作用下,可转变为橘红色的化合物—双-2,4-二硝基苯。在硫酸溶液中显色稳定,最大吸收波长为520nm,吸光度与总抗坏血酸含量成正比,故可进行比色测定。

2. 2,6-二氯靛酚滴定法。还原型抗坏血酸可以还原染料2,6-二氯靛酚。该染料在酸性溶液中呈粉红色(在中性或碱性溶液中呈蓝色),被还原后颜色消失。还原型抗坏血酸还原染料后,本身被氧化成脱氢抗坏血酸。在没有杂质干扰时,一定量的样品提取液还原标准染料液的量,与样品中抗坏血酸含量成正比。

3. 荧光法　样品中还原型抗坏血酸经活性炭氧化为脱氢抗坏血酸,再与邻苯二胺反应生成有荧光的喹恶啉。在一定条件下,喹恶啉之荧光强度与脱氢抗坏血酸浓度成正比。

4. 极谱法　用溴水将抗坏血酸氧化为脱氢抗坏血酸,而后者与邻苯二胺缩合,可用于极谱定量测定抗坏血酸的含量。脱氢型的还原丙糖、还原酸等对测定有干扰,可用氯仿萃取分离干扰物质后进行测定。

5. 电位法　果蔬及饮料中的抗坏血酸通常用2,6-二氯酚靛酚的滴定法。根据维生素C的氧化还原性质,从样品液由蓝色转变为粉红色来辨别其终点的到达。但是多数水果蔬菜样品其提取液都具有一定的色泽,有的即使用硅藻土也很难脱色,因此,滴定终点不易辨认。根据2,6-二氯靛酚和抗坏血酸具有不同的电位(2,6-二氯靛酚的氧化还原电位为150mV,抗坏血酸的氧化还原电位为100mV)。利用铂和氯化银复合电极测定其电位差的变化,可准确地测定果蔬中抗坏血酸的含量。本法尤其适合含色泽样品的测定。

6. 高效液相色谱法　用HPLC法分析的样品,通常可用萃取液稀释后直接进样分析,如啤酒、饮料、黄酒。对新鲜蔬菜、水果中的抗坏血酸经0.1%草酸溶液迅速提取后,在反相色谱柱上分离,紫外检测器、荧光检测器或二极管阵列检测器定量。对含有蛋白质的样品,采用强酸、高浓度盐、有机试剂去除蛋白质。但含有强酸和高浓度盐的样品不能直接用于HPLC分析。对乳制品的脱蛋白,可采用稀的高氯酸溶液。用有机试剂沉淀蛋白质是相当容易的,并能使注入色谱柱的蛋白质减至最小。然而这种处理会使样品变稀,这时如果样品中抗坏血酸含量较低,会给样品分析带来困难。在这种情况下,可采用超滤浓缩技术。

2,6-二氯靛酚滴定法测定的是还原型抗坏血酸,该法简便,也较灵敏,但特异性差,样品中的其他还原性物质(如Fe^{2+}、Sn^{2+}、Cu^{2+}等)会干扰测定,使测定值偏高。对深色样液滴定终点不易辨别。2,4-二硝基苯肼比色法和荧光法测得的都是抗坏血酸和脱氢抗坏血酸的总量。2,4-二硝基苯肼比色法操作复杂,特异性较差,易受共存物质的影响,结果中包括二酮古乐糖酸,测定值往往偏高。荧光法受干扰的影响较小,且结果不包括二酮古乐糖酸,故准确度较高,重现性好,灵敏度与2,4-二硝基苯肼比色法基本相同,但操作较复杂。高效液相色谱法可以同时测得抗坏血酸和脱氢抗坏血酸的含量,具有干扰少,准确度高,重现性好,灵敏、简便、快速等优点,是上述几种方法中最先进、可靠的方法。

(二) 2,4-二硝基苯肼法测定食品中总抗坏血酸

1. 原理

总抗坏血酸包括还原型、脱氢型和二酮古洛糖酸。样品中还原型抗坏血酸经活性炭氧化为脱氢抗坏血酸,再与2,4-二硝基苯肼作用生成红色脎,在硫酸溶液中脎的含量与总抗坏血酸含量成正比,进行比色定量。反应式如下:

$$\begin{array}{c}\text{COOH}\\|\\\text{C}=\text{O}\\|\\\text{C}=\text{O}\\|\\\text{H}-\text{C}-\text{OH}\\|\\\text{OH}-\text{C}-\text{H}\\|\\\text{CH}_2\text{OH}\end{array} + 2\ \underset{\text{NO}_2}{\underset{|}{\overset{\text{NHNH}_2}{\overset{|}{\bigcirc}}}}\text{NO}_2 \longrightarrow \begin{array}{c}\text{COOH}\\|\\\text{C}=\text{NNH}-\bigcirc-\text{NO}_2\\|\qquad\qquad\qquad|\\\text{C}=\text{NNH}-\bigcirc\text{NO}_2\\|\qquad\qquad\qquad|\\\text{H}-\text{C}-\text{OH}\qquad\text{NO}_2\\|\\\text{OH}-\text{C}-\text{H}\\|\\\text{CH}_2\text{OH}\end{array} + 2\text{H}_2\text{O}$$

（脎）

2. 主要仪器　分光光度计。

3. 操作步骤

（1）样品制备：全部实验过程要避光。样品加入草酸溶液定容，过滤备用。

（2）氧化处理：上述滤液加用酸处理过的活性炭进行氧化，滤去初滤液数毫升。取一定量此氧化提取液，加入硫脲溶液，混合均匀。

（3）测定：于三支试管中各加入一定量氧化处理后的稀释液。一个作为空白，其余各加入一定量2，4-二硝基苯肼，37℃保温3h。保温3h后取出。空白冷却至室温，加入2，4-二硝基苯肼溶液，稍后与所有试管一同放入冰水中冷却。在放入冰水中的试管中缓慢滴加硫酸，边加边摇动试管。将试管从冰水中取出，在室温下放置0.5h，以空白液调零，在波长520nm处测定吸光度。利用抗坏血酸标准曲线计算样品含量。

（三）还原型抗坏血酸的测定步骤见第十一章实验四

八、食品中叶酸的测定

（一）食品中叶酸的测定方法

叶酸的测定方法有许多种。主要根据测定试样来决定其测定方法。

1. 比色法　叶酸能被锌粉和盐酸还原为2，4，5-三氨基-6-羟基嘧啶（简称为TAHP），再与茚三酮作用，生成一个稳定的紫色络合物。此紫色络合物在波长555nm处有最大的吸收峰。因而可用于叶酸定量分析。

2. 紫外分光光度法　在磷酸盐缓冲液（pH6.8）中，叶酸在281nm波长处有最大吸收，可以用于食品中叶酸的定量分析。

3. 荧光法　叶酸中具有吡嗪-嘧啶环，它具有特殊的吸收光谱及氧化还原特性。它在紫外光的照射下产生强的蓝色荧光。这一特性可以用于叶酸的测定。对于荧光活性较弱的物质可以采用柱后衍生的办法。衍生试剂均为强氧化剂，如次氯酸盐、高锰酸钾和过硫酸钾，荧光法测定食品中的叶酸含量，方法简便、快速，是一种值得推荐的方法。

4. 薄层层析　叶酸经醋酸乙酯以及氢氧化氨和正丙醇混合液展开后，将斑点洗下，用高锰酸钾液除去其他杂质，然后进行重氮化反应，在550nm波长下测定吸光度，求得其含量。

5. 放射免疫法　核素放射免疫法建立于20世纪70年代，在过去的30年中得到广泛应用。目前已发表的有关叶酸营养状况研究的文章中，绝大多数采用的都是核素放射免疫法。该方法具有快速、简便等优点，但也存在许多弱点，如对不同形式叶酸的检测灵敏度差异大,从定量检测角度讲,难以准确测量叶酸含量,实验费用高,并存在离子辐射等问题。

6. **化学发光法** 应用了化学发光技术和竞争性免疫结合原理,具有操作自动化程度高、重现性好、灵敏度高,对低浓度叶酸样品检测结果明显高于其他方法等特点,但有关人群叶酸营养状况的化学发光法的检测数据报道较少。

7. **电化学法** 蝶酰谷氨酸可以具有不同的氧化态,其 N-5 和 N-10 位置上还可以携带各种一碳单位,通过肽键连接的谷氨酸数量也可以不同,因此叶酸在食物和生物体内构成了一类众多的具有生物活性的化合物。利用电化学在分析方面不需要分离的长处,特别是利用伏安法进行叶酸等的含量测定;20 世纪 90 年代以后,检测叶酸的电化学分析方法主要有溶出伏安法或示差脉冲极谱法。基于含氮杂环化合物在汞电极上的吸附,用吸附伏安法测定喋啶衍生物。高氯酸支持电解质中,基于叶酸在活性炭纤维微电极上的还原用极谱法测定叶酸的含量;也可用示波极谱技术测定叶酸等的含量。在硼砂-磷酸盐(pH=6.8)缓冲溶液中用极谱法可以同时测定水杨酸、叶酸和核黄素。在醋酸盐缓冲溶液中(pH=5.5)用交流极谱法测定叶酸的成分。

8. **高压液相色谱法** 天然存在的叶酸有多种异构体,用化学方法未能进行分离测定,而采用液相色谱法可以进行分离。一羟基叶酸(THF)、N-5-甲基-三羟基叶酸(N^5-CH_3-THF)、去氢叶酸(DHF)、叶酸(FA)等异构体混合物可以在薄膜强阴离子交换树脂柱上用氯化钾-磷酸盐缓冲溶液(pH=7.5)在 40℃温度下进行梯度洗脱,将其分离。本法适用于各种食物的叶酸分析,并且分离效果好,操作简便,分析速度快,测定结果准确,是近年来发展较快的方法。目前此法尚不能取代微生物法而成为标准方法,其原因是:叶酸的标准品来源有限,不利于 HPLC 法的开展;旧的叶酸表达方式不需要考虑叶酸在食物中的存在形式,只是一个总量的概念,新的表达方式(膳食叶酸当量 DFE)要求考虑叶酸的存在形式,但目前各国尚未普遍采用新的表达方式。另外 HPLC 法较其它方法昂贵和复杂也是限制其使用的原因之一。

9. **微生物法** 微生物测定法由于微生物分析方法的经典性,准确可靠性以及广泛适用性,许多国际机构仍旧将微生物法作为叶酸分析的标准方法或第一方法。在最新的第十七版 AOAC(Association of Offcial Analytical Chemists)分析方法中,食物中叶酸的第一分析方法为微生物法;在 AACC(American Association of Cereal Chemists)审批方法中,叶酸的标准分析方法也为微生物法。目前,即使在许多发达国家的食物成分数据库中,微生物法仍旧是叶酸分析的一个重要手段。例如美国、英国、新西兰、日本以及中国的食物成分数据库均采用微生物法分析叶酸。传统的检测方法是试管法,操作繁杂。20 世纪 90 年代对传统方法进行改良,将 96 孔酶标板及酶标仪引入方法中,大大提高了微生物法检测生物样品叶酸的工作效率。对所有单谷氨酸叶酸及其衍生物的反应灵敏度相同,实验步骤中包括用叶酸水解酶处理血液样品使所有叶酸形式转变为单谷氨酸叶酸的过程,故可以得到准确的叶酸含量值,目前认为,微生物法特性及灵敏度极高,食品中游离叶酸、植物材料中的叶酸最好是采用微生物测定法。但微生物法检测需要的时间较长,需制备各种培养基和菌种,需要消耗大量的试剂,在实际工作中受到一定限制。

(二)微生物法测定食品中叶酸

1. 原理

各种微生物生长需要有一些必需的营养素,它们可能是维生素或氨基酸等。叶酸就是酪乳酸杆菌生长所必需的营养素。在一定条件下，酪乳酸杆菌的生长繁殖与培养基中叶酸的含量呈正比，测定细菌增殖量，与标准曲线比较，进行定量。

2. 主要仪器　恒温培养箱、高压消毒锅、酶标仪。

3. 操作步骤

（1）标准曲线的制作：将叶酸标准工作液加入96孔酶标板，再加入将抗坏血酸钠溶液。

（2）稀释样品并加样：将制备的样品用抗坏血酸钠以1∶20比例稀释后，加到96孔酶标板并加入抗坏血酸钠。

（3）取出冻存于-70℃的菌种，37℃下融化后，迅速倒入检测培基中，充分混匀。

（4）向所有标准曲线板和样品板加入接种菌种后的检测培基。

（5）用酶标板封膜封盖各板后，37℃培养42小时。

（6）培养42小时后，上下倒置充分混匀，撕下封膜，静置30秒，确认孔内无气泡后，于酶标仪590nm下读取OD值。从标准管上查得相应叶酸含量。

（三）荧光分析法测定食品中叶酸

1. 原理

叶酸中具有吡嗪—嘧啶环，它具有特殊的吸收光谱及氧化还原特性。在紫外光的照射下叶酸的氧化产物蝶呤-6-羧酸或蝶呤-6-甲醛产生强的蓝色荧光。其荧光强度与标准溶液浓度成线形关系，测定其荧光强度，通过与标准曲线比较，求出样品中叶酸的含量。

2. 主要仪器　荧光分光光度计。

3. 操作步骤

（1）标准曲线的绘制：吸取不同量的叶酸标准工作液，分别加入冰乙酸，用高锰酸钾逐滴加至高锰酸钾色不褪色为止，静置10min。滴加过氧化氢溶液，直至高锰酸钾的颜色褪掉，定容。在Ex＝370 nm，Em＝455 nm处检测荧光强度。以荧光强度为纵坐标，叶酸的含量为横坐标，绘制标准曲线。

（2）样品测定：①样品的制备：取样品加入磷酸缓冲溶液，超声波提取，调节pH值，蒸馏水定容，过滤。②样品的测定：取滤液置于比色管中，加入冰乙酸，以下按标准曲线的操作。在标准曲线上找出对应的含量，以此求出相应的叶酸含量。

第六节　食品中矿物质的测定

一、食品中元素的分析方法

测定食品中矿物质元素含量有着十分重要的意义：对于评价食品的营养价值，开发和生产强化食品具有指导意义；有利于食品加工工艺的改进和食品质量的提高；测定食品中重金属元素含量，可以了解食品污染情况，以便采取相应措施，查清和控制污染源，以保证食品的安全和食用者的健康。

（一）样品的制备和前处理

样品的制备和前处理是为了将试样转化成适于分离和测定的物理状态和化学状态，它关系到分析测定的灵敏度、精密度和准确度。是影响分析质量的重要环节、分解试样的要求是试样在分解过程中不能引入待测组分，不能使待测约分有所损失，所用试剂及反应产物对测定应无干扰。常见的食物样品前处理方法有如下几种。

1. 稀释法

一般适用于测定液体饮料、调料时采用。方法是采用适当的稀释剂进行稀释，可使待测元素含量适合于测定，同时也使基础含量降低，减少测定的干扰，有利于提高灵敏度和测定的精度。

2. 高温干灰化法

高温干灰化是为了破坏样品中的有机物，一般在马弗炉中进行，温度升至450～550℃。这种高温干灰化方法的优点是能灰化大量样品，方法简单，无试剂玷污，空白低，能够自动调节溶解灰化后灰分的酸需要量。但对于低沸点的元素常有损失，其损失程度取决于灰化温度和时间，还取决于元素在样品中的存在形式。

3. 低温干灰化法

低温干灰化法又称氧等离子体灰化法，该法利用高频或超高频激发产生氧等离子体，在低温（70～100℃）下氧化动物组织。低温灰化的速度与等离子体的流速、时间功率和样品体积有关。低温灰化能克服高温灰化时，挥发、滞留、吸附而损失易挥发元素和微量元素的缺点。

4. 常压湿消化法

常压湿消化法是将样品和混合氧化液置敞口容器中，在一定条件下加热分解或回流消化的常用有效破坏有机物的方法。该法不需特殊设备，通常使用的是氧化性酸的混合酸，应用较为广泛的混合酸有：硝酸-高氯酸，硝酸-硫酸，硫酸-过氧化氢，硝酸-硫酸-高氯酸，硝酸-硫酸-过氧化氢等。该法应用广，适用性强，操作简便，元素挥发或附着损失小，可根据元素特性和氧化性酸的特性选用不同的混合酸组合。该法缺点是试剂用量大，空白值高。

5. 高压湿消化法

该法是在上述常压湿消化的基础上，密封加压，以加速样品分解。其特点是酸用量可以减少，并防止外界污染物进入，因而使空白值降低。由于消化温度可以相对降低，且密闭的消化系统可避免挥发，从而适宜于易挥发元素的分析测定。

6. 燃烧法

燃烧法的原理是将样品置于充满常压氧或高压氧的容器中，利用生物试样在纯氧中燃烧，有机物被氧化分解，分解出的待测组分被吸收液吸收，定容后即可用于测定。该方法常用于测样品中硫、卤素及微量元素的前处理，待测元素无挥发、无外环境污染和损失。缺点是样品量少。常用的燃烧容器有氧瓶和氧弹，氧瓶通常用硼硅玻璃制成，其容积取决于试样的量，一般数毫克的试样可在300ml的氧瓶中进行，如取样量在1g左右则需要5000ml的氧瓶。氧弹主体器由不锈钢制成，为防不锈钢被腐蚀，弹顶和内壁放铂或石英杯作接受器。氧弹燃烧器的优点是耐高压，相对较安全。

7. 水解法

水解法是样品中有机物在酸、碱、酶的存在下同水作用而分解成简单化合物的分解方法。该法属于非氯化还原法，具有安全、快速、不易引入干扰等优点。常见的水解法有：①酸水解法，②碱水解法，③酶水解法。

8. 微波消解法

微波消解是利用微波能量快速分解样品的新方法。它结合高压消解和微波快速加热两方面性能，具有样品消解快、试剂耗用少、空白低，避免挥发损失，回收完全等突出优点，是近年来迅速推广的样品消解方法。

根据样品的性质，除了以上制备和的处理方法外，还有萃取、沉淀、过滤、蒸馏、离子交换等不同的分离采集方法，在实际应用中应根据具体样品和待测元素选择最佳方法。

（二）元素分析的仪器测定方法

随着分析测定方法研究的不断发展，食品中元素测定的可选方法也越来越多，且灵敏度、精密度和准确度都在不断提高。目前常用的几种方法有以下几种。

1. 原子吸收光谱法

原子吸收光谱法又称为原子吸收分光光度法（AAS），它是基于从光源发射的待测元素的特征辐射通过样品蒸气时，被蒸气中待测元素的基态原子所吸收，然后根据辐射强度的减弱程度以求得样品中被测元素的含量。原子吸收光谱法分为火焰原子吸收光谱法、石墨炉原子吸收光谱法和化学原子吸收法。原子吸收光谱法的特点是灵敏度高（一般可达 $10^{-6} \sim 10^{-9}$ g 级，石墨炉原子吸收更可达 $10^{-10} \sim 10^{-12}$ g 级）、选择性好、抗干扰能力强、分析速度快、精密度好、适用范围广（可测定 70 多种元素）、操作简便、易于掌握。由于这些优点，原子吸收是目前定量测定食品和生物样品中微量元素所应用最广泛的方法之一。其缺点是每次只能测定一两个元素，在多元素分析时显得较不方便。

2. 电感耦合等离子体发射光谱法

电感耦合等离子体发射光谱法（ICP - AES），是利用电感耦合等离子矩作为激发能源的发射光谱法。该法灵敏、准确、快速，干扰小且可以多元素同时测定。该方法是当今测定微量元素的最好方法之一。由于仪器结构复杂，价格昂贵，且必须用氩气做工作气体，使用费用较高，所以普及较慢。

3. 中子活化分析法

中子活化分析法（NAA）是放射化学分析法之一，是指用适当的粒子轰击样品中的元素原子，使之发生核反应，产生放射性核素，然后测量其放射性强度而进行定量分析的方法，因使用的照射源为中子，故称中子活化分析。该法是进行元素含量分析的一种最灵敏的方法，具有试样用量少、干扰小、可对同一样品同时进行多元素测定，无需任何分离的无损分析，该法可测定原子序数在 9~86 范围内的所有元素。但因中子源放射性强、成本高，故不易推广。

4. 紫外可见分光光度法

紫外可见分光光度法所依据的原理是基于待测元素与某些试剂在一定条件下形成化合物，对紫外、可见光具有选择性吸收而进行定量分析的一种吸收光谱法。该法灵敏度较高，分析仪器价格便宜，操作容易掌握。但光度分析法最大的缺点是易受干扰，必须用掩蔽剂或其他分离手段排除复杂基底的干扰离子，而且每次测定只能测定一种元素，不适于做多元素分析。

5. X 射线荧光光谱法

X 射线荧光光谱法（XRFS）是以初级 X 射线作为激发光源，当样品受初级 X 射线激发后产生次级 X 射线，又称 X 射线荧光。在一定条件下 X 射线荧光强度与被激发元素浓度成正比，根据其波长的 X 射线荧光强度即可对元素进行定量分析。样品受 X 射线激发只与所含元素的原子序数有关，而与元素的化学状态无关，因而样品无论是固体、粉末、液体，无论从痕量斑点到大件物体,无论从单层薄膜到局部物体均可测量,而且可以无损多次测量。该法的不足之处是该法对标样处理十分严格,要求标准与待测试样的化学组成、物理状态相同,表面均匀度与光洁度尽量相似,而且某些元素的灵敏度不高,且价格昂贵,不易推广。

6. 电化学分析法

电化学分析法是根据待测物质溶液的电化学性质,选样适当电极组成电化电池。根据反映出来的某种信号(电压、电流、电阻、电量等)的强度或变化,以确定待测物质含量的分析方法。按电化学分析方法的不同,可以分为4种:①电解法,②电导法,③电位法,④伏安法。在微量元素分析检测中常用到的方法有电位法中的离子选择电极法和伏安法。离子选择电极是一种化学敏感器或膜电极,是以选择性膜对特定离子产生选择性响应,从而指示溶液中该待测离子的活度(浓度)的指示电极。通过在样品溶液中同时浸入电极电位稳定的参比电极和电极电位随待测离子活度改变而改变的指示电极组织成电池,测定该电池电动势,从而求出待测离子含量。该法灵敏度高,选择性好,仪器价格便宜,简便、快速,样品用量少。

在伏安法中使用较多的为极谱分析法、阳极溶出伏安法和电位溶出伏安法,溶出伏安法和电位溶出伏安法测定某些元素如铅、镉的灵敏度特别高,且样品用量少。该法的缺点是干扰因素较多,实验条件控制严格。

7. 原子荧光光谱分析法

原子荧光光谱分析法(AFS)是根据自由原子吸收特定波长光量子后,被激发至高能态,然后跃迁返回到基态或低能态所发出的光辐射的强度大小来进行元素定量分析的方法。原子荧光光谱分析与原子吸收和发射光谱分析有许多相似之处。原子荧光光谱简单,背景辐射很低,尽管谱线强度较弱,仍然可以获得很低的检出限。微量元素分析中应用较多的是氢化物原子荧光光谱法,其原理是利用硼氢化物与分析元素反应将分析元素转化成室温下的气态氢化物,并引进石英炉中进行原子化并受光源激发而产生原子荧光。氢化物原子荧光光谱分析法对测定易挥发元素如:As、Sb、Bi、Hg、Se、Te、Pb、Sn、Ge等具有很高的灵敏度,具有分析速度快,仪器价格便宜,干扰少,易推广的特点。

8. 分子荧光光谱分析

分子荧光光谱分析(MFS)又称荧光分光光度法,许多化学体系经紫外光照射后。立即产生电子能级跃迁,在极短的时间内发射出比照射波长较长、强度较大和具有一定颜色的可见光,一旦紫外光停止照射,这种光谱也就随之消失,这种光谱称为荧光,产生荧光的物质称为荧光物质。基于荧光物质被紫外光照射后所发生的特征荧光进行的定性定量分析,称荧光分光光度法。该法广泛应用于阴离子和非过渡金属离子的痕量分析,其试样用量少,重现性好,操作简便。缺点是共存物干扰大,荧光对环境因素敏感,且应用范围不够广。

除以上方法外,还有质谱法、色谱法、电子探针及多种联用技术等方法应用于微量元素的检测分析之中。在实际检测分析中,应根据样品的特点和所测元素选择不同的分析方法。分析方法选择得正确与否。直接关系到分析速度、成本费用以及所得结果。

二、食品中钙的测定

(一) 食品中钙的测定方法

1. 高锰酸钾滴定法　样品经灰化后,用盐酸溶解,在酸性溶液中,钙与草酸生成草酸钙沉淀。沉淀经洗涤后，加入硫酸溶解，把草酸游离出来，用高锰酸钾标准溶液滴定与钙等当量结合的草酸。稍过量一点的高锰酸钾使溶液呈现微红色，即为滴定终点。根据高锰酸钾标准溶液的消耗量，可计算出食品中钙的含量。

2. EDTA络合滴定法　EDTA是一种氨羧络合剂，在不同pH条件下可以与几十种金属离子起络合反应，生成稳定的可溶于水的络合物。在pH12～14时，Ca^{2+}可与EDTA作用生成稳定的EDTA-Ca络合物，可直接滴定。终点指示剂为钙指示剂，即NN。NN水溶液在pH>11时为纯蓝色，可与Ca^{2+}结合生成酒红色的NN-Ca^{2+}，其稳定性比EDTA-Ca^{2+}小，在滴定过程中EDTA首先与游离Ca^{2+}结合，接近终点时EDTA夺取NN-Ca^{2+}中的Ca^{2+}，使溶液从酒红色变成纯蓝色，即为滴定终点。根据EDTA的消耗量，即可计算出钙的含量。在本反应中Zn、Cu、Co、Ni，会发生干扰，可加入KCN或Na_2S掩蔽，Fe可用柠檬酸钠掩蔽。

3. 分光光度法　在硝酸介质中，钙与二溴对甲偶氮磺形成蓝色的络合物，其最大吸收波长在628nm处。方法有很好的选择性，可直接用于测定花生、奶粉、水中钙的含量。

4. 离子选择电极法　用钙离子选择电极为指示电极，饱和甘汞电极为参比电极，采用两点定位法测定。本方法的优点是快速、简便、准确。由于电极对待测离子有选择性响应，因此可以避免分离干扰离子的麻烦手续，特别对于蔬菜汁这类有颜色且有些粘稠的溶液，也可以直接测量，电极响应很快。与其他仪器分析方法如原子吸收法相比较，本方法所需的仪器设备较为简单，且操作也并不复杂。

5. 离子色谱法　离子色谱具有快速、灵敏、选择性好和同时测定多组分的优点，其中很多是目前难以用其他方法测定的离子。样品经过湿法消解，选择甲基磺酸作为淋洗液，电导检测器，测定结果以标准物和样品的保留时间与峰面积进行计算。

6. 电感耦合等离子体发射光谱法　固体样品经微波消解方法消解，液体样品直接用1%硝酸稀释，通过控制溶液pH值，优化实验条件，选择相应的内标进行测定。本方法的线性范围宽，操作简便、快速、灵敏、准确，可以同时测定多种元素。

7. 火焰原子吸收分光光度法　是食品中钙的国家食品卫生标准检验方法之一。与其他测定方法一样，因食品成分复杂，用此法测定钙，易受共存离子干扰，其中化学干扰较大。为此，可通过添加镧盐、锶盐、EDTA钠盐等消除干扰。

(二) 原子吸收分光光度法测定食品中钙

1. 原理

样品经湿消化后，导入原子吸收分光光度计中，经火焰原子化后，吸收422.7nm的共振线，其吸收量与含量成正比，与标准系列比较定量。

2. 主要仪器　原子吸收分光光度计。

3. 操作参数

波长：422.7nm；火焰：空气-乙炔；标准系列浓度范围：0.5～3.0μg/ml。

4. 操作步骤

(1) 样品制备：微量元素分析的样品制备过程中所用设备如电磨、绞肉机、匀浆器、打碎机等必须是不锈钢制品以避免各种污染。所用容器必须使用玻璃或聚乙烯制品，做钙测定的样品不得用石磨研碎。鲜样（如蔬菜、水果、鲜鱼、鲜肉等）先用自来水冲洗干净后，要用去离子水充分洗净。干粉类样品（如面粉、奶粉等）取样后立即装容器密封保存，防止空气中的灰尘和水分污染。

（2）样品消化：精确称取样品，加混合酸消化液（硝酸＋高氯酸＝4＋1），加热消化，直至无色透明为止。用氧化镧溶液反复洗涤后转移至刻度试管中，并定容至刻度。

取与消化样品相同量的混合酸消化液，按上述操作做试剂空白试验测定。

（3）测定：将消化好的样品液、试剂空白液和钙元素的标准浓度系列分别导入火焰原子化器进行测定。

（三）滴定法（EDTA法）

1. 原理

乙二胺四乙酸二钠标准（EDTA）是一种氨羧络合剂，钙与氨羧络合剂在不同的pH值范围内能定量地形成金属络合物，其稳定性较钙与指示剂所形成的络合物强。在pH≥12的溶液中，以氨羧络合剂EDTA滴定，在达到当量点时，EDTA就自指示剂络合物中夺取钙离子，使溶液呈现游离指示剂的颜色（终点）。根据EDTA络合剂的消耗量，即可计算钙的含量。

2. 主要仪器　微量滴定管。

3. 操作步骤

（1）样品制备：同原子吸收分光光度法。

（2）样品消化：同原子吸收分光光度法。

（3）标定EDTA浓度：准确吸取钙标准溶液，以EDTA滴定，标定其EDTA的浓度，根据滴定结果计算出每毫升EDTA相当于钙的毫克数，即滴定度（T）。

（4）样品及空白滴定：分别吸取样品消化液及空白于试管中，用滴定管加氢氧化钾溶液，加钙红指示剂，立即以稀释10倍EDTA溶液滴定，至指示剂由紫红色变蓝为止。

三、食品中钠、钾的测定

（一）钾和钠测定方法

测定食品中钾和钠常用的方法：①火焰光度法；②原子吸收分光光度法；③ICP-AES法；④离子色谱法；⑤重量法。

（二）火焰光度法测定食品中钠、钾

1. 原理

样品处理后，导入火焰光度计中，经火焰原子化后，分别测定钾、钠的发射强度。钾发射波长766.5 nm，钠发射波长589 nm。其发射强度与它们的含量成正比，与标准系列比较定量。

2. 主要仪器　火焰光度计。

3. 操作步骤

（1）样品处理：样品加混合酸消化液加热消化，直至无色透明为止。加几毫升水，加热以除去多余的硝酸待烧杯中液体接近2~3 ml时，停止加热，取下冷却。用水反复洗涤后转移至刻度试管中，并定容至刻度。取与消化样品相同量的混合酸消化液，按上述操作做试剂空白试验测定。

（2）测定

①钾的测定：将试剂空白液、不同浓度的钾标准液和消化样品液分别导入火焰，测定发

射强度。

测定条件：波长：766.5 nm；空气压力：$0.4×10^5$ Pa；燃气的调整以火焰中不出现黄火焰为准。

以钾含量对应的浓度为横坐标，发射强度为纵坐标绘制标准曲线。

②钠的测定：将试剂空白液、不同浓度的钠标准液和消化样品液分别导入火焰，测定发射强度。

测定条件：波长：589nm；空气压力：$0.4×10^5$ Pa；燃气的调整以火焰中不出现黄火焰为准。

以钠含量对应的浓度为横坐标，发射强度为纵坐标绘制标准曲线。

四、食品中铁的测定

（一）铁的测定方法

1. 分光光度法　①基于pH2.0的硫酸介质中，铁（Ⅲ）对过硫酸铵氧化甲基红的褪色反应具有明显催化作用的原理而建立了测定痕量铁的新动力学光度体系，该体系的最大吸收位于520nm处，铁量在0～20ng/ml范围内符合比尔定律。②邻二氮菲比色法：Fe^{2+}在pH2～9条件下可与邻二氮菲（又称邻菲罗啉）生成极稳定的橙红色络合物。该络合物在波长510nm处有最大吸收，其吸光度与铁含量成正比，可用比色法测定。

2. 阳极溶出伏安法　样品经高温灰化。在pH约等于9.5的氨性溶液里用方波阴极伏安法测定。本法测定Fe方便、迅速，精密度较高。

3. 电感耦合等离子体发射光谱法　样品经湿法消化，然后用ICP-AES法测定样品溶液中的Fe及其它多种元素。本法简便快速，污染少，回收率为90.2%～106.3%，相对标准偏差为1.7%～6.2%。

4. 原子吸收法　样品经湿消化破坏有机物后，样品中的金属元素留于消化液中，导入原子吸收分光光度计中，经火焰原子化后，铁吸收248.3 nm的共振线，其吸收量与它们的含量成正比，与标准系列比较即可定量。

（二）食物中游离态二价铁及游离态三价铁的测定

食物中的铁主要以二价铁及三价铁的形式存在，二价铁多直接被小肠黏膜上皮细胞吸收，再与脱铁蛋白结合成铁蛋白，转运到身体其他部位而被利用。而三价铁必须在肠道内被还原成二价铁，才能被吸收利用，其吸收率明显低于二价铁。因此，测定食物中总铁的含量并不能准确反映出铁的生物有效性的高低。

用分光光度法测定食物中二价铁和三价铁壳反应铁的生物利用率。①二价铁离子的测定：样品经过粉碎，加去离子水浸泡24小时，离心。取上清加入邻菲罗啉和氟化氨，二价铁离子与邻菲罗啉结合形成紫红色络合物，在波长为510nm下进行测定，利用标准曲线进行计算。②三价铁离子的测定：取前面的浸泡提取液，加入过二硫酸钠和硫氰酸钾，三价铁离子与硫氰酸钾结合形成红色络合物，在波长为485nm下进行测定，利用标准曲线进行计算。

五、食品中锌、铜、锰、镁的测定

（一）锌、铜、锰、镁的测定方法

目前锌、铜、锰、镁的测定方法主要是电感耦合等离子体发射光谱法和火焰原子吸收分光光度法。另外还有分光光度法、极谱法、中子活化法和质子激发 X 射线荧光法等。

1. 锌的测定方法

微量锌的测定通常采用二硫腙比色法：样品经消化后，在 pH4.0～5.5 时，锌离子与二硫腙形成紫红色络合物，此种络合物溶于有机溶剂四氯化碳，加入硫代硫酸钠，防止铜、汞、铅、铋、银和锡等离子干扰，根据颜色的深浅即可与标准系列比较定量。含量较高或干扰物质较多时采用浊度法。

2. 铜的测定方法

（1）分光光度法：①甲基橙与 Cu^{2+} 在 pH3.8 生成络阴离子，迅速与溴化十六烷基三甲胺电离出的阳离子反应，生成稳定的三元胶束配合物，增溶增稳于聚乙烯醇体系中，可以大大地提高显色反应的灵敏度。②乙硫代氨甲酸钠法：Cu^{2+} 可还原成 Cu^+，可生成配位数为 4 的配合物等，这些性质被用来检测铜的含量。在氨碱性溶液中（pH 9.0～11.0）。Cu^{2+} 与二乙硫代氨甲酸钠作用，生成黄色到棕黄色络合物，溶于四氯化碳中，可于 440nm 波长处测定吸光度，计算铜的含量。③催化光度法：在室温下，在 pH 11.1～11.8 碱性介质中 Cu^{2+} 对 $(NH_4)_2S_2O_8$ 氧化还原型罗丹明 B 生色反应有强的催化作用，且颜色稳定至少达 2h。

（2）示波极谱法：在 pH9.60 氨-氯化铵缓冲溶液中，Cu^{2+} 与 1（2-喹啉偶氮）-2，7-二羟萘形成紫红色配合物。当有 Triton X-100 存在时，该配合物在-0.41V 处出现一灵敏的极谱波。

3. 锰的测定方法

（1）分光光度法：①过硫酸铵光度法：一价银离子作为催化剂，过硫酸铵把亚锰化合物氧化成高锰酸盐，生成物为紫红色，在 525nm 处测定吸光度，其颜色深浅与食品中锰含量成正比。②催化动力学光度法：在 HAc-NaAc 介质中，基于痕量 Mn^{2+} 催化高碘酸钾氧化亮绿增色反应，用分光光度计，在 640nm 波长分别测量非催化反应溶液的吸光度和催化反应溶液的吸光度。

（2）催化荧光光度法：罗丹明 6G 是一种吡喃类碱性染料，在水溶液中发射非常强的黄绿色荧光，在近中性介质中，以铵三乙酸为活化剂，锰催化高碘酸钾迅速氧化罗丹明 6G，使后者的荧光熄灭。此反应为假零级反应，表现活化能为 $E=58.73kJ/mol$。在荧光光度计上，以波长 348nm 光激发荧光，在 548nm 波长测定荧光强度。

（3）示波极谱法：采用三电极系统测定 Mn^{2+} 的导数峰电流，Mn^{2+} 浓度在 1～800ng/ml 范围内与峰电流呈线性关系。

4. 镁的测定方法

①重量法：样品高温灼烧灰化后，加盐酸溶解酸可溶性灰分。加氢氧化铵溶液至溶液呈弱碱性，过滤除去氢氧化铁及氢氧化铝沉淀。滤液再加磷酸氢二铵和浓氢氧化铵，镁离子与磷酸氢盐和氢氧化铵生成磷酸镁铵的白色沉淀，沉淀物再次高温灼烧灰化，经灼烧后变成焦性磷酸镁，称其重量，可算出镁的含量。②直接滴定法：在大量 Mg 存在下 pH 13 时，镁以氢氧化镁沉淀下来。滤出后沉淀用盐酸溶解，然后在 pH10 时用 EDTA 滴定，定量镁。

③8-羟基喹啉容量法：镁离子能与8-羟基喹啉生成淡黄色结晶而沉淀。将沉淀溶于盐酸中以碘量法滴定。计算镁的含量。

(二) 原子吸收分光光度法测定食品中铁、锌、铜、锰、镁

1. 原理

样品经湿消化破坏有机物后，样品中的金属元素留于消化液中，导入原子吸收分光光度计中，经火焰原子化后，铁、锌、铜、镁、锰分别吸收248.3 nm，213.8nm，324.8nm，285.2 nm，279.5nm的共振线，其吸收量与它们的含量成正比，与标准系列比较即可定量。

2. 主要仪器　原子吸收分光光度计。

3. 测定操作参数

表6-3　不同元素测定操作参数

元素	波长（nm）	火焰	标准系列浓度范围（μg/ml）	稀释溶液
铁	248.3	空气-乙炔	0.5~4.0	0.5 mol/L
锌	213.8		0.2~1.6	硝酸溶液
铜	324.8		0.01~0.1	
镁	285.2		0.05~1.0	
锰	279.5		0.25~2.0	

其他实验条件：仪器狭缝、空气及乙炔的流量、灯头高度、元素灯电流等均按使用的仪器说明调至最佳状态。

4. 操作步骤

(1) 样品制备：微量元素分析的样品制备过程中所用设备如电磨、绞肉机、匀浆器、打碎机等必须是不锈钢制品以避免各种污染。所用容器必须使用玻璃或聚乙烯制品，做钙测定的样品不得用石磨研碎。鲜样（如蔬菜、水果、鲜鱼、鲜肉等）先用自来水冲洗干净后，要用去离子水充分洗净。干粉类样品（如面粉、奶粉等）取样后立即装容器密封保存，防止空气中的灰尘和水分污染。

(2) 样品消化：样品加混合酸加热消化，直至无色透明为止。加几毫升水，加热以除去多余的硝酸待烧杯中液体接近2~3 ml时，停止加热，取下冷却。用氧化镧溶液反复洗涤后转移至刻度试管中，并定容至刻度。

取与消化样品相同量的混合酸消化液，按上述操作做试剂空白试验测定。

(3) 测定：配制不同浓度的铁、镁、锰标准稀释液，稀释溶液采用0.5 mol/L硝酸溶液。以各含量对应的浓度为横坐标，发射强度为纵坐标绘制标准曲线。

六、食品中硒的测定

(一) 硒的测定方法

1. 样品的前处理

由于硒及其化合物容易挥发而造成硒的损失，样品前处理方法的选择是非常重要的。

(1) 样品的消化

硒的分析测试首先遇到的问题，是试样的消化。消化的关键在于保证试样中的硒转化为适用于测定的形态，并严格注意防止硒的逸失。常用的方法有低温灰化法，封闭体系燃烧

法，湿法消化法等，其中，湿法消化法是被广泛采用的方法。

对于组织样品，可以采用 HNO_3-HClO_4，$HClO_4-H_2O_2$，$HNO_3-H_2SO_4-V_2O_5$，$HNO_3-H_2SO_4-HClO_4$ 为消解液，为了防止在消化过程中硒化物的损失，需要控制升温速度、加热温度及时间，并使硒呈现适于分析测定的四价氧化态。硒及其化合物挥发性高，当温度高于160℃即有损失，可以采用沙浴控温消化，使温度控制在140℃。这些消解体系消解比较完全，硒的损失相对干法处理少，但在石墨炉原子吸收法中 H_2SO_4、$HClO_4$ 均干扰硒的测定，因此不适用于原子吸收法测定硒，采用 HNO_3-HClO_4 消解体系比较理想，体系外观透明，无臭味，测定干扰小而且结果稳定。

(2) 基体改进剂的选择

采用灰化法处理样品，为了防止硒及其化合物挥发而造成硒的损失，在硒的测定的前处理时通过加入不同的基体改进剂，可以有效的改善硒的热稳定性，大幅度提高硒的灰化温度，消除干扰，提高硒的吸光度。基体改进剂之所以能提高硒的灰化温度，其机理是它与硒形成了热稳定性聚合物。常用的基体改进剂有镍、铜。

2. 测定方法

(1) 原子光谱分析方法

①原子吸收分光光度法（AAS）由于原子吸收分光光度法测定硒其最灵敏的共振线(196.1nm)位于紫外区，使背景吸收很强，基体干扰大。为了提高灵敏度和精密度，采用塞曼效应背景校正，化学法分离富集等。石墨炉原子吸收光谱适宜于试样中硒的直接测定，具有很高的灵敏度，但难于避免基体的干扰和待测元素的挥发损失，加入基体改进剂是很好的方法。

用氢化物-原子吸收法（HG-AAS）测定硒，能得到较好的灵敏度和精密度，但干扰较多。加入硼氢化钠作为还原剂，或利用 HCl 与干扰重金属离子形成络合物的可能性，达到了减少干扰的目的。

样品采用 HNO_3-HClO_4 消化和高温灰化炉灰化的方法消解试样样品用高压消化弹和微波溶解样结合方法，石墨炉平台技术和塞曼扣除背景系统来克服基体的干扰，并加入铜作为基体改进剂，防止硒损失和提高测定灵敏度。

②原子发射光谱法 原子发射光谱法主要有电感耦合等离子体原子发射光谱法（ICP-AES）和氢化物发生-原子发射光谱法（HG-AES）。样品经加压消解方法使有机物破坏完全，进行 ICP-AES 法测定硒。ICP-AES 法灵敏度高、化学干扰少、线性范围宽、方便快捷，可进行多种微量元素的同时测定。HG-AES 法测定硒时，生物样品中硒必须转化为 Se^{4+}，它是唯一能形成 H_2Se 的价态，所以与该技术联用的分析方法可以进行硒的价态分析。

③原子荧光光谱法（AFS） AFS 与原子吸收、原子发射光谱和分子荧光光谱相比，谱线简单，灵敏度更高，光谱干扰少，特别适用于多种痕量元素的同时测定。氢化物发生技术与 AFS 的联用大大地降低了检出限，提高了准确度。

(2) 荧光光度法（FS）

荧光法是较成熟的测硒方法，是基于 Se^{4+} 与 2，3-二氨基萘（DAN）及其衍生物形成的苯硒脑衍生物受激发能产生荧光的原理，准确度和灵敏度都高，选择性好，适测范围广。一些国家如美国、日本及一些国际组织把硒的荧光分析法列为标准分析方法。该法对酸度和温度要求严。现有很多荧光新技术如导数荧光、荧光猝灭等，提高了测硒的灵敏度、选择性和稳定性。

（3）活化分析

活化分析包括 X 射线荧光分析（XRF）和中子激活化分析法（NAA），是非损坏性的多元素分析方法。XRF 的分析测定元素范围广，精确度高，重现性好，分析速度快。NAA 是一种核分析方法，灵敏度非常高、准确度和精密度好，但是 NAA 法设备价格昂贵，技术程度高，分析速度并不快，目前使用并不多。

（4）电化学分析方法

电化学分析方法在测定生物样品中微量硒方面较其他方法有灵敏度高、方便快速、仪器便宜、选择性好。对于痕量元素的测定和超纯物质的分析具有重要意义。目前硒测定中主要的电化学方法有微分脉冲阴极溶出伏安法、溶出伏安法和催化极谱法。溶出伏安法具有电解富集硒，使灵敏度显著提高。随着科学的发展，极谱法和溶出伏安法等电化学分析方法将是很有前途的。

（5）色谱法

①气相色谱法（CG）　电子捕获荧光检测器。样品经过消化-冷却-还原-再消化、有机相萃取等过程，上机检测。

②高效液相色谱法（HPLC）　采用 C_{18} 柱，以乙腈为流动相，荧光检测器测定痕量硒，外标法定量。

（5）分光光度法

①络合物分光光度法　用 3，3′-二氨基联苯二胺与 Se^{4+} 反应生成黄色的苯并硒二唑络合物，用盐酸将 Se^{6+} 定量还原为 Se^{4+}，测定不同价态的硒。在 420 nm 波长下测定食物样品中的硒。

②催化动力学分光光度法　动力学分光光度法是以测定反应速度为基础的。根据反应过程中是否使用催化剂，可分为非催化和催化分光光度法。许多化学反应在微量催化剂的作用下，可以大大加快反应速度，而反应速度在一定范围内与催化剂的用量有一定比例关系，因此，可以根据反应速度来测定催化剂的含量。当催化反应的反应物或产物之一的浓度变化可用分光光度法测定时，就被称为催化分光光度法。

催化分光光度法灵敏高，一般为 $10^{-6} \sim 10^{-9}$ g/ml，最高可达 10^{-12} g/ml；选择性好，有时甚至是特效的；应用范围广，对于快速反应、慢速反应及副反应，高浓度和低浓度均可进行测定。特别是酶催化分光光度法在生物化学与临床诊断中的应用、发展十分迅速。其缺点是影响因素多，且不易严格控制，因而测定误差较大。目前采用催化动力学分光光度法测硒是光度分析中很热的一个研究方向。富集在活性炭上 Se^{4+} 被 L-抗坏血酸还原为硒，基于硒能够加速甲基橙-溴酸盐的反应而建立起测定 Se^{4+} 的新方法。

③三元缔合物体系　把由表面活性剂、被测组分和显色剂所组成的显色反应体系简称为三元缔合物体系。三元缔合物的形成常导致分子内电子流动性增加，有效生色面积增大，在缔合物的特征吸收方面则表现为红移和颜色的增加，显色反应灵敏度提高，这一方法已成为目前提高显色反应灵敏度的重要途径。在光度分析中，应用最广的是混合配位络合物、离子缔合物及有表面活性剂参与的三元络合物。特别是胶束增溶光度法可以明显的提高显色反应的灵敏度，近年来发展很快。

④萃取光度分析 这是将萃取分离与光度分析两者结合在一起进行的。测定前,用萃取方法将被分析组分富集,然后测定。由于许多萃取剂同时也是显色剂,萃取剂与被萃取离子间的络合或缔合反应,也就是一种显色反应,因而可在有机相中直接光度测定。这种分离富集方法,不但可以提高待测组分的浓度,而且减小基体成分的干扰。通过萃取分离富集的分光光度法可以使灵敏度大大提高,因而在痕量分析中广泛使用。

(二)氢化物原子荧光光谱法测定食品中硒

1. 原理

样品经酸加热消化后,在6mol/L盐酸(HCl)介质中,将样品中的硒由六价还原成四价,用硼氢化钠($NaBH_4$)或硼氢化钾(KBH_4)作还原剂,将Se^{4+}在盐酸介质中还原成硒化氢(H_2Se),由载气(氢气)带入原子化器中进行原子化,在硒特制空心阴极灯照射下,基态硒原子被激发至高能态,在去活化回到基态时,发射出特征波长的荧光,其荧光强度与硒含量成正比,进而与标准系列比较定量。

2. 主要仪器 原子荧光光度计。

3. 操作步骤

①样品制备:样品加入硝酸+高氯酸(4+1)及几粒玻璃珠,盖上表面皿冷消化过夜。次日于电热板上加热,并及时补加混合酸。当溶液变为清亮无色并伴有白烟时,再继续加热至剩余体积2ml左右,切不可蒸干。冷却,再加盐酸,继续加热至溶液变为清亮无色并伴有白烟出现,以完全将Se^{6+}还原成四价。同时做空白试验。

②仪器参考条件:负高压:340 V;灯电流:100 mA;原子化温度:800℃;炉高:8mm;载气流速:500ml/min;屏蔽气流速:1000ml/min;测量方式:标准曲线法;读数方式:峰面积;延迟时间:1s;读数时间:15s;加液时间:8s;进样体积:2ml。

设定好仪器最佳条件,逐步将炉温升至所需温度后,稳定10~20min后开始测量。连续用标准系列的零管进样,待读数稳定之后,测量标准系列,绘制标准曲线。标准系列测量完毕后,分别测定样品空白和样品消化液。

(三)荧光法测定食品中硒

1. 原理

样品经用混合酸消化后,硒化合物被氧化为无机硒Se^{4+},在酸性条件下Se^{4+}与2,3-二氨基萘(DAN)反应生成4,5-苯并苫硒脑,其荧光强度与硒的浓度在一定条件下成正比。然后用环己烷萃取。在激发光波长为376nm,发射光波长为520nm条件下测定荧光强度,从而计算出样品中硒的含量。

2. 主要仪器 荧光分光光度计。

3. 操作步骤

①样品消化:样品进行硝酸-高氯酸-硫酸法消化。此处使用的硫酸为去硒硫酸。

②测定:在样品消化液中加入EDTA混合液,用氨水及盐酸调至淡红橙色,此时pH在1.5~2.0。以下步骤在暗室操作:加DAN试剂,混匀后,置沸水浴中加热5min,取出冷却后,加环己烷,振摇萃取,取有机相于荧光分光光度计上用激发光波长376nm、发射光波长520nm测定4,5-苯并苫硒脑的荧光强度。

第七节　食品中灰分的测定

食品中除了含有大量的有机物质之外，还含有较丰富的无机成分。这些无机成分在维持人体正常生理功能，构成人体组织等方面有着十分重要的作用，食品经高温灼烧后所残留的无机物质称为灰分。不同食品所含的灰分各不相同。灰分采用重量法测定。

灼烧过程中，水分及其挥发物以气态方式放出；C、H、N 等元素与 O_2 结合生成 CO_2、H_2O 和氮的氧化物而散失；碳酸盐增加；有机 P、S 等生成磷酸盐和硫酸盐，质量有所变化；而且不能完全排除混入的泥砂、尘埃及未燃尽的炭粒等。因此灼烧后的残留物称为粗灰分。

食品的灰分中含有丰富的矿物质元素，主要元素有 Ca、Mg、P、Na、K、Cl、S；微量元素有 Fe、Cu、Zn、Cr、I、F、Co、Mn、Mo、Se 等。这些元素在维持机体的正常生理功能、保障人体健康等方面具有特殊重要的意义。

灰分的测定项目主要包括以下内容：

1. 总灰分：主要是金属氧化物和无机盐类，以及一些其他杂质。
2. 水溶性灰分：大部分为钾、钠、钙、镁等元素的氧化物及可溶性盐类组成。
3. 水不溶性灰分：由铁、铝等金属的氧化物、碱土金属的碱式磷酸盐，以及由于污染混入产品的泥砂等机械性物质组成。
4. 酸不溶性灰分：这种灰分的测定是对水果类、蔬菜类、小麦和大麦外表的杂质进行分析的一种有效方法。这些杂质一般是硅酸盐和酸不溶性盐。

灰分的测定方法主要是干法灰化：是指样品在马弗炉的高温（525℃以上）下灼烧灰化。由于坩埚的选择取决于其特定的用途，所以在灰化过程中，坩埚的选择是关键。在高温条件下，石英坩埚耐酸和卤素，但不耐碱。瓷坩埚在性质上与石英坩埚相似，但温差变化大时易破裂，而瓷坩埚相对便宜，是通常选择的类型。钢坩埚既抗酸又抗碱且不昂贵，但它由铬和镍组成，是杂质的可能来源；铂坩埚非常纯净，可能是最佳的坩埚。但对常规使用而言其价格极其昂贵。

一、总灰分的测定步骤

（一）**原理**　总灰分采取简便、快速的干灰化法测定。即先将样品的水分去掉，然后在尽可能低的温度下将样品小心地加热炭化和灼烧，除尽有机质、称取残留的无机物，即可求出总灰分的含量。本方法适用于各类食品中灰分含量的测定。

（二）**仪器**　高温电炉（马弗炉）。

（三）**操作条件**

1. 灼烧温度　一般为 500~600℃，多数样品以 525±25℃为宜，易造成无机物的损失。对于不同类型的食品，灰化温度大致如下：

水果及其制品、肉及肉制品、糖及糖制品、蔬菜制品	≤525℃
谷类食品、乳制品（奶油除外，奶油≤500℃）	≤550℃
鱼、海产品、酒类	≤550℃

2. 灼烧时间　以样品灰化完全为度，即重复灼烧至灰分呈白色或灰白色并达到恒重

（前后两次称量相差不超过 0.5mg）为止，一般需 2～5h。例外的是对于谷类饲料和茎秆饲料，灰化时间规定为：600℃灼烧 2h。

（四）加速灰化的方法

1. 有时样品经高温长时间灼烧后，灰分中仍有炭粒遗留，其原因是钾、钠的硅酸盐或磷酸盐熔融包裹在炭粒表面，隔绝了炭粒与氧气的接触。遇到这种情况，可将坩埚取出，冷却后加入少量水溶解盐膜，使被包住的炭粒重新游离出来后，小心蒸去水分，干燥后再进行灼烧。

2. 添加惰性不溶物，如 MgO、$CaCO_3$ 等，使炭粒不被覆盖。但加入量应做空白试验从灰分中扣除。

3. 加入碳酸铵、双氧水、乙醇、硝酸等可加速灰化。这类物质在灼烧后完全消失，不会增加灰分含量。在样品中加入碳酸铵可起疏松作用。

（五）注意事项

1. 炭化时，应避免样品明火燃烧而导致微粒喷出，只有在炭化完全，即不冒烟后才能放入高温电炉中。且灼烧空坩埚与灼烧样品的条件应尽量一致，以消除系统误差。

2. 对于含糖分、淀粉、蛋白质较高的样品，为防止其发泡溢出，炭化前可加数滴纯植物油。

3. 灼烧温度不能超过 600℃，否则会造成钾、钠、氯等易挥发成分的损失。

4. 反复灼烧至恒重是判断灰化是否完全最可靠的方法。因为有些样品即使灰化完全，残灰也不一定是白色或灰白色，例如铁含量高的食品，残灰呈褐色；锗、铜含量高的食品，残灰呈蓝绿色；有时即使灰的表面呈白色或灰白色，但内部仍有炭粒存留。

5. 新坩埚在使用前须在盐酸溶液（1+4）中煮沸 1～2h，然后用自来水和蒸馏水分别冲洗干净并烘干。用过的旧坩埚经初步清洗后可用废盐酸浸泡 20min 左右，再用水冲洗干净。

6. 坩埚及盖使用前要编号，用 1% 的 $FeCl_3$ 溶液与等量的蓝黑墨水混合，编写号码，灼烧后会留下不易脱落的红色 Fe_2O_3 痕迹。

二、水溶性灰分与水不溶性灰分的测定步骤

水溶性灰分和水不溶性灰分是检测果酱和果冻等制品质量的一个指标；在水溶性灰分中，水溶性灰分含量较低表明水果制品中添加了过量的水果。

在总灰分中加水约 25ml，盖上表面皿，加热至近沸。用无灰滤纸过滤，25ml 热水洗涤，将滤纸和残渣置于原坩埚中，按上述方法再行干燥、炭化、灼烧、冷却、称重，为水不溶性灰分。以总灰分减去水不溶性灰分为水溶性灰分。

三、酸溶性灰分与酸不溶性灰分的测定步骤

于水不溶性灰分（或测定总灰分的残留物）中，加入盐酸（1+9）25ml，盖上表面皿，小火加热煮沸 5min。用无灰滤纸过滤，用热水洗涤全滤液无 Cl^- 反应为止。将残留物和滤纸一并放入原坩埚中进行干燥、炭化、灼烧、冷却、称重如前，为酸不溶性灰分。以总灰分减去酸不溶性灰分为酸溶性灰分。

（常红）

第七章　保健食品功效成分测定分析

保健食品是中国对某类食品的统一名称，国外有关保健食品的名称有"健康食品"（health foods）或"功能性食品"（functional foods），还有一类称之为膳食补充剂（dietary supplements）。卫生部"保健食品管理办法"中规定的第二条中说明，保健食品系指表明具有特定保健功能的食品，即适宜于特定人群食用，具有调节机体功能，不以治疗疾病为目的的食品。

近 20 年来保健食品发展非常迅猛，保健食品中能够对人体健康具有一定的保健功能的有效成分称为"功效成分"（functional composition），即是指在保健食品中能通过激活酶的活性或其他途径，调节人体机能的物质。

目前保健食品的功效成分分以下几种：

1. 多糖类：如膳食纤维、香菇多糖等。
2. 功能性甜味剂类：如单糖、低聚糖、多元糖醇等。
3. 功能性活脂类：如多不饱和脂肪酸、磷脂、胆碱等。
4. 自由基清除类：如超氧化物歧化酶（SOD）、谷胱甘肽过氧化酶等。
5. 维生素类：如维生素 D、维生素 E、维生素 C 等。
6. 肽与蛋白质类：如谷胱甘肽、免疫球蛋白等。
7. 活性菌类：如乳酸菌、双歧杆菌等。
8. 无机盐及微量元素类：如钙、铁、硒、锌等。
9. 藻类：如螺旋藻、腺孢藻等。
10. 中草药类：如银杏、洋参、绞股蓝、灵芝等。
11. 其他：如二十八烷醇、植物甾醇、皂甙（苷）等。

保健食品投入市场前，依法须经过一套严格的科学的评价程序，其适宜的特定人群是有理论依据的；其所具有的调节机体功能的功效是确切的；其食品的属性又限定其是不以治疗疾病为目的。不同食物资源的保健食品具有不同的功效成分和营养成分，因此保健食品功效成分测定分析有着十分重要的意义。

第一节　粗多糖的测定

由十个以上单糖通过糖苷键连接而成的碳水化合物称为"多糖"。它一般都是天然高分子化合物，多糖包括活性多糖和膳食纤维两大类。活性多糖专指具有某种特殊生物活性的多糖化合物，如真菌多糖、植物多糖和壳聚糖等。这些多糖具有复杂的、多方面的生理活性和功能，如：免疫调节功能；抗肿瘤作用；延缓衰老作用；降血脂、抗血栓作用等功能，因而越来越引起人们的关注。

一、粗多糖的测定方法

(一) 滴定法

1. 碱性酒石酸铜滴定法：样品多糖沉淀物经酸解后，全部转成单糖，单糖具还原性，在加热条件下直接滴定标定过的碱性酒石酸铜液，根据样品液消耗的体积计算还原糖含量，计算多糖含量。

2. 间接碘化钾滴定法：样品加入碘化钾用硫代硫酸钠滴定。根据多糖中单糖组分比例混合单糖，制成单糖混合液，制备工作曲线测定多糖含量。本方法简便、快速，不受还原性杂质干扰，本身颜色基本不干扰。

(二) 分光光度法

1. 苯酚-硫酸法：先用80%乙醇提取以除去单糖、低聚糖、甙类及生物碱等干扰成分，然后用蒸馏水提取其中所含的多糖类成分。多糖在硫酸作用下，水解成单糖，并迅速脱水生成糠醛衍生物，与苯酚缩合成有色化合物，用分光光度计于490nm测定吸光度，计算多糖含量。本法简便，显色稳定，灵敏度高，重现性好。

2. 蒽酮比色法：糖与硫酸在沸水浴中加热脱水生成羟甲基呋喃甲醛（羟甲基糖醛），再与蒽酮缩合成蓝绿色化合物，其呈色强度与溶液中糖的浓度成正比，计算多糖含量。

(三) 高效色谱法

选用凝胶排斥色谱作为分离柱，样品经简单的预处理，在示差折光检测器中进行检测，以不同分子量标准右旋糖酐作标准，同时测定样品中多糖的分子量分布情况及含量。该方法较其他多糖测定法具有快速、简便、准确等优点，是目前较为行之有效的测定方法。

从灵敏度来看，碱性酒石酸铜滴定法为 mg/ml，而比色法达 μg/ml，样品用量少，灵敏度高。但一般做常规比色法测定时，常常需要选用葡萄糖作标准品，误差较大，应以被测物的纯品作对照品，以求出换算因子。然而要制备被测物的纯品有下列因素必须要加以考虑：一方面并不是每个实验室都能完成的，而且每个实验室所制造出的纯品也不尽相同；另一方面，保健食品常常以多种中草药的提取物作原料而制成，要获得纯品相当困难。所以当成品中的多糖含量大于约1%（质量浓度）时，最好选用碱性酒石酸铜滴定法。

用碱性二价铜试剂沉淀多糖测定葡聚糖的含量，对排除干扰及纯化样品更进了一步；但这几个方法都有一个共同的缺点，只能测定还原糖，对以非还原糖（如果糖）通过多种糖键连接起来的多糖化合物（果聚糖）就不适用。所以多糖的测定最好能提取出样品中所含多糖的纯品作对照品，用 HPLC 法来分离检测。

二、碱性酒石酸铜滴定法测定保健食品中粗多糖

(一) 原理

样品多糖沉淀物经过酸水解后，全部转成单糖，在加热条件下，以亚甲蓝作指示剂，直接滴定标定过的碱性酒石酸铜液，根据样品液消耗的体积即可计算出还原糖含量，然后再乘以换算系数0.9，计算多糖含量。

(二) 主要仪器

水解瓶（带冷凝回流装置）、酸式滴定管。

(三) 操作步骤

1. 样品处理

（1）不含淀粉的样品：样品加90℃热水搅拌溶解。取一定量此待测液加无水乙醇，离心。取沉淀物至酸水解瓶，加入浓盐酸，开启冷凝水，在沸水浴中加热2h。冷却。然后用氢氧化钠调直至pH计上显示pH 6.8～7.2之间。将已中和的酸解液转移至容量瓶中，加水稀释到刻度，过滤，收集滤液为待测液。

（2）含淀粉的样品：样品加90℃热水，沸水浴加热，使淀粉糊化，冷却后，加入淀粉酶溶液，乙酸钠缓冲液，于55～60℃保温1h，使淀粉完全水解。加热至沸后，再加入1%的葡萄糖酶，转移至37℃温箱中，使淀粉全部酶解成葡萄糖。保温24h后再移样液到蒸发皿中，并在沸水浴中稍浓缩，冷却，移入容量瓶中，加水稀释到刻度，过滤。然后按用无水乙醇沉淀多糖，并用85%的乙醇洗沉淀物2次，将沉淀物酸解中和、定容后待测。

2. 样品溶液测定

吸取一定毫升数的碱性酒石酸钠甲液及乙液，置于锥形瓶中，加蒸馏水及数粒玻璃珠。从滴定管滴加比预测样品溶液体积少1.0ml的试样溶液至锥形瓶。将锥形瓶置电炉上迅速加热，控制在2min内加热至沸，并保持溶液在微沸的状态，用样品溶液滴定，待溶液颜色变浅时控制滴定速度为每1滴/2s，直至溶液蓝色刚好退去为终点，记录消耗样品溶液的体积。同法平行操作三份，得出平均消耗体积。

（四）注意事项

1. 样品测定前，先用标准葡萄糖标定碱性酒石酸铜液。

2. 亚甲蓝被糖还原为无色，表示终点到达，但是当与空气接触后又会被氧化为蓝色。所以操作时一定要保持在微沸状态下滴定，使液面覆盖着水蒸气，以避免亚甲蓝与空气接触。

三、蒽酮比色法测定保健食品中粗多糖

（一）原理

多糖经乙醇沉淀分离后，去除其他可溶性糖及杂质的干扰，糖与硫酸在沸水浴中加热脱水生成羟甲基呋喃甲醛（羟甲基糖醛），再与蒽酮缩合成蓝绿色化合物，其呈色强度与溶液中糖的浓度成正比，在620nm波长下有最大吸收峰，测定吸光度即可计算待测样品中粗多糖的含量。

（二）主要仪器

分光光度计。

（三）操作步骤

1. 样品处理：准确称取用无水乙醇沉淀的多糖，然后用热水分次溶解沉淀并稀释定容，过滤，收集滤液即为样品待测液。

2. 绘制标准曲线：准确吸取不同量的葡萄糖标准液（0.1mg/ml）到具塞比色管中，在620nm波长下，以试剂空白调零，测定各管的吸收值绘制标准曲线。

3. 样品测定：准确吸取样品待测液，加水、蒽酮试剂，充分混匀，在沸水浴中加热10min，取出在流水中冷却20min后，于620nm波长下测定吸光度值并求出样品含糖量。

（四）注意事项

本方法线性范围在0.01～0.1mg/ml。

四、苯酚—硫酸分光光度法测定保健食品中粗多糖

（一）原理

食品中相对分子质量$>1×10^4$的高分子物质在80%乙醇溶液中沉淀，与水溶液中单糖和低聚糖分离，用碱性二价铜试剂选择性地从其他高分子物质中沉淀具有葡聚糖结构的多糖，用苯酚-硫酸反应以碳水化合物形式比色测定其含量，其显色强度与粗多糖中葡聚糖的含量成正比，以此计算食品中粗多糖含量。

（二）主要仪器

分光光度计。

（三）操作步骤

1. 样品处理

（1）样品提取：样品加水，于沸水浴上加热2h后，过滤，弃去初滤液，收集余下滤液供沉淀多糖。

（2）沉淀粗多糖：滤液或液体样品加入无水乙醇，混匀5min后，以3000rpm离心5min，弃去上清液。残渣用乙醇溶液数毫升洗涤，离心后弃上清液，反复操作数次。残渣用水溶解并定容，混匀后，供沉淀葡聚糖。

（3）沉淀葡聚糖：吸取终溶液加入氢氧化钠溶液、铜试剂溶液，沸水浴中煮沸，冷却，以3000rpm离心，弃去上清液。残渣用洗涤液数毫升洗涤，离心后弃上清液，反复操作3次，残渣用10%硫酸溶液溶解并转移至容量瓶中，加水稀释至刻度，混匀。此溶液为样品测定液。

2. 样品测定：取样品测定液加入50g/L苯酚溶液，在旋转混匀器上混匀，小心加入浓硫酸，于旋转混匀器上小心混匀，置沸水浴中煮沸2min，冷却至室温，用分光光度计在485nm波长处，以试剂空白为参比测定吸光度值。从标准曲线上查出葡聚糖含量。

（五）注意事项

本法适用于各类食品中以葡聚糖为主要结构，相对分子质量$1×10^4$以上、含有10个以上单糖残基的水溶性粗多糖的测定。

第二节 食品中低聚糖的测定

低聚糖（Oligosaccharide）或称寡糖，是由2～10个单糖通过糖苷键连接形成的直链或支链的低度聚合糖，低聚糖分类的标准很多，除按单糖残基分类外，按组成的单糖类型是否相同，可以分为同质和异质低聚糖，按分子中是否存在半缩醛羟基，可将其分为还原性和非还原性低聚糖；按照组成糖单位连接方式，还可以区分为不同的族别；按用途可分为功能性和普通低聚糖两大类。一些学者研究认为具有活性的低聚糖，包括水苏糖、棉籽糖、帕拉金糖、乳酮糖、低聚果糖、低聚木糖、低聚半乳糖、低聚乳果糖、低聚异麦芽糖、低聚帕拉金糖和低聚龙胆糖等。这类低聚糖不能被人体肠胃道内酶系酶解，即不被消化吸收而直接进入大肠内为双歧杆菌所利用，称之为肠道有益菌大肠杆菌的增殖因子。除低聚龙胆糖外，均带有甜度不一的甜味。活性低聚糖因其独特的生理功能而成为一类重要的保健食品基料，已引起各国广泛的关注。现已确认活性低聚糖的主要作用有以下方面：（1）很难或不被人体消化

吸收，提供的能量很低或根本没有，可在低能量食品中发挥作用，供糖尿病人和肥胖病人食用；（2）活化肠道内双歧杆菌、促进其生长繁殖；（3）不会引起牙齿龋变，有利保持口腔卫生；（4）属于小分子水溶性膳食纤维，具有膳食纤维的部分生理功能，且添加到食品中基本上不会改变食品原有的组织结构及物化性质。低聚糖现在已经广泛应用在饮料、奶类、果冻、谷类制品、婴儿食品等保健食品中。

一、低聚糖的测定方法

食品中低聚糖的测定方法主要有以下几种：高效液相色谱法、气相色谱法、化学分析法、纸或板层析法等，其中最常用的是高效液相色谱法。

（一）高效液相色谱法

高效液相色谱法（HPLC）具有快速、方便、分辨率高、分离效果好、重现性好和不破坏样品等优点。目前它已广泛应用于低聚果糖、帕拉金糖、异麦芽低聚糖、大豆低聚糖等低聚糖类及其他糖类的测定。HPLC在低聚糖测定的应用介绍如下。

1. 正相色谱法：在正相色谱法中固定相是极性的，通过极性梯度增加的流动相进行洗脱。此法广泛应用于碳水化合食物的分析。采用一个或多个氨基衍生化后的硅胶作固定相，这就是所谓的氨基键合固定相。一般由乙腈-水（50%～85%）作洗脱剂，洗脱次序依次为单糖、糖醇、双糖和低聚糖。

2. 反相色谱法：在反相色谱中，固定相是疏水的，流动相是亲水的。疏水的固定相是由硅胶与烷基或苯基化合物反应而成。反相色谱法可分离测定单糖、双糖和三糖，如豆和豆制品中蔗糖、棉子糖以及果汁、糖浆和发酵麦芽汁中转化糖、蔗糖、麦芽糖、麦芽多糖。

3. 检测器：（1）示差折光检测器（RID）：通常被用于碳水化合物分析，RID在测定碳水化合物时具有很大的线性范围、并可测定所有的碳水化合物。但RID也有其缺点。RID对于流量、压力和温度等物理性质的变化非常敏感。限制RID使用最主要的因素是不能使用梯度洗脱。另外由于RID测定的是含量，因此对低浓度样品不够灵敏。（2）电化学检测器：三电极脉冲电化学检测器，又称脉冲安培检测器（PAD）。它依靠碳水化合物中羟基和醛基的氧化作用，通常用于阴离子交换色谱法。它要求很高的pH，需在柱后加氢氧化钠液，它可用于梯度洗脱液，溶液使用也非常简单和便宜。单糖的检测限接近1.5ng，而二糖、三糖、四糖也达到5ng检测器对还原性和非还原性碳水化合物都适用。对还原性糖的检测限相对更低。

（二）离子交换色谱法

1. 阴离子交换色谱法：碳水化合物为弱酸，其pKa介于12～14之间，在高pH的溶液中，碳水化合物中的一些羧基离子化，从而可被阴离子交换树脂分离。阴离子交换色谱法与电化学装置联合使用，检测蜂蜜、橙汁、发酵糖浆、甜菜糖水解物等复杂的低聚糖组分的构成。这种方法可使各种碳水化合物都达到基线分离，并可使同系列低聚糖都得到单一组分的分离。

2. 阳离子交换色谱：细颗粒的磺化树脂常用作阳离子交换树脂的固定相，这种交换树脂根据要求分离的种类，可吸附各种各样的金属离子。通常用钙、铅或银作为抗衡离子。使用水加上浓度不等的乙腈、甲醇等有机溶剂（一般小于40%）作为流动相，这些填充柱在正常情况下可在高温（80℃）下工作。通过加快固定相与流动相之间的传质速率来提高柱效率，使峰形变窄以改善分离度。碳水化合物在阳离子交换树脂上的洗脱次序是按分子质量递减进行，最先洗脱的是聚合度大于 3 的低聚糖，依次为三糖、双糖、单糖和糖醇。有些双糖也可得到分离，但这种固定相的主要优点是可使所有的单糖都得到分离。

（三）气相色谱法（GC）

使用气相色谱法分析时，糖类必须转化成挥发性衍生物。最常用的衍生物是醛糖醇乙酸酯。糖也可转化为过乙酰醛糖（醛糖）和过乙酰酮肟（酮糖）的衍生物以供 GC 法分析。目前，糖的 GC 分析法的地位已被 HPLC 法所取代。与 HPLC 一样，GC 法也可提供对碳水化合物的定性和定量分析。碳水化合物分析所用的检测器为火焰离子化检测器。

（四）分光光度法

样品经 85% 乙醇提取低聚糖，再用苯酚-硫酸法测定低聚糖。

二、高效液相色谱法测定低聚糖的原理和步骤

（一）原理

对低聚糖进行高效液相色谱法（HPLC）分析，具有良好的分离效果，能准确、快速地定性、定量分离低聚糖中各组分糖，以乙腈、水作流动相在碳水化合物分析柱上糖的分离顺序是先单糖后双糖，先低聚后多聚，以示差折射检测器检测。方法灵敏度高，重现性好，最低检出限在毫微级。

低聚糖的检测有外标法和内标法，但由于保健食品一般只需报告低聚糖的总量，故可用厂家提供的基料作对照样，在相同的分离条件下以面积比值法求出样品中低聚糖含量。

（二）主要仪器

高效液相色谱仪。

（三）色谱分离条件

根据检测的样品选择不同的色谱条件。

表 7-1 低聚糖色谱分离条件

柱子	流动相	柱温（℃）	流速（ml/min）	检测样品
Kromasil KP100-5NH$_2$	乙腈：水（4:1）	40	1.0	帕拉金糖
YWG NH$_2$	乙腈：水（75:25）	25	1.0	低聚果糖
Carbohydrate	乙腈：水（80:20）	20	0.8	异麦芽低聚糖
Waters sugar Pak	重蒸水	80	0.5	红豆杉细胞中的糖组分
B10-rad Sugar Pak	重蒸水	90	0.3	低聚果糖
Zorbax C$_{18}$	重蒸水	40	0.8	异麦芽低聚糖
Zorbax RX-SIL	乙腈：水（4:1）	85	2.0	海藻糖

（四）操作步骤

1. 样品处理

（1）固体样品加水，于超声波振荡器中振荡提取后，加水定容，摇匀，用 0.45μm 滤膜过滤后直接进样测定。

（2）奶制品加无水乙醇，加热使蛋白质沉淀，过滤，滤液经浓缩并用水定容至刻度。

（3）饮料或口服液，加水稀释，定容至一定体积。以上样品使低聚糖的最终进样浓度约

5~10mg/ml。

2. 样品测定

准确吸取样品处理液和对照样品溶液，注入高效液相色谱仪进行分离。待绘制出色谱图及色谱参数后，再进行定性和定量。

第三节 大豆异黄酮的测定

大豆异黄酮是大豆生长过程中形成的一类次生代谢产物。目前发现大豆中异黄酮共有12种，分为游离型苷元3种和结合型糖苷9种。游离型苷元包括染料木黄酮（genistein，染料木素，金雀异黄素，三羟异黄酮）、黄豆苷元（daidzein，大豆黄素，二羟异黄酮）和黄豆黄素（glycitein）。其中染料木黄酮和黄豆苷元是体现大豆异黄酮特殊生理效应的主要成分。不同类型的大豆产品之间，异黄酮含量差别较大。部分食物大豆异黄酮含量见表7-2。

研究表明，大豆异黄酮特别是其中的染料木素和大豆黄素，具有抗氧化、抗肿瘤、改善心血管功能、抗骨质疏松等功效。大豆及其豆制品一直为东方人的传统食物，膳食中的大豆异黄酮与东方人（中国、日本）癌症和心血管疾病的发病率低直接相关。近年来，大豆异黄酮的生理活性已越来越引起社会和学术界的普遍重视，以大豆异黄酮作为食品添加剂的食品和制品在日本比较普遍，有些已走向欧美市场。国内关于大豆异黄酮的研究近些年来逐渐增多，出现了一些以大豆异黄酮为食品添加剂的食品及保健食品、保健药品。

表7-2 部分食物大豆异黄酮含量（mg/100g 食部）

食物名称	总量	染料木黄酮	黄豆苷元	黄豆黄素
大豆（发酵、煮）	58.93	29.04	21.85	8.17
豆（红色）	0.31	0.31	0	
豆（杂色）	0.27	0.26	0.01	
绿豆	0.19	0.18	0.01	
毛豆	20.42	9.84	9.27	4.29
菜豆	0.21	0.20	0.01	
黄豆芽	40.71	21.60	19.12	
腐竹	193.88	104.80	0.01	18.4
腐乳	39.00	22.40	21.85	2.30
豆腐	27.91	15.58		2.40
豆浆	9.65	6.06	0.01	0.56
大豆粉	148.61	78.90	0.01	20.19
速溶豆粉饮料	109.51	62.18	0.02	10.90
酱油（大豆、小麦）	1.64	0.82	0.01	0.45
豆面酱	42.55	24.56	19.12	2.87

一、大豆异黄酮的测定方法

（一）紫外分光光度法（UV）

大豆异黄酮结构中羟基和芳环形成较强的共轭体系，对紫外光有较强的特征吸收，最大吸收峰在259nm，干扰较少，所以可采用紫外分光光度法对大豆异黄酮含量进行测定。试样经大孔吸附树脂吸附纯化后提取制得的大豆异黄酮提取物，在259 nm处测定吸光度，计算平均值，计算试样的大豆异黄酮百分含量。该法具有方法简便，重现性好等优点。但特异性较差。

（二）薄层扫描色谱法（TLCS）

薄层扫描法具有取样量少，操作简便，分离效果好等优点。用硅胶G薄层板，氯仿-甲醇-乙酸乙酯-水（2∶2∶4∶1）为展开剂，440nm滤光片扫描测定。但其薄层显色剂用量难以准确控制，人为误差较大。

（三）高效液相色谱法（HPLC）

高效液相色谱法是目前测定大豆异黄酮研究工作中应用最为广泛的一种方法，此法具有测定样品范围广、样品制备步骤少、成本低、分离效率高、灵敏度好、测定结果准确及仪器自动化程度高等优点，且有多种检测器可供选择。样品多采用不同浓度的甲醇、乙醇直接提取、超声或回流提取后用酸或酶水解后进行测定，也可经柱层析分离等方法。

（四）色谱-质谱法（HPLC-MS）

在用高效液相色谱检测大豆异黄酮时，若用标准样品定性方法确定色谱图中每个峰的归属，由于大豆异黄酮有多种类型，将需要多种标准样品。大豆异黄酮标准样品的价格昂贵，自行分离或合成标准样品则费时费力，若将大豆异黄酮水解为苷元后再进行检测，水解时加入的氯离子会缩短色谱柱的使用寿命，因此给大豆异黄酮的高效液相色谱法定性定量分析带来诸多不便。用色谱与质谱联用是以色谱方法作为分离手段，用质谱作为检测手段（或用质谱进一步分离，再用质谱检测）。这类方法具有高分离、高分辨能力（对复杂样品预处理要求不同，容易实现多种成分的同时测定），高灵敏度（检测下限可以达到ng、pg数量级），应用范围广，分析速度快（几分钟可以完成一次测定）等优点。用高效液相色谱-质谱联用技术检测大豆异黄酮，能够迅速准确地确定液相色谱图中各色谱峰的归属，解决了因标样缺乏而造成的定性分析难题。

（五）气相色谱法（GC）

气相色谱法具有进样量少、高敏感性、高选择性、高特异性等突出优点，但在测定大豆黄素和金雀异黄素时需制备衍生物，样品制备步骤较多，耗时长且仪器较为昂贵，从而限制了该法的推广应用。也可采用毛细管气-质联用分析大豆异黄酮。

（六）毛细管电泳法

毛细管电泳法具有速度快、选择性高、分离效率高、经济及样品前处理简单等优点，已逐渐成为测定植物雌激素（尤其是大豆苷和金雀异黄素）的常规方法之一。

（七）放射免疫测定法（RIA）

放射免疫测定法是一类将放射性核素技术与免疫化学技术相结合而建立起来的测定超微量物质的方法，该法既具有免疫反应专一性强的特点，又具有放射性核素技术灵敏度高的优点。该法采用铕对植物雌激素进行标记，在合成大豆黄素和金雀异黄素的$4'-O-$羧甲基纤维素衍生物后，分别将这些衍生物与牛血清蛋白进行偶联，作为抗原对家兔进行免疫，同时将这些衍生物进行标记示踪。酶解后用多标记计数仪进行测定，此法对植物雌激素非常敏感，与GC-MS相比，该法操作步骤少（仅需一步水解），其测定值高于GC-MS测定值，且测定结果与GC-MS结果有显著的相关性，说明该法是定量测定植物雌激素的一种较适宜的方法。

二、高效液相色谱法测定大豆异黄酮的原理和步骤

（一）原理

用85％乙醇作为溶剂，提取样品中的染料木黄酮和黄豆苷元，以反相高效液相色谱分离，在紫外检测器260nm条件下检测其峰面积，以染料木黄酮和黄豆苷元两项含量之和计算大豆异黄酮含量。

（二）主要仪器

高效液相色仪，紫外检测器。

（三）色谱条件的选择

色谱柱：Waters Symmetry Columns，Symmetry Shield^{TM}RP$_{18}$，5μm，3.9mm×150mm；流动相：甲醇：水：磷酸＝52：48：0.2，柱温：30℃，流速：0.7ml/min，进样量：20μl；检测波长：260nm。

（四）操作步骤

1. 样品制备：样品用80％乙醇溶解，振荡，超声提取。经3000rpm离心后，取上清液，0.45μm滤膜过滤，得到待测液，备用。

2. 测定：吸取标准液和样品待测液，注入高效液相色谱仪进行分离，待绘制出色谱图及色谱参数后，再进行定性和定量。

定性：用标准物溶液峰的保留时间定性。

定量：根据峰面积求出样品溶液中待测物质的含量。

三、紫外分光光度法测定大豆异黄酮的原理和步骤

（一）基本原理

大豆异黄酮在紫外光区有特征吸收，大豆异黄酮的各组分的最大吸收波长相差不大，峰的数目较少，最大吸收峰周围的干扰较少。如将染料木黄酮的最大吸收波长为259nm，黄豆苷元最大吸收波长为256nm，在310nm处有一个很小的肩峰。因此，可以选用大豆异黄酮作为标准品，利用紫外分光光度法测定大豆总异黄酮含量。

（二）主要仪器

紫外分光光度计。

（三）操作步骤

样品用95％乙醇溶解后，紫外分光光度计259nm波长下测定吸光度，按测定的标准曲线方程计算含量，并计算样品的大豆总异黄酮质量分数。

第四节　总黄酮的测定

黄酮类化合物（flavonoids）是植物化学物中的一类重要物质。经典的黄酮类物质是指具有苯基色原酮基本结构的物质，现在已扩展为泛指2个苯环通过碳链相互联结而成的一系列化合物。目前已分离出4000余种，常见的槲皮素主要分布于一些水果、洋葱、红酒之中，芹菜苷元等主要分布于一些蔬菜、柑橘类水果之中，橘皮素主要分布于柑橘类水果之中，儿茶素等主要分布于茶叶之中，原花青素主要分布于一些有色水果、浆果之中，染料木黄酮主

要分布于豆类及其制品中等。部分蔬菜中总黄酮的含量见表7-3。

表7-3　部分蔬菜中总黄酮的含量

名称	水分%	总黄酮 mg/g	名称	水分%	总黄酮 mg/g
豌豆尖	90.4	3.00	芹菜	96	1.05
黄瓜（去皮）	98.1	0.02	菠菜	92	1.90
苦瓜	93.7	0.03	小白菜	94.2	1.13
洋葱	89.1	0.28	白菜	93.5	1.15
蒜苗	92.3	1.51	白菜苔	91.1	1.58
蒜苔	87.8	0.90	丝瓜	95.1	0.09
番茄	94.8	0.04	红萝卜	93.4	0.05
青辣椒	92.8	0.59	苤蓝	92.8	0.01
韭菜	88.6	2.14	芦笋	93.4	0.72
莴笋（叶）	91.8	1.47	茄子（长）	91.8	0.05
芹菜（叶）	87.7	3.65	青苋菜	86.5	2.55

黄酮类物质具有较强的抗氧化作用，抗肿瘤作用，保护心血管作用，抗突变作用，提高免疫功能，防治骨质疏松改善皮肤过敏及过敏性哮喘，抗视觉疲劳和抗辐射等生物学作用。

一、总黄酮的测定

（一）总黄酮的提取

1. 总黄酮的浸出方法

黄酮化合物在植物体中，因存在部位不同，其结合形式也不相同。在花、叶、果等组织中，一般多以苷的形式存在，而在木质部坚硬组织中，则多为游离苷元的形式。在皮、根和根茎等部位中也曾发现有黄酮苷类形式存在。黄酮类似物在植物中的种类很多，彼此间在各种溶剂中的溶解性能有显著差异。有的可溶于乙醚、苯和氯仿不溶于水；有的可溶于乙醚也可溶于乙醇，如游离的羟基黄酮类、羟基二氢黄酮类和羟基异黄酮类成分等；有的则不溶于乙醚较易溶于水，如多数花色苷类和一些含有多数糖分子的黄酮苷类成分等。这些成分在植物体中存在的部位不同，结合的状态也不同。在多数情况下，用稀乙醇或乙醇为溶剂能浸出各种食品中各种黄酮类似物。也可用极性不同的溶剂，按一定的次序浸出各种不同极性的化合物。例如先用石油醚和四氯化碳浸出蜡、脂类杂质，再用苯或乙醇浸出游离黄酮类化合物，最后以稀乙醇或水浸出黄酮甙类化合物。

2. 总黄酮化合物的分离方法

由浸出所得浸出液一般都含有较多的杂质干扰分析，为了提纯总黄酮化合物常采用溶剂萃取法、醋酸铅沉淀法、酸碱处理法、活性炭吸附法和离子交换法进行提纯。

（1）溶剂萃取法：利用黄酮化合物与混入的杂质极性的不同，选用不同的溶剂进行萃取可达到纯化的目的。例如蔬菜的醇浸出液，可用石油醚萃取，以便除去叶绿素、胡萝卜素、蜡和油脂等脂溶性物质。根据不同的萃取的目的，可以采用不同萃取溶剂系统。为了除去脂溶性杂质只能采用石油醚。

（2）铅盐沉淀法：如果有机溶剂萃取法不理想，可以采用铅盐沉淀法。含有酚羟基的黄酮化合物可与1%的醋酸铅或碱式醋酸铅反应生成黄-红色的沉淀。利用这种特性可从水溶液中分离黄酮化合物。黄酮化合物与铅盐生成沉淀及沉淀的色泽，因羟基的位置与数目的不同而异。醋酸铅只能与分子中具有邻二酚羟基或兼有 3-OH、4-酮基结构的化合物作用，但碱式醋酸铅的沉淀效果要大得多。一般酸性化合物均可与之沉淀，据此可以利用它做一种分离手段，对黄酮化合物进行分离。

（3）酸碱处理法：许多含酚羟基的黄酮苷元或某一些黄酮苷在水中的溶解度低，用水浸出比较困难，可用碱水浸出。碱水浸出液可加酸使黄酮从水中析出，使水溶性杂质被分离。含黄酮的样品以稀乙醇浸出所得稀乙醇浸出液，回收乙醇后所得黄酮化合物的水溶液加酸使黄酮化合物析出，过滤除去部分水溶性物质。所得粗黄酮再以稀碱水溶解，过滤，再向滤液中加酸酸化使黄酮化合物再从水溶液中析出。经过这样处理之后被提取的黄酮化合物可以提高纯度。

（4）活性炭吸附法：在样品的水、稀乙醇浸出液中加入适量的活性炭，并经搅拌、静置以吸附黄酮类化合物，直至定性检查无黄酮类反应为止。过滤，收集吸附黄酮化合物的活性炭。再以沸乙醇、沸水、7%的酚水、15%酚-醇溶液进行洗脱，洗脱后减压浓缩到小体积，再以苯萃取除去酚，余下的水层再浓缩、干燥得黄酮化合物的提取物。

（5）离子交换法：离子交换法可以用于除去黄酮化合物的水溶液中的杂质。因为阴、阳离子交换树脂可以吸附黄酮化合物，当含黄酮的水溶液通过离子交换柱时黄酮化合物被吸附在离子交换树脂上，而其他水溶性杂质可随水从离子交换柱中流出或从离子交换柱上洗脱。然后再用乙醇从离子交换树脂上把黄酮化合物洗脱下来，减压回收乙醇可得黄酮化合物。这种方法可从大体积的水溶液中回收黄酮化合物。

（6）聚酰胺吸附法：黄酮化合物的水浸出液或稀乙醇浸出液回收乙醇后的水溶液，经过滤除去不溶物后，使滤液通过聚酰胺柱。先将 40～80 目的聚酰胺粉末用湿法装入柱内，然后使滤液通过聚酰胺柱。然后再用水从柱中洗出水溶性杂质。然后选用乙醇-水（1:3、1:2、1:1）或乙醇洗脱黄酮化合物。减压回收乙醇并浓缩水溶液得总黄酮化合物。

（二）总黄酮的测定方法

对于食品中黄酮类物质的测定方法：（1）分光光度法；（2）高效液相色谱法；（3）极谱法：用单扫示波极谱法测定总黄酮。在 pH8.6 Na_2HPO_4-KH_2PO_4 底液中，峰电位 Ep-0.74V 处黄酮化合物产生灵敏的极谱还原波，以芦丁作对照品，该波的二阶导数峰电流与芦丁浓度在 0.05～1.0 mg/L 范围内呈良好的直线关系，检出限为 0.02 mg/L。本法用于保健食品中总黄酮含量的测定，操作简便、快速、准确。（4）近红外光谱法：近红外光谱技术利用 C-H、N-H、O-H 等含氢基团的倍频及合频吸收，通过测定具有代表性的大样本建立校正模型，实现未知样品的定性或定量分析，具有快速、准确、无污染、非破坏性等优点。

分光光度法操作不仅具有快速、准确的特点，而且处理时间短、平行性好。但将样品提取液过聚酰胺柱，用苯去除杂质，甲醇洗脱，测定吸收值，这种方法往往样品损失大，上样量及聚酰胺粉用量不好掌握。在多种测定植物成分含量的分析方法的情况下，分光光度法仍然是一种粗略估量植物含量的分析方法。高效液相色谱法和薄层色谱法具有专属性强，准确度高的特点，但样品处理复杂，仪器昂贵，实验成本较高。黄酮类化合物的测定现多用高效液相色谱法。

二、分光光度法测定食品中总黄酮的原理和步骤

（一）原理

黄酮类化合物是指 2 个苯环通过碳链相互联结而成的一系列化合物的总称，一般都具有

4位碳基，且呈现黄色。黄酮类化合物中的3-羟基、4-羟基、5-羟基、4-碳基或邻二位酚羟基，在碱性条件下可以与铝盐进行络合反应生成红色的络合物，其呈色强度与溶液中黄酮类化合物浓度成正比，以芦丁为标准品，在510nm波长下比色定量。

（二）主要仪器
分光光度计。

（三）操作步骤
1. 样品处理：
（1）固体样品：样品用滤纸包紧、70％乙醇溶液浸润后，80℃水浴回流，至黄酮类化合物基本提取完全。抽提液冷却后，减压抽滤。除去其中的乙醇。氯仿分次萃取脱脂，收集水溶液并定容。

称取经预处理的聚酰胺树脂粉末，湿法装柱，用水饱和。吸取一定量上述脱脂后的水溶液，沿层析柱慢慢滴入柱内，待测液被充分吸附后，用70％乙醇或甲醇洗脱，至流出液基本无色。上述洗出液用洗脱剂定容后即可用于测定。

（2）液体样品：直接以氯仿分次萃取脱脂，其余步骤同上。

2. 绘制标准曲线

准确吸取不同量芦丁标准溶液移入刻度比色管中，在510nm处测定吸光度，绘制芦丁含量（μg）与吸光度的标准曲线。

3. 样品测定

取适宜体积待测液，各加入30％乙醇液，5％亚硝酸钠溶液，振摇后放置，10％硝酸铝溶液，摇匀，数分钟后，加1.0mol/L氢氧化钠溶液，用30％乙醇定容至刻度，以零管为空白，摇匀后，510nm处进行吸光度的测定。根据标准曲线计算出被测液中黄酮含量

三、高效液相色谱法测定食品中总黄酮的原理和步骤（芦丁）

（一）原理
芦丁为黄酮类化合物的一种，结构为槲皮素-3-O-芸香糖，植物类样品用石油醚脱脂后，经甲醇加热回流提取芦丁，以反相高效液相色谱法分离，在紫外检测器350nm条件下，以保留时间定性、峰面积定量。

（二）主要仪器
高效液相色谱仪，紫外检测器。

（三）色谱分离条件
色谱柱：Shim-pact CLC-ODS，6mm×150mm，5μm，流动相：甲醇＋水（55＋45），以磷酸调pH至3.5，流速：0.8ml/min；柱温：40℃；进样量：10μl；检测波长：350nm。

（四）操作步骤
1. 样品制备
（1）固体样品：准确称取粉末样品于索氏提取器中，用石油醚（60～90℃）提取脂肪等脂溶性成分，弃去石油醚提取液，剩余物经挥去石油醚，再以甲醇加热回流提取并定容，微孔滤膜（0.45μm）滤后供测定样品含量用。

（2）液体样品：准确吸取样品直接以石油醚萃取脱脂，挥去石油醚后，以甲醇溶解并定容，经微孔滤膜（0.45μm）滤过后供测定用。

2. 样品测定：准确吸取一定量样品处理液和标准液，注入高效液相色谱仪进行分离，待绘制出色谱图及色谱参数后，再进行定性和定量。

第五节 原花青素的测定

原花青素（procyanidins，也称缩合单宁）是植物中广泛存在的一大类多酚化合物的总称。起初统归于缩合鞣质或黄烷醇类。随着分离鉴定技术的提高和对此类物质的深入研究与深刻认识，现已并称之为原花青素。这一类多酚化合物在酸性介质中加热均可产生花青素（cyanidins），故将这类多酚化合物命名为原花青素。原花青素是由不同数量的儿茶素或表儿茶素结合而成。最简单的原花青素是儿茶素或表儿茶素或儿茶素与表儿茶素形成的二聚体，此外还有三聚体、四聚体等直至十聚体。

原花青素广泛存在于葡萄、蓝莓、樱桃、李子和松树皮等一些植物中，其中葡萄籽是原花青素的重要来源。

原花青素具有极强的抗氧化性，在人体内的抗氧化和清除自由基的能力是维生素 E 的 50 倍，维生素 C 的 20 倍，并且还具有保护心血管、预防高血压、抗肿瘤、抗辐射及美容等作用。

一、原花青素含量的测定方法

原花青素含量的测定方法有很多种，国际上关于原花青素的测定还未有统一的标准方法，如香草醛-盐酸分光光度法、正丁醇-盐酸法、铁盐催化比色法、HPLC 法等。

（一）分光光度法

1. 铁盐催化法：原花青素在酸性条件下加热可发生氧化还原反应，转变为红色的花青素，而花青素与硫酸铁铵反应可生成较深颜色的化合物，该化合物在 550nm 处有最大吸收峰，而 Fe^{3+} 在整个反应体系中则起到一个催化剂的作用，且其含量达到一定水平时，反应才能够完全，若采用正丁醇溶剂可防止醚的形成，比色测定其吸光值，与原花青素标准品对照便可定量计算样品中原花青素含量。

2. Folin-Ciocalteau 法：在碱性溶液中，酚类化合物可以将钨钼酸还原，生成蓝色的化合物，颜色的深浅与多酚含量呈正相关，蓝色化合物在 760nm 处有最大吸收。此法测定的是葡萄籽提取物中总多酚的含量，一般以没食子酸作为对照品。

3. 香草醛法：于酸性条件下，原花青素 A 环的化学活性较高，其上的间苯二酚或间苯三酚结构可与香草醛发生缩合反应，产物在浓酸作用下形成有色的碳正离子，于 500 nm 处测吸光度。以甲醇代替样品溶液作为空白对照，儿茶素标准曲线计算样品中原花青素含量。

4. 钼酸铵法：原花青素是儿茶素和表儿茶素的单体和低聚体组合而成，其结构中含有邻苯二酚的基团，邻苯二酚与钼酸铵反应生成黄色钼酸酯。此物质在弱酸性条件下能稳定存在，并在 333nm 处有最大吸收峰。

5. 硫酸高铈铵法：基于原花青素与 Ce^{4+} 在强酸性介质中反应生成无色的 Ce^{3+}，通过测定黄色高铈盐的吸光度，间接测定原花青素，Ce^{4+} 在 319 nm 波长处具有最大吸收。原花青素在 $0.12\sim10\mu g/ml$ 范围内符合比尔定律。已用于实际样品的测定。

6. 高铁盐-铁氰化钾法：它是基于原花青素结构中含有还原性基团，能与 Fe^{3+} 发生氧化还原反应，还原产物 Fe^{2+} 与铁氰化钾生成可溶性蓝色配合物 $KFe[Fe(CN)_6]$，在 710 nm

处有最大吸收。本方法具有简便、快速、灵敏等优点，用于实际样品测定，结果满意。

（二）流动注射-抑制化学发光

利用原花青素还原 H_2O_2 可抑制鲁米诺- H_2O_2 体系的化学发光，在碱性条件下，其抑制的程度与原花青素浓度之间呈线性关系，建立了流动注射-抑制化学发光法测定原花青素的新方法。该方法有操作简单快速、灵敏度高和线性范围宽等优点，用于实际样品测定，结果令人满意。

（三）高效液相色谱法（HPLC）

由于葡萄子提取物是由原花青素和几种单体组成的。HPLC 法测定的是提取物中每种单体、低聚体和高聚体的含量。因此葡萄籽提取物中原花青素的含量可由葡萄籽提取物中总多酚的含量减出其中单体的含量求得。葡萄籽提取物中总多酚的含量可以采用 Folin—Ciocalteau 法测定，单体的含量用 HPLC 测定。

（四）原子吸收法

原花青素分子结构中存在酚羟基，故原花青素在中性介质中能与醋酸铜络合沉淀剂反应而产生难溶的棕黄色沉淀，经离心分离后，通过原子吸收法测定上清液中过量的 Cu^{2+}，从而建立一种间接测定原花青素的方法。本法具有简便、快速，试剂用量少等优点。

二、香草醛-盐酸分光光度法测定原花青素的原理和步骤

（一）原理

原花青素在酸性介质中与香草醛的酚醛缩合反应可生成红色产物，其呈色强度与样品中原花青素含量成正比，在 500nm 波长处有最大吸收峰，测定其吸光度值，与原花青素标准品进行比较，可定量计算出样品中原花青素的含量。反应式如下：

原花青素与香草醛的反应式

（二）主要仪器

分光光度计。

（三）操作步骤

1. 样品制备：植物材料经 4 倍体积丙酮＋水（7＋3，体积比）或经甲醇提取，40℃以下减压蒸馏去除有机溶剂，水相再经乙醚洗涤后定容。

冰冻干燥的固体原花色素制剂，直接溶于水制成原花色素液。

2. 样品测定：用锡箔将试管包严，依次于比色管中加入用甲醇配制试样溶液、香草醛-甲醇溶液和一定体积的浓盐酸，摇匀，置于（20±1）℃温度条件下避光反应一定时间。于 500nm 波长处测定反应液的吸光度，由标准曲线求得试样中原花青素的含量。

（曹小红，任大林）

第八章 食品添加剂的测定分析

第一节 概　述

随着食品工业的迅速发展，食品添加的种类和数量也日益增多，正确使用食品添加剂以保证食品质量，保证人民身体健康，以及研制、开发、推广无毒或低毒的食品添加剂就有着更重要的意义。食品添加剂的测定是食品分析的关键，它起到了监督、保证与促进的作用。因此掌握食品添加剂的基础知识和分析方法具有重要意义。

一、食品添加剂的定义

《中华人民共和国食品卫生法》第九章附则中规定：食品添加剂是指"为改善食品品质和色、香、味，以及为防腐和加工工艺的需要而加入食品中的化学合成或者天然物质"。

二、食品添加剂的分类

食品添加剂的种类很多，目前中国允许使用的食品添加剂（包括香料在内）已达1200多种。中国《食品添加剂使用卫生标准》（GB2760-2002），按照食品添加剂主要功能作用的不同将其分为：酸度调节剂、抗结剂、消泡剂、抗氧化剂、漂白剂、膨松剂、胶姆糖基础剂、着色剂、护色剂、乳化剂、酶制剂、增味剂、面粉处理剂、被膜剂、水分保持剂、营养强化剂、防腐剂、稳定和凝固剂、甜味剂、增稠剂等20类，另有其他香料共22类。

三、国家允许食品加工使用的添加剂范围及具体品种

1. 着色剂类：柠檬黄、日落黄、姜黄、胭脂红、甜菜红、靛蓝、酱色、红曲米、叶绿素铜钠盐、β胡萝卜素、辣椒红素、红花黄素、虫脚色素。
2. 品质改良剂类：磷酸二钠、六偏磷酸钠、三聚磷酸钠、焦磷酸钠。
3. 增稠剂类：琼脂、食用明胶、酒石酸、苹果酸、偏酒石酸、醋酸。
4. 酸味剂类：柠檬酸、乳酸、酒石酸、苹果酸、偏酒石酸、醋酸。
5. 抗氧化剂类：丁基羟基茴香醚、二丁基羟基甲苯。
6. 防腐剂类：苯甲酸、苯甲酸（钠）、山梨酸、山梨酸钾、二氧化硫。
7. 发色剂类：硝酸钠、亚硝酸钠。
8. 漂白剂类：亚硫酸钠、低亚硫酸钠、亚硫酸氢钠、焦亚硫酸钠、硫磺。
9. 疏松剂类：碳酸氢钠、碳酸氢氨、轻质碳酸钙、碳酸氢钙、钾明矾、铵明矾。
10. 凝固剂类：硫酸钙、氯化钙。
11. 甜味剂类：糖精钠、甘草。

四、食品添加剂的作用

食品添加剂对食品工业的发展和食品的加工、贮存都具有非常重要的作用。

1. 防止食品腐败变质,有利于食品的保藏。如防腐剂的使用,可防止由微生物引起的食品腐败变质;抗氧化剂则可阻止或延缓食品的氧化。
2. 维持并提高食品的营养价值,改善食品感官性状。如某些天然的食品营养强化剂,可大大提高食品的营养价值;适当使用一些着色剂、发色剂、漂白剂、食用香料等,可明显提高食品的风味和感官质量。
3. 便于食品加工。如消泡剂、助滤剂、稳定剂等的使用,有利于加工过程的顺利进行。
4. 满足特殊需要。如糖尿病人不能吃糖,可使用无营养甜味剂或低热能甜味剂制成无糖食品供应;对于缺碘地区供给加碘食盐等。

五、食品添加剂安全性的评价

食品添加剂多为化学合成品,其中一些有一定的毒性,使用不当或过量使用,会对人体健康造成严重的影响,因此世界各国对食品添加剂的使用量和残留量都做了严格的规定。中国《食品卫生法》明确规定"生产经营和使用食品添加剂,必须符合食品添加剂使用卫生标准和卫生管理办法的规定"。

国际上通常采用"日允许摄入量"(acceptable daily intake,ADI)来确保食品添加剂的使用安全,对其进行毒理学评价。ADI 值是指人体每日容许摄入量,以人的体重(kg)为基准,人每天摄入某种物质(如添加剂),而不产生可检测到的、对健康产生危害的剂量。添加剂的 ADI 值是根据添加剂的毒理试验结果所确定的,根据 ADI 即可确定添加剂在食品中的使用限量范围。常见食品添加剂的 ADI 值将在各节分别加以介绍。

六、食品添加剂的测定

由于食品添加剂种类繁多,所以测定方法也很多,本章介绍的测定方法均参考国家标准分析方法。

第二节 防腐剂的测定

防腐剂是具有杀灭或抑制微生物生长发育,防止食品腐败变质的一类食品添加剂。在食品工业生产中,为延长食品的货架寿命,防止食品腐败变质,在采用一些工艺条件及各种食品保藏手段的同时,也在一定条件下配合使用一些防腐剂,作为食品保藏的辅助手段。防腐剂使用简单,可使食品在常温下及简易保藏条件下短期贮藏,在现阶段尚有一定积极作用。

防腐剂一般可以分为四大类:

1. 酸性防腐剂:酸性越大的环境中,其防腐效果越好。在碱性条件下几乎无效。如苯甲酸、山梨酸、丙酸及其盐类。
2. 酯型防腐剂:在很宽的 pH 范围内都有效,毒性也比较低,但溶解性较差,一般情况下不同的酯要调配使用以提高防腐效果和溶解度。为便于使用,可以先将防腐剂用乙醇溶解,然后加入需防腐的食品中。如尼泊金酯类,没食子酸酯,抗坏血酸棕榈酸酯等。

3. 无机盐防腐剂：使用后残留二氧化硫会引起过敏反应，现在一般只将其列入特殊的防腐剂中。如含硫的亚硫酸盐、焦亚硫酸盐等。

4. 生物防腐剂：在体内可以分解成营养物质，安全性很高，有很好的发展前景。如乳酸链球菌素，溶菌酶等。

目前人们普遍认为防腐剂都是危害健康的。这迫使食品工业一方面改进工艺尽量减少防腐剂的用量；另一方面开发、应用一些无毒无害或者低毒的防腐剂，如山梨酸等。随着食品保藏新工艺、新设备的不断发展，防腐剂将逐步减少使用，以至不用。

一、常用防腐剂

目前，我国食品生产中普遍应用的防腐剂主要有苯甲酸及其钠盐，山梨酸及其钾盐，对羟基苯甲酸、丙酸及其钙盐等，其中以山梨酸、苯甲酸及其盐类的应用较广。

（一）苯甲酸

1. 基本性质　苯甲酸（benzoic acid）也称安息香酸，分子式：$C_7H_6O_2$，分子量为122.12。苯甲酸为带有丝光的、白色的鳞片状或斜针状结晶。熔点121～123℃，沸点249.2℃，相对密度1.082。质轻无臭，略带苯甲醛的气味。在热空气中微有挥发性，在约100℃时开始升华。本品性质稳定，微溶于冷水，在热水中溶解度增大，水溶液呈酸性。易溶于无水乙醇、甲醇、乙醚、丙酮、氯仿、油脂等有机溶剂。

苯甲酸有杀菌和抑菌作用，其效力随酸度增强而增加，在碱性环境中失去抗菌作用。苯甲酸为脂溶性有机酸，未解离的分子脂水分配系数大，更容易透过微生物的细胞膜杀死微生物。其未解离的分子在酸性溶液中的抗菌活性比在中性溶液中的大100倍。

2. 用途　广泛用于各种酸性食品的防腐剂。在酸性环境中，苯甲酸有广谱的抗菌作用，对产酸菌的作用较弱。pH＞5.5时，对很多霉菌和酵母都失去作用。

3. 毒性　ADI 0～5mg/kg（FDA/WHO，1994）；LD_{50} 2530mg/kg（大鼠，经口）。

4. 发展趋势　苯甲酸是价格十分低廉而且比较安全的防腐剂，但有一定的不良气味和毒性叠加之嫌。在发达国家苯甲酸及其盐有逐渐被山梨酸取代的趋势，但在发展中国家仍然大量使用，苯甲酸钠在相当长时间内，仍会是我国的防腐剂的一个主要产品。

（二）苯甲酸钠

1. 基本性质　苯甲酸钠（sodium benzoate）也称安息香酸钠，分子式：$C_7H_5O_2Na$，分子量为144.13。苯甲酸钠为白色结晶颗粒或粉末。无臭或略带苯甲酸气味，味略甜，有收敛涩性。易溶于水，略溶于乙醇，难溶于其他有机溶剂，与酸作用生成苯甲酸。其水溶液呈微碱性。化学性质稳定。

2. 用途　与苯甲酸相似，广泛用作各种酸性食品的防腐剂。

3. 毒性　LD_{50} 2700mg/kg（大鼠，经口）。

4. 发展趋势　由于苯甲酸在水中溶解度小，故在实际生产中多使用其钠盐。苯甲酸钠防腐性能与苯甲酸一样，但水溶性要好，因此应用比苯甲酸更普遍。从长远的角度来看，苯甲酸系列防腐剂有逐渐被山梨酸等低毒防腐剂取代的趋势。在我国相当长一段时间内，苯甲酸钠仍将处于防腐剂的主导地位。

（三）山梨酸

1. 基本性质　山梨酸（sorbic acid）也称2，4-己二烯1-酸，分子式：$C_6H_8O_2$，分子

量为112.3。山梨酸为五色针状结晶或白色结晶粉末。无臭无味，微具酸味，略有特殊气味。熔点132~135℃，沸点为270℃。空气中长期放置则氧化着色。耐光、耐热性好。难溶于水，易溶于乙醇、乙醚、丙二醇（5.5g/ml）、无水乙醇、花生油、甘油、冰醋酸、氯仿等有机溶剂，在酸性条件下可随水蒸气挥发。山梨酸是一种不饱和脂肪酸，进入人体后可参加正常的新陈代谢，最终氧化产物为二氧化碳和水，因此是一种比苯甲酸更安全的防腐剂。

山梨酸通过与霉菌、酵母菌酶系统中的巯基结合而达到抑菌作用，但对厌氧芽孢杆菌与嗜酸乳杆菌则几乎无效。山梨酸属于酸型防腐剂，其防腐效果随pH值升高而降低，pH为8时丧失防腐作用，但山梨酸的适宜pH值范围较苯甲酸广。抑菌作用比抗菌作用强。将山梨酸加入已经污染了大量微生物的食品中，则不仅无效，山梨酸反而成了微生物的营养源，使食品更快变坏。

2. 用途　山梨酸可用于各种食品的防腐，也可用于食品用具的消毒。

3. 毒性　ADI 0~25mg/kg（FAO/WHO，1994）；LD_{50} 7360mg/kg（大鼠，经口）。

4. 发展趋势　山梨酸及其盐抗菌力强，毒性小，已越来越受到各方的欢迎。山梨酸是一种不饱和脂肪酸，可参与体内正常代谢，而产生二氧化碳和水，可视作食品的成分之一，故对人体无害。山梨酸能抑制细菌、霉菌和酵母菌的生长，防腐效果好，对食品风味无不良影响，是目前国际上公认的最好防腐剂，已为各国允许使用。由于价格较高，目前在我国应用尚不普遍，但发展很快。

（四）山梨酸钾

1. 基本性质　山梨酸钾（potassium sorbate）分子式：$C_6H_7KO_2$，分子量为150.22。山梨酸钾为白色至淡黄色鳞片状结晶或结晶性粉末。无臭或略有异味。熔点270℃（分解）。易溶于水、5%的盐水和25%的砂糖水，在水中溶解度为67.6g/L。溶于丙二醇，微溶于乙醇，但不溶于其他有机溶剂，与酸作用生成山梨酸。在空气中不稳定，放置过程会因吸潮、氧化分解而着色。

有很强的抗菌防腐作用，毒性极低。与山梨酸一样，属于酸性防腐剂，在中性条件下效力很低。

2. 用途　同山梨酸。

3. 毒性　ADI 0~25mg/kg（以山梨酸计，FAO/WHO，1994）；LD_{50} 4920mg/kg（大鼠，经口）。

4. 发展趋势　与山梨酸一样，毒性极低，而且基本上没有异味，对食品的本来风味无任何不良影响。与山梨酸相比，山梨酸钾水溶性大，使用方便。目前山梨酸钾已成为西方发达国家的主流防腐剂，而在我国虽然市场占有量还很小，但发展形势很好。

二、防腐剂的测定方法

山梨酸、苯甲酸的测定方法有气相色谱法、薄层色谱法、高效液相色谱法、紫外分光光度法、酸碱滴定法和硫代巴比妥酸比色法等。用乙醚提取酸碱滴定法和水蒸气蒸馏紫外分光光度法测定，这两种方法较经济实惠，但测定程序复杂且周期长，回收率也较低。尤其采用酸碱滴定法测苯甲酸及其盐类最大的缺点是：样品中有其它有机酸时，乙醚萃取时易带过来，所以此法测定误差较大。薄层色谱法所用分析时间长，准确度较差；高效液相色谱法具有前处理简单、省时、准确等特点，但未涉及对蜜饯、酱菜类固体样品的处理，而且所用仪器价格昂贵，难以普及。用气相色谱法进行测定，分离效果好，抗干扰能力强，定量较准确，而且实验成本较低、实验步骤简化、实验时间不长，是检测这几种防腐剂的一种较为理想的方法。

下面介绍标准测定方法中的两种常用方法，这两种方法测的数据较为准确可靠。

(一) 气相色谱法

本方法适用于果汁、果酱、酱油、醋中苯甲酸（钠）、山梨酸（钾）的测定，简便、快速，是目前应用较多的方法。气相色谱法最低检出量为 $1\mu g$，用于色谱分析的试样为 1g 时，最低检出浓度为 1mg/kg。

1. 基本原理

样品酸化后，用乙醚提取山梨酸、苯甲酸，用附氢火焰离子化检测器的气相色谱仪进行分离测定。与标准系列比较定量。

2. 主要仪器　仪器主要为气相色谱仪具氢火焰离子化检测器。

3. 色谱参考条件

色谱柱：玻璃柱，3mm（内径）×2m，内装涂以 5%（m/m）DEGS-1%（m/m）磷酸固定液的 60~80 目 Chromosorb WAW；气流速度：载气为氮气，流速 50ml/min（氮气和空气、氢气之比按各仪器型号不同选择各自的最佳比例条件）；温度：进样口温度 230℃，检测器 230℃，柱温 170℃。

4. 操作步骤

（1）样品提取　称取事先混合均匀的样品，置于带塞量筒中，加盐酸溶液酸化，用乙醚提取两次，每次振摇 1min，将上层乙醚提取液吸入另一个带塞量筒中，合并乙醚提取液。用氯化钠酸性溶液洗涤两次，静止 15min，用滴管将乙醚层通过无水硫酸钠滤入容量瓶中。加乙醚至刻度，混匀。准确吸取 5ml 乙醚提取液于 5ml 带塞刻度试管中，置 40℃水浴上挥干，准确加入 2ml，石油醚-乙醚（3+1）混合溶剂溶解残渣，备用。

（2）测定　进样 $2\mu l$ 标准系列中各浓度标准使用液于气相色谱仪中，可测得不同浓度山梨酸、苯甲酸的峰高，以浓度为横坐标，相应的峰高值为纵坐标，绘制标准曲线。

同时进样 $2\mu l$ 试样溶液，测得峰高与标准曲线比较定量。

5. 精密度

在重复性条件下获得的两次独立测定结果的绝对差值不得超过算术平均值的 10%。

6. 补充说明

山梨酸保留时间 2min 53s；苯甲酸保留时间 6min 8s。

本方法回收率山梨酸为 81%~98%，相对标准偏差 2.4%~8.5%；苯甲酸的回收率为 92%~102%，相对标准偏差 0.7%~9.9%。

通过无水硫酸钠过滤后的乙醚提取液应达到去除水分的目的，否则 5ml 乙醚提取液在 40℃挥去乙醚后仍残留水分会影响测定结果。当出现将残留水分挥干析出极少量白色氯化钠时，应搅松残留的无机盐后加入石油醚、乙醚混合溶剂振摇，取上清液进样，否则氯化钠覆盖了部分山梨酸，苯甲酸使测定结果偏低。

（二）高效液相色谱法

1. 基本原理

样品加温除去二氧化碳和乙醇，将 pH 值调至近中性，过滤后进高效液相色谱仪，经反相色谱分离后，根据保留时间和峰面积进行定性和定量。

2. 主要仪器　仪器主要为带紫外检测器的高效液相色谱仪。

3. 色谱条件

色谱柱：YWG-C_{18} 4.6mm×250mm，10μm 不锈钢柱；流动相：(0.02mol/L) 甲醇＋乙酸铵溶液（5＋95）；流速：1ml/min；进样量：10μl；检测器：紫外检测器，230nm 波长。

4. 操作方法

（1）样品处理　①汽水：称取定量样品，放入小烧杯中，微温搅拌除去二氧化碳，用氨水调 pH 约 7。加水定容至 10~20ml，经滤膜过滤。②果汁类：称取定量样品，用氨水调 pH 约 7，加水定容至 10~20ml，离心沉淀，上清液经 0.45μm 滤膜过滤。③配制酒类：称取定量样品，放入小烧杯中，水浴加热除去乙醇，用氨水调 pH 约 7，加水定容至适当体积，经 0.45μm 滤膜过滤。

（2）根据保留时间定性，外标峰面积法定量。

5. 精密度

在重复性条件下获得的两次独立测定结果的绝对差值不得超过算术平均值的 10%。

6. 补充说明

（1）本方法苯甲酸回收率为 90%~110%，山梨酸回收率为 90%~95%。

（2）本方法可同时测定糖精钠。

（3）山梨酸的灵敏波长为 254nm，在此波长测苯甲酸、糖精钠灵敏度较低，苯甲酸、糖精钠的灵敏波长为 230nm，为照顾三种被测组分灵敏度，方法采用测定波长为 230nm。

（4）在本实验条件下苯甲酸、山梨酸的出峰时间依次为 3.88min、4.70min。

应用高压液相色谱参考条件的高效液相分离条件可以同时测定苯甲酸、山梨酸和糖精钠。

第三节　甜味剂的测定

甜味剂是指赋予食品以甜味的食品添加剂。甜味剂品种很多，目前使用的有近 20 种。这些甜味剂有几种不同的分类方法：按照来源的不同可将其分为天然甜味剂和人工合成甜味剂；以其营养价值来分可分为营养型和非营养型两类；按其化学结构和性质又可分为糖类甜味剂和非糖类甜味剂。

天然营养型甜味剂如蔗糖、葡萄糖、果糖、果葡糖浆、麦芽糖、蜂蜜等，一般视为食品原料，习惯上称为糖，可用来制造各种糕点、糖果、饮料等。非糖类甜味剂有天然的和人工合成的两类，天然甜味剂如甜菊糖、甘草等，人工合成甜味剂有糖精、糖精钠、环己基氨基磺酸钠、天门冬酰苯丙氨酸甲酯、三氯蔗糖等。非糖类甜味剂甜度高，使用量少，热值很小，常称为非营养性或低热值甜味剂，在食品加工中使用广泛。

天然甜味剂主要是从植物组织中提取出来的甜味物质，近年也采用人工合成法获得。常见的有蔗糖、淀粉糖浆、果糖、葡萄糖、麦芽糖、甘草、甜叶菊糖苷、麦芽糖醇和D-山梨糖醇液等。蔗糖和淀粉糖浆通常不作为食品添加剂看待，而作为食品原料。果糖、葡萄糖和麦芽糖等虽然也是天然甜味剂，且是重要的营养素，通常被视为食品原料，还作为食品添加剂对待，使用时可按需添加。

甘草的甜味物主要是甘草酸。甘草酸的甜度约为蔗糖的200倍。易溶于水，不溶于无水乙醇和脂肪。经动物试验证明安全无毒。我国规定可以用于罐头、调味品、糖果、饼干，可按正常生产需要加入。

甜叶菊本是生长在巴西和巴拉圭两国交界处湿润河谷草地和灌木丛中的草本植物，我国现已大量种植。甜叶菊的叶子里有一种含3个葡萄糖分子的萜类化合物，被称为甜叶菊糖苷（stevioside），甜叶菊糖苷可刺激人体味蕾细胞，从而产生强烈的甜味感，其甜味酷似蔗糖，甜度为蔗糖的300余倍。经动物试验证明，甜叶菊糖苷是安全无害的。

麦芽糖醇（maltitol），可以由麦芽糖氢化后制得，其甜度接近蔗糖。麦芽糖醇进入人体内的代谢与蔗糖相同，而热能要低一些。它既不升高血糖值，也不会使胆固醇增加。经动物试验证明，麦芽糖醇安全性高。

人工甜味剂主要是一些具甜味但又不是糖类的化学物质，甜度一般是蔗糖的数十倍至数百倍，不具有任何营养价值。人工甜味剂品种很多，但由于许多都有较大的毒性而不能作为食品添加剂使用。我国目前允许使用的人工甜味剂有糖精钠，环己基氨基磺酸钠、天门冬酰苯丙氨酸甲酯和天门冬酰胺酸钠。

长期以来人们习惯认为，甜味物质就是高热量物质，其实甜味物质所含热量并不比脂肪和蛋白质类物质的热量高。但由于人类对甜味物质的单位时间摄取量和消化吸收量远远高于脂肪和蛋白质类物质，所以甜味物质容易造成"过食"，因而引起人们的误解。但无论如何，对于要防止肥胖和糖尿病的人来说，少吃或不吃营养性甜味剂，对身体是有一定益处的。

合成甜味剂一般都有很高的甜度，因此即使这些甜味剂可以为人体吸收，其总量也是很小的。合成甜味剂的使用安全性一直为人们所关注，这在一定程度上限制了合成甜味剂的应用。

甜味剂是世界上耗用量最大的一种食品添加剂，全世界甜味剂的总产量已超过1亿吨，人均年消耗量21～22kg，发达国家为60～70kg，发展中国家为10～15kg，我国为7～8kg。我国人均消耗量偏低并非人们对甜味有特殊的偏见，而主要是由于一方面我国法制不健全，生活水平低，生产企业大量使用合成高倍甜味剂；另一方面，我国食品工业相对落后，甜味剂用量也就较少了。随着我国各项事业的发展，甜味剂也必将快速发展。

一、常用甜味剂

（一）糖精

1. **基本性质** 糖精（saccharin）也称邻磺酰苯酰亚胺，分子式：$C_7H_5O_3NS$，分子量为197。糖精为白色结晶，微具芳香味，对热不够稳定。在酸性或碱性条件下，将其水溶液长时间加热会逐渐分解，在pH<3.8时，加热会分解失去甜味，在中性或弱碱性条件下，短时间加热，变化不大，如pH8，150℃加热1h，甜味不受影响。糖精的热稳定性较低，其水溶液在短时间内加热变化不大，若长时间加热，不论在酸性或碱性条件下，都将逐渐分解成苯甲酸而失去甜味，在常温下长时间放置，其甜味亦会下降。糖精被摄食后，在人体内不分

解、不吸收,将随尿排出,不供给热能,无营养价值。糖精易溶于乙醚,难溶于水,故食品生产中常使用的糖精,实际上是其钠盐——糖精钠,它易溶于水,有强甜味,其甜度为蔗糖的 200～700 倍。

2. 用途

可用于饮料、酱菜复合调味料、蜜饯、配制酒、雪糕、冰淇淋、冰棍、糕点、饼干面包等。属于无营养甜味剂,在婴幼儿食品中不得使用。

3. 毒性

曾经有过议论,认为糖精会致癌,但直到目前为止尚未有确切的结论。一般认为,长期以来在正常使用条件下使用糖精,尚未发现有对健康的实际危害,但在尚未确证之前,考虑到对人体的可能危害,FAO/WHO 联合食品添加剂专家委员会修改了以前制定的无条件 ADI 0～5mg/kg,改为暂定 ADI 0～2.5mg/kg。在我国规定婴儿食品不得使用糖精。

毒性试验,小白鼠腹腔注射,LD_{50} 为 17.5g/kg,大白鼠经口,最大无作用剂量为 500mg/kg。

(二) 糖精钠

1. 基本性质 糖精钠 (sodium saccharin) 也称可溶性糖精,分子式:$C_7H_4O_3NSNa \cdot 2H_2O$,分子量为 241.19。糖精钠为无色结晶或稍带白色的斜方晶系板状结晶或白色结晶性风化粉末。无臭或微有香气,在空气中缓慢风化为白色粉末。味极甜,甜度为蔗糖的 200～700 倍。糖精钠易溶于水,即使在 10000 倍的水溶液中仍有极强甜味,甜味阈值约 0.00048%。在稀溶液中的甜度约为蔗糖的 500 倍。浓度低时呈甜味,高时(大于 0.026%)则有苦味,故单独使用时应低于 0.02%。在酸性条件下加热,甜味消失,并可形成基础味的邻氨基磺酰苯甲酸。由于糖精不易溶于水,所以一般使用的多为糖精钠,习惯上也称为糖精。

2. 用途 同糖精。由于糖精在水中溶解度很低,食品生产中使用糖精钠。

3. 毒性 ADI 0～5mg/kg (FAO/WHO,1994);LD_{50} 17.5g/kg (小鼠,经口)。有长期服用导致膀胱癌的报道,但有争论。

4. 发展趋势 糖精钠是最古老的甜味剂,有多年历史,但风味差,有明显后苦。由于安全性一直有争议,在欧美国家的使用量不断减少,我国政府也采取政策减少糖精钠的使用,并且不允许在婴儿食品中使用。但由于糖精钠价格低,90 年代起需量又开始回升,主要在亚洲国家使用。

二、甜味剂的测定方法

糖精钠的测定方法有高效液相色谱法、薄层色谱 (TLC) 定性及半定量法、紫外分光光度法、酚磺酞比色法、离子选择性电极测定法 (ISE) 等。其中紫外分光光度法、酚磺酞比色法较为经济,但数据缺乏精确性。薄层色谱法操作复杂,仅可半定量分析。离子选择性电极测定法需特殊设备。高效液相色谱法可同时测定苯甲酸、山梨酸和糖精钠,方法简便,灵敏度高,选择性好,线性范围宽,但仪器价格较为昂贵。

下面介绍标准测定方法中的两种常用方法。

(一) 高效液相色谱法

本方法适用于各类食品中糖精钠的测定。本方法最低检出量为 0.10μg 糖精钠,最低检出限为 0.01mg/ml 糖精钠。

1. 基本原理

样品加温除去二氯化碳和乙醇，调 pH 至近中性，经微孔滤膜过滤后直接注入高效液相色谱仪，经反向色谱分离后，根据保留时间和峰面积进行定性和定量。

2. 主要仪器　高效液相色谱仪（紫外检测器）、

3. 色谱条件

色谱柱：国产 YWG-C_{18} 4.6mm×250mm，10μm 不锈钢柱；流动相：甲醇 0.02mol/L 乙酸铵溶液（5+95）；流速：1ml/min；进样量：10μl；检测器：紫外检测器，230nm 波长。

4. 操作步骤

（1）样品预处理　①汽水：取一定量样品放入小烧杯中，微温搅拌除去二氧化碳，用氨水调 pH 约 7，加水定容至适当体积。经 0.45μm 滤膜过滤，滤液用作高效液相色谱（HPLC）分析。②果汁类：取一定量样品，用氨水调 pH 约 7，加水定容至适当体积，离心沉淀，上清液经 0.45μm 滤膜过滤，滤液用作 HPLC 分析。③配制酒类：取一定量样品，放小烧杯中，水浴加热除去乙醇，用氨水调 pH 约 7，加水定容，经 0.45μm 滤膜过滤。滤液作 HPLC 分析。

（2）测定　取处理液和标准使用液各 10μl（或相同体积）注入高效液相色谱仪进行分离，以其标准溶液峰的保留时间为依据进行定性，以其峰面积求出样液中被测物质的含量，供计算。

5. 精密度

在重复性条件下获得的两次独立测定结果的绝对差值不得超过算术平均值的 10%。

6. 补充说明

（1）本方法糖精钠回收率为 95%～110%。

（2）在本实验条件下糖精钠的出峰时间为 7.27min。

（3）所用的移动相中甲醇的量根据不同规格的柱，可以作改变。一般在 5%～7% 之间变化。

（二）薄层色谱法

1. 基本原理

在酸性条件下，食品中的糖精钠用乙醚提取、浓缩，薄层色谱分离、显色后，与标准比较，进行定性和半定量测定。

2. 主要仪器　玻璃喷雾器、无紫外光灯、薄层板、展开槽等。

3. 操作方法

（1）样品提取

①饮料、冰棍、汽水：取一定量均匀试样（如样品中含有二氧化碳、先加热除去。如样品中含有乙醇，加 40g/L 氢氧化钠溶液使其呈碱性，在沸水浴中加热除去）。置于分液漏斗中，加盐酸，用乙醚提取三次，合并乙醚提取液，用盐酸酸化的水洗涤一次，弃去水层。乙醚层通过无水硫酸钠脱水后，挥发乙醚，加乙醇溶解残渣，密塞保存，备用。

②酱油、果汁、果酱等：称取一定量均匀试样，置于容量瓶中，加水、硫酸铜溶液，混匀，再加氢氧化钠溶液，加水至刻度，混匀。静置 30min。过滤，取 50ml 滤液，置于 150ml 分液漏斗中，再按上述方法逐步操作。

③固体果汁粉等：称取一定量磨碎的均匀试样，置于容量瓶中，加水，加温使溶解、放冷。加硫酸铜溶液，混匀，再加氢氧化钠溶液，加水至刻度，混匀。静置 30min。过滤，取 50ml 滤液，置于 150ml 分液漏斗中，再按上述方法逐步操作。

④糕点、饼干等含蛋白质、脂肪、淀粉多的食品：称取一定量均匀试样，置于透析用玻璃纸中，放入大小适当的烧杯内，加氢氧化钠溶液，调成糊状，将玻璃纸口扎紧，放入盛有氢氧化钠溶液的烧杯中，盖上表面皿，透析过夜。

量取透析液，加盐酸使成中性，加硫酸铜溶液，混匀，再加氢氧化钠溶液，混匀，静置 30min，过滤。取滤液，置于分液漏斗中，再按上述方法逐步操作。

(2) 薄层板的制备　称取 1.6g 聚酰胺粉，加 0.4g 可溶性淀粉，加约 7.0ml 水，研磨 3～5min，立即涂成 0.25～0.30mm 厚的 10×20cm 的薄层板，室温干燥后，在 80℃下干燥 1h。置于干燥器中保存。

(3) 点样　在薄层板下端 2cm 处，用微量注射器点 $10\mu l$ 和 $20\mu l$ 的样液两个点，同时点 3.0，5.0，7.0，$10.0\mu l$ 糖精钠标准溶液，各点间距 1.5cm。

(4) 展开与显色　将点好的薄层板放入盛有展开剂的展开槽中，预先将层析缸达到饱和状态。展开至 10cm，取出薄层板，挥干，硅胶 GF_{254} 板可在紫外光灯下观察。如果喷溴甲酚绿-溴酚蓝显色剂，先将板在 90±5℃干燥箱放 10～15min。斑点显黄色至蓝绿色。根据样品点和标准点的比移值进行定性，根据斑点大小进行半定量测定。

第四节　食品中着色剂的测定

很多天然食品都含有天然色素，但在加工、储藏过程中，有的容易褪色，有的容易变色。为了保持或改善食品的色泽，在食品加工中往往需要对食品进行人工着色，以提高食品的感官性状，使人们乐于食用，增进食欲。食品着色剂常称之为食用色素，是以食品着色和改善食品色泽为目的的食品添加剂，它可以提高食品的商品价值，促进消费。食用色素也称为食用合成染料，按其来源和性质可分为食用合成色素和食用天然色素两大类；按化学结构可分为偶氮类色素和非偶氮类色素两类。偶氮类色素按溶解性可分为油溶性色素和水溶性色素。油溶性色素不溶于水，进入人体内不易排出体外，毒性较大，现在世界各国基本上不再使用这类色素对食品着色。水溶性偶氮色素类较容易排出体外，毒性较低，目前世界各国使用的合成色素有相当一部分是水溶性偶氮类色素。

1. 天然食品着色剂

天然色素主要由植物组织中提取，也包括来自动物和微生物的一些色素，安全性高，有的还有一定营养价值或药理作用，但稳定性差、不易着色，还很难满足食品工业的需要。如辣椒红、玉米黄、萝卜红、可可色素、橡子棕色素等。

食品在加工贮藏过程中，其本身具有的色素如叶绿素、血红素、花青素等可能受加工贮藏条件的影响，发生褪色或变色。为了保持食品外观质量，有必要添加某些色素弥补颜色的缺陷。各国政府对使用天然色素的限制也较少，特别是以农作物和果蔬为原料提取的天然色素安全性更高。生物技术的进展也提供一些微生物色素。常见的天然食品着色剂有甜菜红、姜黄、紫胶红、叶绿素铜钠盐、辣椒红和 β-胡萝卜素等多种。

天然色素由于其可开发资源丰富，且安全性较高，因而日益受到消费者的青睐，发展迅速。在发达国家，天然色素的使用已占食用色素的主导地位，近年来，天然食用色素在国际市场上销售额的年增长率一直保持在10%以上，由于市场前景看好，需求量逐年上升，各国竞相开发生产。

我国地域辽阔，动植物种类繁多，生态类型多样，可供研究、开发、利用的天然食用色素资源丰富，对于发挥我国资源优势，发展我国特色农业经济有重大意义。

2. 人工合成色素

由于天然色素一般稳定性差，供应量也有限，故仍需使用人工合成色素。人工合成色素是指用人工化学合成方法所制得的有机色素，主要来源于煤焦油及其副产品，资源十分丰富。合成色素色泽鲜艳、稳定性好、附着力强、价格低廉、使用方便，可任意调配，着色力强，因此应用十分广泛，但合成色素多属于煤焦油染料，无营养价值，且具有一定的毒性，对人体有害。其毒性主要是其化学性能直接危害人体健康，或因为代谢过程中产生有害物质，而且合成过程中还可能被砷、铅以及其他有害化合物所污染。随着合成色素的安全性正逐渐被人们所认识。

近年来，随着科学的进步，研究工作的不断深入，食用合成色素的安全性问题正逐渐被人们所认识，人们发现有些合成色素有致癌或诱导染色体变异的作用，因而不少毒害大的品种相继从各国可使用色素的名单上撤除，许可使用的食用合成色素趋于减少。根据我国食品卫生标准规定，允许使用的8种人工合成色素为：苋菜红、胭脂红、新红、柠檬黄、日落黄、亮蓝、靛蓝和赤藓红，这些合成色素均溶于水。其中苋菜红、胭脂红、赤藓红、新红的最大使用量为0.05g/kg；柠檬黄、日落黄、靛蓝的最大使用量为0.10g/kg；亮蓝的最大使用量为0.025g/kg。在使用过程中要严格控制其使用范围和使用限量。凡是国家未曾允许在食品中使用的色素，均为非食用色素，它包括碱性色素、直接色素和无机颜料等，这类色素对人体健康危害较大，绝对不允许添加到食品中。为保证食用安全，有必要对食品中的色素进行分析测定。

总之，食用色素是重要的食品添加剂，研究、开发使用色素，特别是食用天然色素的研究与开发，有着广泛的发展前景和巨大的潜力。

一、常用着色剂

下面简要介绍一下我国允许使用的8种人工合成色素及其测定方法。

（一）苋菜红

苋菜红化学名为1-(4′-磺基-1′-萘偶氮)-2-萘酚-3，6-二磺酸三钠盐，别名为酸性红、杨梅红、鸡冠花红、蓝光酸性红。分子式为$C_{20}H_{11}O_{10}N_2S_3Na_3$，分子量为604.50。

国外允许使用在苹果沙司、梨罐头、果酱、果冻，使用量为0.2g/kg（单用或与其他着色剂合用）；虾或对虾，0.030g/kg（单用或与其他着色剂合用）；冷饮10.050g/kg。每人每日每公斤体重允许摄入量ADI值0~0.5mg/kg·bw。

（二）胭脂红

胭脂红化学名为1-(4′-磺基-1′-萘偶氮)-2-萘酚-6，8-二磺酸三钠盐，别名为丽春红4R，大红，亮猩红。分子式为$C_{20}H_{11}O_{10}N_2S_3Na_3$，分子量为604.48。

国外允许用在罐装树莓、草莓、李中，用量为0.30g/kg（单用或与赤藓红合用）；梨罐头、果酱和果冻，用量为0.20g/kg（单用或合用量）；罐装或速冻虾或对虾0.030g/kg（单用或合用量）；发酵后热处理的增香酸奶 0.048g/kg（由增香物质带入）；冷饮 0.050g/kg（最终产品内，色素总量可达 0.30g/kg）。每人每日每公斤体重允许摄入量 ADI 为 0～4mg/kg·bw。

（三）新红

新红分子式：$C_{18}H_{12}N_3Na_3O_{11}S_3$，分子量为 611.45。这种色素是我国自己研制的，国际上其他国家不使用。它是与胭脂红、苋菜红同属于偶氮染料类。

（四）柠檬黄

柠檬黄化学名为 3-羧基-5-羟基-1-（对磺苯基）-4-（对对磺苯基偶氮）-邻氮茂三钠盐，别名为酒石黄，酸性淡黄，肼黄。分子式：$C_{16}H_9O_9N_4S_2Na_3$，分子量为 534.37。

国外规定，青刀豆与白刀豆罐头、橘子酱、冷饮中的用量为 0.10g/kg（单用或与其他着色剂合并使用）；梨罐头、苹果沙司、豌豆罐头、果酱、果冻 0.20g/kg（单用或与其他着色剂合用）；小虾和对虾罐头 0.030g/kg（单用或与其他着色剂合用）；发酵后经热处理的增香酸奶 0.018g/kg（由增香物质带入）。每人每日每公斤体重允许摄入量 ADI 0～7.5mg/kg·bw。

（五）日落黄

日落黄化学名为 1-对苯磺酸偶氮基-2-萘酚-6-磺酸二钠盐，别名为晚霞黄，夕阳黄，橘黄，食用黄色 5 号（日本名）。分子式：$C_{16}H_{10}N_2Na_2O_7S_2$，分子量为 452.38。

国外规定，可用于调味酱、果酱、果冻、桔皮果冻，最高限量 0.2g/kg（单用或合用量）；虾或对虾罐头 0.03g/kg；发酵后经热处理的增香酸奶 0.012g/kg（由增香物质带入）；冷饮 0.10g/kg（最终产品内，色素总量可达 0.30g/kg）。每人每日每公斤体重允许摄入量 ADI 为 0～5.0mg/kg·bw。

（六）亮蓝

亮蓝别名为酸性蓝 No.9，食用黄色 1 号（日本名）。分子式：$C_{37}H_{34}N_2Na_2O_9S_3$，分子量为 792.86。

国外规定青豆罐头、冷饮 0.1g/kg（单用或与其他着色剂合用）；苹果沙司、豌豆罐头、果酱和果冻 0.2g/kg（单用或与其他着色剂合用）；酸黄瓜 0.3g/kg。每人每日每公斤体重允许摄入量 ADI 为 0～12.5mg/kg·bw。

（七）靛蓝

靛蓝化学名为 5,5′-靛蓝二磺酸二钠盐，别名为酸性靛蓝，食品蓝，磺化靛蓝，靛青粉，还原靛蓝，还原深蓝 BG。分子式：$C_{16}H_8N_2O_8S_2Na_2$，分子量为 466.35，ADI 为 0～5mg/kg。

（八）赤藓红

赤藓红分子式：$C_{20}H_6I_4O_5Na_2·H_2O$，分子量为 897.88。国外允许使用在苹果沙司、梨罐头、果酱和果冻 200mg/kg（单用或合用量）；复盆子、草莓、李子罐头，300mg/kg（单用或与胭脂红合用量）；速冻或罐藏的虾或对虾 0.03g/kg（单用或合用量）；午餐肉 0.05g/kg（仅用于补充因产品使用粘合剂而损失的色素）；发酵后经热处理的增香酸奶，0.027g/kg（由增香物质带入）；冷饮 0.1g/kg（色素总量可达且 2g/kg）。每人每日每公斤体重允许摄入量 ADI 为 0～0.1mg/kg·bw。

二、着色剂的测定方法

我国已发布的食品中合成着色剂的国家标准参考检验方法有两种，一是高效液相色谱法

（HPLC），二是薄层色谱法。可同时测定食品中的各种着色剂。

（一）高效液相色谱法

本方法适用于清凉饮料、配制酒、糖、果汁等食品中酸性人工合成色素的测定。HPLC法操作方便，结果精确，但价格偏高。

1. 基本原理

食品中人工合成色素用聚酰胺吸附法或用液-液分配法提取，制成水溶液，注入高效液相色谱仪，经反相色谱分离，根据保留时间和峰面积进行定性和定量。

2. 主要仪器 高效液相色谱仪（紫外检测器）。

3. 色谱条件

色谱柱：RAIDL PAK（BONDAPAK C_{18} 8mm×10cm 或国产 YWG-C_{18}，4.6×250mm，不锈钢柱）；流动相：甲醇：0.02mol/l 乙酸铵溶液（pH=4）；梯度洗脱：甲醇20%～35%，3min；35%～98%，9min；98%继续6min；流速：1ml/min；检测器：紫外检测器，波长254nm。根据保留时间定性，外标峰面积法定量。

4. 操作方法

（1）样品处理 ①橘子汁、果味水、果子露、汽水等：称取一定量样品，放入烧杯中。含二氧化碳样品加热驱除二氧化碳。②配制酒类：称取一定量样品，放在烧杯中，加小碎瓷片数片，加热驱除乙醇。③硬糖、蜜饯类、淀粉软糖等：称取一定量粉碎样品，加水，温热溶解，若样品溶液pH值较高，用200g/l 柠檬酸调pH值到6左右。④巧克力豆类：称取一定量样品，用水反复洗涤色素，直到巧克力豆无色为止，合并色素漂洗液为样品溶液。

（2）色素提取 聚酰胺吸附法：样品溶液加200g/l 柠檬酸调pH值为6，加热至60℃，将1g聚酰胺粉加少许水调成糊状，倒入样品溶液中，搅拌片刻，以G3垂融漏斗抽滤，用60℃pH4的水洗涤3～5次，然后用甲醇-甲酸混合液洗涤3～5次（含赤藓红的样品不能洗），再用水洗至中性，用乙醇-氨水-水混合液解吸3～5次，每次5ml，收集解吸液，加乙酸中和，蒸发至近干，加水溶解，定容至4ml。经滤膜（HA0.45μm）过滤，取10μl 进高效液相色谱仪。

液-液分配法（适用于含赤藓红的样品）：将制备好的样品溶液放入分液漏斗中，加2ml盐酸，三正辛胺+正丁醇溶液（5+95）10～20ml，振摇，提取，分取有机相，重复此操作，合并有机相，用饱和硫酸钠溶液洗2次，每次10ml，分取有机相，放蒸发皿中，水浴加热浓缩至10ml，转移到分液漏斗中，加60ml正己烷，混匀，加氨水（2+98）提取2～3次，每次5ml，合并氨水层（含水溶性酸性色素），用正己烷洗2次，氨水层加乙酸调成中性，水浴加热蒸发至近干，加水溶解，定容至5ml。经滤膜（HA0.5μm）过滤，取10μl 进高效液相色谱仪。

5. 补充说明

本方法添加回收率为91.6%～107.4%；精密度，室内、室间相对标准差为1.91%～7.11%；在0.02～0.20g/kg浓度范围内线性方程相关数均大于0.999，最小检出量：新红5ng，柠檬黄4ng，苋菜红6ng，胭脂红8ng，日落黄7ng，赤藓红18ng，亮蓝26ng。

（二）薄层色谱法

本方法适用于各类食品中合成着色剂的测定，我国允许使用的胭脂红、苋菜红、柠檬黄、日落黄、亮蓝、赤藓红、靛蓝等都可以用此方法。目前赤藓红使用很少，靛蓝因其易褪色也使用很少。本方法较为经济，但操作较为复杂、结果不如高效液相色谱法精确。最低检出量为 $50\mu g$。

1. 基本原理

水溶性酸性染料在酸性条件下被聚酰胺吸附，而在碱性条件下解吸附，再用纸色谱法或薄层色谱法进行分离后，与标准比较定性、定量。

2. 主要仪器　分光光度计、展开槽。

3. 操作方法

(1) 样品处理　①果味水、果子露、汽水：吸取一定量样品于烧杯中。汽水需加热驱除二氧化碳。②配制酒：吸取一定量样品于烧杯中，加碎瓷片数块，于水浴上蒸去乙醇。③硬糖、蜜饯类、淀粉软糖：称取一定量粉碎的样品，加水，温热溶解，若样液pH值较高，用200g/L柠檬酸溶液调至pH4左右。④含蛋奶的制品：奶糖：称取一定量粉碎均匀的样品，加乙醇-氨溶液溶解，置水浴上浓缩，立即用稀释的硫酸调溶液至微酸性再加1.0ml硫酸（1±10）溶液，1ml 100g/L钨酸钠溶液，使蛋白质沉淀，离心，取上清液。蛋糕类：称取一定量粉碎均匀的样品，加海沙少许，混匀，用热风吹干样品（用手摸已干燥即可以），加入石油醚搅拌，放置片刻，倾出石油醚，如此重复处理三次，以除去脂肪，吹干后研细，全部转入G3漏斗或普通漏斗中，用乙醇-氨溶液提取色素，直至色素全部提完。

(2) 吸附分离　将以上处理后所得的溶液加热至70℃，加入 0.5～1.0g 聚酰胺粉充分搅拌，用200g/L柠檬酸溶液调pH4，使色素完全被吸附，如溶液还有颜色，可以再加一些聚酰胺粉。将吸附色素的聚酰胺全部转入G3漏斗或玻璃漏斗中过滤（如用G3漏斗过滤，可以用水泵慢慢地抽滤）。用已调至pH4的70℃的水反复洗涤，每次20ml，边洗边搅拌，若含有天然色素，再用甲醇—甲酸溶液反复洗涤3次，每次20ml，至洗液无色为止。再用70℃水多次洗涤至流出的溶液为中性。洗涤过程中必须充分搅拌。然后用乙醇-氨溶液分次解吸全部色素，收集全部解吸液，于水浴上驱氨。如果为单色，则用水准确稀释至50ml，用分光光度法进行测定。如果为多种色素混合液，则进行纸色谱或薄层色谱法分离后测定，即将上述溶液置水浴上浓缩至约2ml后移入5ml容量瓶中，用乙醇（1+1）洗涤容器，洗液并入容量瓶中，并稀释至刻度。摇匀后备用。

(3) 定性　①纸色谱：取色谱用纸，在距底边2cm的起始线上分别点3～$10\mu l$样品溶液、1～$2\mu l$色素标准溶液，挂于分别盛有展开剂的层析缸中，用上行法展开，待溶剂前沿展至15cm处，将滤纸取出于空气中晾干，与标准斑比较定性。也可取0.5ml样液，在起始线上从左到右点成条状，纸的右边点着色剂标准溶液，依法展开，晾干后先定性后供定量用。②薄层色谱　薄层板的制备：称取1.6g聚酰胺粉、0.4g可溶性淀粉及2g硅胶G，置于合适的研钵中，加15ml水研匀后，立即置涂布器中铺成厚度为0.3mm的板。在室温晾干后，于80℃干燥1h，置干燥器中备用。②点样：离板底边2cm处将0.5ml样液从左到右点成与底边平行的条状，板的右边点$1\mu l$色素标准溶液。③展开：不同着色剂用不同展开剂展开，取适量展开剂倒入展开槽中，将薄层板放入展开，待色素明显分开后取出，晾干，与标准斑比较，如比移值相同即为同一色素。

(4) 定量　样品测定将纸色谱的条状色斑剪下，用少量温水洗涤数次，洗液移入10ml比色管中，并加水稀释至刻度，作比色测定用。

将薄层色谱的条状色斑包括有扩散的部分，分别用刮刀刮下，移入漏斗中，用乙醇-氨溶液解吸色素，少量反复多次至解吸液无色，收集解吸液于蒸发皿中，于水浴上挥去氨，移入 10ml 比色管中，加水至刻度，作比色用。

上述样品与标准管分别用 1cm 比色杯，以零管调节零点，于一定波长下（胭脂红 510nm，苋菜红 520nm，柠檬黄 430nm，日落黄 482nm，亮蓝 627nm，靛蓝 620nm）测定吸光度，分别绘制标准曲线比较或与标准色列目测比较。

4. 补充说明

本方法检测液含 10mg/kg 合成色素即可检出，回收率为 85% 左右，相对标准偏差为 ±7.6%。

第五节　食品中抗氧化剂的测定

抗氧化剂是能阻止或延迟食品氧化，以提高食品质量的稳定性和延长贮存期的食品添加剂。若按来源可分为人工合成抗氧化剂（如 BHA、BHT、PG 等）和天然抗氧化剂（如维生素 C、植酸等）。若按溶解性可分为油溶性、水溶性和兼溶性 3 类。

油溶性抗氧化剂能均匀地分布于油酯中，对油酯或含脂肪的食品可以很好地发挥其抗氧化作用。我国允许使用的油溶性抗氧化剂有人工合成的油溶性抗氧化剂，如特丁基-4-羟基茴香醚（BHA），2,6-二特丁基对甲酚（BHT），没食子酸丙酯（PG）等。还有天然的油溶性抗氧化，如愈疮树脂，生育酚混合浓缩液等。水溶性抗氧化剂，如维生素 C、茶多酚等；兼溶性抗氧化剂，如抗坏血酸棕榈酸酯等。

水溶性抗氧化剂是指能溶解于水的一些抗氧化物质，多用于对食品的护色，防止氧化变色，以及防止因氧化而降低食品的风味和质量等方面。此外，在罐头生产时能阻止罐头容器内面的镀锡薄板腐蚀，如柠檬酸亚锡及氯化亚锡等。我国常用的水溶性抗氧化剂是 L-抗坏血酸及其钠盐。

抗氧化剂按照作用方式可分为自由基吸收剂、金属离子螯合剂、氧清除剂、过氧化物分解剂、酶抗氧化剂、紫外线吸收剂等。

抗氧化的作用机理随抗氧化剂种类不同而相同，归纳起来主要有以下几种：一是通过抗氧化剂的还原作用，降低食品中的含氧量；二是中断氧化过程中的链式反应，阻止氧化过程进一步进行；三是破坏、减弱氧化酶的活性，使其不能催化氧化反应的进行；四是将能催化及引起氧化反应的物质封闭。

一、常用的抗氧化剂

目前广泛使用的人工合成抗氧化剂主要有三种，即 BHA、BHT、PG。

（一）丁基羟基茴香醚

1. 基本性质

丁基羟基茴香醚（butylated hydroxyanisole，BHA）别名为叔丁基-4-羟基茴香醚，丁基大茴香醚。分子式：$C_{11}H_{16}O_2$，分子量 180.25。BHA 为白色或微黄色蜡样结晶性粉末，稍带有酸类的特异臭气并有刺激性的气味。市售的 BHA 通常是 3-BHA 和 2-BHA 两种异构体的混合物，其中 3-BHA 的含量往往超过 90%，3-BHA 的抗氧化效果比 2-BHA 强 1.5~2 倍，两者合用可增效，有一定的协同作用。BHA 熔点 57~65℃，随混合比不同而异,如 3-BHA 占 95%者的熔点为 62℃,不溶于水。在几种溶剂和油脂中的溶解度(25℃)分别为：丙二醇 50%,丙酮 60%,乙醇 25%,花生油 40%,棉籽油 42%,猪油 30%。BHA 对热相对稳定,在弱碱性的条件下不容易破坏,这可能是其在焙烤食品中仍能有效使用的原因之一。

BHA 具有单酚型特征的挥发性,在猪脂肪中保持在 61℃时稍有挥发。几乎没有吸湿性。在直射光线长期照射下,色泽会变深。用量 0.02%比用量 0.01%的抗氧化效果增强 10%,但用量超过 0.02%,则效果反而下降。BHA 对动物脂肪的抗氧化性较强,对不饱和的植物油的抗氧化性较弱。

BHA 可单独使用,但与其他抗氧剂及增效剂合用,效果更好。BHA 与铁离子等混合会变色。

2. 用途

按 1985 年食品卫生法规定,只能使用于棕榈原料油,不得用于一般食品。可使用抗坏血酸、异抗血酸、柠檬酸等作为增效剂,也可与其他抗氧化剂如没食子酸丙酯、二丁基羟基甲苯复配使用增强抗氧化效果。我国《食品添加剂使用卫生标准》(GB 2760-1996)规定：BHA 可用于食用油脂、油炸食品、干鱼制品、饼干、方便面、速煮米、果仁、罐头、腌制肉制品及早餐谷类食品,最大使用量为 0.2g/kg。BHA 与 BHT、PG 混合使用时,其中 BHA 与 BHT 总量不超过 0.10g/kg,PG 不得超过 0.05g/kg。BHA 与 BHT 混合使用时,总量不得超过 0.2g/kg(使用量均以脂肪计)。BHA 是在油酯含量高的饼干中常用的抗氧化剂之一。BHA 还可以延长咸干鱼类的贮存期。BHA 除抗氧化剂作用外,还有相当强的抗菌力,最近有人报道,用 150×10^{-6} 的 BHA 可抑制金色葡萄球菌,用 280×10^{-6} 可阻止寄生曲霉孢子的生长,能阻碍黄曲霉素的生成。因而,BHA 的抗霉效力比对羟基苯甲酸丙酯还大。

3. 毒性 ADI 0~0.5g/kg(FAO/WHO,1994);LD_{50} 2.2~5g/kg(大鼠,经口)。

4. 发展趋势

BHA 在加热后效果保持性较好,是目前国际上广泛应用的抗氧化剂之一,也是我国常用的抗氧化剂之一。与其他抗氧化剂相比,它不像没食子酸酯那样会与金属离子作用而着色,使用方便但成本较高。

(二) 二丁基羟基甲苯

1. 基本性质

二丁基羟基甲苯(dibutyl hydroxy toluene,BHT)别名为 2,6-特丁基对甲酚。分子式：$C_{15}H_{24}O$,分子量为 220.36。二丁基羟基甲苯为白色结晶或结晶粉末,无臭、无味,不溶于水及甘油和丙二醇,易溶于乙醇、丙酮、甲醇、苯、矿物油、大豆油、棉籽油和猪油等有机溶剂。熔点 69.5~71.5℃(69.7℃,纯品),沸点 265℃,相对密度(d_2^{20}) 1.0840。具有升华性,加热时能与水蒸气一起挥发。化学稳定性好,对热相当稳定,耐热性好,在普通烹调温度下影响不大,用于长期保存的食品与焙烤食品效果较好。抗氧化效果好,与金属离子反应不着色。

BHT 与柠檬酸、抗坏血酸或 BHA 并用,能显著提高抗氧化效果。BHT 由于其自身发生自动氧化而实现其抗氧化作用。BHT 的抗氧化性质等方面,与 BHA 相同,但抗氧化能力和携带进入能力相对要弱些。BHT 和柠檬酸等螯合剂并用有增效作用,一般情况下用量越大，抗氧化效果越高。

2. 用途

BHT 可以用于油脂、焙烤食品、油炸食品、谷物食品、奶制品、肉制品和坚果、蜜饯中。也可用在包装材料上，用量为 0.2～1kg/t（包装材料）。对于不易直接拌和的食品，可溶于乙醇后喷雾使用。国家食品卫生标准规定 BHT 对油脂、油炸食品、干鱼制品，饼干、速煮面、干制食品、罐头最大使用量为不得超过 0.2g/kg。一般多与 BHA 合用，并同柠檬酸或其他有机酸作为增效剂。例如在植物油中，BHT：BHA：柠檬酸＝2：2：1。

BHT 对于油炸食品所用油脂的保护作用较小，对人造黄油贮存期间没有足够的稳定性作用。一般很少单独使用。

3. 毒性

ADI 0～0.3g/kg（FAO/WHO，1995）；LD_{50} 1.7～1.97/kg（大鼠经口），LD_{50} 1.39g/kg（小鼠,经口）；对大鼠的实验还表明，BHT 无致癌性。

4. 发展趋势

二丁基羟基甲苯稳定性高，抗氧化能力强，遇热抗氧化效果也不受影响，不像没食子酸酯那样遇铁离子发生呈色反应。

BHT 价格低廉，为 BHA 的 1/5～1/8，可用作主要抗氧化剂。目前它是我国生产量最大的抗氧化剂之一。

（三）没食子酸丙酯（PG）

1. 基本性质

没食子酸丙酯（proply gallate，Proply 3，4，5 - trihydrooxybenzoate，PG）别名为棓酸丙酯。分子式：$C_{10}H_{12}O_5$，分子量：212.21。没食子酸丙酯纯品为白色至淡褐色的结晶状粉末，或为乳白色的针状结晶。无臭，稍有苦味，水溶液无味。由水或含水乙醇得到一个结晶水的盐，在 105℃则完全成为无水物。易溶于乙醇、丙酮、乙醚，难溶于氯仿、脂肪与水。其水溶液的 pH 在 5.5 左右，对热比较稳定。无水物熔点为 146～150℃。对热较敏感，在熔点时即分解，因此用于高温食品中稳定性较差。易与铜，铁离子反应显紫色或暗紫色，光线可以促进其分解。

没食子酸丙酯对猪油抗氧化作用较 BHA 和 BHT 都强些，没食子酸丙酯加增效剂柠檬酸后使抗氧化作用更强，但不如没食子酸丙酯与 BHA 和 BHT 混合使用时的抗氧化作用强，混合使用时，再加增效剂柠檬酸则抗氧化作用最好。

2. 用途

国家食品卫生标准规定：没食子酸丙酯在油脂油炸食品、干鱼制品、速煮面、速煮米、罐头的最大使用量为 0.1g/kg，添加量随油脂的种类，品质不同而异，BHA、BHT 总量不得超过 0.1g/kg。PG 不得超过 0.05g/kg。最大使用量以脂肪计。与柠檬酸或酒石酸等混合用，不仅起增效作用，而且还可以防止由金属离子引起的呈色作用。

本品应避光密闭保存，避免使用铁、铜器。

3. 毒性　ADI 0～0.0002g/kg（FAO/WHO，1985）；LD_{50} 3.8g/kg（大鼠经口）。

二、抗氧化剂的测定方法

食品中的 BHA、BHT 和 PG 的含量可采用比色法、薄层色谱法、气相色谱法及高效液相色谱法等方法测定。其中薄层色谱法主要是定性,只能概略定量。其中比色法较为传统,经济但误差较大。采用气相色谱法操作简便,准确,稳定性好,回收率可达到98%,结果满意。薄层色谱法灵敏度和准确度都较低,但可同时测定BHA、BHT和PG的含量;高效液相色谱法快速准确,重现性好,回收率和灵敏度高,检出限低,但价格昂贵。

下面介绍标准测定方法中的两种常用方法。

(一) 气相色谱法

本方法适用于糕点和植物油中BHA、BHT的测定。本方法检出量为$2.0\mu g$,油脂取样量为0.50g时检出浓度为4.0mg/kg。最佳线性范围:$0.0 \sim 100.0\mu g$。

1. 基本原理

用石油醚提取食品中BHT和BHA,通过层析柱与杂质分离,用二氯甲烷分次洗脱、浓缩,经气相色谱分离后,用氢火焰离子化检测器检测,根据峰高,样品与标准比较定量。

2. 主要仪器　附FID检测器的气相色谱仪。

3. 色谱条件　长1.5m,内径3mm的玻璃柱,质量分数为10%的QF-1 Gas Chrom Q(80目~100目);检测器:FID;温度:检测室200℃,进样口200℃,柱温140℃;载气流量:氮气70ml/min,氢气50ml/min,空气500ml/min。

4. 分析步骤

试样处理

(1) 试样的制备　①层析柱的制备:于层析柱底部加少许玻璃棉、少量无水硫酸钠,称取硅胶6g和弗罗里夕土4g混匀后,用石油醚湿法混合装柱,柱顶部再加入少量无水硫酸钠。②试样制备:取制备的脂肪,用石油醚溶解后移入制备好的层析柱上,再以二氯甲烷分五次淋洗,合并淋洗液,减压浓缩近干时,用二硫化碳定容,气谱待测。③植物油样品:称取混匀样品置于烧杯中,加石油醚溶解转移到制备好的层析柱上,再用石油醚分数次洗涤烧杯并转移到层析柱,用二氯甲烷分五次淋洗,合并淋洗液,减压浓缩近干,用二硫化碳定容,待测。

(2) 测定　注入气相色谱$3.0\mu l$标准使用液,绘制色谱图,分别量取各组分峰高或面积,进$3.0\mu l$试样待测溶液(应视试样含量而定),绘制色谱图,分别量取峰高或面积,与标准峰高或面积比较计算含量。

5. 精密度

在重复性条件下获得的两次独立测定结果的绝对差值不得超过算术平均值的15%。

6. 补充说明

(1) BHA、BHT最低检出浓度为0.020pg/l,平均回收率、相对标准偏差BHT为94.21%、4.52%,BHA为81.14%、7.29%。

(2) 抗氧化剂在层析柱中停留时间不宜太长,以每分钟72滴左右淋洗速度较好。

(二) 薄层色谱法

本方法适用于油脂及高脂肪食品中BHT、BHA、PG的定性和油脂中BHT、BHA的含量测定。方法简便,易操作。

1. 基本原理

用甲醇提取油脂或食品中的抗氧化剂,用薄层色谱定性,根据其在薄层板上显色后的最低检出量与标准品最低检出量比较而概略定量,对高脂肪食品中的BHT、BHA、PG能定性检出。

2. 主要仪器　层析槽、玻璃板。

3. 操作方法

(1) 样品提取

①植物油（花生油、豆油、菜籽油、芝麻油）：称取 5.00g 油，置于 10ml 具塞离心管中，加入 5.0ml 甲醇，密塞振摇 5min，放置 2min，离心（3000～3500rpm）5min，吸取上层清液，置于 25ml 容量瓶中，如此重复提取共 5 次，合并每次甲醇提取液，用甲醇稀释至刻度，摇匀。吸取 5.0ml 甲醇提取液，置一浓缩瓶中，于 40℃水浴上减压浓缩至 0.5ml，供薄层色谱用。

②猪油：称取 5.00g 猪油，置于 50ml 具磨口锥形瓶中，加入 25.0ml 甲醇，装上冷凝管，于 75℃水浴上放置 5min，待猪油完全溶化后将锥形瓶连同冷凝管一起自水浴中取出，振摇 30s，再放入水浴 30s，如此振摇三次后放入 75℃水浴，使油层与甲醇层分清后，将锥形瓶连同冷凝管一起置冰水浴中冷却，猪油凝固，甲醇提取液通过滤纸滤入 50ml 容量瓶中，再从冷凝管顶端加入 25ml 甲醇，重复振摇提取一次，合并两次甲醇提取液，将该容量瓶置暗处放置，待升至室温后，用甲醇稀释至刻度，摇匀。吸取 10ml 甲醇提取液置一浓缩瓶中，于 40℃水浴上减压浓缩至 0.5ml，供薄层色谱用。

③食品（油炸花生米、酥糖、巧克力、饼干）：称取 10g 粉碎的样品，加入 50ml 石油醚＋乙醚（40＋10），振摇 30min，放置，取上清液，离心 3000r/min 10min，备用。

④仅含植物油的样品：取 10ml 石油醚-乙醚提取液于蒸发皿中，通风挥干后加入 4ml 甲醇，用乳钵柄研磨 2min，转入 10ml 具塞离心管中，振摇 2min，离心后吸取上层甲醇提取液，置浓缩器中。再用 4ml 甲醇提取两次，每次均须研磨洗涤蒸发后再转入离心管中振摇，合并甲醇提取液，于 40℃水浴上减压浓缩至 0.5ml，摇匀，留作薄层色谱用。

⑤含固体脂肪的样品：取 25ml 澄清的石油醚-乙醚提取液，于 40℃水浴上减压除去溶剂，加入 12ml 甲醇提取两次，按猪油的提取方法操作。合并两次甲醇提取液于 25ml 容量瓶中，置暗处放置，使升至室温后，加甲醇至刻度，摇匀。吸取 10ml 甲醇提取液，置浓缩器中，于 40℃水浴上减压浓缩至 0.5ml，趁温热摇匀，供薄层色谱用。

(2) 测定

①薄层板的制备：硅胶 G 薄层板：4g 硅胶 G 加 11ml 水研磨至粘稠状；铺成 5cm×20cm、厚度为 0.3mm 的薄层板三块，置空气中干燥后于 105℃活化 1h，存放于干燥器中。聚酰胺薄层板：3.4g 聚酰胺粉、0.6g 可溶性淀粉加约 15ml 水，研磨至浆状后铺成 10cm×20cm、厚度为 0.3mm 的薄层板三块，空气中干燥后于 80℃烘 1h，置干燥器中保存。

②点样：用微量注射器在一块 5cm×20cm 的硅胶 G 薄层板上距下端 2.5cm 处点 5μl 标准溶液、30μl 样品提取液、30μl 样品提取液加 5μl 标准溶液。再在另一块 5cm×20cm 硅胶 G 板上点三点。5μl 标准溶液、36μl 样品提取液、3.6μl 样品提取液加 5μl 标准溶液。边点边用吹风机吹干，点上一滴吹干后再继续滴加。用 10μl 注射器在 10cm×20cm 聚酰胺板上距下端 2.5cm 处点 5μl 标准溶液、9μl 样品溶液、9μl 样品溶液加 5μl 标准溶液。

③展开溶剂系统：硅胶 G 薄层板：正己烷＋二氧六环＋冰乙酸（12＋6＋3）；异辛烷＋丙酮＋冰乙酸（70＋10＋12）。聚酰胺薄层板：甲醇＋丙酮＋水有三种配方比例，第一种（30＋10＋10）；第二种（30＋10＋12.5）；第三种为（30＋10＋15）。用甲醇-丙酮-水系统展

开聚酰胺板,为使 PG 与杂质点分开,芝麻油只能用第一种配方,菜籽油用第二种配方,食品用第三种配方。展开系统中水的比例对花生油、豆油、猪油中 PG 与杂质的分离无影响。将点好样的薄层板置于预先饱和的层板槽内展开 16cm。薄层层析与温度、湿度有关,如 PG 的 R 值太低,可适当增加二氧六环和丙酮的比例。

④显色:硅胶 G 薄层板:自层板缸中取出薄层板置通风橱中挥干至无乙酸味。此时 PG 标准点显示灰黑色斑点、喷显色剂,置烘箱中 120℃烘 5~10min,取出薄层板,比较色斑颜色及深浅,趁热将薄层板置氨蒸气放置 30s,取出观察颜色变化。聚酰胺薄层板:自层板缸中取出薄层板,置通风橱中吹干,喷显色剂,BHA 立即显色,与标准色斑比较,再将薄层板置通风橱中挥干溶剂,直至 PG 斑点清晰,但 BHA 的棕色点逐渐消褪。

⑤定性和定量测定定性:根据颜色中显示出的 BHT、BHA、PG 点与标准 BHT、BHA、PG 点比较 R_f 值及显色后斑点的颜色反应定性。如果样品点显示检出某种抗氧化剂,则样品中抗氧化剂的斑点必须与加入作内标的抗氧化剂斑点重叠。当点大量样液时由于杂质多使样品中抗氧化剂的 R_f 值低于标准点,这时必须在样液点上滴加标准溶液作内标比较 R_f 值。如样品中 BHT、BHA、PG 的色斑浅于标准色斑,表明样品中各抗氧化剂的含量在方法检出限度以下。

杂质干扰大时,PG 在硅胶 G 板上定性不可靠,须进一步聚酰胺板展开后测定。

油脂中 BHT、BHA、PG 的概略定量:根据薄层板上样液点上各抗氧化剂所显示的色斑深浅与标准抗氧化剂最低检出量的色斑比较而估计含量,如样品色斑颜色深于标准点,可减少滴加量或稀释定量。

表 8-1 试样中抗氧化剂的定性检出限度 (mg/kg)

样品	BHT	BHA	PG
油炸花生米	25	10	10
酥糖	10	10	10
饼干	10	10	10
巧克力	25	25	25
油脂	25	25	25

表 8-2 BHT、BHA、PG 的检出限度,R_f 值及斑点颜色

抗氧化剂	硅胶			聚酰胺		
	R_f值	最低检出量 μg	色斑颜色	R_f值	最低检出量 μg	色斑颜色
BHT	0.73	1	橘红→紫红			
BHA	0.36	0.3	紫红→蓝紫	0.52	0.3	灰棕
PG	0.035	0.3	灰→黄棕	0.66	0.3	蓝

4. 补充说明

本方法对油脂中 BHT、BHA、PG 进行概略定量是以各抗氧化剂在硅胶板上和聚酰胺板上的最低检出标准色斑与样品 BHT、BHA、PG 的色斑比较。增大点样量,杂质点干扰较明显,尤其对硅胶板上的 BHA,薄层板必须涂布均匀。

第六节 食品中硝酸盐和亚硝酸盐的测定

在肉类制品中为了保持其鲜红的色泽,通常使用发色剂,或使用发色助剂。发色剂又称护色剂,是能与肉及肉制品中的呈色物质作用,使之在加工、保存过程中不致分解、破坏,呈现良好色泽的物质。与着色剂不同,它本身没有颜色不起染色作用,但与食品原料中的有色物质可结合形成稳定的颜色。

一、硝酸盐和亚硝酸盐的作用机理与用途

肉类在腌制过程中最常使用的发色剂是硝酸盐和亚硝酸盐,它们是食品加工业中常用的发色剂,硝酸盐可在亚硝酸菌的作用下,还原为亚硝酸盐,亚硝酸盐在酸性条件下(如肌肉中的乳酸)产生游离的亚硝酸,并分解出亚硝基(-NO),亚硝基一旦产生就很快与肉类中的血红蛋白和肌红蛋白(Mb)结合,生成鲜艳的、亮红色的亚硝基血红蛋白和亚硝基肌红蛋白(MbNO),亚硝基肌红蛋白遇热放出巯基(-SH),变成鲜红的亚硝基血色原,呈现稳定的红色化合物,从而赋予肉制品鲜艳的亮红色。如果加工时不添加护色剂,则肉中的肌红蛋白很容易被空气中的氧所氧化,从而失去肉类原有的新鲜色泽。

作用机理如下:

$$NaNO_3 \xrightarrow{亚硝酸菌} NaNO_2 \xrightarrow{乳酸} HNO_2 \xrightarrow{分解} NO \xrightarrow{+Mb} MbNO \xrightarrow{\Delta} 亚硝基血色原$$
$$(鲜红色)$$

亚硝酸盐除了有良好的呈色作用外,还具有较强的抑菌作用,尤其是抑制肉毒梭状芽孢杆菌,因此又是防腐剂。而且,亚硝酸盐还可使食品具有独特风味,有增强肉制品风味的作用。

亚硝酸盐非人体所必需,摄入过多对人体健康产生危害,具有一定的毒性,体内过量的亚硝酸盐,可使血液中二价铁离子氧化为三价铁离子,使正常血红蛋白转变为高铁血红蛋白,失去携氧能力,出现亚硝酸盐中毒症状。亚硝酸又是致癌性N-亚硝基化合物的前体物,研究证明人体内和食物中的亚硝酸盐只要与胺类或酰胺类同时存在,就可能形成致癌性的亚硝基化合物。因此制订食品中的卫生标准,控制其使用量和摄入量已引起国内外的重视,是预防亚硝酸盐对人体潜在危害的重要措施。

蔬菜是富含硝酸盐的食品,当蔬菜贮存和加工不良的条件下,蔬菜中的硝酸盐在硝酸盐还原酶的作用下可转变为亚硝酸盐,一般在不新鲜的蔬菜,变质的酱腌菜、腌制初期的腌菜、保存不好的熟菜中都可检出。因此,在食品加工时应严格控制其使用范围和用量。

二、硝酸盐和亚硝酸盐的测定方法

硝酸盐和亚硝酸盐的测定方法有N-1萘基乙二胺法、镉柱法、示波极谱法等。本节介绍常用标准测定方法的N-1萘基乙二胺法

(一)基本原理

样品经沉淀蛋白质、除去脂肪后,在弱酸性条件下亚硝酸盐与对氨基苯磺酸重氮化后,再与N-1-萘基乙二胺偶合形成紫红色染料,与标准比较定量。

（二）仪器　小型绞肉机、分光光度计等。

（三）操作方法

1. 样品处理

准确称取 10.0g 经绞碎混匀的样品，置于打碎机中，加 70ml 水和 12ml 20g/L NaOH 溶液，混匀，测试样品溶液的 pH，如样品液呈酸性，用 20g/L NaOH 调至 pH8 呈碱性，定容转移至 20ml 容量瓶中，加 10ml 硫酸锌溶液，混匀，如不产生白色沉淀，再补加 5ml 20g/L NaOH 溶液，混匀，在 60℃ 水浴中加热 10min。取出，冷却至室温，稀释至刻度，混匀，用滤纸过滤，充去补滤液 20ml，收集滤液待测。

2. 测定

（1）亚硝酸钠标准曲线的制备：吸取亚硝酸钠标准使用液 5μg/ml 0.0，0.5，2.0，3.0，4.0，5.0ml（相当于 0，2.5，5，10，15，20，25μg 亚硝酸钠）分别置于 25ml 比色管中。于标准管中加入 4.5ml 氯化铵缓冲液，加 2.5ml60％乙酸后立即加入 5.0ml 显色剂，用水稀释至刻度，混匀，在暗处放置 25min。于波长 550nm 处测定吸光度，绘制标准曲线。

（2）样品测定：吸取样品滤液 10.0ml 置于 25ml 比色管中，其他步骤同标准管。

3. 计算

$$X = \frac{A \times 1000}{m \times (10/200) \times 1000}$$

式中：X——样品中亚硝酸盐的含量，mg/kg；

A——测定标准液中亚硝酸盐的含量，μg；

m——样品质量，g。

（王璇，黄国伟）

第九章 食品中有害物质的分析

第一节 食品中农药残留的测定

农药残留系指用于防治病虫害的农药在食物中的残留量。世界粮农组织（FAO）与世界卫生组织（WHO）联席会议（1975）认为："农药残留"应包括有毒理学意义的农药衍生物，如降解或转化产物、代谢物、反应物及杂质。食品中农药残留物进入人体后，可蓄积或贮存在细胞、组织或器官内。残留量常以 mg/kg 或 μg/kg 表示。

目前，农药分类方法有几种：按用途分为杀虫剂、杀菌剂、除草剂、植物生长调节剂和熏蒸剂等；按化学成分分为有机氯类、有机磷类、氨基甲酸酯类、拟除虫菊脂类、汞制剂、砷制剂等。由于农药品种和使用量不断增加，有些农药又不易分解，使农作物（如蔬菜、瓜果、茶叶等）及畜禽、水产等动、植物体内受到不同程度的污染，通过食物链最终进入人体，给人类健康带来潜在危害，应引起重视和关注。

用于农药残留检测的方法有：分光光度法、极谱法、原子吸收光谱法、薄层色谱法、气相色谱法、液相色谱法、生物测定法、放射性核素标记法、核磁共振波谱法、酶联免疫法、气-质谱联用法、液-质谱联用法等。这些方法中有的灵敏度不高，如分光光度法、极谱法、薄层色谱法、生物测定法等；有的则需要昂贵的仪器，如核磁共振波谱法、质谱法等；目前采用最普遍的方法是气相色谱（GC）法、高效液相色谱（HPLC）法，它们具有简便、快速、灵敏以及稳定性和重现性好，线性范围宽、耗资低等优点。

一、农药残留检测样品的前处理

样品的前处理包括农药残留物的提取与净化两个步骤。对于有机磷残留分析，由于样品基体（水果、奶、肉、食物）在化学成分上的差异，使前处理方法有所差别。对土壤及植物样品中农药残留的分析，传统的方法是溶剂提取附加一些物理方法（如振摇、索氏提取），然后经过净化除去干扰物，最后进行色谱分析。多残留分析中，最常用的提取试剂有丙酮、二氧甲烷、石油醚、乙腈、乙酸乙酯、甲醇等；最常用的净化步骤是液-液分配后经过柱层析或固相萃取分离。液-液分配常用的溶剂有二氯甲烷、石油醚、己烷和乙腈，柱层析常用的有 Florisil、Celite - Nucbar、硅胶和氧化铝。

（一）提取方法

样品先用水溶性溶剂提取，再以水溶性很低的有机溶剂进行液-液分配，萃取、分离。用丙酮提取非脂类食品中残留农药分析，测定含糖量高或低的脂类、非脂类食品中有机氯、有机磷及其它类农药，最后用罗里硅土柱净化提取物。或采用丙酮提取，并用正己烷-二氯甲烷液-液分配分离，然后用凝胶色谱净化，再用色谱法分析测定。

食品如奶、蛋类、鱼和肉等的样品要求用特殊的提取方式是先用石油醚提取脂肪，再用乙腈分配及弗罗里硅土柱层析净化的方式。

检测水产品中有机磷农药，组织与无水硫酸钠混合后以乙酸乙酯为溶剂，用索氏提取法提取。

对鸡蛋和脂肪样品，用正己烷作溶剂索氏提取法提取后测定其中的有机磷含量；对油、奶样品，丙酮、乙腈与样品混合，震荡提取后，提取物通过一根活性炭或以多种溶剂液-液分配来净化，可以从其中提取出有机磷农药。

(二) 净化程序

净化的目的是把被提取的大量干扰物除去，尽可能保留被分析物。

1. 液-液分配　对于极性较大的农药的分析，采用液-液分配法净化具有很大的局限性，回收率往往很低。如样品中氨基甲酸酯农药的损失主要是由于极性化合物在有机相中不利的分配系数造成的。

2. 固相萃取（SPE）　近几年来 对有机磷农药和氨基甲酸酯农药及其代谢物的分析逐渐采用固相萃取小柱取代传统的液-液分配和柱层析法对样品进行净化和浓缩。以下是几种不同的固相小柱的应用情况：①在高效液相色谱（HPLC）、薄层色谱（TLC）或气相色谱（GC）分析前，用 C_{18} 固相小柱对水样或酒样进行前处理；②氨基丙基小柱用于谷物、水果、蔬菜中 NMcs 残留检测有机干扰物的净化，洗脱剂为 1% 的甲醇-二氯甲烷溶液，接着换成含有稀盐酸的甲醇溶液，最后进行 HPLC 分析。当添加水平为 20μg/kg 时，氨基甲酸酯农药及其代谢产物的回收率为 60%～103%；③采用氨基丙基键合硅胶小柱作为净化手段，净化含有 21 种氨基甲酸酯农药及 10 种代谢物的二氯甲烷提取液。

3. 超临界流体萃取　超临界流体萃取是 20 世纪 90 年代新发展起来的净化技术，它是以液态 CO_2 或 N_2O 进行萃取，用于农药分析已经越来越普遍。超临界流体萃取具有其独特的特点：①快速方便，具有选择性；②超临界流体黏度小，扩散能力强，传质速度快，最常用的 CO_2 易于制备，无毒，不燃，可以大量使用；③超临界流体密度、溶解度和黏度都能通过压力来控制；④由于相对低的萃取温度，超临界流体萃取适于热敏化合物；⑤只要通过减压就可达到溶剂与萃取物的分离；⑥超临界流体萃取可与 GC、HPLC、超临界流体色谱联机；⑦与液体萃取相比，超临界流体萃取的样品用量小，溶质溶度低，分析时间短。

4. 凝胶渗透色谱（GPC）　凝胶渗透方法可检测各类基体样品中多种有机磷农药及它们的代谢物。这种分离方法主要根据溶质（被分离物质）分子量的不同，通过具有分子筛性质的固定相（凝胶），使物质达到分离。

凝胶渗透色谱已广泛用于粮食作物、动物油脂及熟食等的样品。有机磷农残分析用的 GPC 净化法是较简单的能够提高定量分析效率及提高实验操作效果的定量方法。GPC 的缺点就是处理样品比较慢且需用大量的溶剂，而操作者有遭受毒害的危险。

二、食品中有机磷农药残留量的测定

有机磷农药是一类含磷的有机化合物，大多属于磷酸酯类或硫代磷酸酯类，是含有 C-P 键或 C-O-P，C-S-P，C-N-P 键的化合物。目前，正式商品有几十种，常见的有对硫磷（1605）、内吸磷（1509）、甲拌磷（3911）、马拉硫磷（4049）、乐果、敌百虫、敌敌畏、杀螟松等。有机磷农药多数为暗棕色油状液体，有大蒜臭味，易挥发，难溶于水，可溶于有机溶剂和油脂中，绝大多数有机磷农药遇碱即水解破坏，唯敌百虫先转化成敌敌畏，再水解破坏。有机磷农药主要是抑制生物体内的胆碱酯酶的活性，导致乙酰胆碱这种传导介质代谢紊乱，产生迟发性神经毒性，引起运动失调、昏迷、呼吸中枢麻、瘫痪甚至死亡。

（一）有机磷农药残留量的测定方法

根据有机磷农药的化学和毒理学性质，检测有机磷农药的分析方法有：

1. 波谱法

该方法是根据有机磷农药中某些官能团或水解、还原产物与特殊的显色剂在特定条件下发生氧化、磺酸化、酯化、络合等化学反应，产生特定波长的颜色反应来进行定性或定量（限量）测定。检出限在微克级水平。

2. 色谱法

（1）薄层色谱法（TLC） 薄层色谱法是一种成熟的、应用也较广的微量快速检测方法。它在农药残留测定技术上有它独特的用处，它既是重要的分离手段，又是定性、定量的分析方法。它的特点是：①薄层上离析的过程，因不受物质的限定，使在方法的设计、拟定和实际应用上机动灵活，适合于对多种类型样品，多种农药检测；②薄层的分离能力强，效果明显，对复杂混合物的划分、不稳定物质的分离、相似化合物的离析和鉴定特别有用。

（2）气相色谱法（GC） 随着现代仪器分析方法的发展，气相色谱法已成为目前典型的、应用最广泛的仪器分析方法。在农药测定方面的应用主要是从20世纪60年代开始的，可以这样认为，由于气相色谱的应用，特别是高灵敏度的选择性检测仪器的应用，农药残留量的测定水平提高到一个新的台阶。就在各种新的检测方法不断出现的今天，气相色谱法仍占绝对的优势。由于石英毛细管柱的出现和进样系统的不断改进，大大提高了气相色谱法的分析精度、准确度和灵敏度，但气相色谱法对于挥发性差、极性和热不稳定性的农药分析较困难。美国对大部分有机磷农药，如乙拌磷、甲胺磷、马拉硫磷、对硫磷，在80年代就建立了气相色谱检测方法。我国食品理化检验国家标准方法也采用了气相色谱检测有机磷农药，检出限为1ng。该方法是利用经提取、纯化、浓缩后的有机磷农药注入气相色谱柱，程序化升温汽化后，不同的有机磷农药在固相中分离，经不同的检测器检测扫描绘出气相色谱图，通过保留时间来定性，通过峰或峰面积与标准曲线对照来定量。一次可同时测定多组分，简便快捷，灵敏度高，准确性也好。

3. 酶抑制法

酶抑制法是利用有机磷农药的毒理特性建立的一种快速检验方法。由于有机磷农药能抑制乙酰胆碱酯酶的活性，使该酶分解乙酰胆碱的速度减慢或停止，再利用纸片或电极（即纸片法和膜电极法）作为载体将乙酰胆碱酯酶吸附在上面，如果酶的活性没有被抑制，生成了基质水解产物，使用呈色剂或发色的基质而显色。反之，如果被测样品中含有农药残留，则酶的活性被抑制，基质就不被水解，遇显色剂不显色。这样，通过纸片的颜色变化或电极的读数指示变化上可以测定有机磷农药与标准有机磷农药比较则可定量。

4. 酶联免疫法

酶联免疫法是20世纪60年代发展起来的一种新的检测方法，该方法起初主要用于病毒、细菌、蛋白等较大结构或分子的检测，应用范围主要集中于医学方面。70年代后期，随着科技的发展，酶联免疫检测方法作为一种新兴的检测农药残留的检测方法，开始向检测生物毒素、农药残留、抗生素残留等小分子物质方向延伸。

5. 发光菌快速检测

发光细菌在正常生活状态下，体内的荧光素在有氧参与时，经荧光酶的作用会产生荧光。当受到有机磷农药等化合物的毒性作用时，发光减弱，其减弱程度与毒物的浓度呈线性相关。以3%NaCl溶液从样品如蔬菜中提取残留的农药，加入定量发光菌溶液，使用生物毒性测试仪，检测发光菌的发光强度，然后依据有机磷农药的浓度与发光菌相对光强的工作曲线，即可计算出样品中农药残留量。敌敌畏、锌硫磷、氧化乐果、甲胺磷、甲基异硫磷、水胺硫磷检出限约为1mg/kg。此项技术适用于蔬菜、水果以及稻米表面的有机磷农药残留的检测。但是发光菌被激活后，它的发光强度会随时间的变化而改变。实际分析时，必须选择发光变化率较小的时刻来测试。

（二）气相色谱法测定有机磷农药残留量的原理和步骤

1. 原理

含有机磷的样品在富氢焰上燃烧，放射出波长526mm的特征光，通过滤光片选择后，由光电倍增管接收，转换成电信号，经微电流放大器放大后被记录下来。样品的峰高与标准品的峰高相比，计算出样品相当的含量，最低检出量为0.1～0.25mg。

2. 仪器　气相色谱仪，附有火焰光度离子化检测器（FPD）。

3. 色谱条件

色谱柱：色谱柱1：玻璃柱2.6m×3mm（i.d），填装涂有4.5%DC-200+2.5%OV-17%的Chromosorb WAW DMCS（80～100目）的担体；色谱柱2：玻璃柱2.6m×3mm（i.d），填装涂有1.5%DCOE-1的Chromosorb WAW DMCS（60～80目）；气体流速：氮气50ml/min、氢气100ml/min、空气50ml/min；温度：柱箱240℃、汽化室260℃、检测器270℃。

4. 操作方法

（1）试样的制备　取粮食样品经粉碎机粉碎，过20目筛制成粮食试样；取水果、蔬菜样品洗净、晾干、去掉非可食部分后制成待分析试样。

（2）提取　试样置于烧杯中，加入水和丙酮，用组织捣碎机提取，匀浆液经布氏漏斗减压抽滤。用丙酮和二氯甲烷萃取。用旋转蒸发器浓缩，加二氯甲烷定容至刻度。

（3）测定　吸取2～5μl混合标准液及样品净化液注入色谱仪中，以保留时间定性。以试样的峰高或面积与标准比较定量。

三、食品中氨基甲酸酯类农药残留量的测定

氨基甲酸酯是在全球范围内广泛应用的高效杀虫剂，也是目前我国使用量较大的杀虫剂之一，被广泛应用于粮食、蔬菜和水果等各种作物。20世纪70年代以来，由于有机氯农药受到禁用或限用，以及抗有机磷杀虫剂的昆虫品种日益增多，因而氨基甲酸酯农药的用量逐年增加，这就使得氨基甲酸酯农药的残留情况备受关注。氨基甲酸酯类农药的过量使用可能通过食物和水对人体健康产生影响。

氨基甲酸酯农药的结构特性是含有一个N-甲基基团，为白色晶体，难溶于水，易溶于丙酮、二氯甲烷、氯仿、乙腈等，碱性和高温条件下很易被水解。它的最大优点是在植物中只短暂停留，大多数的氨基甲酸酯农药在施用后很短的时间内就可被降解成相应的代谢产物，这些代谢产物通常具有与母体化合物相同或更强的活性。例如，涕灭威亚砜比涕灭威本身具有更有效的抗胆碱酯酶作用。当要监控农药残留的时候，这些在数量上更多于母体的代谢产物必须考虑在内。对不同介质（如水、土壤、水果蔬菜）中氨基甲酸酯农药及其代谢产

物的测定已经发展了很多的分析方法。

(一) 氨基甲酸酯类农药的测定方法

1. 色谱法

(1) 高效液相色谱法-紫外检测　目前大多数氨基甲酸酯农药的 HPLC 检测都是采用反相 C_{18} 柱，常用的流动相为甲醇-水或乙腈-水。甲醇-水具有较低的紫外截止点，比较便宜，但黏度大，乙腈-水的黏度仅为相应比例的甲醇-水混合物的一半，在较高流速下使用不会产生严重的反压，但价格较高且毒性大。在氨基甲酸酯农药测定中，早期常用的检测手段就是紫外吸收。复杂基质中氨基甲酸酯农药多残留分析常用的检测波长是 254nm，而在分析测定呋喃丹及其代谢产物残留时多采用 280nm。样品经固相萃取处理后，再用 LC–UV 检测，结果优于气相色谱法-氢火焰离子化检测。

(2) 高效液相色谱法-质谱检测　尽管高效液相色谱法-紫外检测已经被广泛接受作为氨基甲酸酯农药残留分析方法，但有些化合物的确认有可能存在问题。用高效液相色谱法-质谱对氨基甲酸酯农药的分析。可分析具有一定挥发度的小分子化合物，含 N 化合物能产生强的热喷雾信号，这对氨基甲酸酯农药分析是很有利的。

(3) 气相色谱法　氨基甲酸酯农药在气相色谱法中不稳定，即使在选择柱条件方面下很大功夫，仍不可避免氨基甲酸酯农药的分解，于是考虑将氨基甲酸酯农药完全水解，以测定氨基甲酸酯农药的甲胺或酚部分，或通过热稳定衍生，对不发生分解的氨基甲酸酯农药直接进行测定。用于氨基甲酸酯农药分析的气相色谱检测器中原子发射检测器比 N–P 检测器和电子捕获检测器的选择性更高，更适合于食物样品中农药残留的监测。

2. 非色谱技术

(1) 免疫检测　固相酶联免疫测定法对一种化合物或一组化合物具有特异性，减少基质的干扰，不需样品净化和浓缩。目前市场上能够买到的分析氨基甲酸酯农药的 ELISA 试剂盒有多种，其中主要是涕灭威、西维因、呋喃丹及其代谢产物试剂盒。

(2) 生物传感器　大多数的生物传感器是基于乙酰胆碱酯酶被一种或几种分析物（如农药）的抑制作用的检测。已有不少报道从物质结构、基质和方法手段方面阐述了生物传感器的应用。最近，乙酰胆碱酯酶生物传感器已经成为检测不同介质中的某些氨基甲酸酯农药（如西维因、呋喃丹）的一种常用方法。在这种方法中，底物酶水解产生的化合物如 4-氨基苯酚在电极表面被氧化，从而形成稳定的电流。当乙酰胆碱酯酶的活性被农药所抑制，则水解产物的量会降低，电流将发生变化。

(3) 分光光度测定法　由于在分光光度分析过程中没有分离步骤，因此颜色反应的特异性就成为目标化合物定量分析的主要因素。近来分光光度分析大多数是用来分析西维因，并且采用不同的样品前处理、不同的试剂和不同的波长条件下进行测定。例如，可先将西维因氧化成 1-奈酚，固定于固相吸附剂上，然后用分光光度计测定水样中的西维因；也可用固相萃取浓缩西维因，经过洗脱和溶剂替换后，用分光光度计进行测定。

(二) 高效液相色谱方法测定动物性食品中氨基甲酸酯类农药的残留

1. 原理

试样经提取、净化、浓缩、定容、微孔滤膜过滤后进样，用反相高效液相色谱分离，紫外检测器检测，根据色谱峰的保留时间定性，外标法定量。

2. 仪器　高效液相色谱仪，附紫外检测器及数据处理器。

3. 色谱条件

色谱柱：Altima C_{18} 4.6mm×25cm；流动相：甲醇+水（60+40）；流速 0.5mL/min；柱温：30℃；紫外检测波长为 210 nm。

4. 分析步骤

（1）提取　蛋、乳、肉类试样经丙酮，加氯化钠二氯甲烷提取，上清液经无水硫酸钠滤于旋转蒸发瓶中，浓缩至约 1ml，加 2mL 乙酸乙酯-环己烷（1+1）溶液再浓缩，如此重复 3 次，浓缩至约 1 ml。

（2）净化　将浓缩液经凝胶柱以乙酸乙酯-环己烷（1+1）溶液洗脱，弃去 0～35ml 流分，收集 35～70ml 流分。将其旋转蒸发浓缩至约 1ml，再经凝胶柱净化收集 35～70ml 流分，旋转蒸发浓缩，用氮气吹至约 1ml，以乙酸乙酯定容至 1ml，留待 HPLC 分析。

（3）测定　将仪器调至最佳状态后，分别将 5μl 混合标准溶液及试样净化液注入色谱仪中，以保留时间定性，以试样峰高或峰面积与标准比较定量。

5. 说明

（1）本方法适用于肉类、蛋类及乳类食品中涕灭威、速灭威、呋喃丹、甲萘威、异丙威残留量测定。

（2）本方法检出限分别为涕灭威 9.8μg/kg，速灭威 7.8μg/kg，呋喃丹 7.3μg/kg，甲萘威 3.2μg/kg，异丙威 13.3μg/kg。

（四）气相色谱方法测定植物性食品中氨基甲酸酯类农药的残留

1. 原理

含氮有机化合物被色谱柱分离后在加热的碱金属片的表面产生热分解，形成氰自由基（CN^-），并且从被加热的碱金属表面放出的原子状态的碱金属于（Rb）接受电子变成（CN^-），这个离子进一步与氢原子结合，放出电子的碱金属（Rb）变成正离子，由收集极收集，并作为信号电流而被测定。电流信号的大小与含氮化合物的含量成正比。以峰面积及峰高比较定量。

2. 仪器　附有火焰热离子检测器的气相色谱仪、旋转蒸发仪等。

3. 色谱条件

色谱柱：色谱柱 l：玻璃柱，2.1m×3.2mm，内装涂有 2%OV-101+6%OV-201 混合固定液的 Chromosorb W（HP）（80～100 目）担体；色谱柱 2：玻璃柱，1.5m×3.2mm，内装涂有 L 5%OV-17+1.95%OV-201 混合固定液的 Chromosorb WAWDMCS（80～100 目）担体；气体条件：氮气 65ml/min，空气 150ml/min，氢气 3.2ml/min；温度条件：柱温 190℃，进样口和检测器温度 240℃。

4. 操作方法

（1）提取　称取粉碎粮食或蔬菜样品，置于具塞锥瓶中，加入无水甲醇、塞紧摇匀提取，然后过滤。将滤液转入分液漏斗中。

（2）净化　滤液加入石油醚振摇后静置分层，将下层（甲醇氯化钠溶液）放入另一分液漏斗中，用甲醇氯化钠溶液洗涤石油醚层二次，静置分层后。

（3）浓缩　于盛有样品净化液用二氯甲烷依次提取三次，将蒸馏瓶接上减压浓缩装置，于水浴旋转蒸发仪减压浓缩将残余物用二氯甲烷反复洗涤，然后吹氮气除尽二氯甲烷溶剂，用丙酮溶解残渣并定容，供色谱分析。

(4) 测定 吸取标准液及样品净化液注入色谱仪中,以保留时间定性。以试样的峰高或面积与标准比较定量。

5. 说明

(1) 本标准适用于粮食、蔬菜中速灭威、异丙威、残杀威、克百威、抗蚜威和甲萘威的残留分析。

(2) 本方法的最小检出量：速灭威 2×10^{-10} g,叶蝉散 2×10^{-10} g,残杀威 3×10^{-10} g,呋喃丹 5×10^{-10} g,抗蚜威 2×10^{-10} g,西维因 1×10^{-9} g。最小检出浓度：速灭威 0.02mg/kg,叶蝉散 0.02mg/kg,残杀威 0.03mg/kg,呋喃丹 0.05mg/kg,抗蚜威 0.02mg/kg,西维因 0.10mg/kg。

四、食品中氯氰菊酯、氰戊菊酯、溴氰菊酯残留量的测定

拟除虫菊酯是一种常用的杀虫剂,其分解快、残留少、杀虫谱广、击倒速度快,尤其对鳞翅目幼虫及蚜虫杀伤力大,因而在农业生产中得到广泛应用。拟除虫菊酯杀虫剂由于成本低,用量少,杀虫谱广及使用安全等优点,自 1978 年投放市场以来,获得了广泛的应用。目前,已合成的化合物数以万计,新产品相继投产,拟除虫菊酯类杀虫剂已成为农用及卫生杀虫剂的主要支柱之一。化学农药的大量使用造成了环境的严重污染、生态平衡的严重破坏,从而危害了人类的健康。尤其是谷物、水果、蔬菜等食品中残留的低浓度农药进入人体所造成的慢性和亚慢性毒性问题,更不可忽视。据报道溴氰菊酯在拟除虫菊酯类农药中毒中占 79.5%。

(一) 拟除虫菊酯的测定方法

1. 气相色谱法

菊酯类农药属弱极性带电负性的物质,可使用聚硅氧烷类固定液进行分离;含有卤素、氮、磷等电负性强的基团,易电离出电子,因而适合用 ECD 检测;常用气相色谱法分析溴氰菊酯总酯含量,检测器多采用氢火焰离子化检测器,溴氰菊酯残留的气相色谱分析方法有一个特点是：绝大部分研究是以包括溴氰菊酯在内的多种拟除虫菊酯农药同时测定的多残留分析。在分析基质方面,(1) 用毛细管气相色谱法测定蔬菜、水果中一种或几种菊酯类农药残留量的方法：样品经丙酮提取,石油醚萃取,硅酸镁载体净化,ECD 检测;或以石油醚为萃取溶剂,分别用索氏抽提法、浸渍振荡法、超声波提取,弗罗里硅土净化后,电子捕获检测器测定。(2) 微量化学法和固相萃取技术,用丙酮、正己烷萃取,活性炭和中性氧化铝小柱净化,气-质联用同时测定 6 种拟除虫菊酯类农药的残留量。气-质联用快速检测蔬菜水果中农药多残留的分析方法已用于多种蔬菜和水果样品的测定。此方法可以在 36min 之内检测有机磷、有机氯、拟除虫菊酯和氨基甲酸酯等 48 种农药,并可同时定性和定量,可用于蔬菜、水果等多种农产品的检测。此方法检出限、回收率、精密度均能满足农残分析要求,且具有时间短,检测准确的特点,非常适用于大量样品的常规实验室日常分析。

2. 高效液相色谱法

作为重要的现代分析手段之一,使用高效液相色谱进行溴氰菊酯残留分析越来越普遍。高效液相色谱分析法是测定拟除虫菊酯异构体较理想的常用方法,它分离效果好,分析速度快,在近几年来应用越来越普遍。我国的主要研究和生产拟除虫菊酯的单位,都已配备了高效液相色谱仪。

3. 化学分析法（定总溴）

食品中溴氰菊酯的快速检验方法，是利用溴氰菊酯在碱性环境中能分解出氰离子而进行的。碱性对硝基苯甲醛法中氰离子与对硝基苯甲醛反应，最后生成紫红色的4，4′-二硝基安息香醌式盐。

4. 薄层层析法

用薄层色谱法分析拟除虫菊酯，将溴乐菊酯乳油先经薄层分离除去杂质，再用紫外分光光度法在波长276nm处测定，用纯品进行定量。近年来在改进前处理方法的基础上，出现了包括带电子捕获检测器对卤代衍生物进行分析的气相色谱法、气相-质谱联用检测等。从分析基质方面来说，蔬菜、水果、粮食以及水样中溴氰菊酯残留量的分析最常见。

(二) 气相色谱法测定食品中拟除虫菊酯的原理和步骤

1. 原理

样品中氯氰菊酯、氰戊菊酯和溴氰菊酯经提取、净化、浓缩后用电子捕获-气相色谱法测定。氯氰菊酯、氰戊菊酯和溴氰菊酯经色谱柱分离后进入到电子捕获检测器中，便可分别测出其含量。经放大器，把信号放大，用记录器记录下峰高或峰面积。利用被测物的峰高或峰面积与标准的峰高或峰面积比进行定量。

2. 仪器　气相色谱仪，附电子捕获检测器。

3. 仪器条件

色谱柱为3mm×1.5m，内填3%OV-101/Chromosorb WAW DMCS 80~100目；温度：柱温245℃，进样口和检测器260℃；载气用高纯氮，流速为140ml/min。

4. 操作方法

(1) 提取　粉碎的样品，置于具塞锥形烧瓶中，加入石油醚或浸泡过液，取出上清液待过柱用。

(2) 净化　在玻璃层析柱中，底端塞以经处理的脱脂棉。以石油醚淋洗柱子，弃去淋洗液，加入样品提取液，待其下降至无水硫酸钠层时加入淋洗液淋洗，收集滤液，浓缩定容至1 ml供气相色谱分析用。

(3) 测定　吸取标准液及样品净化液注入色谱仪中，以保留时间定性。以试样的峰高或面积与标准比较定量。

5. 说明

(1) 本方法的最小检出量：氰戊菊酯1.24×10^{-12}g，氯氰菊酯8.2×10^{-12}g，溴氰菊酯3.5×10^{-11}g。最小检出浓度：氰戊菊酯$3.1\mu g/kg$，氯氰菊酯$2.1\mu g/kg$，溴氰菊酯$0.88\mu g/kg$。

(2) 本方法的操作要点是，在测定含色素较多的样品时所加活性炭的量要反复预试，淋洗液稍带黄色而不干扰主峰是容许的，活性炭装柱时要小心铺成均匀的薄层，这是回收率高低的最重要影响因素。

(3) 若样品只需测定溴氰菊酯时，其淋洗剂可适当增加，以提高其回收率。

第二节　食品中黄曲霉菌毒素的测定

自20世纪60年代初英国发现火鸡中的黄曲霉毒素（aflatoxin，AFT）中毒症以来，国内外学者对 AFT 进行了广泛的研究。研究证实，AFT 是到目前为止所发现的毒性最强的真菌毒素。AFT 的急性毒性是氰化钾的 10 倍，它不是单一的化合物，而是一大群结构十分相似的化合物，目前至少分离出 17 种化合物，与肝癌有关的黄曲霉毒素 B_1（AFB_1）是最常见的一种。AFB_1 是剧毒物质，其致癌强度比奶油黄大 900 倍，比二甲基亚硝胺高 75 倍，可诱发所有动物发生肝癌。

由于 AFT 毒性大，污染广，且难以去毒，对人类健康危害极大，因此对 AFT 的监测显得十分重要。自 1966 年世界卫生组织、联合国粮农组织以及国际儿童基金会提出了食品中 AFB_1 最高允许量标准以来，这一标准已修订数次，从 30ng/g 降至 15ng/g。在我国，随着生活质量提高，无害食品的普及，为保障公众健康，AFB_1 允许量标准也将逐步降低。为适应国内外这种发展趋势，有利于提高对 AFB_1 的监测水平，加强对 AFB_1 污染的控制，近年来，国内外学者对 AFT 的检测研究一直不断进展，检测方法的灵敏度不断提高，特异性得到增强，高效、简便、经济的特点为 AFT 检测及预防效果的评价开辟了新途径。

一、黄曲霉毒素的检测方法

AFT 的测定方法有多种，概括起来有：

1. 薄层层析法（TLC）

适用于粮食及其制品、调味品中 AFB_1 的检测，主要是半定量。利用 AFB_1 具有荧光性的特点，提取和浓缩样品中的 AFB_1 用单向或双向展开法在薄层上分离后，在 365nm 紫外光照射下产生蓝紫色荧光，根据在薄层上显示荧光的最低检出量定量，其灵敏度为 $5\mu g/kg$。由于薄层层析法测定 AFB_1 不是很专一，因此样品中其他荧光物质的干扰造成测定误差。可以用以下方法进行确定：一是用多种溶剂系统展开，可将 AFB_1、G_1 及各种 AFT 类似物分开；二是采用层析斑点的化学试验，将样品提取物用三氟醋酸处理，用衍生化的方法将 AFB_1 与其类似物分开；三是层析斑点的物理试验，可根据紫外吸收光谱，红外吸收光谱和荧光屏光谱的差别，将非黄曲霉毒素和 AFT 分开。

2. 高效液相色谱法

是分离分析各种 AFT 的好方法，如配以荧光检测器，则该法具有灵敏度高、分离能力强、特异性好、测定结果准确可靠等优点。在国外已广泛地用于食品中 AFT 的测定。但由于食物样品成分复杂，在进行液相色谱分离分析前，需对样品作彻底有效的净化处理。常用的净化方法是柱色谱法，该法操作繁琐，且需使用大量有机溶剂。免疫亲和柱作为 AFT 特异有效的分离净化和浓缩手段，和高效液相色谱法结合用来测定粮食、饮料、尿、血及奶中的 AFT。具有杂质干扰少、操作简便、使用有机溶剂少、灵敏准确等优点，整个分析操作可在 15min 内完成。

3. 生物鉴定法

是利用 AFT 能影响微生物、水生动物、家禽等生物体的细胞代谢，来鉴定 AFT 的存在。其方法专一性差，灵敏度低，一般只作为化学分析法的佐证。特点是待检样品不需很纯，主要用于定性，共有 10 种：①抑菌试验；②对微生物遗传因子影响试验；③细菌发光试验；④荧光反应；⑤组织培养检测法；⑥鸡胚试验；⑦鸭胚试验；⑧鳟鱼试验；⑨植物试验；⑩饲喂实验动物试验。

4. 免疫分析法

这种方法是利用免疫、酶及生化技术，开辟了 AFT 分析的新领域。目前应用的方法有放射免疫法、亲和层析法和酶联免疫法。

（1）放射免疫法　特异性强、灵敏度高、比较准确迅速、操作简单、易于标准化。但也有严重的缺点，特别是需要特殊的设备和安全保护，妨碍了更广泛的应用。

（2）亲和层析法　利用免疫化学反应原理，采用大剂量的单克隆抗体，选择性吸附提取液中的抗原物质-AFT。由于抗原-抗体反应具有高灵敏、高选择、高特异性等特点，从而大大提高了试样的净化效果及检测灵敏度，同时可显著减少有毒有害试剂的使用，十分有利于操作人员的健康和环境保护。20 世纪 90 年代起，免疫亲和技术在食品分析领域得到了广泛应用。

（3）酶联免疫法　基本原理是将抗体吸附于固相载体上，加入已经用酶标记的抗原与样品中的待测物混合物进行特异性的免疫反应，然后再加入酶的底物进行显色反应，通过颜色的深浅来判断样品中待测物的（抗原）含量。

二、黄曲霉毒素 B_1 薄层色谱法的原理和步骤

本方法适用于粮食、花生及其制品、薯类、豆类、发酵食品及酒类等各种食品中黄曲霉毒素 B_1 的测定。

1. 原理

样品中黄曲霉毒素 B_1 经提取、浓缩、薄层分离后，在波长 365nm 紫外光下产生蓝紫色荧光，根据其在薄层上显示荧光的最低检出量来测定含量。

2. 仪器　紫外光灯：100～125W，带有波长 365nm 滤光片。

3. 操作方法

（1）取样　样品中污染黄曲霉毒素高的霉粒一粒可以左右测定结果，而且有毒霉粒的比例小，同时分布不均匀。为避免取样带来的误差，必须大量取样，并将该大量粉碎样品，混合均匀，才有可能得到确能代表一批样品的相对可靠的结果，因此采样必须注意以下几点：①根据规定检取有代表性样品。②对局部发霉变质的样品检验时，应单独取样。③每份分析测定用的样品应从大样经粗碎与连续多次用四分法缩减至 0.5～1kg，然后全部粉碎。粮食样品全部通过 20 目筛，混匀。花生样品全部通过 10 目筛，混匀。或将好、坏分别测定，再计算其含量。花生油和花生酱等样品不需制备，但取样时应搅拌均匀。必要时，每批样品可采取 3 份大样作样品制备及分析测定用。以观察所采样品是否具有一定的代表性。

（2）提取　①玉米、大米、麦类、面粉、薯干、豆类、花生、花生酱等称取粉碎过筛样品，加正己烷或石油醚和甲醇水溶液振荡提取，然后过滤于分液漏斗中，待下层甲醇水溶液分清后，加三氯甲烷提取，过滤于蒸发皿中，再水浴上通风挥干，然后加入苯-乙腈混合液溶解。②花生油、香油、菜油等称取样品，用正己烷或石油醚将样品移于分液漏斗中。用甲醇提取，再加入三氯甲烷提取。

（3）测定

①单向展开法：薄层板应放干燥器中保存。使用前必须经 100℃，2h 活化处理。

点样：将薄层板边缘附着的吸附剂刮净，在距薄层板下端 3cm 的基线上用微量注射器或血色素吸管滴加样液。一块板可滴加 4 个点，点距边缘和点间距约为 1cm，点直径约

3mm。在同一板上滴加点的大小应一致，滴加时可用吹风机用冷风边吹边加。滴加样式如下：

第一点：10μl 0.04μg/ml 黄曲霉毒素 B_1 标准使用液。

第二点：20μl 样液。

于以上两点各加一小滴三氟乙酸盖于其上，反应 5min 后，用吹风机吹热风 2min 后，使热风吹到薄层板上的温度不高于 40℃，再于薄层板上滴加以下两个点。

第三点：20μl 样液＋10μl 0.04μg/ml 黄曲霉素 B_1 标准使用液。

第四点：20μl 样液＋10μl 0.2μg/ml 黄曲霉毒素 B_1 标准使用液。

展开与观察：在展开槽内加无水乙醚，预展 12cm，取出挥干。再于另一展开槽内加丙酮十三氯甲烷，展开 10～12cm，取出。在紫外光下观察结果。

②双向展开法：如用单向展开法展开后，薄层色谱由于杂质干扰掩盖了黄曲霉毒素 B_1 的荧光强度，需采用双向展开法。薄层板先用无水乙醚作横向展开，将干扰的杂质展至样液点的一边而黄曲霉毒素 B_1 不动，然后再用丙酮-三氯甲烷作纵向展开，试样在黄曲霉毒素 B_1 相应处的杂质底色大量减少，因而提高了方法灵敏度。如用双向展开中滴加两点法展开仍有杂质干扰时，则可改用滴加一点法。

滴加两点法

点样：取薄层板三块，在距下端 3cm 基线上滴加黄曲霉素 B_1 标准使用液与样液。即在三块板的距左边缘 0.8～1cm 处各滴加黄曲霉毒素 B_1 标准使用液，在距左边缘 2.8～3cm 处滴加样液，然后在第二块板的样液点上加滴黄曲霉素 B_1 标准使用液，在第三块板的样液点上加滴黄曲霉素 B_1 标准使用液。

展开：横向展开：在展开槽内的长边置一玻璃支架，加无水乙醇，将上述点好的薄层板靠标准点的长边置于展开槽内展开，展至板端后，取出挥干，或根据情况需要时可再重复展开 1～2 次。纵向展开：挥干的薄层板以丙酮—三氯甲烷展开至 10～12cm 为止。

观察及评定结果：在紫外光灯下观察第一、二板，若第二板的第二点在黄曲霉毒素 B_1 标准点的相应处出现最低检出量，而第一板在与第二板的相同位置上未出现荧光点，则试样中黄曲霉毒素 B_1 含量在 5μg/kg 以下。

若第一板在与第二板的相同位置上出现荧光点，则将第一板与第三板比较，看第三板上第二点与第一板上第二点的相同位置上的荧光点是否与黄曲霉毒素 B_1 标准点重叠，如果重叠，再进行确证试验。在具体测定中，第一、二、三板可以同时做，也可按照顺序做。如按顺序做，当在第一板出现阴性时，第三板可以省略，如第一板为阳性，则第二板可以省略，直接作第三板。

确证试验：另取薄层板两块，于第四、第五两板距左边缘 0.8～1cm 处滴加黄曲霉毒素 B_1 标准使用液及 1 小滴三氟乙酸；在距左边缘 2.8～3cm 处，于第四板滴加样液及 1 小滴三氟乙酸；于第五板滴加样液、黄曲霉毒素 B_1 标准使用液及 1 小滴三氟乙酸，反应 5min 后，用吹风机吹热风 2min，使热风吹到薄层板上的温度不高于 40℃。再用双向展开法展开后，观察样液是否产生与黄曲霉毒素 B_1 标准点重叠的衍生物。观察时，可将第一板作为样液的衍生物空白板。

第三节　食品中有害元素的测定

在食品污染物中，有一些元素既不是人体必需的，又不是有益的，而对人体具有毒性，称为有毒元素。从食品卫生学意义上讲，有害有毒元素主要指汞、铅、镉、砷等。有害有毒元素污染食品，随食物进入人体后，将危及人的健康，甚至会发生慢性中毒或致癌。

一、食品中铅的测定

铅是一种具有蓄积性的有害元素，食品中铅污染的主要来源有：（1）食品加工、贮存、运输过程中使用的含铅器皿的污染。（2）施用含铅的农药如砷酸铅，可以污染水果或其他农副产品。（3）大气中含铅尘、废气、受铅污染的水源、剥落的油漆都可以直接或间接污染食品。（4）工业生产中的铅可通过"三废"的排放污染附近生长的农作物。

对于一般人群，人体内的铅主要来自食物，还有饮水、空气等其他途径的来源。儿童还可以通过吃非食品物件而接触铅。进入人体的铅，不会迅速排出，它先以磷酸氢铅的形式分布于全身，再慢慢转移到血液中起毒性作用。食品中铅对人体的危害主要表现为：铅是一种多亲和性毒物，对各组织都有毒性作用，主要损害神经系统、造血器官和肾脏。铅对男性生殖腺也有一定的损害。早期铅中毒无自觉症状，或仅有乏力、口中有金属味等，少数牙龈的"铅线"、尿铅、血铅增高等。以后随着病情发展，除乏力、面色苍白、便秘、轻度腹痛、腹泻、食欲不振、失眠和烦躁外，还可引起血管痉挛，导致贫血发生。还可致神经衰弱综合征、神经炎、肌肉无力等。

联合国粮农组织/世界卫生组织（FAO/WHO），食品法典委员会（CAC）食品添加剂和污染物联合专家委员会（JECFA），建议每人每周允许摄入量为 $25\mu g/(kg \cdot bw)$，以人体重60kg计，即每人每日允许摄入量为 $214\mu g$。为了控制人体铅的摄入量，在食品监督领域中列为重要监测项目。GB14935-1994《食品中铅限量卫生标准》中规定，铅的允许限量为乳类（鲜）≤0.05mg/kg；蛋类、蔬菜、水果≤0.2mg/kg。

（一）食品中铅的测定方法

1. **双硫腙比色法**

在弱碱性（pH8.5～11）条件下，铅离子与双硫腙作用生成双硫腙铅红色络合物。根据颜色深浅进行比色定量。

2. **示波极谱法**

交流极谱是向电解池均匀而缓慢地加入直流电压时，同时加入一小振幅的交流电压。根据对于不同外加直流电压时，交流电流大小的测量得到 $i-E$ 曲线，并直接读取波高数值而进行定量分析。盐酸溶解样品后在酒石酸-碘化钾-抗坏血酸体系中测定铅（Ⅱ），于-0.54V得到一个非常灵敏的吸附催化波。铅在 $0.025\sim3\mu g/ml$ 范围内，峰高与铅（Ⅱ）浓度之间呈良好的线性关系。

3. **氢化物原子荧光光谱法**

无色散氢化物发生原子荧光光谱法测定痕量铅比石墨炉原子吸收光谱法和氢化物原子吸收光谱法有较宽的线性范围、更低的检出限和更高的灵敏度等优点，且装置比较简单，所以已广泛用于食品的测定。

4. 火焰原子吸收分光光度法和石墨炉原子吸收分光光度法。

（二）石墨炉原子吸收光谱法测定食品中铅的原理和步骤

1. 原理

试样经灰化或酸消解后，注入原子吸收分光光度计石墨炉中，电热原子化后吸收283.3nm共振线，在一定浓度范围，其吸收值与铅含量成正比，与标准系列比较定量。

2. 仪器　原子吸收分光光度计（附石墨炉及铅空心阴极灯）。

3. 仪器条件

波长283.3 nm，狭缝：0.2~1.0nm，灯电流5~7mA，干燥温度120℃，20s，灰化温度450℃，持续15~20s，原子化温度1700~2300℃，持续4~5s，背景校正为氘灯或塞曼效应。

4. 操作步骤

（1）试样消解（可根据实验室条件选用以下任何一种方法消解）

①压力消解罐消解法：试样于聚四氟乙烯内罐，加硝酸浸泡过夜。再加过氧化氢（总量不能超过罐容积的三分之一）。盖好内盖，旋紧不锈钢外套，放入恒温干燥箱，120~140℃保持3~4h，同时作试剂空白。

②干法灰化：试样于瓷坩埚中，先小火在可调式电热板上炭化至无烟，移入马弗炉500℃灰化6~8h时，冷却。若个别试样灰化不彻底，则加1ml混合酸在可调式电炉上小火加热，反复多次直到消化完全，同时作试剂空白。

③过硫酸铵灰化法：试样于瓷坩埚中，加硝酸浸泡1h以上，先小火炭化，冷却后加2.0~3.0g过硫酸铵盖于上面，继续炭化至不冒烟，转入马弗炉，500℃恒温2h，再升至800℃，保持20min，同时作试剂空白。

④湿式消解法：试样于锥形瓶中，加10ml混合酸，加盖浸泡过夜，加一小漏斗电炉上消解，若变棕黑色，再加混合酸，直至冒白烟，消化液呈无色透明或略带黄色，同时作试剂空白。

（2）测定　分别吸取样液和试剂空白液各10μl，注入石墨炉，测得其吸光值，代入标准系列的一元线性回归方程中求得样液中铅含量。

（三）氢物原子荧光光谱法测定食品中铅的步骤

1. 原理

试样经酸热消化后，在酸性介质中，试样中的铅与硼氢化钠〔$NaBH_4$〕或硼氢化钾（KBH_4）反应生成挥发性铅的氢化物（PbH_4）。以氢气为载气，将氢化物导入电热石英原子化器中原子化，在铅空心阴极灯照射下，基态铅原子被激发至高能态；在去活化回到基态时，发射出特征波长的荧光，其荧光强度与铅含量成正比根据标准系列进行定量。

2. 仪器　双道原子荧光光度计或同类仪器。

3. 仪器条件

负高压：323V；铅空心阴极灯电流：75mA；原子化器：炉温750~800℃，炉高8mm；氢气流速：载气800ml/min，屏蔽气：1000ml/min；加还原剂时间：7.0s；读数时间：15s；延迟时：0.0s；测量方式：标准曲线法；读数方式：峰面积；进样体积：2.0ml。

4. 分析步骤

（1）试样消化　湿消解：试样加入硝酸十高氯酸（4＋1）混合酸摇匀浸泡，放置过夜。

次日置于电热板上加热消解，至消化液呈淡黄色或无色（如消解过程色泽较深，稍冷补加少量硝酸，继续消解），稍冷加入 20ml 水再继续加热赶酸，至消解液 0.5～1.0ml 止，冷却后用少量水转入容量瓶中，并加入盐酸（1+1）0.5ml，草酸溶液（10g/L）0.5ml，摇匀，再加入铁氰化钾（100g/L）1.0ml。同时做试剂空白。

（2）测定　浓度测量方式：设定好仪器的最佳条件，逐步将炉温升至所需温度，稳定后开始测量，连续用标准系列的零管进样，待读数稳定之后，转入标准系列的测量，绘制标准曲线，转入试样测量，分别测定试样空白和试样消化液，每测不同的试样前都应清洗进样器，试样测定结果按标准曲线进行计算。

二、食品中镉的测定

镉在工业上应用广泛，生产及使用镉及其化合物的工业有：采矿、冶炼、电镀、电器、合金、焊接、玻璃、陶瓷、油漆、颜料、照相材料、光电池、塑料、化肥、杀虫剂等的生产制造业。工业"三废"的排放，也不可避免存在镉对食品的污染问题。镉在一般环境中的含量相当低，但可通过食物链富集后达到相当高的浓度。由于含镉工业废水排入水体，水生生物能从水中富集镉，其体内浓度可比水体含镉量高 4500 倍左右。非污染区贝壳类含镉量为 0.05mg/kg，而在污染区的贝壳类含镉量可高达 420mg/kg。含镉废水和废渣还可直接污染土壤，农作物从土壤中吸收镉而使其含量增高，各种不同食物被镉污染的情况差异很大，如甜菜、洋葱、豆类和萝卜最易受污染，而大麦、西红柿稍差，谷类能蓄积较多的镉，尤其是稻米。日本某镉污染区稻米中镉含量为 0.36～4.17mg/kg，我国污灌区曾受镉污染的地区有 11 个省市，25 个地区，耕地面积达 14 万亩左右，所产稻米含镉量为 1.32～5.43mg/kg。动物性食品的肾脏部分及海产食品中的贝壳类均为含镉较高的食品。此外，有些食品容器和包装材料，特别是金属容器，也可能与食品接触中造成镉污染。

镉是蓄积性的毒物，机体甚至摄入很微量的镉，也会对肾脏产生危害。食物是人体摄入镉的主要来源，监测各类食品中的镉含量是控制人体镉摄入量的重要预防措施。

（一）镉的测定方法

1. 原子吸收分光光度法

样品经处理后，导入原子吸收分光光度计中，原子化以后，吸收 228.8nm 共振线，其吸收量与镉量成正比，与标准系列比较定量。食品中镉含量很低时，可采用石墨炉原子吸收法进行测定，在硝酸介质中，$NH_4H_2PO_4$ 和 $Mg(NO_3)_2$ 为基体改进剂，以自吸背景校正石墨炉原子吸收法测定镉含量。该方法不仅提高了灰化温度和测定的稳定性，而且具有快速、准确、简便等优点，可用于各种食品中镉的测定。

2. 氢化物发生-原子荧光光谱法

用二硫腙-四氯化碳作为抗干扰剂，能快速准确检测镉的含量，该法灵敏度高、线性范围宽、准确度较高、干扰少、稳定性好。

3. 分光光度法

样品通过 PSSO 萃取色层柱，除去干扰离子后，在氨性缓冲介质中引入十六烷基三甲基溴化铵（CTMAB），使镉与 2-[5-溴-2-吡啶偶氮]-5-二乙氨基苯酚（5-Br-PADAP）生成有色络合物。方法灵敏度高、显色快、络合物稳定时间长。镉在 0～10μg/25ml 范围符合朗伯比尔定律。邻苯三酚红用于催化动力学分光光度法在硼酸-氧化钾-碳酸钠介质中。痕量镉能灵敏地催化过硫酸铵氧化邻苯三酚红褪色的新指示反应。

4. 电化学法

①溶出伏安法 在 HAc－NaAc（pH4.5）氯化钾体系中可连续测定镉，且方法简便，快速准确，具有选择性好，灵敏度高，重现性好等优点。

②示波极谱法 在 pH 4.5 的醋酸盐缓冲溶液中，用单扫描示波极谱获得镉与络合物吸附波，峰电位在-0.73V，镉在 $0.4 \sim 80 \mu g/50ml$ 范围内，峰电流与镉的浓度呈良好的线性关系。

（二）石墨炉原子吸收分光光度法测定痕量镉的原理和步骤

1. 原理

试样经灰化或酸消解后，注入原子吸收分光光度计石墨炉中，电热原子化后吸收 228.8nm 共振线，在一定浓度范围，其吸收值与镉含量成正比，与标准系列比较定量。

2. 仪器 原子吸收分光光度计。

3. 仪器条件

波长 228.8nm，狭缝 $0.5 \sim 1.0$nm，灯电流 $8 \sim 10$mA，干燥温度 120℃，20s，灰化温度 350℃，$15 \sim 20$s，原子化温度 $1700 \sim 2300$℃，$4 \sim 5$s，背景校正为氘灯或塞曼效应。

4. 分析步骤

（1）试样消解：（同石墨炉原子吸收光谱法测定食品中铅的试样消解）。

（2）测定 分别吸取样液和试剂空白液各 $10 \mu l$ 注入石墨炉，测得其吸光值，代入标准系列的一元线性回归方程中求得样液中镉含量。

（三）火焰－原子吸收光谱法测定食品中镉（碘化钾-4-甲基戊酮-2 法）

1. 原理

样品经处理后，在酸性溶液中镉离子与碘离子形成络合物，并经 4-甲基戊酮-2 萃取分离，导入原子吸收分光光度计中，原子化以后，吸收 228.8nm 共振线，其吸收量与镉含量成正比，与标准系列比较定量。

2. 仪器 原子吸收分光光度计。

3. 测定条件

灯电流 $6 \sim 7$mA，波长 228.8nm，狭缝 $0.15 \sim 0.2$nm，空气流量 5l/min，乙炔流量 0.4L/min，氘灯背景校正（也可根据仪器型号，调至最佳条件）。

4. 操作方法

（1）样品处理 谷类、蔬菜、瓜果及豆类：粉碎，禽、蛋、水产及乳制品：取可食部分充分混匀，样品置于瓷坩埚中炭化，然后移入马弗炉中，500℃以下灰化约 16h。取与处理样品相同量的混合酸和盐酸按同一操作方法做试剂空白试验。

（2）萃取分离 于样品溶液、试剂空白液及镉标准溶液中各加碘化钾溶液，混匀，再各加4-甲基戊酮-2 振摇，静置分层。弃去下层水相，将 4-甲基戊酮-2 层经脱脂棉滤至具塞试管中，备用。

（3）测定 将有机相导入火焰进行测定，以镉含量对应浓度吸光度，绘制标准曲线比较。

三、食品中总砷的测定

砷为元素周期第Ⅴ主族元素。自然界中一般以亚砷酸钠（$Na_2As_2O_2$）、三氧化二砷（As_2

O_3)、砷酸钠（Na_2HAsO_4）形式存在于水体和土壤中，在粮食中也有积存。摄入体内的砷95%～99%与血红蛋白结合，在24h内被带到全身。24～48h内可从尿中排出大部分，其余缓慢地通过粪便、乳汁、汗腺、毛发和指甲排出。并能透过胎盘影响胎儿，砷在体内蓄积性很强，主要蓄积部位是肝、肾、肺、皮肤、毛发、指甲、子宫、胎盘和骨骼等处。少量的砷酸盐就会引起人体中毒反应，砷的急性中毒潜伏期很短，快者数分钟，慢者数小时，最初的表现是口腔、咽喉和食管有强烈的烧灼感，感到口中有金属味道，十分口渴，接着出现各种消化系统症状如恶心、流口水、频繁呕吐、剧烈腹痛、严重腹泻。神经系统的症状有剧烈头痛、头昏、甚至昏迷不省人事。长期摄入少量无机砷，可在体内蓄积，引起慢性中毒。表现有：皮肤色素异常，皮肤过度角化以及末梢神经炎等。因此砷的卫生监测历来是卫生检验的一个重点。但是一般卫生监测样品中砷的含量以ppm级存在。所以选择一个简便、快捷、有效地检验方法，是分析方法研究中的重要内容。

我国规定食品中砷的允许含量不得超过以下标准mg/kg（以As计）：原粮0.7，蔬菜、水果0.5，肉和蛋0.5，牛乳0.2，淡水鱼、发酵酒、调味品、冷饮食品0.5，植物油0.1，豆制品和酱菜0.5，糕点和茶叶0.5；并规定海产食品中无机砷的允许标准为：鱼类（鲜重计）≤0.5mg/kg，藻类（干重）≤2.0mg/kg，贝类（鲜重）≤1.0mg/kg，甲壳类（鲜重）≤1.0mg/kg，干品≤2.0mg/kg，其他海产食品≤1.0mg/kg。

（一）样品的处理与检测方法

1. 试样的分解

样品中砷的测定前必须进行试样分解，分离（或掩蔽），选择合适的试样分解方法，不但使分解时间缩短，与此同时也将使干扰减少。

在现代生命科学与食品分析中，有时元素总量的测定已不能描述该元素的毒性，因而元素的价态测定日益受到重视，已经证实，无机砷的毒性远大于有机砷的毒性。目前国际上提出以无机砷的形式进行卫生评价。可采用6mol/L盐酸、60～70℃、浸泡14～20h，提取食品中的无机砷；硝酸与高氯酸的混合酸也能有效地分解小麦等固体试样；硝酸与H_2O_2的混合液微波消解能彻底分解动物性试样。其优点是酸用量少，空白值低。用该混合酸消解试样时要注意残留硫酸量对银盐法测定砷有影响，因此要加以校正。含砷食品的试样分解方法是多种多样的，食品种类繁多，因根据分析对象不同，采用不同的分解方法才能达到快速分解试样的目的又能有利于下步的测定。

2. 食品中砷的分离

分离和与富集密切相关，在某些情况下分离过程既是富集过程、又是排除干扰过程。微量砷易被$Fe(OH)_3$、$La(OH)_3$、MnO_2沉淀，沉淀吸附后以AsH_3形式与$Au(SCN)_4^-$生成胶体金供光度分析。AsH_3形式分离砷是食品分析中常用的分离方法，AsH_3分离包括用硫酸和锌粉还原法和硼氢化钠还原法；萃取法也广泛用于砷的分离与富集，当砷（Ⅲ、Ⅴ）不少于2g时，有EDTA存在的pH5.2的缓冲溶液中APDC（吡咯烷荒酸铵）与砷（Ⅲ、Ⅴ）形成的络合物可被MIBK（4-甲基戊酮-2）萃取；在硫酸溶液中经$KMnO_4$和饱和溴水反萃取后，可作钼蓝光度法测定砷（Ⅲ）等；在0.1～0.2mol/L硫酸溶液中，砷（Ⅲ）与丁基罗丹明、钼酸铵形成离子缔合物可被乙醚浮选，形成的第三相以丙酮溶解后，可用于光度法测定。

3. 砷的测定方法

（1）砷斑法　碘化钾，氯化亚锡将高价砷还原为三价砷，与锌粒和酸反应产生新生态氢。砷化氢与溴化汞试纸反应生成黄色至橙色的色斑。与标准系列比较定量。

（2）银盐法　碘化钾，氯化亚锡将高价砷还原为三价砷与锌粒和酸反应产生新生态氢。砷化氢经银盐吸收形成红色胶态物与标准比色定量。

（3）电化学法　①示波极谱法：样品消化后，以滴汞电极为指示电极，饱和甘汞电极为参比电极，铂为辅助电极。起始电位采用－0.45V，终止电位－1.2V，二次微分，灵敏度为5时测砷，于－1.0V左右显示砷峰。同时，还可连续测定样渣中其它有害元素。②电位溶出法：采用一定浓度硝酸作氧化剂，用金膜电极微分电位溶出测定；也可用计时电位溶出法测定。

（4）石墨炉原子吸收法　火焰原子吸收光谱法由于测定砷的灵敏度较低，所以必须用石墨炉原子吸收法测定食品中砷。石墨炉原子吸收法测定砷，其基体改进剂可用硝酸钯，硝酸钯作基体改进剂具有明显的提高灰化温度，减少基体效应的效果。利用高温石墨管使样品完全蒸发充分原子化，再测其吸收值。

（5）氢化物原子吸收分光光度法　有些金属元素氢化物具有挥发性，通常情况下为气态，借助载气流可以方便地将其导入原子光谱分析系统的原子化器。试样中的金属元素及其化合物在高温下离解成为游离基态原子，生成的基态原子吸收该元素发射的特征谱系线进行定量测量。砷经硝酸镁高温氧化成五价砷，用碘化钾-抗坏血酸还原成三价砷，经硼氢化钠氢化，原子吸收测定。氢化物发生原子吸收分光光度法，取样量少，操作快捷，简便，仪器价格便宜。

（6）氢化物发生-原子荧光法　氢化物发生-原子荧光分析法是近几年来发展起来的一种高效率，低成本的原子荧光分析法，它将氢化物发生技术与原子荧光技术有机结合。其基本原理是，在一定反应条件下利用某些能产生初生态氢的还原剂，将样品中待测的砷还原成挥发性的共价氢化物。借助载气流将其导入分析系统，进行定量的分析测定。

（7）等离子体发射光谱法（ICP）　ICP可以很方便进行多元素分析，一次可以同时测定几个到几十个元素。分析速度快且不需要复杂的前处理，样品加热蒸发富集后即可直接上机在193.72nm波长进行微量砷及其它元素的分析。

（二）氢化物原子荧光光度法测定食品总砷的步骤

1. 原理

食品样品经湿消解或干灰化后，加入硫脲使五价砷还原为三价砷，再加入硼氢化钠或硼氢化钾使还原生成砷化氢，由氩气载入石英原子化器中分解为原子态砷，在特制砷空心阴极灯的发射光激发下产生原子荧光，其荧光强度在固定条件下与被测液中的砷浓度成正比，与标准系列比较定量。

2. 仪器　XDY、AFS、或Ⅵ系列氢化物原子荧光光度计。

3. 仪器参考条件

光电倍增管电压：400V；砷空心阴极灯电流：35mA；原子化器：温度：820～850℃；氩气流速：载气600ml/min；屏蔽气：800ml/min；测量方式：荧光强度或浓度直读；读数方式：峰面积；读数延迟时间：1s；读数时间：15s；硼氢化钠溶液加入时间：5s；标液或样液加入体积：2ml。

4. 分析步骤

（1）样品消解　①湿消解：样品加硝酸，硫酸放置过夜，置于电热板上加热消解。若消解液处理至消解完全后，加水定容备用。②干灰化：一般应用于固体样品。加硝酸镁低热蒸干，将氧化镁仔细覆盖在干渣上，于电炉上碳化至无黑烟，移入550℃马弗炉，灰化4h。取出放冷，加入（1+1）盐酸，转入容量瓶或比色管，定容混匀备测。

（2）测定 利用仪器提供的软件功能可进行浓度直读测定。

（三）银盐法测定食品中砷的步骤

本标准适用于各类食品中总砷的测定。

1. 原理

样品经消化后，以碘化钾、氯化亚锡将高价砷还原为三价砷，然后与锌粒和酸产生的新生态氢生成砷化氢，经银盐溶液吸收后，形成红色胶态物，与标准系列比较定量。

2. 仪器 分光光度计，测砷装置。

3. 操作方法

（1）样品消化

①硝酸-高氯酸-硫酸法：粮食、粉丝、粉条、豆干制品、糕点、茶叶等及其他含水分少的固体食品：取粉碎样品；蔬菜、水果：取洗净打成匀浆的样品；酱、酱油、醋、冷饮、豆腐、腐乳、酱腌菜等：取混匀样品；水产品：取可食部分样品捣成匀浆；含酒精性饮料或含二氧化碳饮料：样品先用小火加热除去乙醇或二氧化碳，样品置于定氮瓶中，加硝酸-高氯酸混合液消化，定容。取与消化样品相同量的硝酸-高氯酸混合液和硫酸，按同一方法做试剂空白试验。

②灰化法：粮食、茶叶及其他含水分少的食品：取磨碎样品，匀浆样品置于坩埚中，加氧化镁及硝酸镁溶液，混匀，浸泡4h。于低温或置水浴锅上蒸干。用小火炭化至无烟后移入马弗炉中加热至550℃，灼烧3~4h，冷却后取出。加水湿润灰分后，用细玻棒搅拌，再用少量水洗下玻棒上附着的灰分至坩埚内。放水浴上蒸干后移入高温炉550℃灰化2h，冷却后取出。植物油：取样品置于瓷坩埚中，加硝酸镁和氧化镁，将坩埚置小火上加热，至刚冒烟，立即将坩埚取下，以防内容物溢出，待烟小后，再加热至炭化完全。将坩埚移至马弗炉中，550℃以下灼烧至灰化完全。取与灰化样品相同量的氧化镁和硝酸镁溶液，按同一操作方法做试剂空白试验。

（2）测定 取灰化法消化液及试剂空白液，加盐酸，或用硝酸-高氯酸-硫酸或硝酸-硫酸消化液，于样品消化液、试剂空白液及砷标准溶液中各加碘化钾溶液、酸性氯化亚锡溶液，混匀，静置15min，各加入锌粒，立即分别塞上装有乙酸铅棉花的导气管。并使管尖端插入盛有银盐溶液的离心管中的液面下，在常温下反应45min后，取下离心管，以零管调节零点，于波长520nm处测吸光度，与标准曲线比较计算样品砷含量。

四、食品中汞的测定

汞以各种化学形态排入环境，污染空气、水质和土壤，导致对食品的污染。被污染的鱼贝类是人类食物中汞的主要来源，通过食物链的富集，使鱼能蓄积在水体中的汞达数十万倍以上。鱼体中的汞主要以甲基汞的形式存在，其所占比例为鱼体总汞含量的80%~100%。

汞的毒性与汞的化学存在形式、汞化合物的吸收有很大的关系。无机汞不容易吸收，毒性小，而有机汞特别是烷基汞，容易吸收，毒性大，尤其是甲基汞，90%~100%被吸收。微量的汞在人体不致引起危害，可经尿、粪和汗液等途径排出体外，如摄入量超过一定量，尤其甲基汞是属于蓄积性毒物，在体内蓄积到一定量时，将损害人体健康。根据日本熊本和新潟水俣病患者所摄入有毒鱼贝的汞浓度和估计摄取量，推算出体内100mg的蓄积量为中毒剂量。甲基汞还可通过胎盘进入胎儿体内，危害下一代。

食品一旦被汞污染，难以彻底除净，无论使用碾磨加工或用不同的烹调方法，如烘、炒、蒸或煮等都无济于事。试验表明，用冷冻、盐腌、蒸煮、油炸、干燥等方法均无法将鱼体的甲基汞去掉。据调查，吃含汞5~6mg/kg的粮食，半个月后，即可发生中毒，即使吃0.2~0.3mg/kg的含汞粮，半年左右也可发生中毒，可见控制食品中的含汞量十分重要。

(一)汞的测定方法

1. 冷原子吸收光谱法

①碱性氯化亚锡还原法：在强碱性和有镉离子存在的条件下，用高浓度氯化亚锡将有机汞和无机汞还原成元素汞。在253.7nm波长下，用测汞仪测定汞含量。

②酸性氯化亚锡法：用硫酸、高锰酸钾于50℃条件下消化试样，使结合态汞转变为汞离子。用氯化亚锡将汞离子还原成元素汞后，在253.7nm波长下，用测汞仪测定汞含量。

③氢化物发生冷原子吸收法：样品经消化后，结合态汞转变为汞离子，用氯化亚锡将汞离子还原成元素态汞后，用氩气为载气，导入石英管，在253.7 nm波长下，用原子吸收分光光度计测定汞含量。

2. 原子荧光法

测汞尿样酸消化后，在酸性介质中，用硼氢化钾（钠）还原后，由氩气带入原子化器中，在特制汞空心阴极灯照射下，通过测定其特征波长的荧光强度来定量。

3. 双硫腙比色法

样品经高锰酸钾-硫酸加热消化后，用盐酸羟胺还原过剩的高锰酸钾及二氧化锰，在硫酸溶液中，用双硫腙-氯仿溶液萃取汞。汞离子与双硫腙生成橙色络合物，比色定量。这方法不需要特殊仪器，价格低廉，有时还可用肉眼比色。但操作繁琐，灵敏度低，干扰较多，且萃取所用的氯仿毒害大。酸度对汞的测定有一定影响。

(二)原子荧光光谱分析法测定食品中总汞的原理和步骤

1. 原理

试样经酸加热消解后，在酸性介质中，试样中汞被硼氢化钾（KBH_4）或硼氢化钠（$NaBH_4$）还原成原子态汞，由载气（氩气）带入原子化器中，在特制汞空心阴极灯照射下，基态汞原子被激发至高能态，在去活化回到基态时，发射出特征波长的荧光，其荧光强度与汞含量成正比，与标准系列比较定量。

2. 主要仪器　双道原子荧光光度计。

3. 仪器参考条件　光电倍增管负高压：240V；汞空心阴极灯电流：30mA；原子化器：温度：300℃；氩气流速：载气500ml/min，屏蔽气1000ml/min；测量方式：标准曲线法；读数方式：峰面积；读数延迟时间：1.0s；读数时间：10.0s；硼氢化钾溶液加液时间：8.0s；标液或样液加液体积：2ml。

4. 分析步骤

(1)试样消解：高压消解法：粮食、豆类、蔬菜、水果、瘦肉类、鱼类、蛋类及乳与乳制品类等干样品置于聚四氟乙烯塑料内罐中，加硝酸，混匀后放置过夜，再加过氧化氢，盖上内盖放入不锈钢外套中，旋紧密封。然后将消解器放入普通干燥箱（烘箱）中加热，升温至 120℃后保持恒温 2~3h，至消解完全。同时做试剂空白试验。

(2) 测定：设定好仪器最佳条件，逐步将炉温升至所需温度后，稳定 10~20min 后开始测量。连续用硝酸溶液进样，待读数稳定之后，转入标准系列测量，绘制标准曲线。转入试样测量，再分别测定试样空白和试样消化液，每测不同的试样前都应清洗进样器。试样测定结果按标准曲线计算。

(三) 冷原子吸收光谱法测定食品中的汞

1. 原理

样品经过硝酸-硫酸、硝酸-硫酸-五氧化二钒或硝酸-过氧化氢高压消解，使样品中的汞转为离子状态，在强酸性中以氯化亚锡为还原剂，将离子状态的汞定量地还原成汞原子。在常温下易蒸发为汞原子蒸气，以氮气或干燥清洁空气为载气，将汞吹出。而汞原子对波长 253.7nm 的共振线具有强烈吸收作用，在一定浓度范围其吸收大小与汞原子浓度的关系符合比尔定律，与标准系列比较定量。

2. 仪器　测汞仪。

3. 操作方法

(1) 样品消化

①回流消化法：样品置于消化装置锥形瓶中，加硝酸、硫酸，装上冷凝管后，小火加热，加热回流 2h。如加热过程中溶液变棕色，再加硝酸，继续回流 2h。取与消化样品相同量的硝酸、硫酸、按同一方法做试剂空白试验，待测。

②五氧化二钒消化法（本方法适用于水产品、蔬菜、水果中总汞的测定。）：取可食部分，切碎，混匀。加五氧化二钒粉末，再加硝酸，放置 4h，加硫酸，混匀，然后移至 140℃ 砂浴上加热，待瓶口基本上无棕色气体逸出时，放冷，加高锰酸钾溶液，放置 4h（或过夜），滴加盐酸羟胺溶液使紫色褪去。取与消化样品相同量的五氧化二钒、硝酸、硫酸，按同一方法进行试剂空白试验。

③高压消解法（本方法适用于粮食、豆类、蔬菜、水果、瘦肉类、鱼类、蛋类及乳与乳制品类食品中总汞的测定。）：样品于聚四氟乙烯消解罐中，加入 HNO_3，放置 5 min，然后向每个消解罐中加入 H_2O_2，给每个消解罐加上安全阀，扭紧盖子，放入旋转盘上，插上通气管，按照规定程序加热消解。消解完毕，待消解罐充分冷却后，在通风橱中人工排气以释放残余压力。同时做空白实验。

(2) 测定　吸取样品消化液，置于汞蒸气发生器内，连接抽气装置，加入氯化亚锡溶液，立即通入氮气或经活性炭处理的空气，使汞蒸气经过硅胶干燥管进入测汞仪中，读取测汞仪上最大读数，同时做试剂空白试验。取汞标准使用液，置于汞蒸气发生器内，同样品消化液操作读取测汞仪读数，绘制标准曲线。按标准曲线计算样品中汞的含量。

第四节　食品中 N-亚硝胺化合物的测定

亚硝基化合物是一类很强的化学致癌物质，包括 N-亚硝胺和 N-亚硝酰胺两类化合物，通常泛称为亚硝胺，它们能诱发许多动物的恶性肿瘤。自 1956 年 Marco 等首次用二甲基亚硝胺诱发大鼠肝癌以来，科学家们对 N-亚硝基化合物进行了广泛深入的研究，至今已发现的 300 多种亚硝胺类物质中经动物实验证明具有致癌作用的约占 75%~80%。亚硝胺很容易由前身物仲胺和亚硝酸盐反应生成，无论在实验室和自然条件下还是在人体和动物体内，生成反应均能顺利进行。N-亚硝基化合物及其前身物广泛存在于烟、谷类、酒类、饮料、奶油、腌熏制品、橡胶制品、杀虫剂、切削润滑油 化妆品，空气土壤和水体等物质中。腌腊肉品中常添加硝酸盐或亚硝酸盐作发色剂用，由于添加量过大或自身的还原作用在肉品中生成N-亚硝胺。N-亚硝胺可诱发肝癌、结肠癌等。某些N-亚硝胺化合物，如N-亚硝基二甲胺，N-亚硝基二乙胺、N-亚硝基四氢吡咯等也是一类致癌物质。因此，对N-亚硝胺的研究成为肿瘤病因研究的重要课题。

一、亚硝胺的测定方法

亚硝胺的检测以往用紫外分光光度法，比色法、极谱法等，它们是不经分离的直接测定法。由于这类方法不专属，而试样中亚硝胺量微，干扰成分多，均被淘汰。20世纪60年代后，采用薄层层析法测定亚硝胺，但仅能得到半定量的结果；色谱法特别是气相色谱法和高效液相色谱法开发应用于亚硝胺测定，但单靠色谱柱分离和用非专属检测器，虽然灵敏度很高，尚需将试样预先净化处理，这样不但费时，主要有损失使回收率低。即使采用昂贵的气相-质谱联机分析，有时仍需要净化处理，此方法样品预处理困难、复杂。气相色谱-热能分析仪法，灵敏度高，特异性好，样品前处理也较简单，是一个较好的方法。测定挥发性的亚硝胺可用GC法，而测定非挥发性的亚硝胺则用高效液相色谱法（HPLC）。

食品中亚硝胺的种类繁多，含量低，化学结构和性质多样，而且在分析过程中有可能生成新的亚硝胺，出现假阳性干扰，影响测定结果的可靠性，因此，亚硝胺的测定是比较困难的。在亚硝胺分析过程中经常会出现人为因素的影响，主要有两种：假阳性和假阴性干扰。假阳性干扰通常是由于在样品处理和分析过程中形成了新的亚硝胺化合物所致。假阳性一般在用GC检测时出现较多，在用HPLC检测时出现较少。

避免分析过程中可能出现的假阳性干扰一般有以下几种措施：①尽量减少分析步骤；②在分析前加入抑制剂（必须加入过量）；③通过实验测定人为形成亚硝胺的量来扣除假阳性所产生的干扰。

假阴性干扰通常是由于在样品处理和分析过程中亚硝胺的遗失所致。主要有以下几个方面：①光、热的影响和过高的pH条件导致假阴性；②GC中的高温、HPLC中柱子的吸附导致假阴性；③检测器导致假阴性。避免分析过程中可能出现的假阴性干扰一般有以下几种措施：①黄光或在暗中操作；②几种不同的HPLC柱和不同的溶剂条件进行必要的回收性实验。国外近年来测定亚硝胺总量多采用NO化学发光法，用HBr/CH_3COOH溶液将亚硝胺N-NO官能团中的N-N间催化断裂，分解产生的NO经过载气吹脱及净化后用热能分析仪（TEA）或"NO化学发光检测器"测定。

二、N-亚硝基二甲胺的气相色谱-热能分析仪法测定

本方法适用于啤酒中N-亚硝基二甲胺的测定。

1. 原理

用减压石蜡油蒸馏方法处理样品，以气相色谱—热能分析仪（GC-TEA）进行检测。气相色谱仪分离后的亚硝胺在热解室中经特异性催化裂解产生NO基团，后者与臭氧反应生成激发态NO·；当激发态NO·返回基态时发射出近红外区光线（600～2800nm）。产生的

近红外区光线被光电倍增管检测（600～800nm）。由于特异性催化裂解与冷阱或CTR过滤器除去杂质，使热能分析仪仅仅能检测NO基团，而成为亚硝胺特异性检测器。

2．仪器　气相色谱仪和热能分析仪。

3．条件

色谱柱为2mm×3mm不锈钢柱，填充物为10%聚乙二醇20M＋10g/L氢氧化钾的Chromosorb WAW-DMCS；载气为氩气，流速20～40ml/min；温度：柱温175℃，恒温，汽化室温度220℃，热解室温度500℃，真空度133.3～266.6Pa。

4．操作步骤

（1）样品前处理　在蒸馏瓶中加入样品，低温蒸馏，直至样品蒸干为止。

（2）提取与浓缩　把蒸馏液移入分液漏斗，用二氯甲烷萃取三次，合并萃取液。然后在K-D浓缩器上于55℃浓缩。

（3）样品检测　同时注射样品浓缩液和N-亚硝基二甲胺标准溶液，利用保留时间定性，峰高定量，气相色谱-质谱联用确证阳性结果。

三、食品中N-亚硝胺的气相色谱-质谱法测定

本方法适用于酒类、肉及肉制品、蔬菜、豆制品、调味品、茶叶等食品中N-亚硝基二甲胺、N-亚硝基二乙胺、N-亚硝基二丙胺及N-亚硝基吡咯烷含量的测定。

1．原理

样品中的N-亚硝胺类化合物经水蒸气蒸馏和有机溶剂萃取后，浓缩至一定量，采用气相色谱-质谱联用仪的高分辨峰匹配法进行确认和定量。

2．仪器　气相色谱-质谱联用仪。

3．仪器条件

色谱柱为内径1.8～3.0mm，长2m的玻璃柱，内装涂以15%PEG 20m固定液和10g/L氢氧化钾溶液的80～100目Chromosorb WAW DWCS。汽化室温度：190℃。色谱柱温度：对N-亚硝基二甲胺、N-亚硝基二乙胺、N-亚硝基二丙胺、N-亚硝基吡咯烷分别为130℃、145℃、130℃、160℃。

4．操作方法

（1）水蒸气蒸馏提取　取切碎（或绞碎、粉碎）后的样品，置于水蒸气蒸馏装置的蒸馏瓶中，加入氯化钠，将蒸馏瓶与水蒸气发生器及冷凝器连接好，并在锥形接收瓶中加入二氯甲烷及少量冰块，收集馏出液。

（2）萃取纯化　在锥形接收瓶中加入氯化钠和硫酸，搅拌使氯化钠完全溶解，然后转移到分液漏斗中，振荡分层。对于含有较高浓度乙醇的样品，如蒸馏酒、配制酒等，须用氢氧化钠溶液洗有机层两次，以除去乙醇的干扰。

（3）浓缩　将有机层用转移至K-D浓缩器中，于50℃水浴上浓缩备用。

（4）测定　采用电子轰击源高分辨峰匹配法，用全氟煤油（PFK）的碎片离子分别监视N-亚硝基二甲胺，N-亚硝基二乙胺，N-亚硝基二丙胺及N-亚硝基吡咯烷的分子、离子，结合它们的保留时间来定性，以示波器上该分子、离子的峰高来定量。

（黄国伟）

第十章 几类食品的卫生检测

第一节 食用植物油的卫生检验

天然油脂在生物界中分布十分广泛，某些植物的种子，动物组织中油脂的含量相当丰富，自然界植物油脂远比动物油脂多。因此，食用油脂、工业用油脂的绝大部分来源于植物油料。

食用油脂按其来源可分为植物油脂和动物油脂。植物油脂如豆油、菜籽油、花生油、棉籽油、芝麻油、葵花籽油、玉米胚芽油、米糠油等等；动物油脂如猪油、黄油、牛、羊油等。

食用油脂主要是由不同长度的饱和的或不饱和的脂肪酸组成的甘油三酯，并包含其他多种组分的混合物。这些组分包括游离脂肪酸、磷脂、植物甾醇、脂溶性维生素、色素、氧化产物、微量金属、水分等。经过精炼的油脂，上述附加组分显著减少。植物油脂的脂肪多以不饱和脂肪酸为主。

食用油脂是人类膳食中的重要组成部分，又是供给人体脂肪的主要来源。符合食用卫生要求的油脂，其原料应有良好的质地，加工应有完善的工艺。对在储运过程中由于不适宜的条件所造成油脂的污染，油脂的酸败等问题应有所监测和控制。

一、感官检验

(一) 色泽

将样品混合并过滤，然后倒入 50mm×100mm 烧杯中，油量高度不得小于 5mm，在室温下先对着自然光观察，然后再置于白色背景前借其反射光线观察并按下列词句记述：白色、灰白色、柠檬色、淡黄色、黄色、橙色、棕黄色、棕色、棕红色、棕褐色等。

(二) 气味及滋味

将样品倒入 150ml 烧杯中，置于水浴上，加热至 50℃，以玻璃棒迅速搅拌。嗅其气味，并蘸取少许样品，辨尝其滋味，然后按正常、焦糊、酸败、苦辣等词句记述。

二、理化检查

(一) 酸价的测定（滴定法）

油脂中游离脂肪酸含量的多少，是油脂品质好坏的重要指标之一。精制的新鲜油脂常是中性，含有少量脂肪酸，酸价较小。而未经碱炼的粗制油脂酸价往往较高。此外，油脂在储存、运输期间，由于含有过量的水分和杂质，水解而产生游离脂肪酸，致使酸价增高。

1. 原理

植物油中的游离脂肪酸用氢氧化钾标准溶液滴定，每克植物油消耗氢氧化钾的毫克数，称为酸价。

2. 仪器　滴定管。

3. 测定方法

精密取油样置于锥形瓶中，加入中性乙醚乙醇混合液使油液溶解。加入酚酞指示剂滴或百里香酚蓝指示剂，以氢氧化钾标准溶液滴定，至出现微红色，且0.5分钟内不褪色为终点。

4. 说明

（1）试验中加入乙醇可以使碱和游离脂肪酸的反应在均匀状态下进行，以防止反应生成的脂肪酸钾盐离解，用氢氧化钾—乙醇溶液滴定，终点更为清晰。

（2）测定深色油的酸价，可减少试样用量，或适当增加混合溶剂的用量。

（3）酸价高的油脂可减少试样或增大碱标准溶液浓度。

（二）过氧化值的测定（滴定法）

油脂与空气中的氧发生氧化作用生成的过氧化物是油脂氧化的初期产物。有些油脂可能尚没有酸败现象，但已有较高的过氧化值，这表示油脂已开始酸败。故过氧化值的增加是油脂开始酸败的象征，它和油脂新鲜程度密切相关。

1. 原理

油脂氧化过程中产生过氧化物，当与碘化钾反应，生成游离碘，以硫代硫酸钠溶液滴定，根据消耗硫代硫酸钠的用量，计算油脂的过氧化值。

2. 操作方法

称取混匀的样品，置于碘瓶中，加三氯甲烷-冰乙酸混合液，使样品完全溶解。加入饱和碘化钾溶液，紧密塞好瓶盖，在暗处放置3min。取出加水，用硫代硫酸钠标准溶液滴定至淡黄色时，加淀粉指示液，继续滴定至蓝色消失为终点，取相同量三氯甲烷-冰乙酸溶液、碘化钾溶液、水按同一方法做试剂空白试验。

3. 说明

（1）淀粉指示剂最好在接近终点时加入，即在硫代硫酸钠标准溶液滴定碘至浅黄色时再加入淀粉，否则碘和淀粉吸附太牢，终点时颜色不易褪去，致使终点出现过迟，引起误差。

（2）三氯甲烷不得含有光气等氧化物，否则应进行处理。

（三）羰基价的测定（分光光度法）

羰基价是指1g油样中所含羰基的质量（mg）。在有机化学中，碳原子用一个双键和氧原子连接起来就叫羰基，包括醛和酮及衍生物。油脂氧化劣变的过程是极其复杂的化学变化过程，有些油品过氧化值不高，但羰基价却很高，有些油脂酸价不高，羰基价仍然不符合国家标准，食用后对人体有害。如果我们把过氧化值叫做油脂氧化劣变的初期指标，那么羰基价即为氧化劣变后的中后期指标，酸价则是油脂氧化水解的最终指标。

油脂在贮藏期间发生的复杂化学过程，其特征表现为油脂具有一种特殊的刺激性气味和发苦的滋味，这说明油脂在酸败时产生了挥发性的低分子化合物，非挥发性的醛类、酮类物质，此外还有羟基化合物，如醇类。通常人们根据油脂酸败生成物的不同，将其酸败过程分为两种：一种是油脂水解，另一种是油脂氧化（包括醛式酸败、酮式酸败、油脂的酯化等）。

油脂水解是在脂肪酸酶的作用下，使游离脂肪酸升高。油脂的氧化劣变，是由于油脂中含有不饱和脂肪酸，双键处易与氧发生作用，生成氧化物、过氧化物等，过氧化物极不稳定，使双键处（或三键）断裂生成醛类物质（包括挥发性和非挥发性）。醛类继续氧化生成酮，随后生成酸。

1. 原理

羰基化合物和2，4-二硝基苯肼的反应产物，在碱性溶液中形成褐红色或酒红色，在440nm下测定吸光度，计算羰基价。

2. 仪器　分光光度计。

3. 操作方法

称取样品，置于具塞试管中，加入三苯膦溶液溶解样品，室温暗处放置30min，加三氯乙酸溶液及2，4-二硝基苯肼溶液，仔细振摇混匀，在60℃水浴中加热30min，冷却后，沿试管壁慢慢加入氢氧化钾-乙醇溶液，使成为两液层，塞好。剧烈振摇混匀，放置10min。以1cm比色杯，用不含三苯膦的试剂空白调节零点，含三苯膦的试剂空白管和样品管分别于波长440nm处测吸光度。

4. 说明

当油样过氧化值较高时（超过20毫克当量每千克时），则干扰羰基价的测定，此时最好先把过氧化物还原为非羰基化合物。

（四）游离棉酚的测定（紫外分光光度法）

棉酚是棉籽中色素腺体所含的一种黄色色素，分子式为$C_{30}H_{30}O_8$，分子量518.57，属萜类化合物。棉酚有3种异构体：羟醛型、半缩醛型和烯醇型，可分别从石油醚、氯仿、乙醚等溶剂中结晶制得，这3种异构体可以互变。

棉酚可与许多金属元素作用，与铁盐生成不溶于水的沉淀物。这一反应常用于棉籽饼的脱毒。它可与苯胺作用生成二苯胺棉酚，这一反应可用于棉酚测定。棉酚还可与许多化合物反应生成不同颜色，如与浓硫酸显樱红色、与三氯化铁乙醇溶液呈暗绿色、与三氯化锑氯仿溶液呈鲜红色、与间苯三酚乙醇盐酸溶液显紫红色。棉酚的环己烷溶液在236nm、286nm、258nm处均有吸收峰，利用这一性质可以测定棉酚含量。

棉酚按其存在形式，可分为游离棉酚和结合棉酚两类。游离棉酚可用70％丙酮提取，结合棉酚可在规定条件下，先用草酸进行加水分解，再用丙酮提取。游离棉酚中的活性基团（醛基和羟基）可与其他物质结合，对动物具有毒性。结合棉酚是指游离棉酚与蛋白质、氨基酸、磷脂等结合的产物，由于其活性基团被结合，因而失去活性。结合棉酚不能被消化道吸收，故认为是无毒的。

游离棉酚主要由其活性醛基和活性羟基产生毒性并引起多种危害。游离棉酚被家畜摄入后，大部分在消化道中形成结合棉酚，由粪中直接排出，只有小部分被吸收。采用放射性游离棉酚对家禽的研究表明，摄入游离棉酚的89.3％从粪便排出，8.9％进入鸡的组织中，而组织中的游离棉酚有50％集中在肝脏。游离棉酚的排泄比较缓慢，在体内有明显的蓄积作用，因而长期采食棉籽饼会引起慢性中毒。①对细胞和组织的毒性；②刺激胃肠黏膜，引起胃肠炎；③吸收入血液后，损害心脏、肝脏、肾脏等实质器官。因心脏损害而引起的心力衰竭又会引起肺水肿和全身缺氧性变化；④增强血管壁的通透性，促使血浆和血细胞向周围组织渗透，使受害的组织发生浆液性浸润、出血性炎症和体腔积液；⑤游离棉酚极易溶于脂质，能在神经细胞中积累而使神经系统的机能发生紊乱。

游离棉酚的测定方法有分光光度法和高效液相色谱法。分光光度法的测定原理是利用苯胺与芳烃环上的醛基反应而显色，所有的芳香醛物质都可与苯胺发生这种反应。因此，这些方法的测定值是样品提取物中的所有物质在一定波长下吸光度的总和,对棉酚不具有专一性,因而使结果偏高。而且高效液相色谱法是直接测定棉酚分子本身,不需与其它物质反应,因而能比较真实地反应样品中的棉酚质量水平。

1. 原理

样品中游离棉酚经丙酮提取后,在378nm有最大吸收,其吸收值与棉酚量在一定范围内成正比,与标准系列比较定量。

2. 仪器　紫外分光光度计。

3. 操作方法

称取精制棉油或粗棉油,加入丙酮,振荡30min,然后在冰箱中放置过夜。取此提取液之上清液,过滤。

吸取棉酚标准使用液,以丙酮作空白对照,波长378nm处测吸光度,绘制标准曲线比较。

第二节　调味品的卫生检验

一、酱油卫生标准及分析方法

酱油是我国人民生活中不可缺少的传统调味品,随着人民生活的提高和旅游事业的发展,需要量亦将与日俱增。因此必须要求酱油具有一定的色、香、味和营养、卫生、安全。

(一) 酱油卫生标准

1. 原料要求　应符合相应的标准和或有关规定。

2. 感官要求　具有正常酿造酱油的色泽、气味和滋味,无不良气味,不得有酸、苦、涩等异味和霉味,不混浊,无沉淀,无异味,无霉花浮膜。

3. 理化指标

表 10-1　酱油卫生理化指标

项　目	指　标
氨基酸态氮/ (g/100ml) ≥	0.4
总酸(以乳酸计)/ (g/100ml) ≤	2.5
总砷(以 As 计)/ (mg/L) ≤	0.5
铅(Pb)/ (mg/L) ≤	1
黄曲霉毒素 B_1/ (μg/L) ≤	5

(二) 酱油卫生标准的分析方法

1. 感官检查

(1) 取样品于具塞比色管中,加水稀释,振摇观察色泽,澄明度应不浑浊,无沉淀物。

(2) 取样品观察应无霉味,无霉花浮膜。

(3) 用玻璃棒搅拌的样品后,尝其味不得有酸、苦、涩等异味。

2. 理化检验

(1) 相对密度　密度瓶法。

说明：①酱油的密度一般在 1.14～1.20 之间，不低于 1.10。密度是代表产品的浓度，密度的大小可以说明样品所含有可溶性物质的多少，其中食盐占很大一部分外，主要是可溶性的蛋白质、氨基酸、糖类和酸类等营养物质；②密度要求在 20℃时测定；③测定酱油时如没有密度计，可以用波美比重计。

(2) 氨基酸态氮的测定

氨基酸是蛋白质分解后的一种产物，酱油中的游离氨基酸有 18 种，其中谷氨酸和天门冬氨酸占比例最多，这两种氨基酸含量越高，酱油的鲜味越强，因此氨基酸态氮含量高低不仅表示鲜味的程度，也是质量好坏的指标。

①原理　氨基酸含有羧基和氨基，利用氨基酸的两性作用，加入甲醛固定氨基的碱性，使羧基显示出酸性，用氢氧化钠标准溶液滴定后进行定量，以酸度计测定终点。

②仪器　酸度计。

③操作方法　取酱油置于容量瓶中稀释后取稀释样，置于烧杯中，加水，插入酸度计的指示电极和参比电极，开动磁力搅拌器，用氢氧化钠标准溶液滴定至酸度计指示 pH8.2，记录用去的氢氧化钠标准溶液的毫升数（按总酸计算公式，可以算出酱油的总酸含量）。

向上述溶液中，加入甲醛溶液。继续用氢氧化钠标准溶液滴定至 pH9.2，记录用去氢氧化钠标准溶液的毫升数，供计算氨基酸态氮含量用。同时做试剂空白试验。

④说明　酱油中的铵盐影响氨基酸态氮的测定，可使氨基酸态氮测定结果偏高。因此要同时测定铵盐，将氨基氮的结果减去铵盐的结果比较准确。

(3) 食盐的检测

食盐是酱油质量的重要指标之一，它不仅使酱油具有可口的咸味，而且有杀菌防腐作用，在一定程度上减少发酵过程中杂菌的污染，防止产品腐败变质，食盐与氨基酸协调使酱油呈明显的鲜味。酱油一般含食盐 15～20g/100ml。

①原理　使用硝酸银标准溶液滴定酱油中的氯化钠，生成乳白色氯化银的沉淀，在全部氯化银沉淀之后，多滴入的硝酸银标准液与铬酸钾指示剂生成铬酸银，使溶液呈现砖红色即为终点。根据硝酸银标准溶液的消耗量计算出酱油中氯化钠的含量。

反应原理：

$$AgNO_3 + NaCl \rightarrow AgCl + NaNO_3$$
（白色氯化银沉淀）

$$2AgNO_3 + K_2CrO_4 \rightarrow Ag_2CrO_4 + 2KNO_3$$
（砖红色铬酸银沉淀）

酱油中氯化钠的测定采用摩尔法，用硝酸银标准溶液滴定样品中的氯化物，以铬酸钾溶液为指示剂，在滴定过程中，氯化银首先沉淀出来，当滴定到等当点附近时，由于银离子浓度迅速增加，达到铬酸银的溶度积时，立即形成砖红色的铬酸银沉淀，为滴定终点。

②说明　本法不能在酸性条件下进行滴定，因为铬酸根在酸性中，在等当点时不能生成铬酸银沉淀。

(4) 总酸的测定

酱油的总酸中以乳酸含量最高，其次为乙酸、丙酸、丁酸、琥珀酸、柠檬酸等二十多种有机酸。适当的有机酸存在，对增加酱油的风味有一定的效果，但总酸含量不能过高，如酱油酸味明显，使质量降低。原理为酱油中含有多种有机酸，用氢氧化钠标准溶液滴定，以酸度计测定终点，结果以乳酸表示。

(5) 砷的测定　见第九章第三节。

(6) 铅的测定　见第九章第三节。

(7) 黄曲霉毒素 B_1 的测定　见第九章第二节。

(8) 食品添加剂的测定　见第八章第二节。

山梨酸、山梨酸钾：按第九章第二节食品中山梨酸，山梨酸钾的测定方法。说明：苯甲酸和苯甲酸钠是目前国内外在酱油中允许使用的防腐剂之一。我国食品添加剂规定：在酱油中苯甲酸、苯甲酸钠最大使用量为 1.0g/kg；山梨酸、山梨酸钾最大使用量 1.0g/kg；丙酸钙 2.5g/kg；对羟基苯甲酸乙酯（尼泊金乙酯）0.25g/kg。

(9) 铵盐的测定

酱油中铵盐的主要来源有两种。一种是蛋白质的分解产物，如酱油不清洁，污染细菌多，会使酱油中蛋白质分解，产生游离的无机铵盐和有机铵盐；另一种加入酱色时带入，制造酱色时用铵盐做接触剂。

测定铵盐具有两方面的意义，一方面不允许酱油中有过多的铵盐存在而影响酱油的鲜味；另一方面当用凯氏定氮法测定氨基酸态氮时，需要减去铵盐中的氮量，才能表示氨基酸态氮的准确结果。

原理：样品在碱性溶液中加热蒸馏，使氨游离蒸出，被硼酸溶液吸收，然后用盐酸标准溶液滴定。由盐酸标准溶液的消耗量计算出铵（胺）盐的含量。本法为半微量定氮法。

(10) 4-甲基咪唑的测定

原理：样品在弱碱性条件下用有机溶剂提取，再转入硫酸溶液，将提取物经重氮化及偶合反应呈显橘黄色，用分光光度计 440nm 比色测定，与标准系列比较定量。

二、食醋卫生标准及分析方法

食醋系指以粮食为原料，经过发酵酿造成的醋酸溶液，它不仅营养丰富而且具有琥珀一样的色泽。质量好的食用醋，具有芬芳的香味和适合浓厚的滋味。

(一) 食醋卫生标准

1. 感官

具有正常酿造食醋的色泽、气味和滋味，不涩，无其他不良气味与异味，不浑浊，无悬浮物及沉淀物，无霉花浮膜，无"醋鳗"，"醋虱"。

2. 理化指标

表 10-2　食醋卫生理化指标

项　目	指　标
醋酸（以乙酸计），% ≥	3.5
游离矿酸	不得检出
砷（以 As 计），mg/kg ≤	0.5
铅（以 Pb 计），mg/kg ≤	1
黄曲霉毒素 B_1，μg/kg ≤	5

(1) 食醋是以粮食、果实、酒类、砂糖或饴糖等为原料，经微生物发酵，酿造而成的一

种酸性调味品。我国各地生产的食醋种类很多，按产地命名的有山西老陈醋、四川保宁醋、镇江香醋、上海香醋、福建永春红曲醋等；按原料、工艺、产品外观命名的有大曲醋、小曲醋、红曲醋、麸曲醋、香醋、玫瑰米醋、白醋、熏醋、糟醋、喀左陈醋、糖醋、麦芽醋、苹果醋、葡萄酒醋、保健醋、酒精醋、合成醋、速酿醋、醋精。

食醋生产工艺主要分三个工序：①原料糊化、液化、糖化。②酒精发酵。③醋酸发酵。食醋生产的方法有很多种，如：自吸式深层发酵法制醋、液态发酵制醋、固态发酵制醋、分割法制醋、淋浇法制醋、速酿法制醋、酶法液化通风回流制醋法、液体深层制醋法、表面发酵法、固定化细胞连续发酵法、舒存巴哈法、奥尔兰法、波尔海福法、蒸料发酵法、煮料发酵法制醋等方法。

食醋的功效：①食醋作为酸性调味料，在烹调加工样品过程中发生许多化学变化，能增进食物的风味，去除鱼腥等不良异味，同时还具有防腐作用；②促进消化，增进食欲：食醋内含有机酸等挥发物质，能刺激大脑中枢，加强消化液的分泌，使食物消化能力增强；③防治某些疾病：食醋中除含有醋酸之外还含有多种氨基酸、有机酸、糖类、无机盐和微量元素。在烹调食物时能供钙质溶解，预防小儿软骨病，将醋加热熏蒸有防治感冒的功效。据日本资料报道，食用醋能调节、改善新陈代谢，消除疲劳，防止动脉硬化和降低血压的作用；④用食醋可以制成防暑降温的清凉饮料，早晚饮用醋酸果汁饮料对人体健康、美容都有益处。

食醋的主要成分：主要成分是醋酸、各种有机酸、糖类、醇类、醛类、酮类、酯类、酚类和多种氨基酸、无机盐类。食醋的质量优或差主要是原料的优或差，以及配比、制造方法等不同而异。优质的食醋其原料、配料比例、发酵条件、工艺流程基本是稳定不变的。

（2）食醋的鲜味和风味，主要来源于各种原料在发酵过程中蛋白质分解的产物以及曲霉在生长中所产生的代谢物。这些物质主要包括酯类、醇类、醛类、酚类以及双乙酰等。

食醋中的天然色素产生的过程，和酱油中天然色素产生的过程有些类似。食醋在容器中接触了铁锈，经长期贮存与醋中的醇、醛、酸作用，生成黄色或红棕色色素。

（二）食醋卫生标准分析方法

1. 感官检查

（1）取样品于具塞比色管中稀释后，观察色泽、澄明度，应当不浑浊，无沉淀物出现。

（2）取样品观察，应当无悬浮物、无霉花浮膜、无"醋鳗"、"醋虱"。

（3）样品尝味应不涩，无其他不良的气味与异味。

2. 理化检验

（1）总酸的测定

①原理　食醋中主要成分是醋酸，含有其他少量的有机酸，用氢氧化钠标准溶液滴定时，被中和而生成盐类，以酸度计测定 pH8.2 终点。结果以醋酸表示含量。

②操作方法　样品于烧杯中，加水稀释，插入酸度计的指示电极和参比电极，开动磁力搅拌器，用氢氧化钠标准溶液滴定至酸度计指示 pH 8.2，记录用去的氢氧化钠标准溶液的毫升数，算出食醋的总酸含量。同时做试剂空白试验。

（2）游离矿酸的测定

以粮食为原料酿造的食醋，不得有游离矿酸（硫酸、盐酸、硝酸、磷酸等）存在。

①原理　游离矿酸（硫酸、硝酸、盐酸、磷酸等）存在时，氢离子浓度增大，可以改变

指示剂的颜色。根据指示剂色泽的变化，判断被测样品中是否含有游离矿酸。

②操作方法　取1滴食醋于甲基紫试纸上，若试纸变为紫色斑点或紫色环（环中心淡紫色）表示样品中含有游离矿酸（含量低时呈紫色环状），最低检出量为5μg。食醋中主要成分是乙酸，含量应大于3.5%，不同浓度的乙酸在试纸上呈现橘黄色环、中心淡黄色或无色。

(3) 铅的测定　见第九章第三节。

(4) 砷的测定　见第九章第三节。

(5) 黄曲霉毒素B_1的测定　见第九章第二节。

第三节　肉、鱼、蛋制品中挥发性盐基氮的测定

肉、鱼、蛋及其制品含有丰富的蛋白质等多种营养成分，它们既是人类的高级食品，又是细菌的良好培养基。如果这些食品在加工、存放或运输过程中被细菌污染，再加上酶的作用，其中的蛋白质便分解产生氨和胺类物质，而氨和胺类在碱性条件下均具有挥发性，故称为挥发性盐基氮。挥发性盐基氮是肉、鱼、蛋类中食品鲜度等级的重要指标。

一、挥发性盐基氮的测定方法

（一）半微量定氮法：挥发性盐基氮在弱酸性条件下被蒸馏出来，硼酸溶液吸收，用盐酸标准溶液进行滴定。根据消耗盐酸标准溶液的用量，求出样品中挥发性盐基氮的含量。

（二）微量扩散法：挥发性含氮物质可在碱性溶液中释出，在扩散皿中于37℃时挥发后吸收于吸收液中，用标准酸滴定，计算含量。

（三）氨气敏电极法：在pH≥14的碱性介质中，温度20～25℃时，用复合式氨气敏电极，在电磁搅拌下读取平衡的电位值，根据样品浓度的电位值，从工作曲线中查出对应的含量，计算样品中挥发性盐基氮含量。

（四）乙酰丙酮-甲醛分光光度法：在醋酸盐缓冲液存在的条件下，pH值控制在5～6时，乙酰丙酮-甲醛试剂与待测物反应，生成黄色化合物，颜色深浅与氮的含量在线性范围内成正比，与标准比较进行定量。

二、半微量定氮法测定挥发性盐基氮

1. 原理

肉类中挥发性盐基氮在测定时遇弱碱剂氧化镁时即被游离而蒸馏出来，馏出的氨被硼酸吸收，生成硼酸铵。其反应式为：

$$2NH_3 + 4H_3BO_3 \longrightarrow (NH_4)_2B_4O_7 + 5H_2O$$

从而使吸收液由酸性变为碱性，混合指示剂由紫色变为绿色，然后用盐酸标准溶液滴定，使混合指示剂再由绿色返至紫色，即为终点。根据盐酸标准溶液消耗量按公式计算即得。

2. 仪器　半微量定氮器。

3. 操作方法

样品除去脂肪、骨及腱后，切碎搅匀，置于锥形瓶中水浸渍30min后过滤，滤液置冰

箱备用。吸取样品滤液于蒸馏器反应室内,加氧化镁混悬液,迅速盖塞,并加水以防漏气,通入蒸气,待蒸气充满蒸馏器内时即关闭蒸气出气管,由冷凝管出现第一滴冷凝水开始计时,蒸馏5min即停止,吸收液用盐酸标准溶液或硫酸标准溶液滴定,终点至蓝紫色。同时作空白试验。

4. 说明

应注意半微量蒸馏器在使用前要用蒸馏水对其内室充分洗涤后,开始作空白试验。操作结束后用稀硫酸溶液并通入水蒸气,洗净其内室残留物,然后用蒸馏水再同样洗涤。并且进行样品蒸馏时,每个样品测定之间应用蒸馏水洗涤2~3次蒸馏器。在进行滴定终点观察时,空白试验与样品试验应色调一致。

第四节 水产品中组胺的测定

组胺的化学名称为2-咪唑基乙胺,分子式为C_5H_9N,分子量为111,是一种生物碱,纯品系无色针状结晶体,有吸湿性,熔点83~84℃,沸点209~210℃,溶于水和乙醇。常见磷酸盐,分子式为$C_5H_9N \cdot 2H_3PO_4$,分子量为307.15,标准品为五色、长柱状结晶或白色晶性粉末,在空气中稳定,熔点为130℃,溶于水,水溶液遇石蕊试纸呈酸性。

有些鱼含有较多的组氨酸,常见于海产鱼中的青皮红鱼类,如竹夹鱼、金枪鱼、秋刀鱼、沙丁鱼、朝鲜方鱼、鱼时鱼、扁鱼、鲐鱼等,河产鱼主要见于鲤鱼。当鱼不新鲜或发生腐败时,细菌在其中大量生长繁殖,可使组氨酸脱去羧基变成组胺。据化验证实,不新鲜或腐败的鱼类每克鱼肉含组胺1.6~3.2毫克,当每100克鱼肉含组胺200毫克时,人食用后就会发生中毒。人的中毒量为每公斤体重1.5毫克,一般在食用后0.5~1h就可出现中毒症状,最快的5分钟,最慢的4小时。夏季天气炎热,鲜鱼如果存放不当极易腐败变质。

人吃了不新鲜或变质的鱼发生组胺中毒后,会出现面部、胸部或全身潮红、头晕、头痛、心慌、胸闷、呼吸急促,可伴有恶心、呕吐、腹泻、腹痛及口、舌、四肢麻木、乏力、烦躁等症状。个别严重者可出现荨麻疹、口渴、口唇水肿以及气喘、吞咽和呼吸困难、视物模糊、瞳孔散大等。

一、组胺的检测方法

(一)分光光度法 组胺在弱碱性溶液中与偶氮试剂进行偶氮反应,生成橙色化合物,于480nm波长处测吸光度,绘制标准曲线定量。

(二)高效液相色谱法 用邻苯二甲醛柱后衍生荧光检测分析组胺的液相色谱方法。采用甲醇-水提取后,经邻苯二甲醛柱前衍生后直接进样测定水产品中的组胺,荧光检测器激发波长:345nm;发射波长:445nm。不但简便、快速,而且灵敏度、准确性高,稳定性好,完全满足批量样品的检测需要。

(三)酶标法 测定的基础是抗原抗体反应。微孔板包被有组胺,加入组胺抗体、标准试剂或样品溶液。自由组胺与被包被的组胺竞争抗体的结合位点。洗板后加入与过氧化物酶链接的组胺二抗酶聚合物与组胺抗体形成络合物,没有被结合的酶聚合物在下一步洗板过程中被除去。向孔板中加入酶基质(过氧化脲)和发色剂(四甲基联苯胺)并孵育,被结合的酶聚合物使无色的发色剂变成蓝色,加入反应终止液后使颜色由蓝转变为黄色。在450nm

处测量（选择参比波长≥600nm）。吸光度值与样品中的组胺浓度成反比。

（四）荧光法 荧光是物质分子吸收光子能量被激发后，从激发态的最低振动能级返回到基态时所发射出的光。在有机化合物中，脂肪族化合物的分子结构较简单，能产生荧光的为数不多；芳香族及具有芳香结构的化合物，因存在共轭体系而容易吸收光能，在紫外光照射下很多能发射荧光。组胺在化学上属咪唑类，为含两个杂原子的五元杂环。组胺的分子结构中存在有共轭体系，可以用荧光法测定。20世纪70、80年代荧光法以其特异、敏感、重复性好的优点，曾得到广泛应用。但随着色谱法的发展，已逐渐被取代，特别是对于一些含量甚微的样品，荧光法的灵敏度已达不到要求，因而荧光法检测组胺近年来并不多见。

（五）氨基荧光衍生试剂衍生物电泳法 将荧光衍生技术和毛细管电泳分离-激光诱导荧光检测相结合是测定组胺的一种高效、快速、灵敏的方法。氨基荧光衍生试剂6-氧-（N-琥珀酰亚胺乙酸酯）-9-（2'-甲氧羰基）荧光素它与氨基化合物的衍生反应迅速，条件温和，反应的副产物少。衍生物的荧光稳定性好，用毛细管电泳仪配488nm氩离子激光诱导荧光检测器分离测定组胺稳定性好，干扰少。

二、分光光度法测定水产品中组胺

（一）测定原理

鱼体中组胺用正戊醇提取后，在弱碱性溶液中与偶氮试剂进行偶氮反应，生成橙色化合物，与标准系列比较定量。

（二）操作方法

样品置于具塞锥形瓶中，加入三氯乙酸溶液，浸泡2~3h，过滤。吸取滤液置于分液漏斗中，加氢氧化钠溶液使呈碱性，加三次正戊醇提取后，再用盐酸提取三次，取盐酸提取液和组胺标准使用液于比色管中。加碳酸钠溶液和偶氮试剂，放置10min后用1cm比色杯，以零管调节零点，用分光光度计，于480nm波长处测吸光度，绘制标准曲线比较。

第五节 酒的卫生检验

酒是含酒精（乙醇）饮料的统称。根据其生产工艺不同而分为蒸馏酒、发酵酒、配制酒等三类。

蒸馏酒系指以含糖或淀粉的原料（主要是粮食），经糖化、发酵、蒸馏制得的白酒。这类酒的酒度较高，其他固形物含量极少，刺激性较强。如白酒（烧酒）、伏特加、威士忌、白兰地等。

发酵酒又称酿造酒，系指以含糖或淀粉的原料如水果、麦芽等经糖化或发酵后，直接提取或压榨而得的酒。这类酒的酒度较低，含固形物较多。如啤酒、葡萄酒、黄酒、清酒、果酒等。

配制酒又名再制酒，系指以发酵酒或蒸馏酒作为酒基，配加一定比例的可食用辅料（如着色剂、甜味剂、香精、花果、药材等）而制成的酒。这类酒含有糖分、色素以及不同量的固形物，酒度依酒的种类不同而有别。如桂花酒、橘子酒、人参酒、虎骨酒、蛇酒、五加皮、玫瑰酒等。另外，汽酒也属于配制酒，它是以不低于20%发酵原果酒，经添加一定比例允许使用的可食辅料，在20℃时二氧化碳压力不低于14.7×10^4Pa配制成的含乙醇3~5

度的酒精性饮料。

酒的主要成分是乙醇和水，以及少量的其他物质，如酸类、酯类、高级醇、甲醇、醛类等。酒是一种奇特而富有魅力的食品，可为机体提供热量，促进血液循环，消除疲劳，祛湿驱寒。有利于健康，同时还能作为感情的载体，寄托精神、宣泄情感。但是，过度饮酒会引起酒精中毒。如果饮用了污染的酒，则对人体导致严重的危害。由于不合理的生产过程往往导致酒的质量下降，以至于甲醇、高级醇等物质的含量过高；另外，生产过程中添加的物质中含有锰、二氧化硫，或者由于设备的污染如铅等，以及由于原料品种不同而有时含有氰化物等有害物。

一、感官检查

样品倒入清洁干燥无色玻璃烧杯中，观察其颜色，应透明、无沉淀或杂质。观察时以白底背景。

二、理化检验

（一）乙醇浓度的测定（比重计法）

乙醇，即酒精，是白酒中含量最多的成分，微呈甜味。乙醇含量的高低，决定了酒的度数，含量越高，酒度越高，酒性越强烈。有些人认为酒度越高，酒的质量就越好，这是一种错误的看法。酒分子与水分子在酒 53°～54°时亲和力最强，酒的醇和度好，酒味最谐调。酒度高的烈性酒，对人体有害，常年饮用容易引起慢性酒精中毒，对神经系统、胃、十二指肠、肝脏、心脏、血管都能引起疾病。目前，除全国名优酒保持原来的酒度以外，其他白酒多数由高度酒改为低度酒，还出现了不少 40°以下的低度酒。

酒精度定义为在 20℃时，100ml 酒样中含乙醇的毫升数，即体积-百分浓度。乙醇检测方法有比重计法和气象色谱法。因乙醇是酒中含量最多的成分，因此用比重计法可方便、快速测定酒中乙醇含量。

1. 原理

酒精比重计是基于阿基米德定律制成的一种测定酒精水溶液中乙醇的体积百分含量的专用仪器，将其沉入样品中，可直接读出乙醇浓度。液体密度（乙醇浓度）愈大，仪器下沉幅度愈小。

2. 仪器　酒精比重计。

3. 操作方法

吸取样品于全玻璃蒸馏器中蒸馏，用 100ml 容量瓶收集馏出液 100ml。将馏出液倒入量筒中，将洗净擦干的酒精比重计缓缓沉入量筒中，静止后再轻轻按下少许，待其上升静止后，从水平位置观察其与液面相交处的刻度，为乙醇浓度。同时测定温度，按测定的浓度与温度查换算表，将示值换算成温度为 20℃的乙醇浓度（%）。

4. 说明

（1）本法操作简便快速，但准确度较差，示值仅是近似值，受酒中其他非乙醇成分的影响，温度对测定影响较大。

（2）读数时，酒精比重计不可接触量筒壁，示值应以酒精比重计刻度与液体水平线形成的弯月面下缘为准。往量筒中倒入检液时应慢慢倒入，防止产生气泡而无法准确读数。

（3）如果酒样中不含添加物（如糖类、色素等）可不需蒸馏而直接测定。对于含固形物较多的酒样，蒸馏过程如发生多量泡沫影响蒸馏时，可加入少量单宁。蒸馏过程应保证冷凝水充足，并控制一定的温度，以避免乙醇等挥发损失。

（二）甲醇的测定

甲醇系无色透明、具有高度挥发性的液体，略有酒精味，易与水、醚及大多数有机溶剂混溶，其来源为原料和辅料果胶质内甲基酯分解而成。在以薯干、谷糠、野生植物等为原料时，酒中的甲醇含量就较高；而用各类粮食酿造的酒，其甲醇含量就较低。甲醇在人体内氧化为甲醛、甲酸，具有很强的毒性，尤其对视神经的毒性作用最大。甲醇中毒剂量个体差异很大，约7～8ml可导致失明，30～40ml可致死。中毒发生于饮酒后数小时，主要为消化系统、呼吸系统及神经系统的症状，严重者陷入深度麻醉状态，比较明显地引起视神经炎症，数日或数周后失明，视觉损害常难恢复。

甲醇的检测方法有分光光度法：即西弗试剂（Schiff reagent）法。西弗试剂对甲醛的显色原理为：碱性品红主要是盐酸蔷薇苯胺与副盐酸蔷薇苯胺混合物，与亚硫酸加入后生成非醌型无色化合物。与甲醛反应即生成醌型结构的蓝紫色化合物。微量甲醛的测定还有极谱法和气相色谱法等。极谱法是在 HOAc - NH_4OAc 底液中，测定甲醛与乙酰丙酮反应产物的极谱吸附波。

1. 气相色谱法（甲醇和高级醇类的测定）

（1）原理

利用不同醇类在氢火焰中的化学电离反应进行检测，根据色谱峰的保留时间定性，以峰高与标准比较定量。

（2）仪器　气相色谱仪，氢火焰离子化（FID）检测器。

（3）操作方法

色谱条件　色谱柱：2m×4mm，玻璃柱或不锈钢柱；固定相：GDX - 102（60～80目）；汽化室、检测器温度190℃，柱温170℃；氢气 40ml/min，空气 450ml/min，氮气 40ml/min。分别吸取 0.5μl 样品及标准使用液注入色谱仪，制得色谱图。以各级分保留时间与各标准品的保留时间对照定性。分别记录各组分峰高或峰面积与相应的标准比较定量。

（4）说明

①本法最低检出浓度为：甲醇 0.008g/100ml；杂醇油（以异丁醇计）0.01g/100ml。

②气相色谱法与分光光度法相比较，后者所测得的甲醇值较前者的结果高，其原因是分光光度法测得的结果乃是甲醇与甲醛含量之和。若气相色谱法中将所测得的甲醇与甲醛值相加，则与分光光度法相等。

2. 品红-亚硫酸分光光度法

（1）原理

甲醇经氧化成甲醛后，与品红-亚硫酸作用生成蓝紫色化合物，根据颜色深浅与标准系列比较定量。最低检出浓度 0.02g/100ml。

（2）仪器　分光光度计。

（3）操作方法

根据样品中乙醇浓度吸取适量蒸馏后的酒样或原料和甲醇标准使用液置于具塞比色管中。并加入无甲醇的乙醇水溶液。于样品管及标准管中加入高锰酸钾-磷酸溶液，混匀，放置10min后加入草酸-硫酸溶液，混匀使之褪色，再各加入品红-亚硫酸溶液，混匀，20~30℃静置30min，以零管调节零点，于波长590nm处测量吸光度，绘制标准曲线比较定量。

(4) 说明

①甲醇显色反应的灵敏度与溶液中乙醇浓度相关，乙醇浓度过低或过度，均会导致显色灵敏度下降。溶液中的乙醇浓度以4%~5%为宜。测定时须确保样品管与标准管中乙醇浓度一致。

②试验酸度不足时，可能造成假阳性；酸度过高时会降低显色的灵敏度。本法是利用甲醇被氧化生成甲醛后显色定量，在定量结果的判定时，应首先考虑样品中是否含有甲醛，若样品中含有甲醛，则需再测定甲醛含量，从中减去之，或预先将样品除去甲醛，再定量甲醇。

(三) 杂醇油的测定（二甲胺基苯甲醛比色法）

杂醇油是酒的芳香成分之一，当过量时则对机体产生毒害作用。其中毒和麻醉作用比乙醇强，能使神经系统充血，引起头晕、头痛。其毒性随醇类的分子量增大而加剧。杂醇油在机体内的氧化速度比乙醇慢，在机体内停留时间较长。杂醇油是一种混合物的总称，主要成分是异戊醇、戊醇、异丁醇、丁醇、己醇、丙醇等高级醇类，以及微量的挥发酸（脂肪酸）、酯、醛、萜类等混合物，其中以异戊醇、异丁醇的毒性较大。酒中的高级醇类是糖类酒精发酵同时产生的所谓氨基酸的酒精发酵生成的副产物。不同的氨基酸分解生成不同的醇，如亮氨酸分解生成异戊醇，丙氨酸分解生成异丁醇。由于酿酒原料不同，因此生成的杂醇油的成分也有差异。杂醇油的沸点一般高于乙醇（乙醇沸点78℃，丙醇97℃，异戊醇131℃），酒中的杂醇油是制酒工艺中酒尾过多造成的。杂醇油成分复杂，主要为高级醇类，测定中通常以异戊醇和异丁醇为标准表示。

目前测定白酒中杂醇油含量常用的方法有气相色谱法和比色法，比色法虽然只能测出高级醇（以异丁醇和异戊醇计）的总量，因其操作简便，不需要昂贵的仪器，在一般试验中应用较为广泛。气相色谱法多采用柱效高、分离能力强、灵敏度高的交联FFAP弹性石英毛细管柱分析酒中的甲醇和杂醇油，直接进样，各组分分离较好，且灵敏、重复性良好。

1. 原理

杂醇油成分复杂，其中有正、异戊醇，正、异丁醇，丙醇等。本法测定标准以异戊醇和异丁醇表示，异戊醇和异丁醇在硫酸作用下生成戊烯和丁烯，再与对二甲胺基苯甲醛作用显橙黄色，与标准系列比较定量。最低检出浓度0.03g/100ml（以异戊醇和异丁醇计）。

2. 仪器　分光光度计。

3. 操作方法

取样品稀释液和杂醇油标准使用液置于具塞比色管中。各加硫酸混匀后放入冰水浴中，沿壁加入对二甲胺基苯甲醛硫酸溶液，摇匀，置于沸水浴中15min，取出后立即放入冰浴中冷却，并加水定容至，用1cm比色杯以零管调节零点，于波长520nm处测量吸光度，绘制标准曲线比较或与标准色列目视比较定量。

4. 说明

(1) 本法测定酒中杂醇油含量时，不同醇类对显色程度很不一致。对相同量的醇，其显色灵敏度为异丁醇＞异戊醇＞正戊醇，而正丙醇、异丙醇、正丁醇等的显色灵敏度极差。酒中杂醇油成分极为复杂，其比例不一，因此用某一醇类作为标准来计算杂醇油的含量误差较大。为减小测定误差，杂醇油的标准（参比）溶液应尽量与酒中杂醇油组成相近似。据醇类的显色灵敏度和酒中杂醇油成分分析，采用异丁醇和异戊醇（1+4）作为杂醇油标准，其测定结果较为接近。本法最低检出量为 $10\mu g$。

（2）若样品为有色酒，须蒸馏后测定。

（黄国伟）

第十一章 实验教程

实验一 食品中蛋白质的测定（凯氏定氮法）

1. 基本原理

食品样品与硫酸和硫酸铜、硫酸钾一同加热消化，使蛋白质分解，分解的氨与硫酸结合生成硫酸铵。然后碱化蒸馏使氨游离，用硼酸吸收后以硫酸或盐酸标准滴定溶液滴定，根据酸的消耗量乘以换算系数，即为蛋白质的含量。

反应过程分为三个阶段：

（1）消化

$$2NH_2(CH_2)_2COOH + 13H_2SO_4 \longrightarrow (NH_4)_2SO_4 + 6CO_2 + 12SO_2 + 16H_2O$$

（2）蒸馏

$$(NH_4)_2SO_4 + 2NaOH \longrightarrow 2NH_3\uparrow + Na_2SO_4 + 2H_2O$$

$$2NH_3 + 4H_3BO_3 \longrightarrow (NH_4)_2B_4O_7 + 5H_2O$$

（3）滴定

$$(NH_4)_2B_4O_7 + 2HCl + 5H_2O \longrightarrow 2NH_4Cl + 4H_3BO_3$$

2. 主要仪器和试剂

（1）定氮蒸馏装置：如图11-1所示。

（2）25ml 酸式滴定管。

（3）试剂：硫酸铜（$CuSO_4 \cdot 5H_2O$）；硫酸钾；硫酸；2%硼酸溶液；20%氢氧化钠溶液；0.01mol/L 盐酸标准溶液；混合指示液（0.2%甲基红乙醇溶液与0.1%次甲基蓝乙醇溶液）。

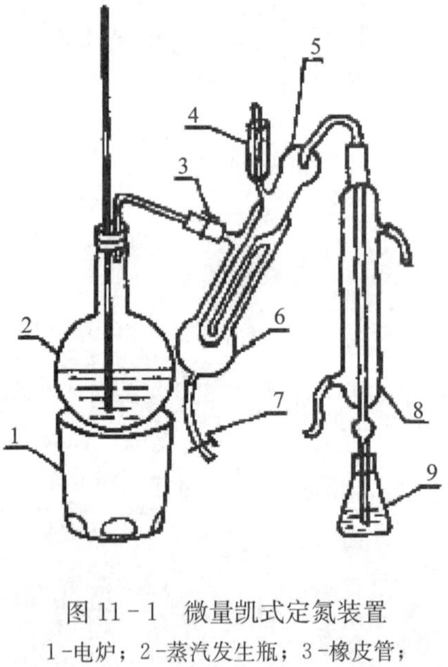

3. 操作步骤

（1）消化：称取 0.5~5 克样品，移入定氮瓶中，加入 0.2 克硫酸铜，0.3 克硫酸钾及 5ml 硫酸，稍摇匀后于瓶口放一小漏斗，将瓶以 45 度角斜支于有小孔的石棉网上。小火加热，待内容物全部炭化，泡沫完全停止后，加逐步加大火力，并保持瓶内液体微沸，至瓶内液体呈蓝绿色澄清透明后，再继续加热 0.5~1h。

图 11-1 微量凯式定氮装置
1-电炉；2-蒸汽发生瓶；3-橡皮管
4-进样口；5-反应室；6-反应室外层；
7-橡皮管；8-冷凝管；9-吸收瓶

取下烧瓶，放冷，小心加水。放冷后，移入容量瓶中，并用少量水将定氮瓶洗涤干净，洗液并入容量瓶中，定容，混匀备用。同时做试剂空白试验。

(2) 蒸馏：连接好定氮装置，于水蒸气发生瓶内装水至三分之二处，加入数粒玻璃珠以防暴沸，加甲基红指示液数滴及数毫升硫酸，以保持水呈酸性，用调压器控制，加热煮沸水蒸气发生瓶内的水。

向接收瓶内加入硼酸溶液及1~2滴混合指示液，并使冷凝管的下端插入液面下，准确吸取样品处理液由小漏斗流入反应室，并以水洗涤小烧杯使流入反应室内，棒状玻塞塞紧将氢氧化钠溶液倒入小玻杯，提起玻塞使其缓缓流入反应室，立即将玻塞盖紧，并加水于小玻杯以防漏气。夹紧螺旋夹，开始蒸馏。蒸馏15分钟，移动接收瓶，液面离开冷凝管下端，再蒸馏1分钟。并用少量水冲洗冷凝管下端外部。取下接收瓶。

(3) 滴定：以盐酸标准滴定溶液（0.01mol/L）滴定至灰色或蓝紫色为终点。同时准确吸取试剂空白消化液，操作同样品滴定。

4. 结果计算

样品中蛋白质的含量按下式进行计算。

$$X = \frac{(V_1 - V_2) \times C \times 0.0140}{m \times 10/100} \times F \times 100$$

式中：X—样品中蛋白质的含量，g/100g 或 g/100ml；

V_1—样品消耗硫酸或盐酸标准滴定液的体积，ml；

V_2—试剂空白消耗硫酸或盐酸标准滴定液的体积，ml；

C—硫酸或盐酸标准滴定溶液浓度，mol/L；

m—样品的质量或体积，g 或 ml；

F—氮换算为蛋白质的系数。一般食物为6.25；乳制品为6.38；面粉为5.70。

5. 注意事项

含糖量高和油脂高的样品消化时容易溢出，所以加热的速度要慢一些。

实验二 食品中脂肪的测定（索氏提取法）

1. 原理

利用脂肪能溶于有机溶剂的性质，在索氏提取器中试样用无水乙醚或石油醚等溶剂抽提后，蒸去溶剂所得的物质，称为粗脂肪。因为除脂肪外，还含色素及挥发油、蜡、树脂等物。抽提法所测得的脂肪为游离脂肪。

2. 主要仪器和试剂

索氏提取器；无水乙醚或30~60℃石油醚、海砂。

3. 操作步骤

(1) 试样处理　固体试样：谷物或干燥制品用粉碎机粉碎过40目筛；肉用绞肉机绞两次；一般用组织捣碎机捣碎后，取样，必要时拌以海砂，全部移入滤纸筒内；液体或半固体试样：称样置于蒸发皿中，加入海砂于沸水浴上蒸干后，在100±5℃干燥，研细，全部移入滤纸筒内。蒸发皿及附有试样的玻棒，均用沾有乙醚的脱脂棉擦净，并将棉花放入滤纸筒内。

(2) 抽提　将滤纸筒放入脂肪抽提器的抽提筒内，连接已干燥至恒量的接收瓶，由抽提器冷凝管上端加入无水乙醚或石油醚至瓶内容积的三分之二处，于60~70℃水浴上加热，使乙醚或石油醚不断回流提取（6~8次/h），一般抽提6~12h。

(3) 称量

取下接收瓶，回收乙醚或石油醚，待接收瓶内乙醚剩 1~2 ml 时在水浴上蒸干，再于 100±5℃干燥 2h，放干燥器内冷却，称量。重复以上操作直至恒量。

4. 结果计算

按下式计算：

$$X = \frac{m_1 - m_0}{m_2} \times 100$$

式中：X—试样中粗脂肪的含量，g/100g；

m_1—接收瓶和粗脂肪的质量，g；

m_0—接收瓶的质量，g；

m_2—试样的质量（如是测定水分后的试样，则按测定水分前的质量计），g。

5. 注意事项

(1) 本法所测得的脂肪为游离脂肪。

(2) 对于糖类、碳水化合物含量较高的样品，可先用冷水处理以除去糖分，干燥后再提取脂肪。

实验三　食品中还原糖的测定（直接滴定法）

1. 原理

样品经除去蛋白质后，在加热条件下，以次甲基蓝作指示剂，直接滴定标定过的碱性酒石酸铜溶液，根据样品液消耗体积计算还原糖量。

2. 主要仪器和试剂

酸式滴定管、可调电炉；盐酸、碱性酒石酸铜甲液（硫酸铜、次甲基蓝）、碱性酒石酸铜乙液（酒石酸钾钠、氢氧化钠、亚铁氰化钾）、乙酸锌溶液、亚铁氰化钾溶液、葡萄糖标准溶液（1.0mg/ml）、果糖标准溶液（1.0mg/ml）、乳糖标准溶液（1.0mg/ml）、转化糖标准溶液（1.0mg/ml）。

3. 操作步骤

(1) 样品处理

①乳类、乳制品及含蛋白质的冷食类：称取样品，加水，慢慢加入乙酸锌溶液及亚铁氰化钾溶液，加水定容，混匀，沉淀，静置 30min，用干燥滤纸过滤，弃去初滤液，滤液备用。

②酒精性饮料：取样，用氢氧化钠溶液中和至中性，在水浴上蒸发至原体积的四分之一后，移入容量瓶中，加水定容。

③含大量淀粉的食品：取样，加水，在水浴中加热 1h，并时时振摇。冷后加水至刻度，混匀，静置，沉淀。吸取上清液于另一容量瓶中，慢慢加入乙酸锌溶液及亚铁氰化钾溶液，加水至刻度，混匀，沉淀，静置 30min，用干燥滤纸过滤，弃去初滤液，滤液备用。

④汽水等含有二氧化碳的饮料：取样，在水浴上除去二氧化碳后，移入容量瓶中，加水定容，混匀后备用。

(2) 标定碱性酒石酸铜溶液　吸取一定量碱性酒石酸铜甲液及乙液，置于锥形瓶中，加水，加入玻璃珠 2 粒，从滴定管滴加葡萄糖或其他还原糖标准溶液，控制在 2 min 内加热至沸,趁热以每两秒 1 滴的速度继续滴加葡萄糖或其他还原糖标准溶液,直至溶液蓝色刚好褪去为终点,记录消耗葡萄糖或其他还原糖标准溶液的总体积,同时平行操作三份,取其平均值,计算每一定量碱性酒石酸铜溶液相当于葡萄糖的质量或其他还原糖的质量(mg)。

(3) 样品溶液预测　吸取一定量碱性酒石酸铜甲液及乙液,置于锥形瓶中,加水,加入玻璃珠 2 粒,控制在 2 min 内加热至沸,趁沸以先快后慢的速度,从滴定管中滴加样品溶液,并保持溶液沸腾状态,待溶液颜色变浅时,以每两秒 1 滴的速度滴定,直至溶液蓝色刚好褪去为终点,记录样液消耗体积。当样液中还原糖浓度过高时应适当稀释,再进行正式测定,使每次滴定消耗样液的体积控制在与标定碱性酒石酸铜溶液时所消耗的还原糖标准溶液的体积相近。当浓度过低时则采取直接加入预测样品液,免去加水,再用还原糖标准溶液滴定至终点,记录消耗的体积与标定时消耗的还原糖标准溶液体积之差相当于一定量样液中所含还原糖的量。

(4) 样品溶液测定　吸取一定量碱性酒石酸铜甲液及乙液,置于锥形瓶中,加水 10ml,加入玻璃珠 2 粒,从滴定管滴加比预测体积少 1ml 的样品溶液至锥形瓶中,使在 2 min 内加热至沸,趁沸继续以每两秒 1 滴的速度滴定,直至蓝色刚好褪去为终点,记录样液消耗体积。同法平行操作三份,得出平均消耗体积。

4. 结果计算

样品中还原糖的含量(以某种还原糖计)按下进行计算。

$$X = \frac{A}{M \times V/250 \times 1000} \times 100$$

式中:X—样品中还原糖的含量(以某种还原糖计),g/100g;

A—碱性酒石酸铜溶液(甲、乙液各半)相当于某种还原糖的质量,mg;

M—样品质量,g;

V—测定时平均消耗样品溶液体积,ml。

5. 注意事项

(1) 本法适用于各类食品中还原糖的测定。

(2) 配制标准溶液时,为了防止微生物的生长,要加入适量盐酸。

(3) 碱性酒石酸铜甲液、乙液需分开贮存,使用时再等量混合,以免酒石酸钾钠铜络合物在碱性条件下慢慢分解析出氧化亚铜沉淀,使有效浓度降低。

实验四　食品中还原型抗坏血酸的测定(GB/T 5009.159－2003)

1. 原理

在乙酸溶液中,抗坏血酸与固蓝盐 B 反应生成黄色的草酰肼-2-羟基丁酰内酯衍生物。在最大吸收波长 420 nm 处测定吸光度,与标准系列比较定量。

2. 试剂

(1) 乙酸溶液(2 mol/L):吸取 11.6 ml,冰乙酸,加水稀释至 100ml。

(2) 乙酸溶液(0.5 mot/L):吸取 2.9 ml 冰乙酸,加水稀释至 100ml。

(3) 乙二胺四乙酸二钠溶液(0.25 mol/L):称取 9.3 g 乙二胺四乙酸二钠 [$C_{10}H_{14}N_2O_8Na_2 \cdot 2H_2O$] 于水中,加热使之溶解后,放冷,并稀释至 100ml。

(4) 乙酸锌溶液(220 g/L):称取 22.0 g 乙酸锌 [$Zn(CH_3COO)_2 \cdot 2H_2O$],加 3 ml

冰乙酸溶于水,并稀释至 100ml。

(5) 亚铁氰化钾溶液(106 g/L):称取 10.6 g 亚铁氰化钾 [$K_4Fe(CN)_6 \cdot 3H_2O$],加水溶解至 100ml。

(6) 显色剂:固蓝盐 B (fast blue salt B) 溶液(2 g/L):准确称取 0.2g 固蓝盐 B,加水溶解于 100 ml 棕色容量瓶中,并稀释至刻度(该溶液在室温下贮存可稳定 3 天以上)。

(7) 抗坏血酸标准储备溶液(2.0 g/L):精密称取 0.2000g 抗坏血酸,加 20ml 乙酸溶液(2mol/L)溶解后移入 100ml 棕色容量瓶中,用水稀释至刻度,混匀。此溶液每毫升相当于 2.0 mg 抗坏血酸(10℃下冰箱内贮存在 2 天内稳定)。

(8) 抗坏血酸标准使用溶液(0.1g/L):用移液管精密吸取 5.0 ml 抗坏血酸标准储备溶液于 100 ml 棕色容量瓶内,加 5 ml 乙酸溶液(2mol/L),用水稀释至刻度,混匀。此溶液每毫升相当于 100μg 抗坏血酸(临用时配制)。

3. 仪器

(1) 分光光度计

(2) 捣碎机

(3) 离心沉淀机

4. 分析步骤

(1) 试样溶液的制备

① 非蛋白性食品 液体试样:抗坏血酸含量在 0.2g/L 以下的试样,混匀后可直接取样测定;抗坏血酸含量在 0.2g/L 以上的试样,用水适量稀释后测定。水溶性固体试样:准确称取 1.0~5.0g,精确至 0.001g(含 0.2g/kg 以下抗坏血酸)放入乳钵中,加 5ml 乙酸溶液(2mol/L)研磨溶解后,移入 100ml 棕色容量瓶内,加水稀释至刻度。蔬菜、水果:称取鲜样可食部分 20.0~50.0g 于捣碎机内,加同倍量的乙酸溶液(2mol/L)捣成匀浆。称取 10.0~20.0g 匀浆(含 0.2g/kg 以下抗坏血酸)于 100ml 棕色容量瓶内,加 5ml 乙酸溶液(2mol/L),用水稀释至刻度,混匀。滤纸过滤,滤液备用。不易过滤的试样可用离心机离心后,上清液供测定。

② 蛋白性食品(奶粉、豆粉、乳饮料、强化食品等):固体试样混匀后精密称取 5.0~10.0g,精确至 0.001g。液体试样用移液管精密吸取 5.0~10.0ml 于 100ml 棕色容量瓶内。加 10ml 乙酸溶液(2mol/L)、乙酸锌溶液(220g/L)和亚铁氰化钾溶液(106g/L)各 7.5ml,加水至刻度,混匀。将全部溶液移入离心管内,以 3000r/min 离心 10min,上清液供测定。同时取与处理试样相同量的乙酸溶液、乙酸锌溶液和亚铁氰化钾溶液,按同一方法做试剂空白试验。

(2) 标准曲线的绘制 精密吸取 0,0.1,0.2,0.4,0.6,0.8,1.0,1.5,2.0ml 抗坏血酸标准使用溶液(相当于抗坏血酸 0,10.0,20.0,40.0,60.0,80.0,100.0,150.0,200.0μg),分别置于 10ml 比色管中。各加 0.3ml 乙二胺四乙酸二钠溶液(0.25mol/L),0.5ml 乙酸溶液(0.5mol/L),1.25ml 固蓝盐 B 溶液(2g/L),加水稀释至刻度,混匀。室温(20~25℃)下放置 20min 后,移入 1cm 比色皿内,以零管为参比,于波长 420nm 处测量吸光度,以标准各点吸光度绘制标准曲线。

(3) 试样测定

① 非蛋白性试样的测定:精密吸取按制备的试样溶液 0.5~5.0ml(约相当于抗坏血酸

200μg 以下）于 10 ml 比色管内。以下按标准曲线的绘制中加 0.3 ml 乙二胺四乙酸二钠溶液（0.25 mol/L）起依法操作。试样吸光度从标准曲线上查出抗坏血酸含量。

② 蛋白性试样的测定：精密吸取制备的试样溶液（约相当于抗坏血酸 200μg 以下）和等量试剂空白溶液（0.5～5.0ml），各于 10ml 比色管内。各加 1.5ml 乙二胺四乙酸二钠溶液（0.25 mol/L），1.0 ml 乙酸溶液（0.5 mol/L），1.25 ml 固蓝盐 B 溶液（2 g/L），加水稀释至刻度，混匀。室温（20～25℃）下放置 3 min 后，移入 1 cm 比色皿内，以试剂空白管为参比，于波长 420 nm 处测量吸光度。试样吸光度从标准曲线上查出抗坏血酸含量。

5. 结果计算：按下式计算。

$$X = \frac{c}{m \times \frac{V_1}{V_2} \times 1000} \times 100$$

式中：X—试样中抗坏血酸的含量，单位为毫克每百克（毫克每百毫升）[mg/100 g，(mg/100 ml)]；

c—试样测定液中抗坏血酸的含量，μg；

m—试样质量（体积），g（ml）；

V_2—试样处理液总体积，ml；

V_1—测定时所取溶液体积，ml。

6. 精密度

在重复性条件下获得的两次独立测定结果的绝对差值不得超过算术平均值的 10%。

实验五　食用植物油卫生标准的理化指标的分析方法（GB/T5009.37——1996）

1. 酸价

油脂中游离脂肪酸含量的多少，是油脂品质好坏的重要指标之一。精制的新鲜油脂常是中性，含有少量脂肪酸，酸价较小。而未经碱炼的粗制油脂酸价往往较高。此外，油脂在储存、运输期间，由于含有过量的水分和杂质，水解而产生游离脂肪酸，致使酸价增高。

（1）原理

植物油中的游离脂肪酸用氢氧化钾标准溶液滴定，每克植物油消耗氢氧化钾的毫克数，称为酸价。

（2）试剂

①酚酞指示液：10g/L 乙醇溶液。

②乙醚—乙醇混合液：按乙醚＋乙醇（2＋1）混合。用 0.05mol/L 氢氧化钾溶液中和至对酚酞指示液呈中性。

③氢氧化钾标准滴定溶液：0.05mol/L。

（3）仪器　滴定管，250ml 锥形瓶。

（4）测定方法

精密称取 3～5g，置于锥形瓶中，加入 50ml 中性乙醚乙醇混合液，振摇使油液溶解，必要时可置热水中，温热促其溶解。冷至室温，加入酚酞指示液 2～3 滴，以 0.05mol/L 氢氧化钾标准溶液滴定，至出现微红色，且 0.5min 内不褪色为终点。

（5）计算

$$X = \frac{V \times c \times 56.11}{m}$$

式中：X——样品的酸价；

V——样品消耗氢氧化钾标准溶液体积，ml；

c——氢氧化钾标准溶液的实际浓度，mol/L；

m——样品质量，g；

56.11——与1.0ml氢氧化钾标准滴定溶液〔c（KOH）=1.000mol/L〕相当的氢氧化钾毫克数。

(6) 说明

①结果的表述：报告算术平均值的两位有效数字。

②允许差：平行样品测定允许的相对偏差为小于或等于5%。

③试验中加入乙醇可以使碱和游离脂肪酸的反应在均匀状态下进行，以防止反应生成的脂肪酸钾盐离解，用氢氧化钾—乙醇溶液滴定，终点更为清晰。

④测定深色油的酸价，可减少试样用量，或适当增加混合溶剂的用量。

⑤酸价高的油脂可减少试样或增大碱标准溶液浓度。

⑥酸价滴定，按经典方法系采用氢氧化钾乙醇溶液，目前已简化为氢氧化钾水溶液；在不得已的情况下，也有采用氢氧化钠水溶液的，这时结果计算仍应乘以56.11，而不是40。

2. 过氧化值

油脂与空气中的氧发生氧化作用生成的过氧化物是油脂氧化的初期产物。有些油脂可能尚没有酸败现象，但已有较高的过氧化值，这表示油脂已开始酸败。故过氧化值的增加是油脂开始酸败的象征，它和油脂新鲜程度密切相关。

(1) 原理

油脂氧化过程中产生过氧化物，当与碘化钾反应，生成游离碘，以硫代硫酸钠溶液滴定，根据消耗硫代硫酸钠的用量，计算油脂的过氧化值。

化学反应式：

$$\text{R—CH=CH—CH—CH}_2\text{—R}' + 2\text{KI} \longrightarrow \text{R—CH=CH—CH—CH}_2\text{—R}' + \text{I}_2 + \text{K}_2\text{O}$$
$$\qquad\qquad\ \ |\qquad\qquad\qquad\qquad\qquad\qquad\qquad\quad |$$
$$\qquad\qquad\text{COOH}\qquad\qquad\qquad\qquad\qquad\qquad\quad\text{OH}$$

(2) 试剂

①饱和碘化钾溶液：称取14g碘化钾，加10ml水溶解，必要时微热使其溶解，储于棕色瓶中。

②三氯甲烷-冰乙酸混合液：量取40ml三氯甲烷，加60ml冰乙酸混匀。

③硫代硫酸钠标准滴定溶液：0.002mol/L。

④10g/L淀粉指示剂：称取可溶性粉0.5g加少许水，调成糊状，倒入至50ml沸水中调匀，煮沸。临用时现配。

(3) 操作方法

精密称取2～3g混匀（必要时过滤）的样品，置于250ml碘瓶中，加30ml三氯甲烷-冰乙酸混合液，使样品完全溶解。加入1.00ml饱和碘化钾溶液，紧密塞好瓶盖，并轻轻振摇0.5min，然后在暗处放置3min。取出加100ml水，摇匀，立即用0.002mol/L硫代硫酸钠标准溶液滴定至淡黄色时，加1ml淀粉指示液，继续滴定至蓝色消失为终点，取相同量三氯甲烷-冰乙酸溶液、碘化钾溶液、水按同一方法做试剂空白试验。

（4）计算

$$X_1 = \frac{(V_1 - V_2) \times c \times 0.1269}{m} \times 100$$

$$X_2 = X_1 \times 78.8$$

式中：X_1—样品的过氧化值，POVg/100g；

X_2—样品的过氧化值，meq/kg；

V_1—样品消耗硫代硫酸钠标准溶液体积，ml；

V_2—试剂空白消耗硫代硫酸钠标准溶液体积，ml；

c—硫代硫酸钠标准溶液的摩尔浓度，mol/L；

m—样品质量，g；

0.1269—与1.00ml 硫代硫酸钠标准滴定溶液 $[c(Na_2S_2O_3)=1.000mol/L]$ 相当于碘的质量，g；

78.8—换算因子。

（5）说明

①结果的表述：报告算术平均值的两位有效数字。

②允许差：平行样品测定允许的相对偏差为小于或等于±5%。

③根据感官判断油脂变质程度决定取样量。

④加入碘化钾后，静置时间长短以及加水量多少，对测定结果均有影响。操作过程中注意条件一致。

⑤淀粉指示剂最好在接近终点时加入，即在硫代硫酸钠标准溶液滴定碘至浅黄色时再加入淀粉，否则碘和淀粉吸附太牢，终点时颜色不易褪去，致使终点出现过迟，引起误差。

⑥三氯甲烷不得含有光气等氧化物，否则应进行处理。

⑦过氧化值的表示单位：本方法采用百分率（%），但也可用毫克当量/公斤（meq/kg）表示，其换算可按下式：POV（meq/kg）×0.01269=POV（%）

即 POV（meq/kg）=POV（%）×78.8

3. 羰基价

油脂氧化所生成的过氧化物，进一步分解为含羰基的化合物，这些二次分解产物的量以羰基值表示。羰基值的大小则代表油脂酸败的程度。油脂和含油脂的食品的羰基价受存放、加工条件的影响甚大，随加热时间的增长而增加，是油脂氧化酸败的灵敏指标。

（1）原理

羰基化合物和2,4-二硝基苯肼的反应产物，在碱性溶液中形成褐红色或酒红色，在440nm下测定吸光度，计算羰基价。

（2）试剂

①精制乙醇：取1000ml 无水乙醇，置于2000ml 圆底烧瓶中，加入5g 铝粉、10g 氢氧化钾，接好标准磨口的回流冷凝管，水浴中加热回流1h，然后用全玻璃蒸馏装置，蒸馏收集馏液。

②精制苯：取500ml 苯，置于1000ml 分液漏斗中，加入50ml 硫酸，小心振摇5min，开始振摇时注意放气。静置分层，弃除硫酸层，再加50ml 硫酸重复处理一次，将苯层移入

另一分液漏斗，用水洗涤三次，然后经无水硫酸钠脱水，用全玻璃蒸馏装置蒸馏收集馏液。

③2,4-二硝基苯肼溶液：称取50mg 2,4-二硝基苯肼，溶于100ml精制苯中。

④三氯乙酸溶液：称取4.3g固体三氯乙酸，加100ml精制苯溶解。

⑤氢氧化钾-乙醇溶液：称取4g氢氧化钾，加100ml精制乙醇使其溶解，置冷暗处过夜，取上部澄清液使用。溶液变黄褐色则应重新配制。

⑥0.5g/L三苯膦溶液：称取100mg三苯膦，用苯溶解并定容至200ml。

(3) 仪器　分光光度计。

(4) 操作方法

精密称取约0.025~0.5g样品，置于25ml容量瓶中，加苯溶解并使稀释至刻度。吸取5.0ml，置于25ml具塞试管中，加入5ml三苯膦溶液(0.5g/L)溶解样品，室温暗处放置30min，加3ml三氯乙酸溶液及5ml 2,4-二硝基苯肼溶液，仔细振摇混匀，在60℃水浴中加热30min，冷却后，沿试管壁慢慢加入10ml氢氧化钾-乙醇溶液，使成为两液层，塞好。剧烈振摇混匀，放置10min。以1cm比色杯，用不含三苯膦的试剂空白调节零点，含三苯膦的试剂空白管和样品管分别于波长440nm处测吸光度。

(5) 计算

$$X = \frac{(A - A_0)}{854 \times m \times \frac{V_2}{V_1}} \times 1000$$

式中：X—样品的羰基价，meq/kg；

A—测定时样液吸光度；

A_0—含三苯膦的试剂空白管吸光度；

m—样品质量，g；

V_1—样品稀释后的总体积，ml；

V_2—测定用样品稀释液的体积，ml；

854—各种醛的毫克当量吸光系数的平均值。

(6) 说明

①结果的表述：报告算术平均值的两位有效数字。

②允许误差：平行样品测定允许的相对偏差为小于或等于±10%。

③当试样羰基价较高时，则取样量相应减少。

④2,4-二硝基苯肼较难溶于苯，配制时应充分搅动。必要时过滤使溶液中无固形物。

⑤氢氧化钾乙醇溶液极易变褐，并且新配制的溶液往往混浊，一般是配制后过夜，取上清液使用，也可用玻璃纤维滤膜过滤。

⑥当油样过氧化值较高时（超过20meq/kg时），则干扰羰基价的测定，此时最好先把过氧化物还原为非羰基化合物。

⑦本法计算样品的羰基价尚有Henick法，其单位为mmol/kg，而另一种计算则直接用吸光度/样重(g)来表示。

⑧三苯膦还原的过氧化物为非羰基化合物。

实验六　酒中甲醇的测定（气相色谱法）

1. 原理

利用不同醇类在氢火焰中的化学电离反应进行检测，根据色谱峰的保留时间定性，以峰高与标准比较定量。

2. 试剂

（1）标准物：甲醇、正丙醇、仲丁醇、异丁醇、正丁醇、异戊醇、乙酸乙酯，以上均为色谱纯试剂。

（2）无甲醇、无杂醇油乙醇水溶液 $[\varphi(CH_3CH_2OH)=60\%]$。

（3）标准溶液：分别准确称取甲醇、正丙醇、仲丁醇、异丁醇、正丁醇、异戊醇各600mg及800mg乙酸乙酯，用少量水洗入100ml容量瓶中，并加水稀释至刻度，置冰箱保存。

（4）标准使用液：吸取10.0ml标准溶液于100ml量瓶中，加60%无甲醇、无杂醇油的乙醇水溶液至刻度。此溶液含甲醇、仲丁醇、正丙醇、异丁醇、正丁醇、异戊醇各600μg/ml，乙酸乙酯800μg/ml。置于冰箱保存备用。

3. 仪器

（1）气相色谱仪，附氢火焰离子化（FID）检测器。

（2）微量进样注射器，1μl，50μl。

4. 色谱条件　色谱柱：2m×4mm，玻璃柱或不锈钢柱；固定相：GDX-102（60～80目）；汽化室、检测器温度190℃，柱温170℃；氢气40ml/min，空气450ml/min，氮气40ml/min。

5. 操作方法　分别吸取0.5μl样品及标准使用液注入色谱仪，制得色谱图。以各级分保留时间与各标准品的保留时间对照定性。分别记录各组分峰高（或峰面积）与相应的标准比较定量。

6. 计算

$$X = \frac{h_x \cdot V_S \cdot c_s \times 100}{h_s \cdot V_x \times 1000}$$

式中：X—样品中某组分含量，g/100ml；

h_x—样品中某组分的峰高（峰面积）；

h_s—标准某组分的峰高（峰面积）；

V_x—样品溶液进样体积，μl；

V_S—标准使用液进样体积，μl；

c_s—注入标准使用液的含量，mg/ml。

7. 说明

（1）本法最低检出浓度为：甲醇0.008g/100ml；杂醇油（以异丁醇计）0.01g/100ml。

（2）气相色谱法与分光光度法相比较，后者所测得的甲醇值较前者的结果高，其原因是分光光度法测得的结果乃是甲醇与甲醛含量之和。若气相色谱法中将所测得的甲醇与甲醛值相加，则与分光光度法相等。

（3）气相色谱法的添加回收率及测定精密度均优于分光光度法。

（黄国伟，任大林）

参 考 文 献

1. O.R 菲尼马著，王璋译. 食品化学. 北京：中国轻工业出版社，2003 年
2. 韩雅珊主编. 食品化学. 北京：北京农业大学出版社，1992 年
3. 谢笔钧主编. 食品化学. 北京：科学出版社，2005 年
4. 冯凤琴，叶立扬主编. 食品化学. 北京：化学工业出版社，2005 年
5. 刘邻渭主编. 食品化学. 北京：中国农业出版社，2000 年
6. 丁耐克编著. 食品化学. 北京：中国轻工业出版社，2001 年
7. 王璋主编. 食品化学. 北京：中国轻工业出版社，1999 年
8. 阚建全主编. 食品化学. 北京：中国农大出版社，2002 年
9. 鲁长豪主编. 食品理化检验学. 北京：人民卫生出版社，1998 年
10. 王秉栋主编. 食品卫生检验手册. 上海：上海科学技术出版社，2003 年
11. S 苏珊娜. 尼尔森著，杨严俊等译. 食品分析. 北京，中国轻工业出版社，2002 年
12. 侯曼玲编著. 食品分析. 北京：化学工业出版社，2004 年
13. 王光亚主编. 保健食品功效成分检验方法. 北京：中国轻工业出版社，2002 年
14. 何照范，张迪清编著. 保健食品化学及其检测技术. 北京：中国轻工业出版社，1997 年
15. 李晓华主编. 食品应用化学. 北京：高等教育出版社，2002 年
16. 胡曼玲主编. 卫生化学. 北京：人民卫生出版社，2003 年
17. 许春向，邹学贤主编. 现代卫生化学. 北京：人民卫生出版社，1999 年
18. 汪尔康主编. 分析化学. 北京：北京理工大学出版社，2002 年
19. 倪坤仪主编. 仪器分析. 南京：东南大学出版社，2003 年
20. 许牡丹，毛跟年编著. 食品安全性与分析检测. 北京：化学工业出版社，2003 年
21. 杨惠芬，李明元，沈文主编. 食品卫生理化检验标准手册. 北京：中国标准出版社，1997 年

后　　记

经全国高等教育自学考试指导委员会同意，由全国高等教育自学考试指导委员会医药学类专业委员会负责高等教育自学考试医药学类专业教材的组编工作。

《食品化学与分析》教材由天津医科大学黄国伟教授担任主编，天津科技大学曹小红教授担任副主编。参加编写的人员有天津医科大学黄国伟教授（第一、九、十、十一章），天津科技大学曹小红教授（第七章），天津医科大学任大林副教授（第四、五章），天津医科大学常红副教授（第六章），天津医科大学王璇讲师（第八章），天津科技大学曹东旭副教授（第二章），天津科技大学张燕副教授（第三章）。最后黄国伟教授统稿。

全国高等教育自学考试指导委员会医药学类专业委员会组织该教材的审稿会。天津科技大学王硕教授担任主审，天津医科大学郝俊教授、天津科技大学杨志岩教授参加审稿并提出改进意见。

全国高等教育自学考试指导委员会医药学类专业委员会最后审定通过本教材。

全国高等教育自学考试指导委员会
医药学类专业委员会
2006年5月

附

全国高等教育自学考试
营养、食品与健康专业（独立本科段）

食品化学与分析自学考试大纲

（含考核目标）

全国高等教育自学考试指导委员会　制定

食品化学与分析课程自学考试大纲出版前言

为了适应社会主义现代化建设事业对培养人才的需要，我国在 20 世纪 80 年代初建立了高等教育自学考试制度；经过 20 多年的发展，高等教育自学考试已成为我国高等教育基本制度之一。高等教育自学考试是个人自学，社会助学和国家考试相结合的一种高等教育形式，是我国高等教育体系的一个重要组成部分。实行高等教育自学考试制度，是落实宪法规定的"鼓励自学成才"的重要措施，是提高中华民族思想道德和科学文化素质的需要，也是造就和选拔人才的一种途径。应考者通过规定的专业考试课程并经思想品德鉴定达到毕业要求的，可以获得毕业证书；国家承认学历并按照规定享有与普通高等学校毕业生同等的有关待遇。

从 80 年代初期开始，各省、自治区、直辖市先后成立了高等教育自学考试委员会，开展了高等教育自学考试工作，多年来为国家培养造就了大批专门人才。为科学、合理地制定高等教育自学考试标准，提高教育质量，全国高等教育自学考试指导委员会（以下简称"全国考委"）组织各方面的专家对高等教育自学考试专业设置进行了调整，统一了专业设置标准。全国考委陆续制定了 200 多个专业考试计划。在此基础上，各专业委员会按照专业考试计划的要求，从造就和选拔人才的需要发出，编写了相应专业的课程自学考试大纲，进一步规定了课程学习和考试的内容与范围，有利于社会助学，使个人自学要求明确，考试标准规范化、具体化。

全国考委按照国务院发布的《高等教育自学考试暂行条例》的规定，根据教育测量学的要求，对高等教育自学考试课程的自学考试大纲进行了探索、研究与建设。目前，为更好地贯彻党的十六大和全国考委五届二次会议精神，以"三个代表"重要思想为指导，全国考委办公室及其各个专业委员会在 2003 年开始较大幅度地对新一轮的课程自学考试大纲组织修订或重编。

全国考委医药类专业委员会在考试大纲建设过程中结合高等教育自学考试工作的实践，参照全日制普通高等学校相关课程的教学基本要求，并力图反映学科内容的发展变化、体现自学考试的特点，组织制定了《食品化学与分析自学考试大纲》，现经教育部批准，颁发施行。

《食品化学与分析自学考试大纲》是该课程编写教材和自学辅导书的依据，也是个人自学，社会助学和国家考试的依据，各地教育部门、考试机构应认真贯彻执行。

全国高等教育自学考试指导委员会
2006 年 6 月

目　　录

- Ⅰ　课程性质与设置目的 …………………………………………………………………… (297)
- Ⅱ　课程内容与考核目标 …………………………………………………………………… (298)
  - 第一章　绪论 ……………………………………………………………………………… (298)
  - 第二章　食品成分及其结构和性质 ……………………………………………………… (299)
  - 第三章　食品风味化学 …………………………………………………………………… (302)
  - 第四章　食品分析检验的一般方法 ……………………………………………………… (304)
  - 第五章　食品样品的采集和前处理 ……………………………………………………… (306)
  - 第六章　食品营养成分的分析测定 ……………………………………………………… (307)
  - 第七章　保健食品功效成分测定分析 …………………………………………………… (309)
  - 第八章　食品添加剂的测定分析 ………………………………………………………… (311)
  - 第九章　食品中有害物质的分析 ………………………………………………………… (312)
  - 第十章　几类食品的卫生检测 …………………………………………………………… (314)
  - 第十一章　实验教程 ……………………………………………………………………… (315)
- Ⅲ　有关说明与实施要求 …………………………………………………………………… (317)
- 附录　试题类型举例 ………………………………………………………………………… (319)
- 后　记 ………………………………………………………………………………………… (320)

Ⅰ 课程性质与设置目的

《食品化学与分析》课程是全国高等教育自学考试，营养、食品与健康专业（独立本科段）的必修专业基础课和必考课程。

本书包括食品化学和食品分析两部分内容，二者之间存在着非常密切的联系，为适应营养、食品与健康专业和预防医学专业的特点和需要，特编写了本教材。食品化学是从化学角度和分子水平上研究食品的化学组成、结构、理化性质、营养和安全性质以及它们在生产、加工、贮藏和运销过程中发生的变化和这些变化对食品品质和安全性影响的一门基础应用科学。食品分析依据物理、化学、生物化学的一些基本理论和国家食品卫生标准，运用现代科学技术和分析手段，对各类食品（包括原料、辅助材料、半成品及成品）的主要成分和含量进行检测，以保证生产出质量合格的产品。同时，作为质量监督和科学研究不可缺少的手段，在食品资源的综合利用、新型保健食品的研制开发、食品加工技术的创新提高、保障人民身体健康等方面都具有十分重要的作用。

本课程的基本要求：要求学生掌握食物中营养成分和食品色香味成分的结构、性质在食品加工和贮藏中的变化及其对食品品质和安全性的影响，还包括酶和食品添加剂在食品工业中的应用等；掌握食品分析检验的一般方法、食品样品的采集和前处理、食品主要营养成分的分析测定方法、常见保健食品功效成分测定分析、常见食品添加剂的测定分析、常见食品中有害物质的分析和几类食品的卫生检测；实验部分要求学生掌握食物中主要营养素的检测方法及食品卫生检验中的主要方法。

《食品化学与分析》是一门理论和实践紧密结合的专业基础课。食品从原料生产，经过贮藏、运输、加工到产品销售，每一过程无不涉及到一系列的化学和生物化学变化，这些都是食品化学研究内容。通过食品化学的学习可以了解各种营养素在食品加工中的变化以及这种变化与人体健康的关系。通过食品分析的学习，可以了解食品成分的测定方法，食物营养价值的评价方法，食品卫生质量的检测方法，食品分析是食品质量管理和控制的重要手段，在食品生产和科研中起着重要的作用。

Ⅱ 课程内容与考核目标

第一章 绪论

一、学习目的和要求

通过本章学习,掌握食品化学和食品分析的定义和分类,熟悉主要研究内容。

二、课程内容

第一节 食品化学概述
一、食品化学的定义
二、食品化学分类
三、食品化学的研究内容

第二节 食品分析概述
一、食品分析的定义
二、食品分析检验的内容
三、食品分析所采用的分析方法

三、考核知识点

(一) 食品化学的定义
(二) 食品分析的定义
(三) 食品化学的研究内容
(四) 食品分析检验的内容和所采用的分析方法

四、考核要求

(一) 食品化学概述
识记:食品化学的定义。
领会:(1) 食品化学的分类;(2) 食品化学的研究内容。
(二) 食品分析概述
识记:食品分析的定义。
领会:(1) 食品分析检验的内容;(2) 食品分析所采用的分析方法。

第二章　食品成分及其结构和性质

一、学习目的和要求

本章介绍的是食品的六大基本营养成分水、糖类、脂质、蛋白质、维生素和矿物质的结构和性质的相关内容，重点是各食品基本营养成分在食品加工和储藏过程中的变化、应用及其对食品品质的影响。学习本章要求：

水：了解水在生物体内的含量与功能，理解并掌握食品中水的存在形式（自由水和结合水）、结合水的特性，深刻理解水分活度及其与温度的关系、食品的水分等温吸湿曲线、水分活度与食品的稳定性的关系。

糖类：了解糖类化合物的定义、来源与分类；理解并掌握食品中常见单糖（葡萄糖、果糖、半乳糖、甘露糖）分子结构式和低聚糖（蔗糖、麦芽糖、乳糖）的单糖组成及其连接的化学键、组成淀粉和纤维素的单糖及连接化学键，糊精和环化糊精的种类及用途，常见功能性低聚糖的性质及应用；深刻理解单糖、低聚糖在食品中应用的理化性质，非酶褐变—焦糖化作用和美拉德反应，淀粉的糊化和老化的条件、影响因素以及在食品加工中的应用。

脂质：脂类化合物的分类及命名，天然油脂中的脂肪酸，维生素的基本结构及矿物质的基本性质；掌握与脂质物理化学性质有关的一些重要概念；油脂氧化反应的类型、基本过程及影响因素；油脂氧化的评价方法；油脂氢化和酯交换的基本理论。

蛋白质：了解蛋白质的概念和分类，各类食品中蛋白质的存在及含量；理解并掌握组成蛋白质的氨基酸的种类、结构与性质，蛋白质的结构（1—4级结构），蛋白质的变性及影响因素；深刻理解蛋白质的功能性质如蛋白质的水合性质、界面性质（乳化性和起泡性）、风味结合作用、凝胶的形成、织构化作用、面团的形成等在食品方面的应用及其影响因素，食品的加工贮藏条件（如加热、冷冻和冷藏、脱水和干燥）对蛋白质的影响。

维生素：维生素的种类、一般理化性质及稳定性，维生素在加工贮藏中的变化。

矿物质：矿物质的种类及在食品中的存在形式及其生物利用性，食品加工和贮藏条件对食品中矿物质含量的影响。

二、课程内容

第一节　水分
一、概述
二、食品中水的存在形式
三、水分活度
四、食品的水分等温吸湿曲线
五、水分活度与食品的稳定性
第二节　糖类
一、概述
二、单糖和低聚糖
三、多糖

第三节 脂质

一、概述

二、脂质的分类和结构

三、脂类的命名

四、天然油脂中的脂肪酸

五、天然食用油脂的组成

六、脂质的物理性质

七、油脂在食品贮藏加工中的化学变化

八、油炸化学

九、油脂加工

十、油脂改性

第四节 蛋白质

一、概述

二、氨基酸和蛋白质的结构与性质

三、蛋白质的功能性质在食品方面的应用

四、蛋白质在加工贮藏过程中的变化

第五节 维生素

一、概述

二、水溶性维生素的结构、性质及降解

三、脂溶性维生素的结构和性质

四、维生素在食品加工和贮存中的变化

第六节 矿物质

一、概述

二、食品中的矿物质及其生物利用性

三、考核知识点

1. 水分食品中的存在、功能及其对食品加工储藏品质的影响

水的功能（食品工艺学方面的功能和食品生物学方面的功能）；食品中水的存在形式，自由水，结合水；水分活度及其与温度的关系；食品的水分等温吸湿曲线；水分活度与食品的稳定性的关系。

2. 食品中糖类化合物的存在、结构与分类以及糖类化合物的食品工艺特性

糖类化合物的定义与来源；糖类化合物的分类；食品中常见单糖和低聚糖的结构，性质及应用；单糖、低聚糖在食品中应用的物理性质；单糖、低聚糖在食品应用方面的化学性质；非酶褐变—焦糖化作用和美拉德反应；淀粉的结构及在食品中应用的理化性质；纤维素。

3. 脂质的分类、结构、命名，油脂的理化特性及其在食品贮藏加工中的变化

天然脂类化合物的分类；天然油脂中的脂肪酸；油脂物理化学性质有关的一些重要概念；同质多晶；可塑性脂肪的概念及应用；油脂氧化反应的类型、基本过程及影响因素；油脂氧化的评价方法；油脂氢化的基本理论；酯交换的基本理论。

4. 蛋白质的组成与结构、在食品中的功能性质以及工艺特性

蛋白质的概念和分类；蛋白质在自然界的分布及重要性；蛋白质的元素组成；组成蛋白质的氨基酸的种类、结构与性质；蛋白质的结构；蛋白质的功能性质在食品方面的应用：蛋白质的水合性质及其影响因素、蛋白质的界面性质（乳化性和起泡性）及其影响因素、蛋白质的风味结合作用及其影响因素、蛋白质凝胶的形成及其影响因素、蛋白质的织构化作用、面团的形成及其影响因素；蛋白质在加工贮藏过程中的变化：加热对蛋白质的影响、冷冻和冷藏对蛋白质的影响、脱水和干燥对蛋白质的影响。

5. 维生素

维生素的分类、性质及其在食品加工和贮藏中的变化。

6. 矿物质

食品中矿物质的基本性质、种类、存在形式及生物利用性；食品加工和贮藏条件对食品中矿物质含量的影响。

四、考核要求

（一）水分

识记：1. 自由水的概念、性质及其在食品中的存在；2. 结合水的概念及其在食品中的存在；3. 水分活度的定义、等温吸湿曲线的概念。

领会：1. 水的功能（食品工艺学方面的功能和食品生物学方面的功能）；2. 结合水的分类（单分子层水和多分子层水）；3. 水分活度与温度的关系（冰点以上、冰点以下水分活度的影响因素）。

应用：1. 结合水的特性及其应用；2. 等温吸湿曲线的分区及其与食品稳定性的联系；3. 水分活度与食品稳定性的关系（微生物活动与食品水分活度的关系、酶促反应与食物水分活度的关系、水分活度与脂质氧化作用的关系、Maillard 反应和维生素 B_1 分解与水分活度的关系）。

（二）糖类

识记：1. 糖类化合物的定义、分类；2. 食品中常见糖类化合物的来源；3. 单糖和低聚糖的结构；4. 糊精的分类、淀粉和纤维素的结构。

领会：1. 环状糊精的定义、结构特点及其在食品中的应用；2. 食品中重要的低聚糖及功能；3. 糊精在食品中的应用；4. 非酶褐变—焦糖化作用和美拉德反应在食品中的应用及其影响因素；5. 淀粉的水解及淀粉酶的水解特性；6. 改性纤维素的结构及其在食品中的应用。

应用：1. 单糖和低聚糖物理性质——甜度、溶解度、结晶性、保湿性和吸湿性、粘度、渗透压、冰点降低、抗氧化性及其在食品加工和储藏过程中的应用；2. 单糖和低聚糖的化学性质—水解反应、单糖在稀碱作用下的异构化作用、单糖在酸作用下的复合反应和脱水反应、氧化还原反应及其在食品加工和储藏过程中的应用；3. 淀粉糊化的定义、机制及影响因素；4. 淀粉老化的定义、机制及影响因素；

（三）脂质

识记：1. 天然脂类化合物的分类、结构与命名；2. 必需脂肪酸；3. 同质多晶。

领会：1. 油脂物理化学性质有关的一些重要概念；2. 油脂氧化反应的类型、基本过程

及影响因素；3. 油脂氧化的评价方法；4. 油脂氢化的基本理论；5. 酯交换的基本理论。

应用：可塑性油脂。

（四）蛋白质

(1) 识记：1. 蛋白质的概念和分类；2. 蛋白质在自然界的分布；3. 蛋白质的元素组成特点及应用；4. 氨基酸的物理性质。

(2) 领会：1. 氨基酸种类、命名、结构通式及在结构上共同点；2. 蛋白质的结构（1-4级结构）与稳定的化学键；3. 蛋白质的二级结构（α-螺旋和β-折叠结构）的特征；4. 蛋白质的变性及影响因素；5. 变性后蛋白质的性质变化。

简单应用：1. 氨基酸的两性解离和等电点及应用；2. 蛋白质的水合性质及其影响因素、蛋白质的界面性质（乳化性和起泡性）及其影响因素、蛋白质的风味结合作用及其影响因素、蛋白质凝胶的形成及其影响因素、蛋白质的织构化作用、面团的形成及其影响因素；3. 几种不同程度的热加工对蛋白质营养价值的影响、蛋白质热变性的影响因素、冷冻和冷藏对蛋白质的影响、脱水和干燥对蛋白质的影响。

（五）维生素

识记：维生素的基本结构。

领会：1. 维生素的种类；2. 维生素的性质；3. 维生素在加工贮藏中的变化。

（六）矿物质

识记：矿物质的基本性质。

领会：1. 矿物质的种类及存在形式；2. 食品中矿物质的种类及生物利用性；3. 食品加工和贮藏条件对食品中矿物质含量的影响。

第三章　食品风味化学

一、学习目的和要求

学习本章要求了解食品风味化学研究的内容，风味物质的分离鉴定方法，感观分析的意义和方法，掌握食品的基本味感类型及味觉产生的生理基础；各类型味觉中主要的呈味物质及各类食品的香气物质；重点掌握风味的概念及风味物质的特点，嗅觉和味觉的相关概念，常见呈味化合物的类别与气味，影响味觉产生的因素；气味物质的结构与气味的关系及食品香气物质的形成途径。

二、课程内容

第一节　概述

一、食品风味的概念

二、风味物质的特点

三、食品风味化学的研究方向

第二节　风味物质的分离及分析方法

一、风味物质的提取和浓缩

二、食品风味物质的分级分离

三、风味物质的分析

第三节　感观分析

一、感官分析实验室

二、评价员

三、感官分析方法

第四节　食品的味觉和呈味物质

一、味觉的定义、分类

二、味觉产生的生理基础

三、味的阈值

四、影响味觉产生的因素

五、呈味物质

第五节　食品的香气和香气物质

一、嗅觉的定义、分类

二、嗅觉产生的生理基础

三、气味产生的学说

四、气味物质的结构和气味的关系

五、食品中香气的形成途径

六、气味的强度和稳定性

七、植物性食品中的香气物质

八、动物性食物中的香气物质

九、发酵食品的香气

十、嗜好性食品的香气

第六节　加工和储藏对食品风味的影响

一、食品加工中风味与营养的关系

二、食品加工中的调香

三、食品加工中味感的调配

第七节　机体营养状况对化学感觉的影响

一、营养素摄入与化学感觉

二、机体营养状况对化学感觉的影响

三、考核知识点

（一）风味的概念及风味物质的特点

（二）风味物质的分离及分析方法

（三）感观分析

（四）食品的味觉和呈味物质

（五）食品的香气和香气物质

（六）加工和储藏对食品风味的影响

（七）机体营养状况对化学感觉的影响

四、考核要求

（一）风味的概念及风味物质的特点

识记：1. 风味的概念；2. 风味物质的特点；3. 食品风味化学研究方向。

领会：食品风味化学研究的内容及意义。

（二）风味物质的分离及分析方法

识记：1. 风味物质常见的提取方法；2. 风味物质常用的分析方法。

（三）感观分析

识记：1. 感官分析中的基本概念；2. 感官分析方法。

（四）食品的味觉和呈味物质

识记：1. 味觉的定义；2. 食品的基本味觉类型；3. 各类型味觉中主要的呈味物质。

领会：1. 味觉产生的生理基础；2. 味的阈值；3. 影响味觉产生的因素。

（五）食品的香气和香气物质

识记：1. 嗅觉的定义及香气的分类；2. 植物性食品中的香气物质；3. 动物性食品中的香气物质；4. 发酵食品的香气物质；5. 嗜好性食品的香气。

领会：1. 气味物质的结构和气味的关系；2. 食品中香气形成的途径；3. 气味的强度和稳定性。

（六）加工和储藏对食品风味的影响

识记：1. 食用香料的分类；2. 食品香气的控制与增强；3. 食用香料的调配；4. 各种味感的相互作用；5. 调味原理。

领会：1. 食品加工中风味与营养的关系；2. 食品加工中的调香；3. 食品加工中味感的调配。

（七）机体营养状况对化学感觉的影响

识记：1. 营养素摄入与化学感觉；2. 维生素 A、E 缺乏对化学感觉的影响。

领会：1. B 族维生素缺乏对化学感觉的影响；2. 铜、碘、铁、锌缺乏对化学感觉的影响。

第四章 食品分析检验的一般方法

一、学习目的和要求

本章是食品分析检验方法的总论，重点是不同分析检验方法的应用。学习本章要求掌握食品的仪器分析法各种方法的特点，食品感官检验法、食品物理检验法、食品化学分析法的定义、种类和原理；了解食品分析检验的各种方法和仪器。

二、课程内容

第一节 食品感官检验法

一、感官检验的意义

二、感官检验的种类

第二节　食品物理检验法
一、密度与相对密度（比重法）
二、折光度法
三、旋光法

第三节　食品化学分析法
一、重量分析法
二、滴定分析法

第四节　食品的仪器分析法
一、紫外-可见光光度分析方法
二、原子吸收分光光度法
三、分子发光分析法
四、气相色谱法
五、高效液相色谱法
六、电化学分析法

第五节　食品的微生物检验法
一、食品微生物检验的意义
二、食品微生物检验的范围
三、食品微生物检验的指标
四、食品微生物检验的一般程序

第六节　其他检验技术
一、电感耦合等离子体原子发射光谱法在食品分析中的应用
二、质谱技术在食品检验中的应用
三、HPCE 与 HPCE‐MS 技术在食品分析中的应用
四、离子色谱法在食品分析中的应用
五、生物技术检测法在食品分析中的应用
六、生物芯片技术在食品分析中的应用

第七节　分析方法的选择
一、正确选择分析方法的重要性
二、食品分析方法的分类
三、选择分析方法应考虑的因素和步骤
四、分析检验方法的评价

三、考核知识点

（一）食品感官检验法
（二）食品物理检验法
（三）食品化学分析法
（四）食品的仪器分析法
（五）食品的微生物检验法
（六）分析方法的选择

四、考核要求

（一）食品感官检验法

识记：1. 感官检验定义；2. 感官检验的种类。

领会：感官检验的意义。

（二）食品物理检验法

识记：物理检验定义。

领会：1. 密度与相对密度（比重法）的原理；2. 折光度法的原理；3. 旋光法的原理。

（三）食品化学分析法

识记：化学分析定义。

领会：1. 重量分析法的原理和种类；2. 滴定分析法的原理和种类。

（四）食品的仪器分析法

识记：1. 仪器分析定义；2. 常见的仪器分析的种类；3. 紫外-可见光光度分析方法的特点；4. 原子吸收分光光度法的特点；5. 荧光分光光度计的组成；6. 色谱法的基本步骤；7. 高效液相色谱法的特点；8. 电化学分析法优点

领会：1. 紫外-可见光光度分析方法的基本原理和仪器的构成；2. 原子吸收分光光度法的基本原理；3. 气相色谱仪基本设备的组成；4. 高效液相色谱仪基本设备的组成；5. 电化学分析法按照测量电学参数分类的类型。

应用：1. 应用分光光度法进行测定注意的问题；2. 原子吸收分光光度定量分析方法常用的方法。

（五）食品的微生物检验法

识记：微生物检验定义。

领会：1. 食品微生物检验的范围；2. 食品微生物检验的指标；3. 食品微生物检验的一般程序。

（六）其他检验技术

识记：1. 电感耦合等离子体原子发射光谱法的应用特点；2. 质谱的特点。

领会：1. 电感耦合等离子体原子发射光谱法的原理和组成；2. 质谱的基本原理和构成；3. HPCE与HPCE-MS技术在食品分析中的应用；4. 离子色谱法在食品分析中的应用；5. 生物技术检测法在食品分析中的应用；6. 生物芯片技术在食品分析中的应用。

（七）分析方法的选择

识记：1. 选择分析方法应考虑的因素和步骤；2. 分析检验方法的评价。

领会：正确选择分析方法的重要性。

第五章 食品样品的采集和前处理

一、学习目的和要求

本章是食品分析检验的样品采集和前处理方法的概述，掌握食品样品的采集原则，样品采集的方法，样品前处理方法的目的和意义及食品样品的前处理的主要方法。了解样品的前处理主要方法的优缺点，干扰成分的分离除去方法。

二、课程内容

第一节　食品样品的采集、保存和制备
一、食品样品的采集
二、食品样品的运输与保存
三、食品样品的制备
第二节　食品样品的前处理
一、样品前处理的意义
二、食品样品的无机化处理
三、干扰成分的分离除去

三、考核知识点

（一）食品样品的采集、保存和制备
（二）食品样品的前处理

四、考核要求

（一）食品样品的采集、保存和制备
识记：食品样品的采集原则。
领会：1. 食品样品的采集方法；2. 食品样品的制备。
（二）食品样品的前处理
识记：1. 样品前处理的目的；2. 食品样品无机化处理方法。
领会：1. 灰化法的优缺点；2. 湿法消化的优缺点；3. 微波溶样原理。

第六章　食品营养成分的分析测定

一、学习目的和要求

通过本章学习，掌握各种营养成分测定方法的原理，了解主要分析方法的基本步骤。

二、课程内容

第一节　食品中水分的测定
一、水分的测定方法
二、直接干燥法测定食品中水分
第二节　食品中蛋白质及氨基酸的测定
一、食物中蛋白质的测定
二、食品中氨基酸的测定
第三节　食品中脂肪及脂肪酸的测定
一、食品中脂肪的测定方法

二、食品中脂肪酸的测定方法

第四节　食品中碳水化合物的测定

一、食品中还原糖的测定

二、食品中蔗糖的测定

三、食品中淀粉的测定

四、食物中粗纤维的测定

第五节　食品中维生素的测定

一、食品中维生素 A 的测定

二、食品中维生素 E 的测定

三、食品种维生素 D 的测定

四、食品中 β-胡萝卜素的测定

五、食品中维生素 B_1 的测定

六、食品中维生素 B_2 的测定

七、食品中维生素 C 的测定

八、食品中叶酸的测定

第六节　食品中矿物质的测定

一、食品中元素的分析方法

二、食品中钙的测定

三、食品中钠、钾的测定

四、食品中铁的测定

五、食品中锌、铜、锰、镁的测定

六、食品中硒的测定

第七节　食品中灰分的测定

一、总灰分的测定步骤

二、水溶性灰分与水不溶性灰分的测定步骤

三、酸溶性灰分与酸不溶性灰分的测定步骤

三、考核知识点

（一）食品中水分分析的方法和步骤

（二）食品中蛋白质及氨基酸测定的方法和原理

（三）食品中脂肪及脂肪酸的测定的方法和原理

（四）食品中碳水化合物的测定的方法和原理

（五）食品中维生素的测定的方法和原理

（六）食品中矿物质的测定的方法和原理

（七）食品中灰分的测定的方法和原理

四、考核要求

（一）食品中水分的测定

识记：1. 食品中水分分析的目的；2. 直接干燥法分析食品中水分的原理。

领会：1. 食品中水分的主要方法；2. 直接干燥法分析食品中水分的主要步骤。

（二）食品中蛋白质及氨基酸的测定

识记：食品中蛋白质及氨基酸的主要测定方法。

领会：氨基酸自动分析仪法测定食品中的游离氨基酸的原理和步骤。

（三）食品中脂肪及脂肪酸的测定

识记：食品中脂肪及脂肪酸的主要测定方法。

领会：气相色谱法测定脂肪酸的原理和步骤。

（四）食品中碳水化合物的测定

识记：1. 食品中还原糖、粗纤维的主要测定方法；2. 直接滴定法测定食品中还原糖的原理。

领会：1. 直接滴定法测定食品中还原糖步骤；2. 重量法测定食物中粗纤维的步骤。

应用：食品中淀粉的测定。

（五）食品中维生素的测定

识记：1. 高效液相色谱法测定食品中维生素 A、E 及 β-胡萝卜素的原理；2. 硫色素荧光法测定维生素 B_1 的原理；3. 荧光法测定维生素 B_2 的原理；4. 二硝基苯肼法测定食品中维生素 C 的原理

领会：1. 食品中维生素 A、E 及 β-胡萝卜素测定的主要方法；2. 食品中维生素 D 测定的主要方法；3. 食品中维生素 B_1 测定的主要方法；4. 食品中维生素 B_2 测定的主要方法；5. 食品中维生素 C 测定的主要方法；6. 食品中叶酸测定的主要方法。

应用：1. 硫色素荧光法测定维生素 B_1 的操作步骤；2. 二硝基苯肼法测定食品中总抗坏血酸的原理和步骤。

（六）食品中矿物质的测定

识记：1. 食品中矿物质仪器测定的常见方法；2. 滴定法测定食品中钙的原理；3. 原子吸收分光光度法测定食品中铁、锌、铜、锰、镁的原理；4. 荧光法测定食品中硒的原理。

领会：1. 样品的制备和前处理方法；2. 食品中钙测定的常见方法；3. 食品中钠、钾测定的常见方法；4. 食品中铁测定的常见方法；5. 食品中硒测定的常见方法。

（七）食品中灰分的测定

识记：总灰分的测定原理和主要步骤。

领会：食品中灰分的分类。

第七章 保健食品功效成分测定分析

一、学习目的和要求

通过本章学习，掌握保健食品功效成分测定分析方法的原理，了解主要分析方法的步骤。

二、课程内容

第一节 粗多糖的测定

一、粗多糖的测定方法
二、碱性酒石酸铜滴定法测定保健食品中粗多糖
三、蒽酮比色法测定保健食品中粗多糖
四、苯酚-硫酸分光光度法测定保健食品中粗多糖

第二节　食品中低聚糖的测定
一、低聚糖的测定方法
二、高效液相色谱法测定低聚糖原理和的步骤

第三节　大豆异黄酮的测定
一、大豆异黄酮的测定方法
二、高效液相色谱法测定大豆异黄酮的原理和步骤
三、紫外分光光度法测定大豆异黄酮的原理和步骤

第四节　总黄酮的测定
一、总黄酮的分析
二、分光光度法测定食品中总黄酮的原理和步骤
三、高效液相色谱法测定食品中总黄酮的原理和步骤

第五节　原花青素的测定
一、原花青素含量的测定方法
二、香草醛-盐酸分光光度法测定原花青素的原理和步骤

三、考核知识点

（一）粗多糖的测定方法
（二）低聚糖的测定方法
（三）大豆异黄酮的测定方法
（四）总黄酮的测定方法
（五）原花青素含量的测定方法

四、考核要求

（一）粗多糖的测定

识记：粗多糖测定的常用方法。

领会：1. 碱性酒石酸铜滴定法测定保健食品中粗多糖的原理和步骤；2. 蒽酮比色法测定保健食品中粗多糖的原理和步骤；3. 苯酚—硫酸分光光度法测定保健食品中粗多糖的原理和步骤。

（二）食品中低聚糖的测定

识记：1. 食品中低聚糖测定的常用方法；2. 高效液相色谱法测定低聚糖的原理。

领会：高效液相色谱法测定低聚糖的步骤。

（三）大豆异黄酮的测定

识记：大豆异黄酮测定的常用方法。

领会：1. 高效液相色谱法测定大豆异黄酮的原理和步骤；2. 紫外分光光度法测定大豆异黄酮的原理和步骤。

（四）总黄酮的测定

识记：总黄酮测定的常用方法。

领会：1. 总黄酮的提取方法；2. 分光光度法测定食品中总黄酮的原理；3. 高效液相色谱法测定食品中总黄酮的原理。

（五）原花青素的测定

识记：原花青素含量测定的常用方法。

领会：香草醛-盐酸分光光度法测定原花青素含量的原理和步骤。

第八章　食品添加剂的测定分析

一、学习目的和要求

本章介绍的是食品添加剂的测定方法，学习本章要求掌握食品添加剂基本性质和用途，测定的主要测定方法和基本原理，了解各种食品添加剂测定中所需的仪器和试剂；理解各种食品添加剂的定义、分类以及作用。

二、课程内容

第一节　概述

一、食品添加剂的定义

二、食品添加剂的分类

三、国家允许食品加工使用的添加剂范围及具体品种

四、食品添加剂的作用

五、食品添加剂安全性的评价

六、食品添加剂的测定

第二节　防腐剂的测定

一、常用防腐剂

二、防腐剂的测定方法

第三节　甜味剂的测定

一、常用甜味剂

二、甜味剂的测定方法

第四节　食品中着色剂的测定

一、常用着色剂

二、着色剂的测定方法

第五节　食品中抗氧化剂的测定

一、常用的抗氧化剂

二、抗氧化剂的测定方法

第六节　食品中硝酸盐和亚硝酸盐的测定

一、硝酸盐和亚硝酸盐的作用机理与用途

二、硝酸盐和亚硝酸盐的测定方法

三、考核知识点

（一）食品添加剂的定义和分类及作用

（二）防腐剂的测定

（三）甜味剂的测定

（四）着色剂的测定

（五）抗氧化剂的测定

（六）硝酸盐和亚硝酸盐的测定

四、考核要求

（一）食品添加剂的定义和分类

识记：食品添加剂的定义和分类。

领会：食品添加剂的作用。

（二）防腐剂的测定

识记：几种常用防腐剂的基本性质和用途。

领会：测定防腐剂的常用方法和基本原理。

（三）甜味剂的测定

识记：几种常用甜味剂的基本性质和用途。

领会：测定甜味剂的常用方法和基本原理。

（四）着色剂的测定

识记：1. 几种常用着色剂的基本性质和用途。

领会：测定着色剂的常用方法和基本原理。

（五）抗氧化剂的测定

识记：几种常用抗氧化剂的基本性质和用途

领会：测定抗氧化剂的常用方法和基本原理。

（六）硝酸盐和亚硝酸盐的测定

识记：硝酸盐和亚硝酸盐作用机理。

领会：硝酸盐和亚硝酸盐的用途。

第九章 食品中有害物质的分析

一、学习目的和要求

通过本章学习，掌握食品中有害物质测定方法和原理，了解主要分析方法的步骤。

二、课程内容

第一节 食品中农药残留的测定

一、农药残留检测样品的前处理

二、食品中有机磷农药残留量的测定

三、食品中氨基甲酸酯类农药残留量的测定

四、食品中氯氰菊酯、氰戊菊酯、溴氰菊酯残留量测定

第二节　食品中黄曲霉菌毒素的测定

一、黄曲霉毒素的检测方法

二、黄曲霉毒素 B_1 薄层色谱法的原理和步骤

第三节　食品中有害元素的测定

一、食品中铅的测定

二、食品中镉的测定

三、食品中总砷的测定

四、食品中汞的测定

第四节　食品中 N-亚硝胺化合物的测定

一、亚硝胺的检测方法

二、食品中 N-亚硝胺的气相色谱-质谱法测定

三、N-亚硝基二甲胺的气相色谱-热能分析仪法测定

三、考核知识点

（一）食品中农药残留的测定方法

（二）黄曲霉毒素的检测方法

（三）食品中有害元素的测定方法

（四）亚硝胺的检测方法

四、考核要求

（一）食品中农药残留的测定

识记：1. 有机磷农药残留量测定的常用方法；2. 气相色谱法测定有机磷农药残留量的原理；3. 气相色谱法测定食品中拟除虫菊酯的原理。

领会：1. 气相色谱法测定有机磷农药残留量的步骤；2. 气相色谱方法测定植物性食品中氨基甲酸酯类农药的残留原理和步骤；3. 拟除虫菊酯测定的常用方法。

（二）食品中黄曲霉菌毒素的测定

识记：1. 黄曲霉毒素检测的常用方法；2. 黄曲霉毒素 B_1 的薄层色谱法分析的原理。

领会：黄曲霉毒素 B_1 的薄层色谱法分析步骤。

（三）食品中有害元素的测定

识记：1. 食品中铅测定的常用方法；2. 食品中镉测定的常用方法；3. 食品中砷测定的常用方法；4. 食品中总汞测定的常用方法。

领会：1. 石墨炉原子吸收光谱法测定食品中铅的原理和步骤；2. 石墨炉原子吸收分光光度法测定痕量镉的原理和步骤；3. 氢化物原子荧光光度法测定食品总砷的原理和步骤；4. 银盐法测定食品中砷的原理和步骤；5. 原子荧光光谱分析法测定食品中总汞的原理和步骤。

（四）食品中 N-亚硝胺化合物的测定

识记：亚硝胺测定的常用方法。

领会：食品中 N-亚硝胺的气相色谱-质谱法测定原理和步骤。

第十章 几类食品的卫生检测

一、学习目的和要求

通过本章学习，掌握几类食品的卫生检测的项目，检测方法的原理，了解主要分析方法的步骤。

二、课程内容

第一节 食用植物油的卫生检验
一、感官检验
二、理化检查
第二节 调味品的卫生检验
一、酱油标准及分析方法
二、食醋卫生标准及分析方法
第三节 肉、鱼、蛋制品中挥发性盐基氮的测定
一、挥发性盐基氮的测定方法
二、半微量定氮法测定挥发性盐基氮
第四节 水产品中组胺的测定
一、组胺的检测方法
二、分光光度法测定水产品中组胺
第五节 酒的卫生检验
一、酒的感官检查
二、理化检验

三、考核知识点

（一）食用植物油的卫生检验方法
（二）酱油卫生标准及分析方法
（三）食醋卫生标准及分析方法
（四）挥发性盐基氮的测定方法
（五）组胺的检测方法
（六）酒的卫生检验方法

四、考核要求

（一）食用植物油的卫生检验

识记：1.食用植物油感官检验的项目和方法；2.食用植物油理化检验的项目和方法。

领会：1.酸价的测定的原理和步骤；2.过氧化值的测定原理和步骤；3.分光光度法测定羰基价的原理和步骤；4.紫外分光光度法测定游离棉酚的原理和步骤。

(二) 调味品的卫生检验

识记：1. 酱油卫生理化指标；2. 食醋卫生理化指标。

领会：1. 酱油、食醋理化检验的方法；2. 氨基酸态氮的测定方法和步骤；3. 食盐的检测方法和步骤；4. 食醋总酸的测定方法和步骤。

(三) 肉、鱼、蛋制品中挥发性盐基氮的测定

识记：半微量定氮法测定挥发性盐基氮的原理和步骤。

领会：挥发性盐基氮测定的常用方法。

(四) 水产品中组胺的测定

识记：分光光度法测定水产品中组胺的原理和步骤。

领会：组胺检测的常用方法。

(五) 酒的卫生检验

识记：1. 酒的理化检验的项目；2. 乙醇浓度测定的原理和步骤；3. 气相色谱法测定甲醇的原理和步骤。

领会：1. 酒的感官检查；2. 二甲胺基苯甲醛比色法测定杂醇油的原理和步骤。

第十一章　实验教程

一、学习目的和要求

通过本章学习，掌握食品中蛋白质的测定方法（凯氏定氮法）、脂肪的测定方法（索氏提取法）、还原糖的测定方法、还原型抗坏血酸的测定方法、植物油卫生标准的理化指标的分析方法及酒中甲醇的测定方法。

二、课程内容

实验一　食品中蛋白质的测定（凯氏定氮法）
实验二　食品中脂肪的测定（索氏提取法）
实验三　食品中还原糖的测定
实验四　食品中还原型抗坏血酸的测定
实验五　食用植物油卫生标准的理化指标的分析方法
实验六　酒中甲醇的测定

三、考核知识点

(一) 食品中蛋白质的测定（凯氏定氮法）
(二) 食品中脂肪的测定（索氏提取法）
(三) 食品中还原糖的测定（直接滴定法）
(四) 食品中还原型抗坏血酸的测定
(五) 食用植物油卫生标准的理化指标的分析方法
(六) 酒中甲醇的测定（气相色谱法）

四、考核要求

本章为1学分,考核如果学员所在当地通过社会助学能够在实验室完成上述实验内容,考核成绩以实验报告形式体现;如果学员不能通过社会助学在实验室完成上述实验内容,考核也可通过笔试考试来完成。

(一)食品中蛋白质的测定(凯氏定氮法)

识记:食品中蛋白质测定(凯氏定氮法)的原理。

领会:食品中蛋白质测定(凯氏定氮法)的主要步骤和结果计算。

(二)食品中脂肪的测定(索氏提取法)

识记:食品中脂肪测定(索氏提取法)的原理。

领会:食品中脂肪测定(索氏提取法)的主要步骤和结果计算。

(三)食品中还原糖的测定(直接滴定法)

识记:食品中还原糖测定(直接滴定法)的原理。

领会:食品中还原糖测定(直接滴定法)的主要步骤和结果计算。

(四)食品中还原型抗坏血酸的测定

识记:食品中还原型抗坏血酸测定的原理。

领会:食品中还原型抗坏血酸测定的主要步骤和结果计算。

(五)食用植物油卫生标准的理化指标的分析方法

识记:食用植物油卫生标准的理化指标分析方法的原理。

领会:食用植物油卫生标准的理化指标分析方法的主要步骤和结果计算。

(六)酒中甲醇的测定(气相色谱法)

识记:酒中甲醇的测定的原理。

领会:酒中甲醇的测定的主要步骤和结果计算。

Ⅲ 有关说明与实施要求

为了使本大纲的规定在个人自学、社会助学和考试命题中得到贯彻和落实，现对有关问题作如下说明，并进而提出具体实施要求。

（一）关于考核目标的说明

本大纲对自学内容规定了考核目标，包括考核知识点和考核要求，以使自学应考者能够进一步明确考试内容和要求，更有目的地系统学习教材；使考试命题能够更加明确命题范围，更准确地安排试题的知识能力层次和难易度。

本大纲在考核目标中分识记、领会、应用三个层次。"识记"要求考生能够识别和记忆本课程中规定的有关知识点的主要内容（如名词、概念、原理、特征等），并能够根据考核的不同要求，作出正确的标识、选择和判断；"领会"，要求考生能够领悟和理解本课程中规定的有关知识点的内涵与外延，熟悉其内容要点和它们之间的区别与联系，并能够根据考核的不同要求，作出正确的解释、说明和论述；"应用"要求能运用本课程的基本概念、基本原理、基本方法分析和解决问题。

（二）关于自学教材

《食品化学与分析》由全国高等教育自学考试指导委员会医药学类专业委员会负责高等教育自学考试医药学类专业教材的组编，黄国伟主编，北京大学医学出版社，2006年。

推荐参考教材：《食品化学》，王璋等主编，中国轻工业出版社，1999年。

《食品理化检验学》，鲁长豪主编，人民卫生出版社，1998年。

《食品分析》，侯曼玲编著，化学工业出版社，2004年。

《食品卫生理化检验手册》，杨惠芬等主编，中国标准出版社，1997年。

《中国营养科学全书》，葛可佑总主编，人民卫生出版社，2004年。

（三）自学方法指导

在全面系统学习的基础上掌握基本理论、基本知识、基本方法。本课程内容范围广泛，各章之间既有联系又有很大区别。自学应考者应首先全面系统地学习各章，记忆应当识记的基本概念、名词，深入理解基本理论；其次，要认识和掌握各章之间的联系。切忌在没有全面学习教材的情况下孤立地记背，对相应章节的内容可进行对照比较，分析研究，以更深刻理解课程内容，促进知识转化为能力，从而提高自己分析问题和解决问题的能力。

（四）对社会助学的要求

1. 社会助学者应根据本大纲规定的考试内容和考核目标，认真钻研指定教材，对自学应考者进行切实有效的辅导，引导他们防止自学中的各种偏向，把握社会助学的正确导向。本课程6学分，其中1学分为的实践课程。

2. 社会助学者应指导自学应考者全面系统地学习教材，掌握全部考试内容和考核知识点。要正确处理基础知识和应用能力的关系，努力引导他们将识记、领会和应用联系起来，把基础知识和理论转化为应用能力。在全面辅导的基础上，着重培养和提高自学应考者的分析问题和解决问题的能力。

（五）关于命题考试的若干要求

1. 本课程的命题考试，应根据本大纲所规定的考试内容和考试目标来确定考试范围和考核要求，不要任意扩大或缩小考试范围，提高或降低考核要求。考试命题要覆盖各章，并适当突出重点章节，体现本课程的内容重点。

2. 本课程在试题中对不同能力层次要求的分数比例一般为：识记30%，领会占40%，应用占30%。

3. 试题要合理安排难易度结构。试题难易度可分为易、较易、较难、难四个等级。每份试卷中，不同难易度试题的分数比例一般为：易占20%，较易占30%，较难占30%，难占20%。必须注意，试题的难易度和能力层次不是一个概念，在各能力层次中都会存在不同难度的问题，切勿混淆。

4. 本课程考试试卷采用的题型，一般有：单项选择题、多项选择题、名词解释题、简答题、论述题等。各种题型的具体形式可参见本大纲附录。

5. 考核命题说明：本课程共6学分，理论课5学分，实践教学1学分。理论课（5学分）考核，笔试考试时间150分钟。实践教学（1学分）考核，考核形式由社会助学和主考单位确定，考核可通过实验报告形式或笔试考试。

附录　试题类型举例

试题

一、单项选择题（在五个备选项中，只有一个是正确的，将其选出，并把它的标号写在题后括号内，多选、错选均不得分）

1. 水分活度与食品的稳定性正确的是 [　　]
   A. 水分活度越小的食品越稳定
   B. 微生物生长需要的水分活度值一般较低
   C. 脂类氧化在水分活度值极低时保持较低的氧化速度
   D. 酶促反应在水分活度值很低时速度也很快

2. 关于原子吸收分光光度计火焰原子化器特点描述错误的是 [　　]
   A. 操作简便　　　　B. 快速　　　　C. 稳定性好　　　　D. 灵敏度高

二、多项选择题（在五个备选答案中，至少有两个是正确的，将其选出，并把它们的标号写在题后括号内，多选、少选、错选均不得分）

1. 油脂在食品贮藏加工中的化学变化 [　　]
   A. 油脂的水解　　　　B. 油脂的皂化　　　　C. 异构化
   D. 油脂的氧化　　　　E. 油脂的辐照裂解

2. 下列元素适于使用干法灰化处理样品的是 [　　]
   A. 铁　　　B. 锌　　　C. 硒　　　D. 汞　　　E. 钙

三、名词解释

1. 食品化学；2. 水分活度

四、简答题

1. 简述食品的仪器分析法
2. 食品的感官检验的种类

五、论述题

1. 食品中蛋白质测定（凯氏定氮法）的原理和主要步骤

后 记

《食品化学与分析自学考试大纲》是根据2005年制定的全国高等教育自学考试食品、营养与健康专业考试计划要求编写的。2006年3月全国考委医药学类专业委员会对本大纲组织审稿。

本大纲主编为天津医科大学黄国伟教授。参加编写人员有：天津医科大学任大林副教授、常红副教授、王璇讲师，天津科技大学曹小红教授、曹东旭副教授、张燕副教授。参加大纲审稿会议并提出宝贵意见的有：天津科技大学王硕教授主审、杨志岩教授和天津医科大学郝俊教授参审。

本大纲最后由全国考委医药学类专业委员会审定。

大纲编审人员付出辛勤劳动，特此表示感谢。

全国高等教育自学考试指导委员会
医药类专业委员会
2006年4月